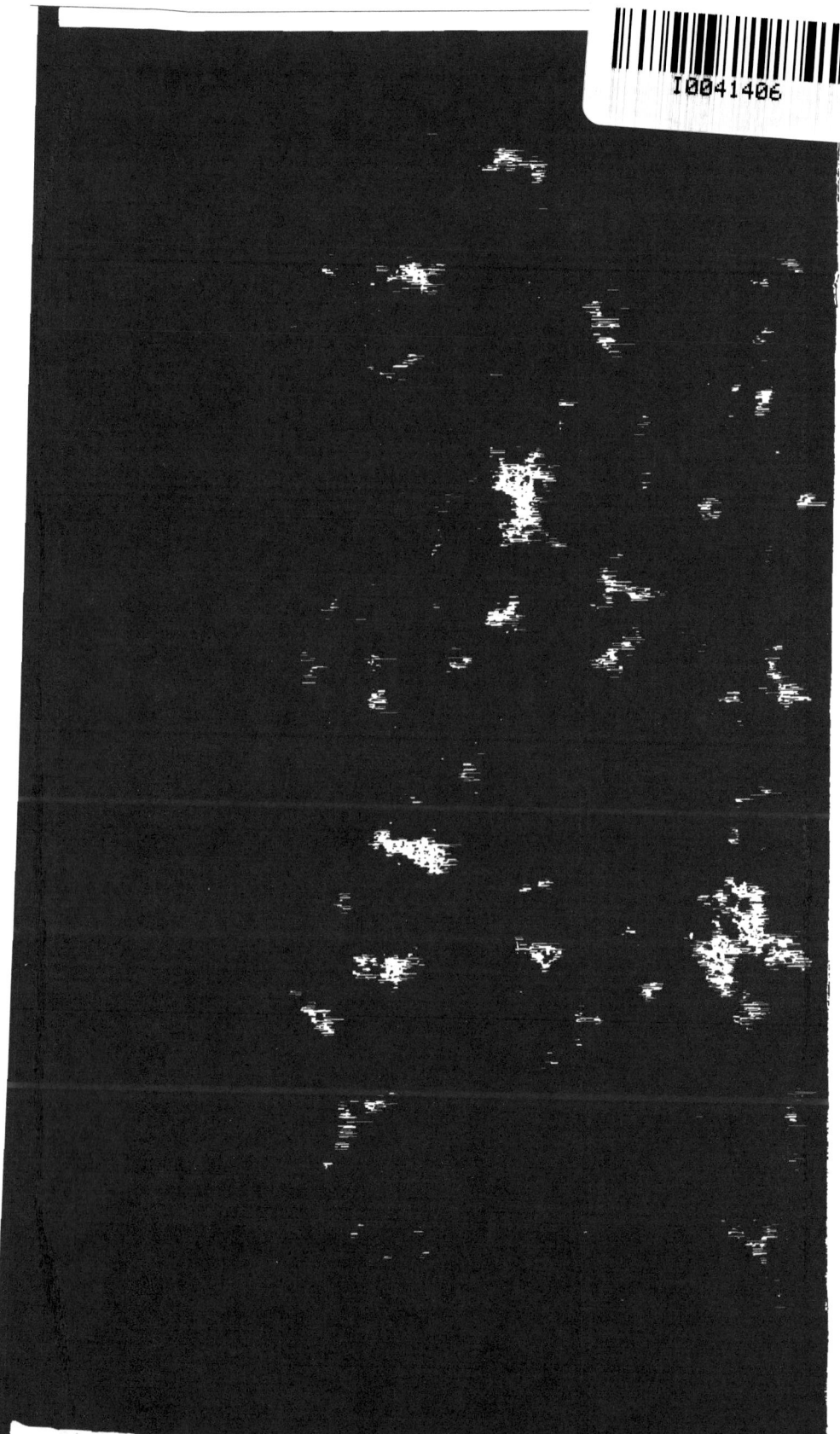

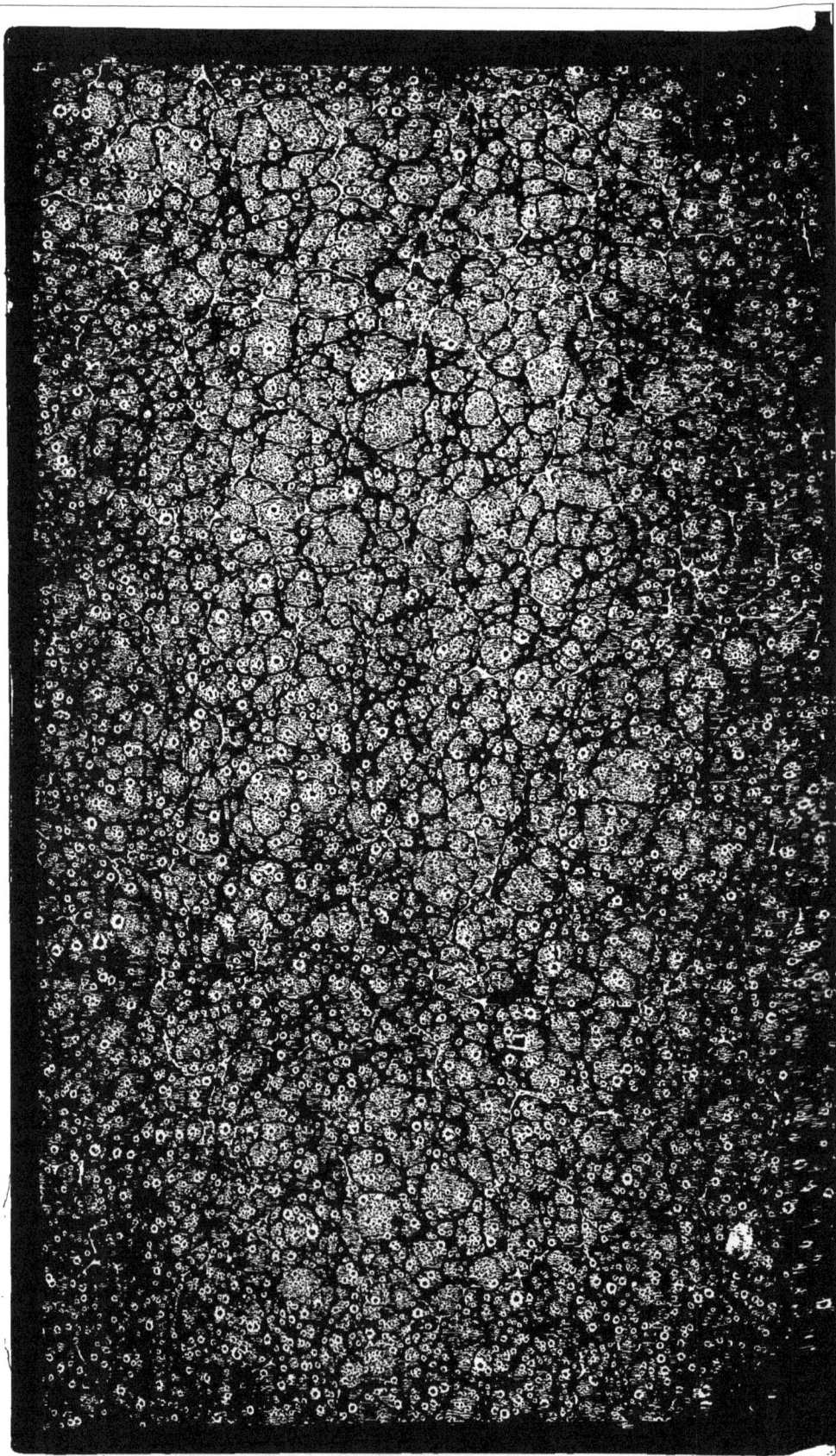

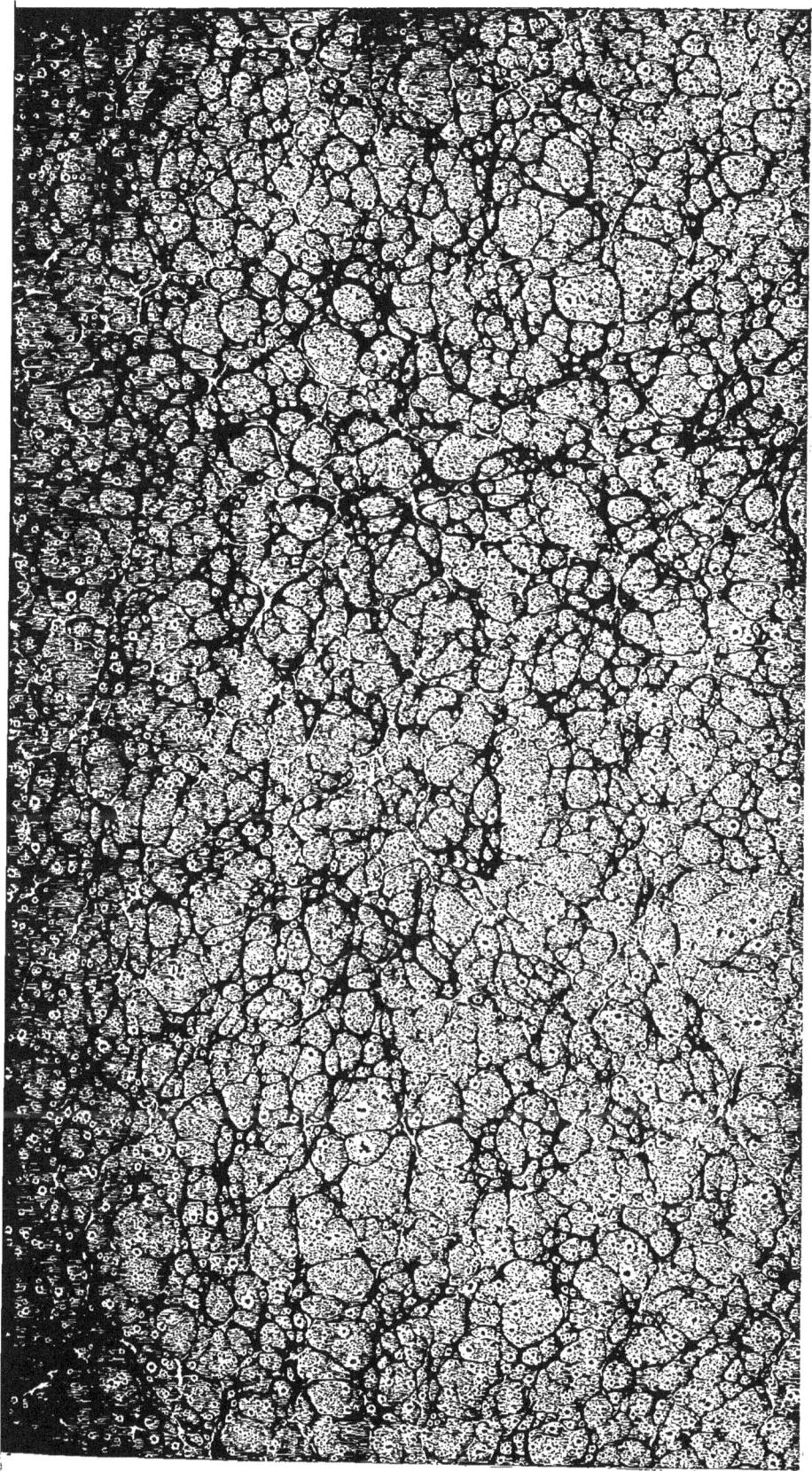

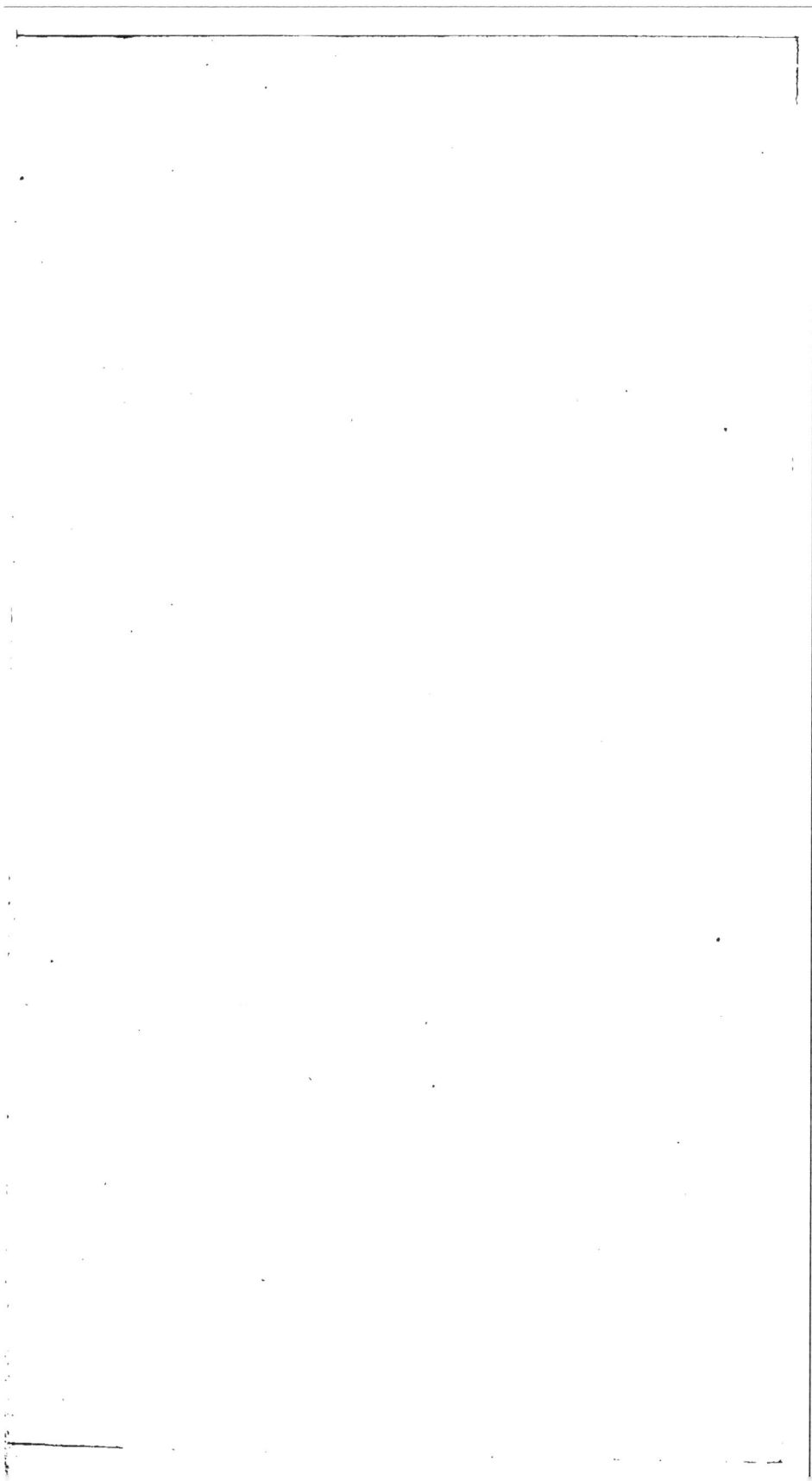

F 36M

TRAITÉ

DES DONATIONS ENTRE-VIFS.

TRAITÉ

DES

DONATIONS ENTRE-VIFS,

Par C.-G. GUILHON,

PROCUREUR DU ROI PRÈS LE TRIBUNAL DE LECTOURE,
DÉPARTEMENT DU GERS.

TOME TROISIÈME.

TOULOUSE,

BELLEGARRIGUE, Libraire, Imprimeur de S. A. R.
MONSIEUR Frère du ROI, rue des Filatiers, N.º 31.

1818.

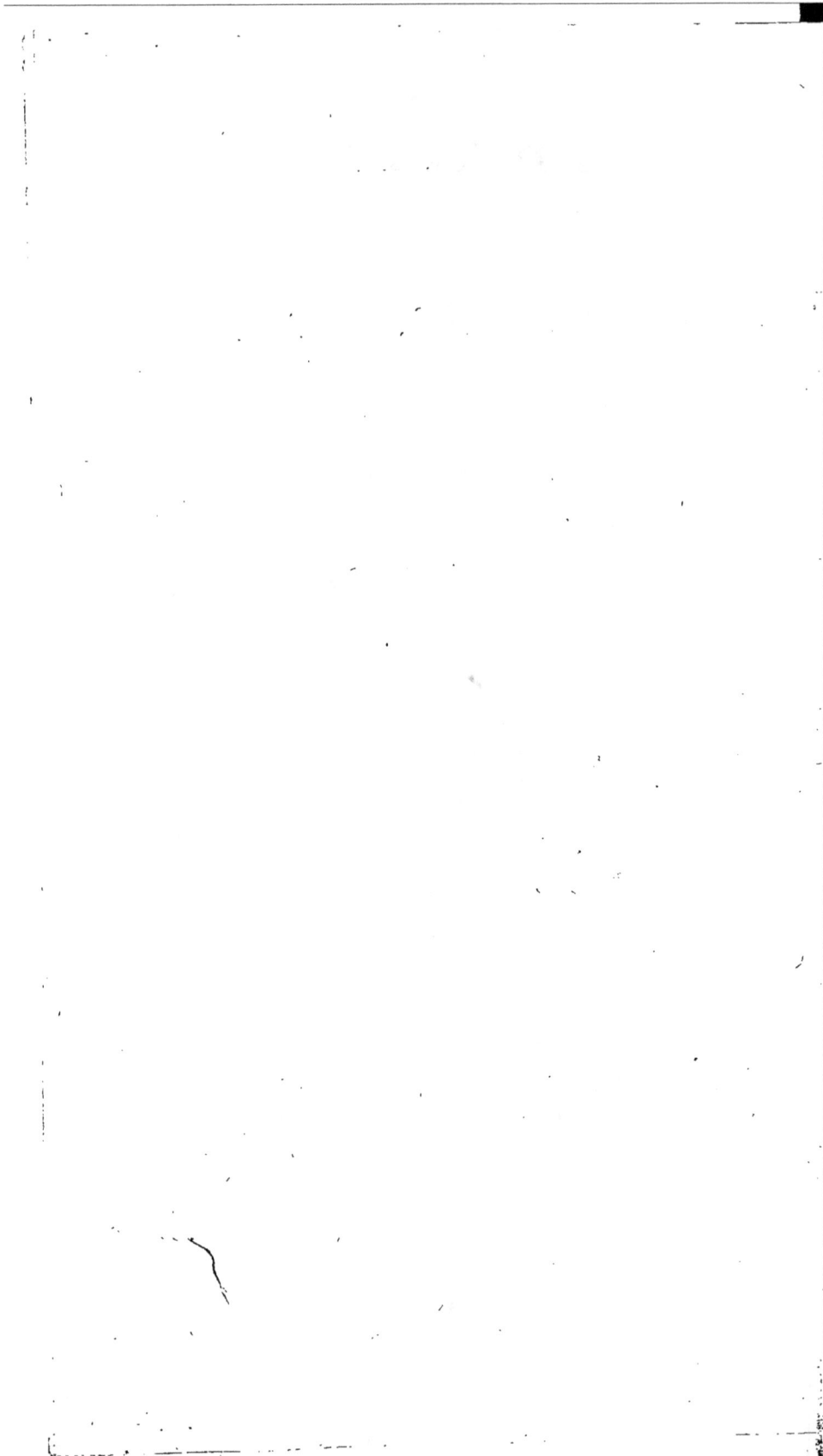

TRAITÉ
DES DONATIONS ENTRE-VIFS.

LIVRE III.

CHAPITRE IV.

DES DONATIONS AVEC CHARGE DE RENDRE AUX PETITS-ENFANS OU AUX NEVEUX DU DONATEUR.

1052. — E<small>N</small> règle générale toutes les substitutions fidéicommissaires, pupillaires, exemplaires, réciproques, compendieuses, etc., sont abolies par le code civil.

Cependant, par une exception particulière, les substitutions fidéicommissaires sont permises en faveur des petits-enfans et des neveux du donateur (art. 1048 et 1049 du code civil).

Les motifs de cette exception se trouvent dans la tendre sollicitude des pères pour leurs descendans,

Dans l'intention, et quelquefois l'obligation de leur assurer des moyens d'existence ;

Dans la crainte d'une mauvaise administration de l'enfant à qui on laisse ses biens ;

Dans le mécontentement qu'il peut avoir donné à son père ;

Enfin, dans cet esprit de famille, qui se projette sur tous ses membres, qui veille à l'intérêt de tous, qui prévient les besoins, et songe au bonheur de ceux même qui ne sont pas encore, mais qui doivent la grossir un jour.

Pour traiter cette matière avec ordre, nous parlerons, 1.º des personnes qui peuvent substituer, et des personnes en faveur desquelles les substitutions peuvent être faites ; 2.º des choses qui peuvent être substituées, des formalités des substitutions, et de leurs effets ; 3.º de l'ouverture des substitutions.

§ I.er *Des personnes qui peuvent substituer et des personnes qui peuvent être substituées.*

1053. — Les père et mère qui ont un ou plusieurs enfans peuvent, en donnant un meuble ou un immeuble à l'un desdits enfans, charger le donataire de conserver et de rendre l'objet donné à tous ses enfans nés ou à naître.

De même celui qui n'a pas d'enfans, mais qui a un frère ou plusieurs frères, peut donner à l'un de ses frères, à la charge par le donataire de rendre la chose donnée à tous ses enfans nés et à naître (art. 1048 et 1049 du code civil).

1054. — Nous disons que tout père peut charger son fils donataire de rendre les biens donnés, et cette charge de conserver et de rendre sera valable, pourvu qu'elle soit nommément faite en faveur des enfans nés et à naître du donataire.

La donation avec charge peut être faite, soit dans le contrat de mariage du donataire, soit hors contrat de mariage, avant ou après la célébration du mariage ; en un mot, pour que la charge de rendre soit valable, il n'est pas nécessaire que la donation avec substitution se trouve faite dans le contrat de mariage du donataire, ni que celui-ci ait des enfans déjà nés ou conçus lors du don ; rien de tout cela n'est néces-saire pour la validité de la donation avec charge : elle peut être faite par contrat de mariage, et hors contrat ; mais dans tous les cas la charge de rendre doit être stipulée en faveur de tous les enfans nés et à naître.

La donation avec charge conservant le caractère essentiel d'une donation, doit être revêtue des forma-lités des donations pures et simples, si elle est faite hors contrat de mariage, et des formalités des donations contractuelles, si elle est faite dans le contrat de ma-riage du donataire : tout ce que nous avons dit sur les formes et les effets de ces donations s'applique aux donations avec charge.

1055. — L'expression *des enfans nés et à naître* n'est pas sacramentelle ; il suffit qu'il résulte des termes du donateur qu'il a entendu et voulu appeler à la substitution tous les enfans nés et à naître.

La cour d'appel de Rouen a déclaré valide une substitution consignée dans un testament olographe, et conçue dans les termes suivans :

« Je, soussigné, Jacques-Thomas Hardy, déclare
» par le présent testament donner et léguer, comme
» de fait je donne et lègue, par préciput et hors
» part, à Jacques Hardy, mon fils, *à charge par*
» *lui de rendre à mes petits-enfans issus de lui ;* et
» dans le cas où il me précéderait, je donne et
» lègue *à mesdits petits-enfans existans lors de mon*
» *décès....* le quart disponible ».

On s'est pourvu en cassation contre cet arrêt, pour contravention aux art. 1048, 1049 et 1050 du code.

Les demandeurs en cassation disaient : la charge de rendre *aux enfans issus* n'est pas la charge de rendre aux enfans à naître ; le mot *issus* pris isolé-ment signifie les enfans déjà *nés et existans.*

Le pourvoi a été rejeté le 31 mars 1807 : voici les

motifs de l'arrêt de la cour de cassation, section des requêtes.

« Attendu que l'arrêt attaqué repose uniquement
» sur l'interprétation des mots *issus et petits-enfans*
» employés dans le testament de Jacques-Thomas
» Hardy ; attendu que cette interprétation dans l'espèce,
» loin d'entraîner aucune contravention à la loi, est
» d'autant plus raisonnable, qu'elle a été faite dans le
» sens tendant à établir la validité de l'acte, plutôt
» que dans le sens qui aurait introduit une contra-
» riété entre ses dispositions, et anéanti leurs effets ».
Vid. le recueil de M. *Sirey*, an 1807, pag. 193.

Montvallon, dans son traité des successions, chap.
7, art. 30, pag. 129, s'exprime en ces termes : « sui-
» vant *Duperrier*, tom. 2, décisions, liv. 4, n.º 157,
» pag. 192, une donation étant faite au *fils et à ses*
» *enfans*, tous les *enfans à naître* du donataire y
» sont compris, encore qu'il y en eût qui fussent
» nés lors de la donation, à moins que ceux qui
» étaient nés au temps de la donation fussent appe-
» lés par leur nom propre......... Ce sentiment de
» *Duperrier* contre celui de *Cancerius* est équita-
» ble, et doit être suivi, à l'exception des cas où il
» paraîtrait par les termes de la donation, et par
» les circonstances, que le donateur n'a entendu
» parler que des enfans déjà nés : hors ce cas la déno-
» mination *des enfans* est générique, et doit com-
» prendre *ceux à naître*, comme ceux qui sont déjà
» nés ».

J'adopte l'opinion de *Montvallon* ; mais pour aller
au-devant de toutes les objections, et pour lever tous
doutes, il faut, lorsque le donataire a des enfans
déjà nés, avoir l'attention de mentionner que la
charge de rendre est en faveur des enfans *nés et à
naître*; la prudence l'exige : je crois cependant que,
même dans ce cas, le défaut de mention des *enfans*

à *naître* ne vicierait pas la substitution , et que la charge de rendre *aux enfans* serait considérée comme faite en faveur de tous les enfans nés et à naître.

A plus forte raison, lorsque le donataire grevé n'a pas d'enfans lors de la donation, la charge de rendre *à ses enfans* serait incontestablement valable ; car aucun enfant n'étant né, le mot *enfans* comprend nécessairement tous ceux que le donataire pourra avoir dans la suite.

1056. — La charge de rendre aux *fils* nés et à naître du donataire serait également valable, parce que le mot *fils*, qui correspond au mot latin *filius*, est collectif des deux sexes, et comprend les filles comme les mâles. Vid. *Dumoulin* dans son conseil 51 , n.º 22 ; la loi 201, ff *de verb. signif.*, et *Furgole*, dans son traité des testamens , chap. 7, sect. 6, n.º 125.

Remarquons, avec ce dernier auteur, que le mot *enfans* répond au mot latin *liberi*, et que sous le mot *enfans* l'on comprend tous les descendans de différens degrés : *liberorum appellatione nepotes et pronepotes, cæterique qui ex his descendunt continentur*, leg. 220, ff *de verb. signif.*; *Dumoulin*, sur la coutume de Paris, tit. 1, § 15, glose 1, aux mots *père et mère*, s'exprime ainsi : *verbum gallicum* enfans *non est de se restrictum ad primum vel alium gradum, sed indifferenter supponit quosvis descendentes, sicut verbum liberi in lege romanâ.*

Le moderne législateur a donné la même acception au mot *enfans* : à ses yeux cette expression *enfans* comprend tous les descendans quelconques; et la preuve s'en trouve même dans l'art. 1048 relatif aux substitutions, ainsi conçu : « les biens dont les père et mère » ont la faculté de disposer pourront être par eux » donnés, en tout ou en partie, à un ou plusieurs » de leurs enfans, par actes entre-vifs ou testamens

» taires ; avec la charge de rendre ces biens aux
» *enfans* nés ou à naître *au premier degré* seule-
» ment desdits donataires ». Donc le mot *enfans*
comprend plusieurs degrés, car si le mot *enfans* ne
désignait que les descendans au premier degré, ces
mots *au premiere degré seulement* seraient inutiles
et superflus.

Sur ces observations l'on pourrait demander si la
charge de rendre doit être faite non - seulement au
profit des enfans nés et à naître, mais s'il faut encore
y ajouter la restriction au profit des enfans nés et à
naître *au premier degré seulement du donataire.*
Cette restriction n'est pas nécessaire ; il suffit que la
charge de restitution soit au profit de tous les enfans
nés et à naître du grevé, sans exception, ni préférence d'âge ou de sexe (art. 1050) ; cependant, pour
éviter tout motif de discussion, il faut stipuler la
charge de rendre au profit *de tous les enfans nés et
à naître au premier degré seulement du donataire :*
ce n'est là cependant qu'un conseil dicté par la prudence, car cette précision rigoureuse n'est pas nécessaire.

1057. — Nous voyons que les père et mère peuvent, en donnant à leurs enfans, appeler par substitution fidéicommissaire tous les enfans nés et à naître
du donataire ; d'où il résulte que le grevé est nécessairement fils du donateur, et que les substitués sont
ses petits-enfans.

Faisons-nous là-dessus des idées justes.

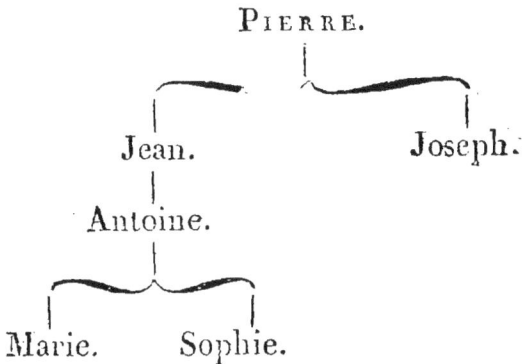

```
                    PIERRE.

        Jean.                    Joseph.

        Antoine.

    Marie.        Sophie.
```

Pierre, qui a deux enfans, Jean et Joseph, peut, en donnant à Jean, lui substituer tous ses enfans nés et à naître, au nombre desquels se trouvera Antoine; mais il ne peut substituer à Jean Marie et Sophie, enfans d'Antoine, et arrière-petits-fils du donateur.

Par la même raison Pierre ne peut donner à Antoine, et lui substituer ses enfans nés et à naître, au nombre desquels se trouveraient Marie et Sophie, parce que Antoine n'est qu'un petit-fils du donateur : or, nous ne devons pas le perdre de vue, les ascendans au premier degré, c'est-à-dire, le père et la mère peuvent seuls faire une substitution. C'est ce que M. le tribun *Jaubert* nous dit d'une manière expresse dans son discours sur les donations, pag. 340; il s'exprime en ces termes : « l'ascendant, qui, au reste, ne sera » jamais que le père ou la mère (la disposition ne » sera jamais permise à l'aïeul), l'ascendant ne pourra » jamais étendre sa prévoyance au delà des enfans de » son fils, et la disposition ne pourra jamais tourner » qu'au profit de tous les enfans du donataire indis- » tinctement ».

1058. — La substitution ne peut être faite qu'en faveur des enfans au premier degré du donataire;

ainsi, dans l'exemple ci-dessus, Pierre ne peut appeler à la substitution que les enfans de Jean, son donataire, et non les petits-enfans de ce dernier, au nombre desquels se trouveraient Marie et Sophie.

Supposons qu'il charge Jean de donner à ses enfans, et qu'ensuite il charge ceux-ci de rendre aux enfans qu'ils pourraient avoir; quel serait l'effet de cette substitution graduelle ? Elle serait nulle, ainsi que la donation faite à Jean, parce que la substitution prohibée vicie la disposition à laquelle elle se rattache, et que la substitution en faveur des enfans au deuxième degré du donataire est prohibée par la loi.

Mais, dira-t-on peut-être, il suffit d'annuller la substitution en faveur des enfans au deuxième degré de Jean, pour satisfaire à la loi, et il faut laisser subsister la disposition, tant en faveur du donataire, que de ses enfans au premier degré.

Je réponds, 1.º qu'une disposition contraire à la loi ne peut produire aucun effet, sur-tout dans les donations et les testamens, qui tirent toute leur efficacité de la loi civile; 2.º qu'une substitution graduelle en faveur des descendans au deuxième degré du donataire est aussi contraire à la loi, que si elle était faite en faveur d'un étranger : le donateur ne peut pas étendre sa prévoyance au delà de ses petits-enfans; 3.º que la volonté du donateur est indivisible ; qu'il faut lui donner effet pour le tout, ou l'annuller pour le tout : or, ce serait scinder et violer la volonté du donateur, que de fixer d'une manière irrévocable sur la tête des petits-enfans l'objet de la substitution; ce serait transformer en droit de propriété le droit de simple usufruit que le donateur avait voulu leur transmettre.

En un mot, dans l'exemple ci-dessus, Pierre, en donnant à Jean, ne peut appeler que les enfans au premier degré de ce dernier ; s'il appelait les petits-enfans de Jean, ou l'un d'eux, comme Marie et Sophie, la donation serait nulle pour le tout : de même Pierre peut bien donner à Antoine, son petit-fils, ou à Sophie, sa petite-fille ; mais il ne peut faire aucune substitution, parce que le grevé doit être nécessairement enfant au premier degré du donateur, comme les substitués doivent être enfans au deuxième degré.

1059. — Les père et mère d'un enfant naturel reconnu peuvent-ils lui substituer tout comme les père et mère d'un enfant légitime ? Non, parce que la substitution ne peut jamais porter sur la réserve, et que la quotité disponible en faveur de l'enfant naturel ne peut excéder sa réserve légale.

Cependant observons qu'aux termes de l'art. 761 du code, le père de l'enfant naturel peut le réduire à la moitié de sa réserve par une donation entre-vifs de cette moitié, avec déclaration expresse que son intention est de réduire l'enfant naturel à la portion qui lui est assignée : cela posé, supposons que le père de l'enfant naturel, après lui avoir fait une donation dans les termes de l'art. 761, lui en fasse une seconde d'un objet déterminé, avec charge de rendre cet objet à ses enfans nés et à naître au premier degré ; cette donation et sa charge seront-elles valables ? Je le crois : qui pourrait s'en plaindre ? Ce ne peut être l'enfant naturel, puisque cette disposition est à son avantage, et peut, outre son droit de jouissance, lui profiter personnellement dans le cas où il survivrait à ses enfans ; ce ne peut être les héritiers du donateur, car la réduction de l'enfant naturel à la moitié de sa réserve était purement volontaire de la part du père ; il pouvait y renoncer : d'ailleurs, cette réduction était subordonnée à la validité de la substitution ; enfin, il faut toujours donner effet à la volonté de l'homme, quand elle n'est pas contraire à la lettre de la loi, ni à son esprit.

1060. — Le père adoptant peut-il, comme le père

naturel et légitime, et dans les mêmes cas, grever l'adopté d'une substitution en faveur de ses enfans? Je n'en crois rien : les enfans de l'adopté sont étrangers à l'adoptant, ils ne sont pas le sang de ce dernier ; il ne leur doit rien, ni soins, ni sollicitudes : sans doute l'adopté se trouve investi de tous les droits d'un enfant légitime ; mais ses droits finissent avec lui, ils ne passent pas à ses descendans : l'esprit de famille, l'intérêt de prévenir la ruine des petits-enfans, et de pourvoir à leurs besoins, tels sont les motifs qui ont fait adopter les substitutions ; mais ces motifs ne se rencontrent pas dans la parenté fictive résultant de l'adoption.

1061. — Celui qui a un frère ou une sœur, ou plusieurs frères ou sœurs, peut donner à l'un d'eux, avec charge de rendre aux enfans nés ou à naître du donataire, sans exception, ni préférence d'âge ou de sexe.

Les règles ci-dessus, par rapport aux enfans nés et à naître, s'appliquent également aux substitutions faites par les frères.

Il faut également que la charge de rendre soit faite seulement en faveur de tous les enfans au premier degré du frère donataire ; ainsi, le substituant est nécessairement oncle des appelés, et frère ou sœur du grevé ; les appelés sont enfans du donataire : le grand oncle ne pourrait faire une substitution en faveur de ses petits-neveux ; la prévoyance de l'oncle, comme celle du père, ne peut s'étendre au delà des enfans au premier degré du donataire, et le donataire doit être nécessairement frère ou sœur du donateur.

JACQUES.

Pierre,
substituant.

Jean.

Joseph.

Julie.

Antoine.

Marie.

Sophie.

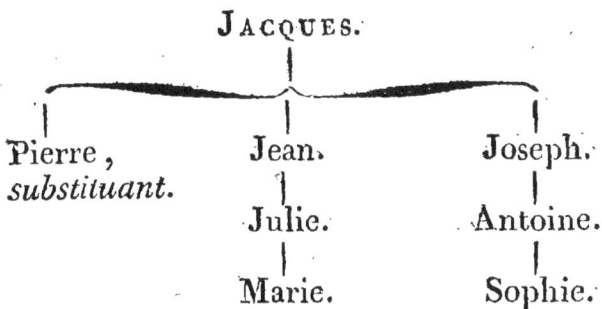

Dans cet exemple, Pierre peut donner à Jean ou à Joseph, avec charge de rendre aux enfans au premier degré du donataire, au nombre desquels se trouvera Julie, si la donation est faite à Jean ; mais en donnant à Jean, il ne pourra le charger de rendre au profit de ses petits-enfans, au nombre desquels se trouvera Marie ; de même Pierre, en donnant à Julie ou à Antoine, ne peut les charger d'aucune substitution, parce que les donataires ne sont pas ses frères : ainsi, la donation faite à Antoine, avec charge de rendre à ses enfans à naître, serait radicalement nulle.

1062. — Pierre a deux frères, Jean et Joseph ; il fait une donation à Jean, et le charge de rendre les objets donnés aux enfans nés et à naître de Jean et de Joseph : cette disposition serait-elle valable ? Non ; elle sera nulle pour le tout, parce que les enfans de Joseph sont appelés à recueillir une donation qui n'est pas faite à leur père, parce qu'ils sont appelés à recueillir concurremment avec les enfans de Jean une donation faite à ce dernier : les enfans de Joseph sont bien neveux du substituant ; mais cela ne suffit pas, il faudrait qu'ils fussent enfans du donataire. Il y a donc dans la disposition ci-dessus violation des art. 1049 et 1050 du code, qui veulent que les substitutions ne puissent être faites qu'*en faveur des enfans des grevés* : or, le grevé est Jean ; donc la substitu-

tion ne devait être faite qu'en faveur de ses enfans ;
étant faite en même temps en faveur de ses neveux ;
la disposition doit tomber en entier, 1.º parce que
la substitution est absolument nulle, comme contraire
à la loi, et qu'on ne pourrait la scinder, en la validant
en faveur des enfans de Jean, et en l'annullant en
faveur des enfans de Joseph, sans violer la volonté
du donateur ; 2.º parce que la nullité de la substitution entraîne celle de la donation : c'est ainsi que la
question a été jugée par la cour de cassation le 27
juin 1811, section civile. Vid. le recueil de M. *Sirey*,
an 1811, pag. 316.

1063. — Par rapport à la validité des substitutions
faites par les frères, il est une circonstance essentielle
qu'il faut observer ; c'est que ces dispositions sont
nulles, si le frère donateur se trouve *avoir des enfans
à son décès* (art. 1049) : le motif sans doute d'une
telle disposition est que la donation avec charge en
faveur des neveux nés et à naître est censée déterminée par leur considération ; mais que cette prévoyance en faveur d'une descendance collatérale devait
ne produire aucun effet, quand le donateur laissait
lui-même des enfans en ligne directe : quels que soient,
d'ailleurs, les motifs de la loi, il est toujours certain
que l'existence d'un enfant au décès du donateur
annulle et anéantit les donations entre-vifs faites aux
frères, avec charge de rendre aux neveux.

Faisons-nous des idées justes sur la survivance de
cet enfant du donateur, dont l'effet est d'annuller la
donation avec charge : cet effet est-il produit par la
survivance d'un enfant du donateur né à l'époque de
la donation ? nul doute : c'est principalement, et particulièrement d'un enfant né avant la donation que
parle le susdit art. 1049 du code ; la loi ne saurait parler exclusivement de la survivance d'un enfant né
postérieurement à la substitution, parce que la naissance

sance postérieure de cet enfant opérerait la révocation absolue de la donation, aux termes de l'art. 960 du code ; car une donation avec charge est révocable pour cause de survenance d'enfans, de même qu'une donation pure et simple : nous ne trouvons nulle part aucune exception au principe de la révocabilité.

Ainsi, nous devons tenir pour certain, que la donation avec charge de rendre aux neveux est révocable comme toute autre donation par la survenance d'un enfant du donateur, et qu'elle est encore anéantie par la survivance des enfans ou d'un enfant né antérieurement au don ; d'où il résulte que le sort d'une donation avec charge de rendre aux neveux, faite par un homme qui a des enfans, est absolument éventuel, et dépend de la survivance des enfans ou de l'un des enfans du donateur ; je pense même que la survivance d'un petit-fils ou descendant quelconque du donateur suffit pour anéantir la disposition avec charge, parce que le mot enfans comprend les descendans de tous les degrés.

Je reconnais que cette nullité résultant de la survie d'un enfant du donateur blesse les principes généraux en matière de donation ; mais, 1.º cette nullité est clairement prononcée par la loi ; 2.º les substitutions sont prohibées en thèse générale, et la loi qui a établi une exception en faveur des neveux du donateur a pu restreindre cette exception, et opposer à la validité de ces substitutions les conditions qu'elle a voulues : je le répète, toute donation avec charge de rendre aux neveux est anéantie si le donateur laisse à sa mort un enfant ou descendant légitime, sans considérer l'époque de la naissance de cet enfant, et lors même que cette époque serait antérieure à la donation avec charge.

Ainsi, Pierre, qui n'a pas d'enfant, fait aujourd'hui une donation à Joseph, son frère, avec charge de

Tom. III. 2

rendre les biens donnés à ses enfans nés ou à naître au premier degré ;

Il survient un enfant légitime à Pierre, la donation sera révoquée *ipso jure*.

Pierre refait la donation à Joseph, toujours avec la même charge : eh bien ! si l'enfant qui a opéré la révocation du premier don survit à son père, ou laisse quelque descendant légitime, la seconde donation sera également sans effet : telle est la juste conséquence des principes ci-dessus développés.

1064. — Nous avons vu que dans les substitutions en faveur des neveux le donataire grevé devait être nécessairement père des appelés, et frère du donateur ; nous devons observer qu'il suffit qu'il soit son frère utérin ou consanguin : il n'est pas nécessaire, en un mot, que le donataire soit frère ou sœur germain du substituant ; il suffit qu'il soit frère d'un seul côté, car la loi parle en général des frères, et *sub appellatione fratris venit uterinus et consanguinus. Dumoulin,* tom. 2, pag. 141, n.º 12.

1065. — De là donation avec charge de rendre, soit aux petits-enfans, soit aux neveux, résulte nécessairement un droit en faveur des appelés ; sur quoi l'on pourrait demander si le donateur et le donataire grevé pourrait, par un acte postérieur, rendre la charge ou substitution nulle et de nul effet ; effacer, en un mot, la charge de la donation, et la rendre pure et simple.

Sans doute la donation avec charge renferme deux dispositions : la première en faveur du donataire grevé, la seconde en faveur de ses enfans nés et à naître ; il est également vrai que jusqu'à l'acceptation du donataire, le donateur peut révoquer son bienfait : d'où il semble résulter que jusqu'à l'acceptation des appelés le donateur reste le maître d'anéantir la disposition faite en leur faveur.

Il faut décider néanmoins qu'une substitution ne peut être révoquée par le donateur et le donataire sans le consentement exprès des substitués : telle est la disposition de l'art. 11, tit. 1.er de l'ordonnance de 1747, qui porte : « les substitutions faites par un contrat » de mariage, ou par une donation entre-vifs, bien et » dûment acceptées, ne pourront être *révoquées*, ni » les clauses d'icelles changées ou diminuées par au- » cune convention ou disposition postérieures, même » du consentement du donataire ; et en cas qu'il re- » nonce à la donation faite en sa faveur, la substitu- » tion sera ouverte au profit de ceux qui auront été » appelés » : vid. *Roussille*, donations, n.º 133 ; *Furgole*, sur ledit art. 11, et dans sa quest. 5 : la raison de cette irrévocabilité de la substition est que l'acceptation du donataire grevé rend la donation irrévocable ; et comme la substitution n'est que l'accessoire de cette donation, elle doit participer à son irrévocabilité.

Ces principes doivent d'autant plus être suivis sous l'empire du code civil, que les substitués sont nécessairement les enfans du donataire grevé ; et l'on sait que les ascendans peuvent accepter pour leurs descendans : d'où il résulte qu'il y a acceptation réelle de là substitution en faveur des enfans du moment que leur père accepte lui-même la donation avec charge ; car, en acceptant la charge, il est censé avoir expressément stipulé en faveur de ses enfans : il est vrai que les ascendans ne peuvent accepter que pour leurs enfans mineurs (art. 7 de l'ordonnance de 1731, et 935 du code) : d'où l'on pourrait conclure que la substitution ne devient irrévocable, par l'acceptation du père donataire, qu'en faveur des appelés mineurs lors du don ; mais ce principe et cette conséquence ne peuvent s'appliquer aux donations avec charge, parce que le législateur a voulu que les enfans appelés fussent pen-

dant la vie de leur père comme étrangers à la substitution ; et cela pour éviter toute occasion de dispute
entre le père et les enfans : dans cette vue il a pourvu
aux intérêts des appelés par la nomination d'un tuteur ; il l'a chargé de tous les actes conservatoires ; et
comme le législateur ne charge pas nommément ce
tuteur d'accepter la substitution, il en résulte qu'il a
considéré la substitution comme devenue absolument
irrévocable par l'acceptation du grevé, et que l'acceptation du tuteur n'était pas nécessaire.

L'irrévocabilité de la substitution par l'acceptation
du donataire grevé résulte, d'ailleurs, des dispositions
de l'art. 1052 du code, ainsi conçu : « si l'enfant, le
» frère ou la sœur auxquels les biens auront été
» donnés par donation entre-vifs, sans charge de
» restitution, acceptent une nouvelle libéralité faite
» par acte entre-vifs ou testamentaire, sous la condi-
» tion que les biens précédemment donnés demeureront
» grevés de cette charge, il ne leur est plus permis
» de diviser les deux dispositions faites à leur profit,
» et renoncer à la seconde pour s'en tenir à la premiè-
» re, quand même ils offriraient de rendre les biens
» compris dans la seconde disposition ».

En lisant cet article, l'on se dit à soi-même : il est
de principe inconstestable qu'une donation acceptée
peut être répudiée du consentement du donateur ;
ouvrage d'un consentement réciproque, la donation
peut être révoquée par un consentement contraire ;
néanmoins cet article du code civil met obstacle à
cette révocation : eh pourquoi ! parce que cette révocation anéantirait la substitution imposée à la première donation ; donc la loi elle-même proclame d'une
manière bien expresse l'irrévocabilité de la substitution du moment de l'acceptation du donataire grevé;
elle nous apprend, enfin, que nonobstant le défaut
d'acceptation des appelés, la substitution ne peut être

effacée par le consentement du donateur et du donataire chargé de rendre.

1066. — Quelles choses peuvent être l'objet d'une
substitution ? Les père et mère, oncles et tantes, peuvent substituer toute espèce de biens meubles et immeubles : cela résulte littéralement d'une foule d'articles du code civil, qui règlent les formalités à remplir par rapport aux substitutions, soit des meubles,
soit des immeubles.

Pendant la vie du donateur la donation avec charge
de rendre des meubles ou des immeubles donnés
sortira son plein et entier effet, quelle que soit la
valeur des biens donnés ; mais au décès du donateur
la substitution sera réduite à la quotité disponible du
substituant (art. 1048 et 1049 du code) ; l'on en sent
la raison : la réserve légale est comme l'ancienne légitime, elle appartient aux enfans indépendamment de la
volonté du père ; celui-ci ne peut les en priver directement, ni indirectement ; il ne peut, par voie de suite,
charger cette réserve légale d'une substitution, parce
que par là il transformerait le droit de propriété de
son enfant légitimaire en simple droit d'usufruit ; ce
qui blesserait tous les principes.

Il en est tout autrement par rapport à la quotité
disponible : le père peut en disposer en faveur d'un
étranger, à plus forte raison peut-il donner cette quotité disponible à un ou plusieurs de ses enfans, avec
charge de rendre aux enfans nés et à naître du donataire : une telle disposition peut présenter de grands
avantages, elle peut prévenir les funestes effets de la
dissipation d'un fils donataire ; l'enfant grevé ne peut
s'en plaindre, sa réserve est intacte ; et quant à la
quotité disponible, il doit considérer que son père
pouvait l'en priver tout-à-fait : or, par la substitution
le grevé a, 1.º le droit d'usufruit ; 2.º la propriété des
biens substitués, s'il survit à ses enfans au premier

degré ; 3.º la satisfaction de voir que la quotité disponible ne passe pas en des mains étrangères, mais aux enfans qu'il est censé chérir autant que lui-même.

Appliquons ces principes : Pierre donne à Jean, son fils, un immeuble valant 12,000 fr., avec charge de rendre aux enfans nés et à naître du donataire.

Pierre meurt, il laisse deux enfans, ledit Jean et Joseph : ses biens, y compris les 12,000 fr. donnés à Jean, valent 24,000 fr. ;

Quel sera l'émolument de la substitution ?

Pierre laissant deux enfans, sur 24,000 fr., la quotité disponible est 8, la réserve pour chacun des enfans est 8, en total 16 ; mais comme les deux enfans ne trouvent que 12,000 fr. dans la succession, la donation avec charge sera réduite de 4000 fr. ; ainsi, la substitution ne vaudra que pour 8000 fr., montant de la quotité disponible.

Si lors de la donation avec charge de rendre le donateur avait usé une partie de sa quotité disponible, l'on sent que la substitution ne pourrait porter que sur ce qui se trouverait encore disponible lors de la donation avec charge.

1067. — Dans la donation ci-dessus j'ai considéré la donation de l'immeuble avec charge de rendre comme un véritable préciput, quoique la dispense de rapport ne fût pas expressément mentionnée ; et je crois qu'il faut toujours considérer les donations avec charge comme des préciputs, lors même que la clause de préciput ne s'y trouverait point ; je pense même que le donataire ne peut rapporter l'émolument de ces donations au préjudice des appelés : en effet, si dans le même exemple la donation n'était pas considérée comme un préciput, le droit des appelés se trouverait anéanti.

Deux exemples nous feront sentir la vérité de ces observations.

Pierre a deux enfans, Jean et Jacques; il donne à Jean 8, avec charge de rendre à ses enfans nés et à naître;

Sa fortune est 24 :

Ici la quotité disponible est 8, et la réserve est 8 pour chaque enfant ;

Si la donation faite à Jean est rapportable, et si celui-ci peut faire le rapport, l'on sent qu'il le fera, puisqu'il y trouvera son avantage ; car le rapport étant opéré, Jean aura 12 sur la succession paternelle ;

Mais en rapportant, il efface, il anéantit la substitution, puisqu'il recueille les 12, non en vertu de la donation, mais par droit successif.

On pourrait observer que recueillant 12, et la réserve pour lui n'égalant que 8, il faudrait considérer Jean donataire comme chargé de rendre 4, excédant de 12 sur 8; en sorte que la substitution vaudrait toujours pour quelque chose, quand le donataire grevé se trouverait avoir par droit successif quelque chose en sus de sa réserve; et l'excédant serait précisément la quotité de l'émolument de la substitution.

Cette restriction, qui semble concilier jusqu'à un certain point la volonté du donateur avec le droit d'exiger le rapport, ne peut être adopté, car l'intention bien formelle du donateur a été de substituer 8; et comme 8 n'excède pas sa quotité disponible, il faut absolument que la substitution vaille en entier, sans quoi la volonté du donateur est violée ou méconnue.

Deuxième exemple : Pierre a trois enfans, sa fortune égale 36; il fait une première donation à son fils aîné de 6, avec charge de rendre à ses enfans nés et à naître ; il donne ensuite 10 au cadet par préciput :

Ici la quotité disponible est 9, et la réserve est 9 pour chaque enfant ;

Si la donation avec charge se rapporte, la donation faite par préciput au cadet sortira à effet jusques et à concurrence de 9, quotité disponible ; alors le do-

nataire grevé ne recueillant que 9, portion dans la réserve, la substitution se trouvera rigoureusement
anéantie; ce qui me paraît violer ouvertement la volonté du substituant.

Ainsi, nous devons considérer toute donation avec
charge comme un véritable préciput, et y appliquer
toutes les règles relatives aux donations avec dispense
de rapport; en un mot, la clause de substitution doit
être considérée par rapport au donataire chargé de
rendre comme renfermant implicitement une dispense valable de rapport, et comme produisant le
même effet; d'où résulte cette conséquence, que tout
donateur avec charge de rendre use par cette disposition sa quotité disponible, tout comme par l'effet
d'une donation explicitement faite par préciput.

Il résulte également de ces principes, que le grevé
ne pouvant être forcé de rapporter les donations avec
charge, ne peut aussi rapporter volontairement au
préjudice des appelés l'émolument de la donation : ce
rapport volontaire ne saurait nuire à ces derniers.

Il paraît, au premier coup-d'œil, qu'il est difficile
de considérer la donation avec charge comme équivalent à un préciput expressément stipulé; mais tous
les doutes cesseront, si l'on considère, 1.º que la donation avec charge est plutôt faite aux petits-enfans
qu'au donataire grevé; 2.º que, sous ce rapport, le
grevé n'est que simple usufruitier dans la pensée du
disposant (art. 1053 du code); 3.º que les petits-enfans
sont les véritables propriétaires.

Or, sous ce point de vue, nous voyons que les
petits-enfans sont dispensés du rapport, n'étant pas successibles du donateur, et que la donation avec charge
a tout l'effet d'un préciput, sans faire violence à aucun principe; car l'art. 847 du code porte textuellement : « les dons et legs faits *au fils* de celui qui se
» trouve successible à l'époque de l'ouverture de la

» succession sont toujours réputés faits avec dispense
» de rapport ;

» Le père, venant à la succession du donateur, n'est
» pas tenu de les rapporter ».

Ainsi, si la donation avec charge se trouve réellement faite aux enfans du grevé, celui-ci peut venir à la
succession du donateur sans être obligé au rapport.

D'ailleurs, si la donation avec charge n'était pas
considérée comme un préciput, il serait impossible
de satisfaire à l'obligation de rendre aux enfans.

Ne pouvant substituer que la quotité disponible, il
en résulte que l'auteur de la substitution n'est censé
disposer que de cette quotité, c'est-à-dire, d'une chose
qu'il met hors de sa succession.

Enfin, au moment du partage, le donataire grevé
de substitution ne paraît pas, en effet, avoir aucun
avantage sur les autres copartageans, puisque la donation à lui faite n'est qu'un dépôt qu'il doit rendre à
ses enfans.

Mais si, au décès du donateur, les petits-enfans
appelés se trouvent successibles, attendu le prédécès de
leur père grevé, alors ils seront tenus de rapporter
l'émolument de la substitution (art. 846); cet article porte que le donataire qui n'était pas héritier
présomptif lors de la donation, mais qui se trouve
successible lors de l'ouverture de la succession, doit
le rapport, à moins que le donateur ne l'en ait dispensé.

Ici le rapport de la part des enfans appelés est
absolument nécessaire : l'objet de la substitution était
de leur procurer une ressource dans le cas d'une
mauvaise administration de la part de leur père ; mais
par le prédécès de celui-ci l'objet se trouve rempli,
puisque les petits-enfans peuvent opter entre l'émolument de la donation ; or, leur droit successif réclamant la succession, ils doivent rapporter, parce qu'ils

sont successibles, et que le donateur n'a pas entendu les dispenser du rapport.

1068. — Pierre a fait une donation à Jean, son fils, avec charge de rendre à tous ses enfans nés et à naître ;

Pierre meurt, et laisse à lui survivans Jean et deux autres enfans, Etienne et Jacques :

Jean, donataire, n'a pas d'enfans ; il n'est pas même marié :

La question est de savoir s'il doit rapporter à la succession du donateur le don qui lui a été fait avec charge.

Je le crois dispensé du rapport : la charge de rendre prouve que le donateur n'a voulu disposer que de sa quotité disponible, et ne porter aucun préjudice à la réserve légale compétant à chacun de ses enfans ; en chargeant le donataire de rendre, il a plutôt donné aux appelés qu'au grevé : d'où il résulte que dans la pensée du donateur le don n'était pas susceptible de rapport ; de plus, il peut survenir des enfans au grevé, et alors si le rapport avait eu lieu, il faudrait nécessairement renverser le partage fait, et considérer la donation comme un préciput ; ce qui présenterait des inconvéniens sans nombre, et une incertitude funeste dans le droit de propriété.

Ainsi, je pense que Jean n'est pas soumis au rapport, et que le partage fait avec ses frères est absolument définitif ; qu'en un mot, le préciput tacite produit son effet, soit qu'il survienne ou non des enfans audit Jean, donataire : la charge de rendre renferme implicitement une dispense de rapport.

Les mêmes principes s'appliquent à une substitution faite par un oncle en faveur de ses neveux enfans du donataire grevé ; il faut toujours considérer la donation avec charge de rendre comme un véritable préciput.

1069. — Nous avons déjà fait remarquer que, d'après l'art. 1052, l'enfant ou le frère qui a accepté une première donation sans charge, en accepte une nouvelle sous la condition que les biens précédemment donnés seront substitués à ses enfans, le donataire ne peut diviser les deux dispositions : en vain renoncerait-il à la deuxième donation avec le consentement du donateur, la substitution n'en frapperait pas moins les biens compris dans la première.

Mais cela n'est vrai, et ne produit son effet que par rapport au donataire; car l'on sent que si avant l'acceptation de la deuxième donation il avait vendu ou hypothéqué tout ou partie des biens compris dans la première, dans ce cas, l'acceptation de la seconde ne saurait nuire aux acquéreurs et créanciers; le simple bon sens nous apprend que le droit d'un tiers ne peut être anéanti, ni modifié sans son consentement, et par la seule volonté de l'autre partie contractante : comment la substitution établie par la seconde donation aurait-elle un effet rétroactif? Elle existe, mais seulement à compter de la deuxième donation, et ses effets ne commencent qu'avec son existence : c'est ce que décide textuellement l'art. 17 du tit. 1.er de l'ordonnance de 1747.

§ II. *Des effets de la substitution, des formalités pour la conservation des biens substitués.*

1070. — La donation avec charge de rendre aux enfans du donataire est faite sous cette condition, que la donation sera résolue à l'égard du donataire si celui-ci meurt laissant des enfans au premier degré; la survivance de ces enfans, ou de l'un d'eux, est la condition résolutoire tacitement stipulée, et dont l'effet est de dépouiller le père, pour investir ses enfans au premier degré.

La donation avec charge étant faite sous une condition résolutoire, il en résulte que jusqu'à l'accomplissement de cette condition le donataire grevé conserve la propriété des biens donnés ; il a le droit irrévocable d'en percevoir les fruits, il peut aliéner et hypothéquer les biens grevés ; mais il ne peut transmettre aux créanciers et aux acquéreurs qu'un droit résoluble, comme il l'a lui-même.

Ainsi, si la condition résolutoire ne s'accomplit pas, le donataire aura toujours été propriétaire incommutable, et toutes les aliénations par lui faites produiront leur effet.

Si la condition résolutoire s'accomplit, tous les droits du donataire à la propriété seront anéantis, ainsi que les aliénations par lui faites ; parce que l'accomplissement de la condition a toujours un effet rétroactif, et que l'on considère les choses comme si le donataire n'avait jamais eu la propriété des biens donnés ; cela n'est vrai cependant que par rapport à la propriété, car quant aux fruits perçus par le donataire, il les a faits irrévocablement siens, et n'est pas obligé d'en rendre compte.

Ainsi, dans une donation avec charge de rendre le donataire grevé a sur les biens donnés une propriété réelle, actuelle, mais résoluble ; les appelés ont sur les mêmes biens une propriété dépendante d'une condition suspensive : d'où il résulte que les appelés ne peuvent, avant l'ouverture de la substitution, attaquer les actes faits par le grevé ; comment pourraient-ils faire renverser ces actes, eux qui n'ont qu'une simple expectative qui ne se réalisera peut-être jamais ?

Mais de ce que les appelés ont un droit dépendant d'une condition suspensive, il résulte qu'ils peuvent faire tous les actes conservatoires de leurs droits ; la loi a même fait plus, elle a chargé un tuteur *ad hoc* de veiller à la conservation des biens substitués : la nomination de ce tuteur est non-seulement due à la

Considération que les appelés sont mineurs ; et même non encore nés, mais encore à la nécessité d'interposer entre le père et les enfans un tiers chargé de l'intérêt de ces derniers, pour éviter toute occasion de dispute ou de mésintelligence entre des personnes qui ne doivent connaître que l'amour et le respect.

1071. — Le tuteur peut être nommé par le donateur substituant, soit dans l'acte de substitution, soit dans un acte postérieur et authentique.

L'authenticité est la seule formalité ordonnée par la loi.

Ce tuteur ne pourra être dispensé que pour une des causes exprimées en la sect. 6 du chap. 2 du titre de la minorité, de la tutelle et de l'émancipation (art. 1055).

Si le substituant n'a pas nommé de tuteur, il en sera nommé un, à la diligence du grevé, dans le délai d'un mois, *à compter de la donation :* c'est ainsi qu'il faut interpréter l'art. 1056, car renvoyer la nomination du tuteur jusqu'après la mort du donateur, ce serait compromettre la substitution, et rendre impossible l'exécution de plusieurs formalités ordonnées par la loi.

Cette nomination du tuteur doit être faite par le conseil de famille, et d'après les formalités tracées au titre des tutelles.

Si le grevé négligeait de faire procéder à la nomination du tuteur, il pourrait être déchu du bénéfice de la donation, et le droit déclaré ouvert au profit des appelés, à la diligence, soit des appelés majeurs, soit de leur tuteur ou curateur, s'ils sont mineurs ou interdits ; soit de tout parent des appelés majeurs, mineurs ou interdits, ou même d'office, à la diligence du procureur du Roi près le tribunal de première instance du lieu où la succession s'est ouverte (art. 1057).

Mais il faudrait une négligence bien grande de la part du grevé, un refus obstiné de poursuivre la nomination du tuteur, malgré des sommations *ad hoc* à lui faites, et un concours grave de circonstances, pour faire prononcer la déchéance ; je crois même que cette déchéance ne peut être prononcée que dans des cas bien rares, quand la substitution se trouve dans une donation entre-vifs, vu que la donation, attendu l'état estimatif des meubles donnés, présente l'inventaire qui doit être fait, et, par conséquent, l'accomplissement indirect, mais réel de cette formalité importante pour la conservation des biens substitués.

Je pense également que la nomination du tuteur peut être requise par les appelés majeurs, ou par l'un d'eux, par le tuteur des appelés mineurs, et même par le procureur du Roi : cela résulte de l'esprit de la loi.

SECTION I.re

Fonctions du tuteur, inventaire, transcription, inscription, obligations du grevé.

1072. — La plus importante et la plus pressante de toutes les obligations, et qui se trouve commune au tuteur et au grevé, c'est celle de faire transcrire la donation avec charge de rendre, quand elle porte sur des biens immeubles.

L'art. 1069 du code civil est ainsi conçu : « les » dispositions par actes entre-vifs ou testamentaires à » charge de restitution seront, à la diligence, soit du » grevé, soit du tuteur nommé pour l'exécution, ren- » dues publiques, savoir, quant aux immeubles, par » la transcription des actes sur le registre du bureau » des hypothèques du lieu de la situation, et quant » aux sommes colloquées avec privilége sur des im- » meubles, par l'inscription sur les biens affectés au » privilége ».

Ainsi, de suite après la donation avec charge de

rendre il faut que le grevé la fasse transcrire, si elle porte sur des immeubles : cette transcription doit être faite le plutôt possible ; et si le grevé néglige de la faire faire, il faut que le tuteur fasse transcrire sans délai ; car jusqu'à la transcription le donateur et le grevé peuvent, dans l'intérêt de tiers, vendre et hypothéquer les biens substitués (art. 1069 du code).

Le défaut de transcription, dit l'art. 1070, pourra être opposé par les créanciers ou tiers-acquéreurs même aux substitués mineurs ou interdits, sauf le recours contre le grevé et contre le tuteur à l'exécution, et sans que les mineurs ou interdits puissent être restitués contre ce défaut de transcription, quand même le grevé et le tuteur se trouveraient insolvables.

L'art. 1071 ajoute que le défaut de transcription ne pourra être suppléé, ni regardé comme couvert, par la connaissance que les créanciers ou tiers-acquéreurs pourraient avoir eues de la disposition par d'autres voies que celles de la transcription.

1073. — Les dispositions de cet article du code nous prouvent toute la nécessité de la transcription, ainsi que l'importance de cette formalité : la transcription est le seul, l'unique moyen d'empêcher au profit de tiers la vente ou l'hypothèque des biens substitués ; en un mot, les ventes et les hypothèques consenties avant la transcription, soit par le donateur, soit par le grevé, sortent à effet ; celles qui sont consenties depuis ne peuvent rien opérer au préjudice de la substitution.

Tel est l'avantage essentiel de la transcription, avantage qui en fait sentir l'impérieuse nécessité.

1074. — La transcription produit encore un autre avantage ; une fois faite, le tiers-acquéreur ne peut prescrire par dix ou vingt ans au préjudice des appelés.

Je m'explique : malgré la transcription, le grevé

peut vendre les immeubles substitués, parce qu'il est
investi d'un droit de propriété réel, mais résoluble;
droit qui existe du moment de la donation, mais qui
doit s'anéantir avec tous ses effets à l'ouverture de la
substitution; ainsi, la vente consentie par le grevé
aura l'effet de transmettre une propriété résoluble
à l'acquéreur.

En vertu de la maxime *contra non valentem
agere non currit præscriptio*, l'on sent que jusqu'à
l'ouverture de la substitution la prescription ne peut
courir au préjudice des appelés ; mais supposons qu'a-
près l'ouverture de la substitution le tiers-acquéreur
soit laissé en possession des biens, et que cette possession ait duré dix ou vingt ans ; la question sera
alors de savoir si le tiers-acquéreur pourrait opposer
aux appelés la prescription de dix ou vingt ans : je dis
qu'il ne le pourrait pas.

Je me fonde sur l'opinion de *Pothier*, dans son
traité des prescriptions, n.° 141, où il s'exprime en
ces termes : « les *droits de substitution* dont des héri-
» tages ou rentes sont chargés, ne sont pas sujets à
» cette prescription, lorsque la substitution a été dû-
» ment publiée et insinuée; la raison est que celui qui
» a acquis ces héritages ou rentes ne peut avoir une
» ignorance excusable et invincible de la substitution
» dont ils sont chargés, ayant pu consulter les re-
» gistres publics où ces substitutions sont enregis-
» trées ».

On peut ajouter à ces raisons, que la bonne foi est
requise dans la prescription de dix et vingt ans
(art. 2265 du code), et qu'il est impossible de la
présumer en la personne du tiers-acquéreur, qui est
supposé connaître avant d'acheter les titres de propriété de son vendeur ; or, l'exhibition de ces titres
lui a fait connaître la substitution.

1075. — Quand, par le défaut de transcription,
les

les appelés se trouvent dépouillés de tout ou de partie des biens substitués, la loi leur donne un recours contre le grevé et contre le tuteur (art. 1070).

Ce droit de recours ou de garantie a besoin de quelque explication.

Si la vente ou hypothèque ont été consenties par le donateur substituant, les appelés doivent d'abord exercer leur droit de recours ou de garantie contre le donateur ou contre sa succession ; si ce recours est insuffisant, ils doivent agir, 1.º contre le tuteur, et ensuite contre le grevé, si le recours contre le tuteur ne les a pas rendus parfaitement indemnes.

Cette manière de procéder me paraît naturelle et juste : le donateur qui vend ce qu'il a donné se rend coupable, et se soumet à la garantie ; les appelés doivent donc commencer par agir contre lui, et cela avec d'autant plus de raison, qu'il est la cause de la perte qu'ils éprouvent, et qu'il en a tiré du profit.

Sous un autre rapport, il faut toujours commencer par poursuivre le donateur qui a vendu, et cela afin d'éviter un circuit d'actions inutiles ; en effet, si les appelés attaquaient le tuteur, celui-ci pourrait toujours agir en garantie contre le substituant qui s'est permis de vendre ce qu'il avait donné : en dernier résultat, ce serait toujours le donateur qui devrait payer ; il faut donc commencer par le poursuivre.

Si le recours est insuffisant contre le donateur qui a vendu ou hypothéqué, je pense que les appelés doivent agir contre le tuteur à la substitution, et subsidiairement contre le grevé : sans doute le tuteur et le grevé doivent également faire transcrire, sans doute ils sont soumis aux mêmes obligations ; l'on peut même dire que le grevé, en sa qualité de père, est plus coupable dans sa négligence, parce qu'il doit une plus grande sollicitude à ses enfans ; mais comme c'est l'intérêt des appelés qu'il faut particulièrement

Tom. III.   3

considérer, et attendu qu'ils ne pourraient exercer le recours en garantie contre le grevé, qui est nécessairement leur père, sans répudier sa succession; je pense que le recours doit être exercé contre le tuteur; je ne crois pas qu'on puisse d'abord diviser ce recours par portions égales entre le tuteur et le grevé, et l'exercer ensuite subsidiairement, et *in solidum*, contre l'un d'eux; dans le cas d'insolvabilité de l'autre, je ne pense pas, non plus qu'on [doive commencer à agir contre le grevé.

1076. — Mais lorsque les appelés se trouvent en perte par la vente ou hypothèque consenties par le grevé, dans ce cas le recours ne peut être exercé que subsidiairement contre le tuteur, et lorsque le recours contre la succession du grevé ne les aura pas rendus indemnes : si les appelés pouvaient agir en garantie contre le tuteur, sans discussion préalable des héritiers de leur père, il en résulterait, 1.º un circuit d'actions inutiles, car le tuteur pourrait toujours agir en garantie contre les successeurs du grevé qui aurait vendu ; 2.º une injustice révoltante dans le cas où cette garantie contre le grevé se trouverait insuffisante : sans doute, dans cette espèce, le tuteur est coupable de négligence, en ne faisant pas transcrire ; mais le grevé est non-seulement coupable de cette négligence, mais encore d'un véritable dol, en vendant ce qui éventuellement pouvait cesser d'être à lui.

1077. — Ces observations nous prouvent combien il importe au tuteur de ne pas perdre un instant pour faire transcrire la donation avec charge de rendre ; la loi ne fixant aucun délai, l'on sent qu'il doit agir du moment que sa nomination est connue ; et s'il a des craintes sur l'administration du grevé, n'ayant pas l'expédition de la donation, le tuteur peut sommer ce dernier d'avoir à faire transcrire de suite, ou à lui remettre l'expédition de la donation, pour qu'il puisse lui-même satisfaire à cette formalité : une pareille sommation peut souvent être utile au tuteur.

1078. — La transcription étant faite, et le grevé venant à vendre les biens substitués, l'on peut demander si les enfans appelés à être héritiers de leur père peuvent évincer l'acquéreur, et si celui-ci ne pourrait pas leur opposer la maxime *quem de evictione tenet actio eundem agentem repellit exceptio.*

Non, cette maxime ne pourrait être opposée aux appelés, quoique héritiers du vendeur, parce que, par l'effet de la transcription, l'acquéreur est censé avoir connu la substitution, et, par voie de suite, qu'il n'achetait qu'un droit résolutoire : les appelés ne demandent pas le délaissement sur le fondement de la nullité de la vente, mais sur sa résolution éventuelle connue de l'acquéreur, et opérée par l'ouverture du fidéicommis ; ainsi, les appelés peuvent demander le délaissement, mais à la charge par eux de rembourser à l'acquéreur le prix de l'aliénation, frais et loyaux coûts ; de manière que l'acquéreur ne pourra être évincé qu'après ce remboursement : telle est la disposition littérale de l'art. 31, tit. 2 de l'ordonnance de 1747. Vid. *Furgole* sur cet article.

Quant aux améliorations, seront-elles perdues pour le tiers-acquéreur ? On peut dire qu'il ne pourra rien demander à ce sujet ; car, 1.° le susdit art. 31 de l'ordonnance oblige seulement au remboursement du prix et des frais ; 2.° la loi 2, § 4, cod. *com. de legat. et fideic.*, décide textuellement que l'acquéreur qui connaissait la substitution ne peut rien demander à raison des améliorations par lui faites : *emptor autem sciens rei gravamen, adversùs venditorem habeat tantùm ad restitutionem pretii, neque duple stipulatione, neque melioratione locum habente* : vid. *Furgole* sur l'art. 31 de l'ordonnance de 1747 ; 3.° d'après l'art. 1599 du code la vente du bien d'autrui est nulle, et elle ne peut donner lieu à des dommages-intérêts que lorsque l'acheteur a ignoré que la chose fût à autrui.

Je pense cependant que le tiers-acquéreur doit être comparé à celui qui a sciemment planté ou construit sur le fonds d'autrui (art. 555) : ainsi, les appelés peuvent exiger la suppression des plantations et constructions, sans aucune indemnité pour le tiers-acquéreur ; mais s'ils veulent garder les plantations et constructions, ils doivent rembourser le prix de la main-d'œuvre et la valeur des matériaux, sans avoir égard à la plus ou moins grande augmentation de valeur que le fonds a reçu : telles sont les règles de l'équité ; il serait contraire à toute justice que les appelés pussent profiter des améliorations faites par l'acquéreur : *nemo debet locupletari cum alterius jacturâ.*

Cette décision n'est pas contraire à ladite loi 3, cod. *com. de legat. et fideic.* : cette loi dit seulement que l'acquéreur n'a pas d'action contre le vendeur à raison des améliorations ; mais elle ne dit pas que cette action sera déniée contre les substitués qui évincent et profitent des améliorations faites : que le vendeur ne soit pas tenu des améliorations, la chose est juste, il n'en profite pas ; mais que les substitués qui évincent en pussent profiter à pure perte pour l'acquéreur, voilà ce qui serait injuste ; or, dans notre espèce, les appelés qui évincent ne sont pas tenus des améliorations en qualité d'héritiers de leur père vendeur, j'en conviens, la susdite loi s'y oppose ; mais ils en sont tenus de leur chef, comme appelés, et comme profitant des améliorations ; et l'équité le commande. Vid. *Furgole* sur le susdit art. 31.

Nous avons vu que le défaut de transcription d'une donation pure et simple ne pouvait être opposé, ni par les seconds donataires, ni par les légataires, ni par les héritiers du donateur, ni, enfin, par le donateur lui-même ; et c'est ce que nous trouvons littéralement décidé relativement aux donations avec charge de rendre par l'art. 1072 du code ; ainsi, quant à ce, il ne faut pas distinguer les donations pures et simples des donations avec charge ; les distinctions qu'on a voulu établir doivent être rejetées.

Les tiers-acquéreurs ou créanciers sont les seuls qui puissent opposer le défaut de transcription, la loi veut même qu'ils puissent le faire quelque connaissance qu'ils ayent d'ailleurs de la donation (art. 1071) : telle est la loi ; mais je puis le dire, elle me paraît dure et sévère ; il me semble qu'elle donne la préférence à l'exécution d'une pure formalité sur la bonne foi, qui doit être la base de tous les contrats, et qui peut seule les valider. Vid. *Furgole* sur l'art. 23 de l'ordonnance de 1731.

SECTION II.

De l'inscription des créances.

1079. — Si la substitution a pour objet une somme déterminée colloquée sur des immeubles, le tuteur doit faire inscrire pour la sureté de cette hypothèque (art. 1069).

Cet article n'est pas clair, et désigne d'une manière trop vague la nature des créances qui doivent être inscrites.

Pour se faire entendre, il faut poser quelques hypothèses.

Pierre donne à son fils une somme déterminée, avec charge de la rendre à ses enfans nés et à naître : si Pierre ne paye pas cette somme, et s'il affecte spécialement un immeuble pour la sureté de la somme donnée, la chose est simple, le grevé et le tuteur doivent faire inscrire sur l'immeuble hypothéqué ;

Si Pierre n'affecte aucun immeuble, alors l'inscription est impossible, notre système hypothécaire s'y oppose.

1080. — Supposons que Pierre paye la somme donnée au donataire grevé, et qu'il ait l'attention de stipuler que tels et tels biens du grevé seront affectés et hypothéqués spécialement pour la sureté de la substitution ; dans ce cas l'inscription devra être faite sur les biens du grevé.

Mais s'il n'existe pas d'affectation spéciale, l'inscription ne pourra avoir lieu, ni sur les biens du grevé, ni sur ceux du donateur; c'est ce qui résulte de notre système hypothécaire, qui n'admet que les hypothèques légales, les hypothèques judiciaires, et les hypothèques conventionnelles, quand elles sont expressément spéciales.

On pourrait demander si, dans notre hypothèse, et à défaut d'hypothèque spéciale sur les biens du grevé, le tuteur ne pourrait pas agir contre lui, pour faire ordonner que tous ses biens demeureraient affectés pour la sureté de la somme par lui reçue ? Cette action me paraît permise par l'esprit de la loi, et le grevé ne saurait mettre obstacle à l'hypothèque générale résultant du jugement ; car il faut raisonner par rapport à la somme donnée tout comme à l'égard des sommes provenant de la vente de meubles substitués ; et comme le tuteur peut exiger l'emploi de ces dernières sommes, avec une affectation spéciale sur un immeuble (art. 1067), de même il doit pouvoir exiger que tous les biens, ou du moins une quantité suffisante des biens du grevé soit affectée pour la sureté de la somme donnée.

Cependant comme la loi n'ordonne pas au tuteur de poursuivre cette ordonnance, je ne pense pas qu'il puisse être responsable du défaut de poursuite quant à ce.

Ces réflexions font du moins sentir la nécessité où se trouve le donateur d'exiger une hypothèque spéciale, ou de garder la somme jusqu'à ce que cette sûreté puisse être donnée par le grevé.

1081. — Supposons que Pierre substitue une créance qu'il a sur un tiers :

Dans ce cas, si cette créance est inscrite, le grevé et le tuteur sont seulement tenus de renouveler l'inscription ;

Si elle n'est pas inscrite, et que l'inscription puisse être faite, ils doivent y faire procéder sans délai ;

Si l'inscription n'est pas possible, soit par défaut d'affectation spéciale, soit parce que la créance est sous signature privée, dans ce cas le grevé et le tuteur ne peuvent rien faire ; mais ils doivent poursuivre le débiteur à l'échéance, pour pouvoir faire inscrire en vertu du jugement de condamnation.

1082. — Dans tous les cas où l'inscription est possible, le tuteur et le grevé sont responsables du préjudice résultant du non accomplissement de cette formalité, et ce dans l'ordre que nous avons expliqué relativement au défaut de transcription.

1083. — Pierre a donné à son frère une créance sur Joseph, avec charge de conserver et de rendre la somme donnée aux enfans nés et à naître du donataire ;

La créance sur Joseph est inscrite :

Joseph pourra-t-il se libérer sans l'assistance du tuteur, et s'il paye sans cette assistance est-il garant de l'emploi ?

Il faut dire que Joseph est définitivement libéré par la quittance donnée par le grevé sans l'assistance du tuteur ; la loi n'oblige pas le débiteur de requérir cette assistance, encore moins de surveiller l'emploi des deniers remboursés : d'après l'art. 1066 le grevé peut recevoir le remboursement, il a trois mois pour en faire emploi ; or, il serait contraire à toute justice, que le débiteur qui s'est dessaisi de ses fonds pût encore demeurer responsable de l'emploi : si telle eût été l'intention du législateur, il aurait expressément défendu tout remboursement sans emploi à l'instant même, ou du moins sans l'assistance du tuteur.

Supposons que le tuteur ait fait une inscription au profit de la substitution sur les biens de Joseph, indépendamment de celle déjà faite au nom du donateur ; cette inscription sera-t-elle une défense de payer sans l'assistance du tuteur ? et en cas de payement sans cette assistance le débiteur sera-t-il responsable de l'emploi ? Je pense que, même dans cette hypothèse, l'assistance du tuteur n'est pas nécessaire pour la validité de la libération du débiteur, et que celui-ci n'est nullement garant de l'emploi ; car le but de l'inscription prise au nom de la substitution était de prévenir l'insolvabilité du débiteur, et d'assurer le payement de sa dette : voilà tout ; or, le débiteur s'est libéré ; il l'a fait entre les mains de celui qui est porteur du titre, entre les mains de celui que la loi lui désigne comme ayant qualité pour recevoir : sa libération est donc définitive. Vid. l'art. 15 du titre 2 de l'ordonnance de 1747.

Ainsi, le tuteur qui voudra empêcher la libération du débiteur entre les mains du grevé doit faire une opposition entre les mains du débiteur ; s'il paye malgré cette opposition, ce dernier sera responsable du défaut d'emploi. Vid. M. *Grenier*, n.º 390.

SECTION III.

De l'inventaire des biens substitués.

1084. — La loi ordonne au grevé et au tuteur de faire faire un inventaire estimatif de tous les biens et effets substitués (art. 1059 et 1073).

Cet inventaire doit être fait, dit l'art. 1059, dans le délai fixé au titre des successions, c'est-à-dire, dans le délai de trois mois (art. 795 du code).

Remarquons que s'il s'agit d'une donation de biens présens la faction d'inventaire est inutile et superflue, puisque cet inventaire, même par rapport aux meubles, se trouve remplacé par l'état estimatif qui doit être annexé à la donation à peine de nullité : les biens substitués étant ainsi constatés dans l'acte même contenant substitution, l'inventaire qu'on ferait ensuite ne présenterait qu'une répétition inutile, sans objet, et causant des frais frustratoires.

Mais si la donation porte sur des biens à venir, ou sur une quote de biens à venir, ou même si dans la donation des biens présens il se trouve des immeubles qui se trouvent immeubles par destination, comme bestiaux, semences, cuves, etc., il faut faire procéder à l'inventaire ; savoir : dans le premier cas, de tous les biens délaissés par le donateur lors de son décès, et, dans le second cas, desdits immeubles par destination, avec estimation des objets, pour fixer la valeur qui doit être rendue lors de l'ouverture de la substitution (art. 1064).

Il est toujours prudent de faire constater l'état des immeubles dans l'inventaire ; rien du moins ne saurait empêcher le grevé de faire constater l'état des meubles.

1085. — Les formes de l'inventaire sont réglées par le code de procédure civile.

Le tuteur doit y être présent, ou dûment appelé (art. 1059).

Si le tuteur, dûment appelé, ne se présente pas, pourra-t-on procéder à l'inventaire? Oui, et telle est l'opinion de *Furgole ;* mais le tuteur demeure responsable envers les appelés de tout le préjudice résultant pour eux de l'infidélité de l'inventaire, et s'expose à la preuve des omissions par la commune renommée et le serment *in litem,* qui serait déféré aux appelés ; il est donc très-important au tuteur de ne pas manquer à la citation qui lui serait donnée pour assister à l'inventaire.

1086. — Le substituant peut-il dispenser le grevé de faire faire inventaire, et cette dispense serait-elle valable ?

On peut dire que le substituant ne devant rien aux appelés, et étant le maître de les gratifier ou non par la substitution, il doit pouvoir également dispenser le grevé de toute faction d'inventaire : telle est la conséquence de la maxime *qui peut le plus peut le moins ;* or, la dispense de l'inventaire peut au pire être considérée, par rapport aux meubles, comme une substitution *de residuo,* qui doit être valable. *Fachin* adopte cette opinion, *controvers. juris,* lib. 6, chap. 25 ; *Vedel,* liv. 8, chap. 3.

Sur l'art. 1.er du tit. 2 de l'ordon. de 1747, *Furgole* professe une autre doctrine : la nécessité de faire inventaire en la forme prescrite par cette ordonnance est précise et indispensable, dit *Furgole ;* en sorte que ceux qui en sont chargés doivent y faire procéder, quand même le substituant aurait lui-même fait un inventaire de son vivant, et qu'il aurait expressément défendu d'en faire quelqu'autre : cette nécessité précise résulte de plusieurs articles ; et ce serait une erreur de croire que le testateur en pût dispenser, quoi qu'en ayent pu dire certains auteurs. Leg. 55, ff *de legat.* 1.

Je crois que la dispense de faire inventaire est valable : en effet, celui qui ne donne qu'en usufruit pouvant dispenser l'usufruitier de faire inventaire, comment le substituant ne le pourrait-il pas? comment l'usufruitier aurait-il plus de faveur que le grevé? L'usufruitier ne peut jamais avoir que l'usufruit; le grevé, outre son droit d'usufruit, peut être éventuellement propriétaire absolu et incommutable par le prédécès de ses enfans; le grevé est, sous ce rapport, plus digne de faveur; il a plus de droits aux biens donnés, et cependant il aurait moins d'avantage que l'usufruitier! Cela ne peut être; ayant incontestablement la qualité d'usufruitier, il doit, comme lui, pouvoir être dispensé de la faction d'inventaire.

Furgole fonde son opinion sur les art. 35, 39, 40 et 42 de l'ordonnance de 1747, qui ordonnent l'inventaire; mais, 1.º cette ordonnance est abrogée; 2.º le code ordonne également à l'usufruitier de faire procéder à l'inventaire, et néanmoins il a été reconnu au conseil d'état que la dispense de cet inventaire était valable. Quant à la loi 55, que *Furgole* invoque, elle est sans application à notre espèce; cette loi décide seulement que le testateur ne peut insérer qu'il veut que ses dispositions ne soient pas régies par les lois: *nemo potest in testamento suo cavere ne leges in suo testamento locum habeant;* ce qui, comme l'on voit, n'a pas de rapport avec la question qui nous occupe.

1087. — Faisons-nous des idées justes sur la formalité de l'inventaire.

Si la substitution était faite par testament, et si elle portait sur toute la succession du substituant, ou sur une quote de sa succession, il faudrait toujours faire l'inventaire de la succession entière;

Si la substitution ne portait que sur un legs particulier, alors il ne faudrait pas inventorier la succession, mais seulement les objets compris dans ce legs à titre particulier ;

De même si la donation avec charge porte sur tous les biens, ou sur une quote de tous les biens présens et à venir du donateur, il faudra inventorier la succession entière de ce dernier :

Si la donation ne porte que sur des objets particuliers, il suffira de faire un inventaire de ces derniers objets, quand cet inventaire ne se trouvera pas fait dans l'état estimatif annexé à la donation :

Dans le cas d'une substitution testamentaire, ou dans le cas d'une donation avec charge portant sur des biens présens et à venir, ou sur les biens à venir du donateur, le grevé doit faire procéder à l'inventaire dans les trois mois de la mort du substituant, en présence du tuteur à la substitution (art. 1059) ;

Si la donation avec charge porte sur des biens présens, dont l'inventaire ne se trouve pas résulter de la donation et de l'état estimatif, le grevé doit faire procéder à l'inventaire de suite après la donation.

1088. — Si le grevé a négligé de faire procéder à l'inventaire, il doit y être procédé dans le mois suivant à la diligence du tuteur, en présence du grevé, ou lui dûment appelé (art. 1060) ;

Si le grevé et le tuteur n'ont pas fait procéder à l'inventaire, il y sera procédé à la diligence, soit des appelés, ou de leur tuteur, soit de quelqu'un de leurs parens, soit même d'office, à la requête du procureur du Roi, le grevé et le tuteur présens, ou dûment appelés (art. 1061) :

Dans tous les cas les frais d'inventaire seront pris sur les biens substitués (art. 1059).

L'inventaire doit contenir la prisée, à juste prix, des meubles et effets mobiliers (art. 1058).

SECTION IV.

Vente du mobilier, emploi du prix et des effets recouvrés.

1089. — Le grevé doit faire procéder à la vente, par affiches et enchères, de tous les meubles et effets compris dans la donation.

Mais il est dispensé de vendre, 1.º les meubles et autres choses mobilières qui auront été substituées sous la condition expresse de les conserver en nature : ces objets seront, dans ce cas, rendus dans l'état où ils se trouveront lors de l'ouverture de la substitution ; 2.º les bestiaux et ustensiles servant à faire valoir les terres, ce qui comprend tous les immeubles par destination : le grevé ne devra lors de l'ouverture que la valeur de ces objets, d'après l'estimation qu'il a dû en faire faire (art. 1064 ét 1065).

1090. — Si le grevé ne fait pas procéder à cette vente, le tuteur est chargé d'y faire procéder à peine de toute indemnité (art. 1073).

La loi ne désigne pas d'une manière précise les formalités nécessaires pour la validité de cette vente ; elle ordonne seulement des affiches et des enchères : je pense qu'il faut, pour ne pas tomber dans un arbitraire souvent funeste, appliquer à ces affiches et à la vente les règles du code de procédure relatives à la vente des objets saisis. Vid. les art. 617, 618 et suivans, et l'art. 945 du code de procédure.

. M. *Grenier* pense que le tuteur doit être appelé pour être présent à la vente : cette précaution est sage, je la crois même dans l'esprit de la loi ; mais je pense aussi que cette formalité ne peut être exigée à peine de nullité, parce que les nullités ne se présument pas, et ne peuvent être suppléées par induction.

Observons, avec *Furgole*, sur l'art. 8 du tit. 2 de l'ordonnance de 1747, que les billets, contrats et obligations compris dans la substitution ne doivent pas être vendus, l'obligation de vendre étant limitée aux meubles et effets mobiliers qui dépérissent par l'usage, ou éprouvent des changemens et altérations par l'effet du temps; pourquoi, d'ailleurs, dénaturer les créances substituées? quel serait le résultat de la vente? une nouvelle créance; car l'emploi des ventes peut être placé : une preuve, d'ailleurs, que les contrats ne peuvent être vendus résulte de l'art. 1066, qui ordonne de faire emploi des deniers recouvrés et des remboursemens de rentes; or, les contrats ne pourraient être recouvrés par le grevé, ni les rentes à lui payées, s'il était obligé de vendre les titres de ces créances; remarquons même que la classification de cet art. 1066 prouve qu'il y est question des effets recouvrés postérieurement à la vente des meubles.

1091. — Six mois après la clôture de l'inventaire le grevé devra faire emploi, 1.º des deniers comptans; 2.º du produit de la vente des meubles; 3.º de ce qu'il aura pu recouvrer des dettes actives.

Ce délai pourra être prorogé par le juge sur la demande du grevé.

L'emploi devra être fait conformément à ce qui aura été ordonné par le substituant, s'il a désigné la nature de cet emploi; à défaut de désignation, il faudra placer les fonds en acquisition d'immeubles, ou du moins avec une hypothèque spéciale suffisante pour la sureté des fonds prêtés : tout cela devra être fait à la diligence et en présence du tuteur (art. 1065, 1066 1067 et 1068) : si les biens substitués sont grevés de dettes, il faudra payer ces dettes avec les fonds recouvrés; c'est là le meilleur et le plus solide des emplois : l'ordonnance de 1747 y est textuelle.

L'art. 1065 dit que l'emploi des deniers recouvrés

sur les effets actifs devra être fait dans les six mois, à compter du jour de la clôture de l'inventaire.

L'art. 1066 porte que cet emploi devra être fait dans les trois mois de la réception des deniers ; ce qui semble présenter une contradiction.

Il faut dire que par rapport aux deniers reçus dans les premiers six mois de l'inventaire, l'emploi de ces deniers ne devra pas être fait dans les trois mois de leur réception, si les six mois depuis l'inventaire ne se sont pas écoulés ; mais si, en comptant trois mois à dater de leur réception, nous ne nous trouvons plus dans les six mois de l'inventaire, alors l'emploi devra en être fait dans les trois mois de la réception ; en d'autres termes, les deniers recouvrés sur les effets actifs dans les trois mois de la clôture de l'inventaire ne devront être placés que dans les six mois de cette clôture, sans considérer l'époque du recouvrement ; les deniers recouvrés après les trois premiers mois de la clôture de l'inventaire doivent être placés dans les trois mois du recouvrement.

1092. — Nous disons que le grevé doit faire emploi des deniers recouvrés d'après les dispositions des susdits articles ; d'où il résulte que le grevé peut exiger le payement des créances substituées, et en donner une valable décharge.

Or, puisque les débiteurs peuvent valablement payer au grevé, il en résulte qu'ils peuvent acquérir leur libération par la prescription pendant la vie du grevé, et avant l'ouverture du fidéicommis : telle est la conséquence du simple bon sens, et la décision de la loi 70, § dernier, ff *ad trebel.* Vid. *Catellan,* liv. 7, chap. 4.

Mais non-seulement la prescription peut s'accomplir sur la tête du grevé, et avant l'ouverture de la substitution, elle peut de plus s'accomplir en partie sur la tête du grevé ; de manière que le débiteur pourra dire aux appelés : la prescription a couru tant de temps contre le grevé ; elle a couru tant de temps contre vous : en joignant ces deux temps, la prescription se trouve accomplie.

En un mot, la prescription n'est pas suspendue pendant la jouissance du grevé ; elle court contre les appelés, tout comme s'ils étaient réellement et irrévocablement saisis de la créance du moment même de la donation avec charge. Vid. *Pothier*, obligations, n.º 656.

1093. — Nous venons de décider que le débiteur d'une dette substituée peut prescrire même à l'égard des appelés ; mais le détenteur d'un immeuble substitué peut-il également prescrire ?

S'il s'agit de la possession de dix ou vingt ans, qui suppose un titre et bonne foi, nous devons remarquer que si le possesseur a acquis à titre onéreux avant la transcription de la substitution, son titre lui suffit ; aucune possession n'est nécessaire pour le valider.

Si, au contraire, le titre est postérieur à la transcription, alors la vente est nulle, et la possession de dix ou vingt ans ne peut la valider ; nous l'avons déjà décidé d'après *Pothier* : la prescription de dix et vingt ans n'a pas lieu relativement aux biens substitués ; telle est, d'ailleurs, la disposition textuelle de la loi 3, § 3, cod. *com. de legat. et fideic.* : *ut nec usucapio, nec longi temporis præscriptio contra legatorium vel fideicommissarium procedat.*

Quant à ceux qui ont acquis les biens substitués à titre gratuit, ils ne pourraient, dans aucun cas, opposer la prescription de dix et vingt ans, parce qu'ils ne peuvent se prévaloir du défaut de transcription.

Mais supposons que le détenteur des biens substitués invoque la prescription trentenaire, cette prescription aura-t-elle lieu ?

Les

Les auteurs distinguent : ou la prescription a commencé sur la tête du substituant, ou elle a commencé depuis;

Dans le premier cas, ils disent que la prescription court incontestablement contre les appelés dont le droit n'est pas ouvert : « il en est, dit *Dunod*, traité » des prescriptions, part. 3, chap. 4, comme de la » prescription qui court contre la femme, quand elle » a commencée avant le mariage, et de la prescription » conventionnelle, contre laquelle le mineur n'est pas » restitué, lorsqu'elle a été commencée avec son au- » teur ».

Dans le deuxième cas, les auteurs ne sont pas d'accord : *Ricard* et *Domat* admettent la prescription, *Thevenot* et *Catellan* la rejettent : vid. ce dernier auteur, liv. 7, chap. 4.

A l'appui de cette distinction, et d'après les principes du code, l'on pourrait observer que la prescription trentenaire suppose un titre remontant au principe de la possession, et qui se trouve perdu par le laps de temps; or, si le titre supposé perdu est postérieur à la transcription de la substitution, il ne peut, et ne doit rien opérer, parce que l'aliénation se trouve nécessairement consentie par celui qui n'avait pas le droit de la consentir; ce qui fait que le possesseur ne peut invoquer la possession trentenaire : la supposition d'un titre perdu ne saurait produire plus d'effet que son existence réelle; quand, au contraire, la possession est antérieure à la transcription, alors la vente étant valable à l'égard du tiers-acquéreur, la supposition de l'existence originaire de cette vente doit produire son effet.

Je pense néanmoins que cette distinction ne doit pas être admise, et qu'il faut décider dans tous les cas, et quel que soit le commencement de la possession, que la prescription est suspendue à l'égard des appelés depuis la donation avec charge jusqu'à l'ouverture du fidéicommis.

On ne peut pas assimiler les biens substitués aux biens dotaux : si par rapport à ces derniers biens la prescription continue son cours pendant le mariage, quand elle a commencé auparavant, leg. 16, ff *de fundo dot.*, et l'art. 1561 du code, c'est que le mari est investi du droit d'arrêter le cours de la prescription, en poursuivant le détenteur; en un mot, le mari, maître des cas dotaux, peut agir, et les appelés ne le peuvent pas.

Il est vrai que, d'après les principes de l'ancienne jurisprudence, la prescription n'était pas suspendue par la minorité, quand elle avait commencé auparavant : *Catellan*, liv. 7, chap. 10, et *Serres*, pag. 167; mais cette distinction n'a pas été admise par le code, qui déclare que la prescription ne court pas contre les mineurs (art. 2252); donc la deuxième raison invoquée par *Dunod* se retourne aujourd'hui contre son propre système.

Je dis que, dans tous les cas, la prescription est suspendue à l'égard des appelés jusqu'à l'ouverture de la substitution : cela me paraît résulter non-seulement de la susdite loi 3, cod. *com. de leg. et fideic.*, mais encore des dispositions de l'art. 2257 du code, qui porte que la prescription ne court pas à l'égard d'une créance sous condition jusqu'à ce que cette condition arrive; or, le droit des appelés est incontestablement conditionnel, cette condition est même suspensive; donc, aux termes du code, la prescription est suspendue à l'égard des appelés jusqu'à l'ouverture du fidéicommis.

Sans doute, d'après l'art. 1180 du code, le créancier conditionnel peut faire tous les actes conservatoires de son droit; et de là il semble que l'on pourrait tirer la conséquence, qu'il ne dépend que des appelés d'ar-

rêter le cours de la prescription, en dénonçant le
fidéicommis au possesseur, et que, par voie de suite,
ils doivent souffrir d'une prescription qu'ils n'ont pas
interrompue, pouvant le faire.

Je réponds, 1.º que ce raisonnement ne pourrait
s'appliquer qu'aux appelés majeurs; 2.º que ce raisonnement n'est pas celui de la loi, car en même temps
qu'elle permet au créancier conditionnel de faire tous
les actes conservatoires, elle déclare formellement
que la prescription ne courra contre lui qu'à compter
de l'accomplissement de la condition; donc la faculté d'arrêter le cours de la prescription n'est pas
placée par la loi au nombre des actes conservatoires :
en d'autres termes, d'après le texte précis de la loi,
la prescription est suspendue à l'égard du créancier
conditionnel, quoique celui-ci puisse faire des actes
conservatoires; donc la faculté de faire des actes conservatoires n'exclut pas la suspension de la prescription.

De plus, ces actes conservatoires mettraient souvent
les enfans en opposition avec leur père, malheur
funeste qu'il faut éviter, et qu'on évite en conservant
le droit des enfans, nonobstant le défaut de toute
poursuite de leur part.

Enfin, l'on ne voit pas quels moyens les appelés
pourraient rigoureusement employer pour arrêter le
cours de la prescription : une simple dénonciation ou
protestation ne saurait suffire; quant à l'action en délaissement, il faudrait être propriétaire *actu* pour
pouvoir l'exercer, et les appelés ne le sont pas encore,
et ne le seront peut-être jamais.

Dira-t-on que le tuteur à la substitution peut agir
dans l'intérêt des appelés ? Je réponds que cette faculté
ne lui est pas donnée par la loi : d'où il résulte, 1.º
qu'en agissant il outre-passerait ses pouvoirs; 2.º que
du moins on ne saurait le forcer d'agir, ni le punir

de son inaction ; car après l'inventaire fait nulle obligation imposée au tuteur de suivre la possession des biens substitués : donc la prescription est nécessairement interrompue à l'égard des appelés, qui ne peuvent agir, ni par eux-mêmes, ni par le tuteur à la substitution : telle est l'opinion de *Furgole* sur l'art. 31, tit. 2 de l'ordonnance de 1747. Vid. le répertoire de jurisprudence, *verb.* substitution fidéicommissaire.

SECTION V.

Du droit du grevé jusqu'à l'ouverture du fidéicommis.

1094. — Nous avons déjà observé que le grevé est propriétaire des biens substitués, mais sous une condition résolutoire ; ainsi, jusqu'à l'accomplissement de cette condition, c'est-à-dire, jusqu'à l'ouverture du fidéicommis, le grevé a le droit absolu et exclusif de jouir des biens substitués.

Il peut même les donner et les vendre, mais toujours sous la condition résolutoire inhérente à son droit ; car il est de principe évident, que celui qui n'a qu'un droit résoluble ne peut transmettre aux autres qu'un droit soumis aux mêmes conditions.

Nous avons également observé que le grevé peut poursuivre les débiteurs des deniers substitués, en recevoir le remboursement, et en donner décharge valable.

Nous pouvons ajouter qu'il peut intenter et soutenir tous les procès qui concernent les biens substitués mobiliers ou immobiliers ; il le peut en sa double qualité, et de grevé, et de père des appelés ; et les jugemens rendus avec le grevé lient les appelés. Vid. les art. 50, 51 et 52 de l'ordonnance de 1747.

Mais les jugemens en matière de substitution doivent être précédés des conclusions du ministère public, l'art. 49 du titre 2 l'ordonnait expressément; et cela résulte littéralement de l'art. 83 du code de procédure, qui ordonne la communication au procureur du Roi de toutes les causes des mineurs, et de toutes celles où l'une des parties est défendue par un curateur; il suffit, en un mot, que la substitution soit intéressée dans un procès, pour que le procureur du Roi donne ses conclusions.

Si les biens substitués se trouvent indivis, et qu'il faille procéder au partage avant l'ouverture de la substitution, il faudra remplir les formalités requises pour les partages des biens des mineurs; car la substitution étant faite au profit des enfans nés et à naître, dans tous les cas, des mineurs y sont éventuellement intéressés : telle est aussi l'opinion de M. *Merlin*. Vid. le répertoire de jurisprudence, *verb.* substitution fidéicommissaire, section 18.

1095. — Le grevé peut-il transiger sur un procès qui intéresse la substitution? Suivant l'art. 53, tit. 2 de l'ordonnance de 1747, la transaction était valable quand elle était homologuée par arrêt sur les conclusions du ministère public.

Le code, en ne renouvellant pas ces dispositions, les a virtuellement abrogées, et il ne reste plus que ce principe consacré par l'art. 2045, que pour pouvoir transiger il faut avoir la capacité de disposer irrévocablement des objets compris dans la transaction; or, comme le grevé ne peut disposer des biens au préjudice des appelés, il en résulte que la transaction ne peut leur être opposée.

On pourrait observer que le tuteur peut aujourd'hui transiger d'après certaines formalités, et que le grevé, père des appelés, devrait avoir la faculté de transiger, en suivant les mêmes formes; j'en conviens: en ne consultant que l'esprit de la loi, on pourrait dire que le grevé peut transiger ainsi et de même que le tuteur ; car les formalités de la transaction, et la qualité de père en la personne du grevé, éloignent toute idée de collusion frauduleuse ; mais la loi, qui donne expressément au tuteur la faculté de transiger, ne donne pas cette faculté au père chargé de rendre ; et, dans cette matière, il serait dangereux de raisonner par analogie.

Mais l'on sent que la transaction pure et simple faite par le grevé, et sans aucune formalité, serait toujours valable par rapport à ce dernier, et qu'elle le serait d'une manière absolue et définitive, si la substitution venait à s'évanouir par le prédécès des appelés.

1096. — Jusqu'à l'ouverture de la substitution le grevé doit être considéré comme un simple usufruitier, par rapport à son droit sur les fruits et sur les revenus.

Ainsi, il doit jouir des biens substitués en bon père de famille, *salvâ rerum substantiâ*.

Il ne peut pas abattre les arbres de haute futaie (art. 592 du code);

Mais il a droit de couper les bois taillis, en suivant l'ordre et la quotité des coupes, conformément à l'aménagement ou à l'usage constant de l'auteur de la substitution (art. 590).

On peut demander si le grevé ayant négligé de couper les taillis peut, lors de l'ouverture de la substitution, demander une indemnité à raison des bois non coupés. M. *Merlin*, dans le nouveau répertoire de jurisprudence, *verb.* substitution fidéicommissaire, rapporte un arrêt du parlement de Grenoble, qui a jugé que l'indemnité était due.

Je pense qu'elle ne l'est point ; l'art. 590 du code civil y est textuel : « sans indemnité toutefois en » faveur de l'usufruitier ou de ses héritiers, pour les » coupes ordinaires, soit de taillis, soit de baliveaux, » soit de futaies ; qu'il n'aurait pas faites pendant sa

» jouissance » ; tels sont les termes du susdit art. 590 ,
bien plus afférens aux droits du grevé que l'art. 1403 ,
relatif aux droits des époux en communauté.

1097. — Les baux à ferme consentis par le grevé
cessent-ils à l'ouverture de la substitution , ou doivent-ils être maintenus et respectés par les appelés ?

Le grevé, étant considéré comme usufruitier , a le
droit de jouir par lui-même, ou d'affermer à un autre
(art. 595); mais son bail à ferme ne peut lier les
appelés que conformément aux dispositions de l'art.
1429 : il résulte de cet article , que si le bail a été
fait pour plus de neuf années , il ne sera obligatoire
vis-à-vis des appelés que pour le temps qui reste à
courir , soit de la première période de neuf ans , si
les parties s'y trouvent encore , soit de la seconde ,
et ainsi de suite ; de manière que le fermier n'ait que
le droit d'achever la période de neuf ans où il se
trouve.

Les appelés peuvent invoquer les dispositions du
susdit art. 1429 du code, sans s'exposer à aucune
garantie en faveur du fermier expulsé conformément
au susdit article, même dans le cas où les appelés
auraient accepté la succession du grevé qui aurait
consenti le bail , pourvu que la substitution fût
transcrite avant la passation du bail ; car alors le
fermier a dû savoir qu'il n'affermait que sous une
condition résolutoire.

1098. — L'usufruitier n'a aucun droit aux mines
et carrières non encore ouvertes, ni aux tourbières
dont l'exploitation n'est pas encore commencée, ni
aux trésors qui pourraient être découverts pendant la
durée de son usufruit (art. 598 du code); le grevé
a droit à toutes ces choses, parce qu'il n'est pas
seulement usufruitier , mais propriétaire sous une
condition résolutoire : c'est ce qu'il ne faut jamais
perdre de vue, quand on considère les droits du

grevé pendant son administration jusqu'à l'ouverture du fidéicommis.

SECTION VI.

Des obligations du grevé pendant sa jouissance.

1099. — Les obligations du grevé sont les mêmes que celles de l'usufruitier.

Il doit jouir en bon père de famille, et doit apporter aux biens substitués les mêmes soins qu'il doit à ses propres affaires. Leg. 22, ff *ad trebel*.

Il est tenu pendant sa jouissance de toutes les charges annuelles de l'héritage, telles que les contributions, et autres qui, dans l'usage, sont censées charges des fruits (art. 608 du code) : vid. la loi 27, § 3, ff *de usu et usufructu* ; ainsi, il est tenu du payement des arrérages de toutes les rentes foncières ou constituées qui échoient pendant sa jouissance.

Il est tenu de tous les droits d'enregistrement ou de transcription dus à raison de la subtitution. Vid. le répertoire de jurisprudence, *verb*. substitution fidéicommissaire, sect. 12, § 2, n.° 3.

Nous disons que le grevé est tenu des intérêts qui courent pendant sa jouissance ; mais supposons qu'il ait négligé de les acquitter, la substitution étant ouverte, les créanciers pourront-ils agir contre les appelés à raison de ces intérêts arrérages ?

On peut dire : ces intérêts étaient à la charge du grevé, les appelés ne doivent pas en être tenus de leur chef ; ils ne doivent pas souffrir de la négligence des créanciers à se faire payer : s'il en était autrement le grevé serait presque le maître d'épuiser la subtitution.

On peut répondre que le payement des intérêts est une charge de la donation ; que les appelés en sont tenus comme le grevé, et qu'ainsi ils doivent payer, sauf leur recours contre la succession de ce dernier. Vid. la loi 58, ff *ad trebel.* ; *Dolive*, liv. 5, chap. 13.

1100. — Quant aux capitaux des dettes que le substituant a laissées, le grevé en est tenu en ce sens seulement, qu'il doit consentir à ce qu'on prenne sur les biens substitués de quoi satisfaire à ces dettes.

Le grevé peut, il est vrai, payer ces dettes de ses deniers ; mais alors il a le droit de se faire restituer les sommes payées lors de l'ouverture de la substitution. Vid. l'art. 612 du code.

1101. — Quant aux réparations d'entretien, le grevé en est tenu, et doit les faire faire à ses frais, comme charges des fruits qu'il perçoit.

Par rapport aux grosses réparations le grevé en est également tenu, comme chargé de la conservation de la chose substituée ; mais il ne doit les faire qu'aux dépens des fonds et biens substitués, il n'en est pas tenu personnellement ; vid. la loi 58, ff *de legat.* 1 : « l'équité veut, dit M. *Merlin*, vid. le répertoire de » jurisprudence, *verb.* substitution fidéicommissaire, » qu'en s'adressant à la justice, le grevé obtienne la » permission d'hypothéquer ou de vendre des biens » substitués pour se procurer les deniers nécessaires » pour faire les grosses réparations ».

Je pense que cette faculté doit être encore accordée au grevé ; mais la loi ne fixant, ni les formes de la demande, ni les conditions de la permission d'hypothéquer ou de vendre, le juge ne doit l'accorder qu'en grande connaissance de cause, et lors qu'il n'existe pas de meubles ; il ne doit même statuer sur la demande que contradictoirement avec le tuteur à la substitution.

On sent que si les substitués majeurs, ou le tuteur

offrent l'argent pour faire les grosses réparations, il n'y a plus lieu, ni à la vente, ni à l'hypothèque des biens substitués : dans ce cas le grevé devra aux appelés ou au tuteur l'intérêt annuel des sommes par eux avancées, et ce pendant la durée de sa jouissance.

Si c'est, au contraire, le grevé qui a avancé les frais des grosses réparations, il aura le droit d'en réclamer le montant lors de l'ouverture de la substitution.

Quant à la vente des immeubles autorisée par la justice ; elle devra être faite dans les formes déterminées par le jugement qui l'aura ordonnée ; ainsi, en demandant la permission de vendre, il faudra avoir l'attention de faire déterminer par le tribunal les formalités de la vente.

1102. — Le grevé est, enfin, tenu de toutes les dégradations provenant de son fait, ainsi que de toutes les prescriptions qu'il laisserait accomplir pendant sa jouissance.

SECTION VII.

De la vente des biens substitués faite avec le consentement des appelés.

1103. — Les appelés n'étant investis que d'un droit dépendant d'une condition suspensive, la difficulté est de savoir si avant l'événement de la condition ils peuvent renoncer indirectement à l'émolument du fidéicommis.

La loi 174, ff *de regul. juris*, nous apprend qu'on ne peut répudier une chose qu'on ne pourrait pas acquérir, si l'on en avait la volonté : *quod quis, si velit habere, non potest, repudiare non potest.* « Comme l'abandonnement d'une chose qui ne nous » appartient pas, dit *Dantoine* sur cette loi, n'est pas » un abandonnement, et ne la fait pas tomber en » déshérence, de même la répudiation prématurée

» d'une chose sur laquelle on n'a aucun droit n'est
» pas même une répudiation; c'est un acte nul, qui
» n'a pas d'effet ».

D'où il résulte qu'on renoncerait inutilement à une succession non ouverte, ou avant l'accomplissement de la condition sous laquelle on y est appelé; une telle renonciation ne mettrait aucun obstacle à l'acceptation postérieure : *nolle adire hæreditatem non videtur qui non potest adire.* Leg. 4, ff *de acquir. vel omitt. hæredit. Repudiatione hæreditas amittitur, si in eâ causâ erat hæreditas ut adiri possit. Cæterùm hæres institutus sub conditione, si antè conditionem existentem repudiavit, nihil agit, qualis fuerit conditio.* Leg. 13, ff *eodem titulo.*

Quand un legs est fait sous une condition, le légataire ne peut répudier le legs avant l'accomplissement de la condition, car jusqu'à cet accomplissement le légataire n'a aucun droit de propriété : *si sub conditione nobis legatum sit, antè conditionem repudiare non possumus, nam nec pertinet ad nos antequàm conditio existat.* Leg. 45, § 1, ff *de legat.* 2.

Le jurisconsulte *Paul* décide, même dans ses sentences, liv. 4, tit. 1.er, § 13, que deux frères institués héritiers par leur père commun, à la charge d'une substitution réciproque, ne peuvent se faire l'un à l'autre remise de cette substitution, parce que ce pacte violerait la volonté du testateur : *nec ex eo pacisci contra voluntatem testatoris possunt.*

Mais la loi 11, cod. *de transactionibus*, décide, au contraire, qu'on peut valablement traiter sur une substitution non ouverte. Vid. la loi 1.re, cod. *de pactis*, et *Dantoine* sur ladite loi 174, ff *de regulis juris.*

Enfin, la loi 120, § 1.er, ff *de legat.* 1, décide textuellement que les appelés qui ont consenti à la vente des biens substitués ne peuvent ensuite inquiéter les acquéreurs : *omnibus quibus fideicommissum relictum est, ad distractionem consentientibus, nullam fideicommissi petitionem perfuturam.*

Ainsi, il résulte clairement de la loi romaine que la vente des biens substitués est valable par rapport à ceux des appelés majeurs qui y ont consenti, pourvu que ce consentement soit exprès. Leg. 34, § 2, ff *de legat.* 2 ; vid. *Furgole* dans son traité des testamens, chap. 7, sect. 1.re, n.o 33 et suivans.

Il nous reste à examiner si cette législation doit être encore suivie ; on peut dire : le grevé est un père, et les appelés sont ses enfans ; or, permettre la vente des biens substitués avec le consentement des appelés, c'est ouvrir une source funeste de discussions entre le père et les enfans : le père usera de son autorité, toujours grande, pour obtenir le consentement à la vente ; ce consentement ne sera jamais parfaitement libre, les enfans ne le donneront que par respect ou par crainte de voir le père se porter à des moyens extrêmes par rapport à sa fortune : si les enfans refusent ce consentement, ce sera un motif de mésintelligence, et la loi doit aller au-devant de tout ce qui peut troubler l'union si nécessaire entre un père et ceux qui lui doivent le jour.

On peut répondre que les transactions commerciales sont permises en ligne directe; que la seule crainte révérentielle ne vicie pas les obligations consenties par les enfans en faveur de leur père (art. 1114 du code); que la loi permet aux enfans de cautionner pour lui : or, s'ils peuvent cautionner les actes du père, comment ne pourraient-ils pas acquiescer aux ventes par lui consenties? d'ailleurs, la loi ne défendant pas aux appelés de consentir à la vente des biens substitués, proscrire ce consentement, ce serait ajouter à la loi même ; ce serait priver les enfans du droit naturel de disposer de leurs droits ainsi qu'ils le jugent à propos : enfin, le droit des appelés existe, quoique dépendant d'une condition suspensive : or, il est de règle et de principe qu'on peut traiter sur tout droit éventuel : *spes futuri juris rectè donari potest ;* « les choses futures peuvent être l'objet d'une » obligation », dit l'art. 1130 du code.

Je pense que les premières raisons pour proscrire le consentement pourraient être appréciées par le législateur, et être même d'un certain poids à ses yeux; mais aux yeux du jurisconsulte, qui ne doit voir que la loi existante, et en faire l'application, les secondes raisons sont plus déterminantes : ainsi, il faut décider que les appelés majeurs peuvent valablement consentir à la vente des biens substitués; mais ce consentement ne nuira qu'à ceux qui l'auront donné.

1104. — L'appelé majeur qui a consenti purement et simplement à la vente des biens substitués ne pourrait-il pas au moins répéter le prix du grevé qui l'a reçu ? Il le pourrait d'après la loi 92, ff *de legat.* 1 : *placuit non fundum, sed pretium ejus restitui debere.*

Mais le contraire paraît résulter de la loi 88, § 14, ff *de legat.* 2 : cette loi décide, en effet, que le substitué a perdu tous ses droits au prix, s'il ne les a expressément réservés : *respondi ob pretium nullam fideicommissi persecutionem esse, nisi eâ mente venditioni consenseverit.*

Cujas concilie ces deux lois, en disant que la première est dans l'espèce d'un consentement donné avec réserve de la répétition du prix ; mais *Thevenot* pense que ces deux lois sont en contradiction évidente, et qu'il faut se borner à examiner laquelle des deux doit avoir la préférence ; il s'explique en ces termes: » je crois que l'on doit, sans balancer, préférer la » loi qui accorde au substitué la répétition du prix ; » car, enfin, consentir à la vente n'est pas renoncer » au fidéicommis absolument et en tout temps ; c'est

» seulement consentir que la vente ait son effet ; ce
» qui n'emporte que la renonciation d'enlever la chose
» à l'acheteur, *habere licere* : c'est bien abdiquer indis-
» tinctement la chose ; mais ce n'est pas en abdiquer
» indistinctement le prix, pour que le grevé puisse le
» conserver à perpétuité ; il est plus équitable de dire,
» avec la première loi : *placuit non fundum, sed pre-*
» *tium ejus restitui debere*, et c'est se conformer à
» celle qui porte, *nisi evidenter apparuerit omittendi*
» *fideicommissi causâ fuisse ;* pourquoi le grevé profi-
» terait-il irrévocablement du prix, quand il n'est
» pas évident que telle a été l'intention du substitué,
» en consentant à la vente » ?

J'adopte l'opinion de *Thevenot* : en effet, quand
le substitué consent à la vente, c'est purement une
sûreté qu'il donne à l'acquéreur ; c'est en faveur de
ce dernier qu'il se désiste du droit éventuel qu'il
a de faire un jour annuller la vente : voilà le sens,
le but naturel et raisonnable du consentement par
lui donné ; mais vouloir qu'il ait en même temps
renoncé au droit de réclamer le prix contre le grevé,
qui en profite, c'est soutenir que le consentement
présente, et une ratification de la vente en faveur
de l'acquéreur, et une donation éventuelle du prix
en faveur du grevé ; mais les donations ne se présument pas : d'ailleurs, c'est à cause du tiers que les
substitués ont donné leur consentement ; ils n'ont
figuré dans l'acte que pour sa sûreté, ils n'ont stipulé
qu'avec lui ; donc le consentement est absolument
étranger au prix que le grevé peut avoir reçu ;
enfin, dans le doute, il faut se déterminer pour
le parti qui présente le moins d'injustice : *quod
minimum habeat iniquitatis.*

On sent que l'appelé n'a, dans ce cas, le droit de
réclamer le prix que lors de l'ouverture de la substitution.

§ III. *De l'ouverture de la substitution.*

1105. — Le code civil est absolument muet sur les causes qui opèrent l'ouverture de la substitution ; l'art. 1053, le seul afférent à l'ouverture, est ainsi conçu : « les droits des appelés seront ouverts à » l'époque *où par quelque cause que ce soit* la jouis- » sance de l'enfant, du frère ou de la sœur, grevés « de substitution, cessera ; l'abandon anticipé de la » jouissance au profit des appelés ne pourra *pré-* » *judicier aux créanciers du grevé antérieurs à* » *l'abandon* ».

Il résulte de cet article, 1.º que la loi reconnaît *certaines causes* qui opèrent l'ouverture de la subs- titution ; 2.º que l'abandon anticipé de la jouissance opère l'ouverture.

Mais quelles sont ces causes qui font que la subs- titution se trouve ouverte ? En réfléchissant sur la nature des substitutions, en observant que la charge de rendre, est au profit de tous les enfans nés et à naître du grevé, et que ce dernier peut avoir des enfans jusqu'à son décès, nous tirerons de ces obser- vations cette conséquence, que dans la pensée du législateur, comme dans celle du substituant, la substitution ne doit naturellement s'ouvrir qu'à la mort naturelle ou civile du grevé : la mort du grevé est donc la cause naturelle de l'ouverture de la subs- titution.

M. le tribun *Jaubert*, dans son rapport sur les donations, pag. 342, s'explique en ces termes : » ce n'est qu'à la mort du grevé que les appelés » peuvent avoir un droit acquis ».

» Néanmoins le droit des appelés pourrait être » ouvert même avant la mort naturelle du grevé ».

» La mort civile produirait cet effet, art. 25 du » code civil ».

« Il en serait de même si le grevé anticipait
» l'époque de la restitution par un abandon volon-
» taire ».

« Mais dans ce cas deux choses importantes à remar-
» quer » :

« 1.º La restitution anticipée en faveur d'un enfant
» ne pourrait nuire aux autres enfans qui survien-
» draient postérieurement » ;

« 2.º Elle ne pourrait nuire non plus aux créan-
» ciers du grevé antérieurs à l'abandon ».

Sur l'art. 1053 M. *de Maleville* observe que la
substitution peut être ouverte, 1.º par la répudiation
que le grevé peut faire des biens à lui donnés sous
cette charge ; 2.º par l'indignité qui pourrait être
prononcée contre lui ; 3.º par la privation qu'il pourrait encourir par son mésus ; 4.º par l'abandon anticipé qu'il pourrait faire de sa jouissance ; 5.º par
l'échéance du jour ou de la condition auxquels il
aurait été chargé de rendre ; 6.º par la mort naturelle ou civile.

De tous ces cas, qui, d'après M. *de Maleville,* opèrent l'ouverture de la substitution, le cinquième ne
doit pas être admis : sans doute l'on peut aujourd'hui,
comme autrefois, substituer sous condition ; mais la
substitution devant être au profit de tous les enfans
nés et à naître, l'on ne voit pas comment l'accomplissement de la condition pendant la vie du grevé donnerait lieu à l'ouverture du fidéicommis : si le substituant fixait un terme précis à l'ouverture pendant
la vie du grevé, la disposition serait radicalement
nulle, n'étant pas alors faite dans l'intention de substituer au profit de tous les enfans nés et à naître.

Par exemple, je donne à Jacques, et je le charge
de rendre à ses enfans nés et à naître, si telle chose
arrive.

On sent, dans ce cas, que lors même que la condition
s'accomplirait

s'accomplirait durant la vie du grevé, la substitution ne serait pas ouverte ; l'accomplissement de la condition rendrait seulement la substitution pure et simple.

Deuxième exemple : je donne à Jacques, et je le charge de rendre à ses enfans nés et à naître, lorsqu'il aura atteint sa cinquantième année : je dis qu'une pareille disposition serait nulle, n'étant et ne pouvant être faite au profit de tous les enfans nés et à naître, puisqu'il peut en survenir au donataire après le terme fixé pour la restitution du fidéicommis.

Ainsi, il n'est pas exact de dire que l'accomplissement de la condition opère l'ouverture ; et quant au terme, sa fixation rendrait le plus souvent la donation avec charge nulle et de nul effet.

Jetons un coup d'œil sur les différentes causes qui opèrent l'ouverture de la substitution.

SECTION I.re

Non acceptation de la donation avec charge. — Répudiation de la part du grevé. — Remise anticipée du fidéicommis.

1106. — Une donation avec charge de rendre étant faite, il peut arriver, ou que le donataire n'accepte pas, ou qu'ayant accepté, il répudie ; ou bien qu'il abandonne ses droits aux appelés.

Non acceptation. Si le donataire n'accepte pas la donation, le tuteur à la substitution a nécessairement le droit de l'accepter pour et au nom des appelés ; mais, avant tout, il faut que le refus d'accepter soit constaté par une sommation faite au grevé d'avoir à accepter la donation, avec déclaration qu'en cas de refus les appelés accepteront de leur chef.

Cette sommation étant faite, et le grevé ayant gardé le silence, nul doute que les appelés ne puissent

Tom. III. 5

accepter avec effet par l'entremise du tuteur à la substitution, ou même par eux-mêmes s'ils sont majeurs,
ou par leur tuteur s'ils sont en minorité; et leur
acceptation une fois faite, tous les droits du grevé sont
anéantis, son refus d'accepter étant irrévocable, et
regardé comme une véritable renonciation.

Mais si le grevé non acceptant a des créanciers,
ceux-ci, instruits de la donation, et pouvant exercer
tous les droits et actions de leur débiteur (art. 1166
du code), ont la faculté d'accepter la donation de
leur chef, en se soumettant à toutes les obligations
du grevé. Vid les art. 38 et 39 du titre 1.er de l'ordonnance de 1747.

Furgole, sur le susdit art. 38, après avoir remarqué que, suivant le droit romain, les créanciers ne
pouvaient se plaindre des actes faits par leur débiteur,
que quand il aliénait en fraude ce qui lui apparte-
nait, et non lorsqu'il négligeait d'acquérir; mais que,
d'après notre droit français, les créanciers peuvent
se plaindre dans tous les cas des actes faits à leur
préjudice, s'explique en ces termes : « nôtre article
» suppose cet usage, et que les créanciers peuvent
» demander d'être reçus à accepter un droit négligé
» ou répudié par leur débiteur, lorsque la négligence
» ou la répudiation leur est préjudiciable ».

Les créanciers ayant accepté sur le refus de leur
débiteur, l'on sent qu'ils n'ont sur les biens substitués
que les droits que le grevé y avait lui-même ; ainsi,
si le grevé meurt laissant des enfans au premier degré,
le droit de jouissance des créanciers cessera à cette
époque; mais s'il meurt sans laisser de postérité, les
créanciers auront la propriété absolue des biens substitués.

Ainsi, en cas de non acceptation, les créanciers du
grevé, et les appelés, peuvent accepter la donation

avec charge ; ce droit appartient aussi aux créanciers des appelés.

On sent que si les créanciers du grevé ont été admis à accepter de leur chef, cette acceptation met obstacle à celle que les appelés pourraient faire eux-mêmes dans la suite ; mais supposons que les appelés ayent accepté avant les créanciers du grevé, dans ce cas ceux-ci pourront-ils accepter avec effet, et annuller l'acceptation antérieure des appelés ? On peut dire : la sommation faite au grevé d'accepter la donation, et son refus de le faire ; lient nécessairement le grevé et ses ayans-cause : le grevé a perdu tous ses droits par son refus d'acceptation ; or, ses créanciers ne peuvent avoir plus de droits que lui : l'on peut répondre à cela, que le refus d'accepter présente virtuellement et effectivement une donation de la part du grevé en faveur de ses enfans ; or, une donation ne peut jamais préjudicier aux créanciers du donateur, il suffit que ceux-ci soient en perte pour pouvoir la faire annuller ; d'où il résulte que les créanciers en perte peuvent accepter la donation avec charge nonobstant l'acceptation antérieure des appelés : cette conséquence me paraît juste.

1107. — *Répudiation du grevé.* Si le grevé répudie la donation avec charge, la substitution est ouverte au profit des appelés : nous avons déjà vu que la répudiation du grevé ne saurait nuire aux appelés, et que, d'après le texte précis des art. 11 et 27, tit. 1.er de l'ordonnance de 1747, la répudiation du grevé opère l'ouverture de la substitution.

Ainsi, du moment de la répudiation de la donation le droit des appelés devient pur, simple et irrévocable.

Mais l'on sent que cette répudiation du grevé ne peut nuire à ses créanciers (art. 1053), car cette répudiation est non-seulement un abandon anticipé de la jouissance au profit des appelés , mais une véritable cession de tous les droits du grevé aux biens substitués ; et comme cet abandon et cession sont à titre gratuit , il suffit aux créanciers du grevé de prouver qu'ils sont en perte , pour obtenir la nullité de la répudiation qui leur cause du préjudice. Vid. les art. 622 et 1167 du code civil.

1108. — *Remise anticipée du fidéicommis.* Le grevé est propriétaire pur et simple des fruits qu'il peut percevoir jusqu'à l'ouverture de la substitution ; il est même propriétaire *actu* des biens substitués , mais sous une condition résolutoire , dépendante de l'ouverture de fidéicommis : or , il est de règle et de principe , que l'on peut donner un droit conditionnel , tout comme un droit pur et simple.

D'où il résulte que le grevé peut se dépouiller en faveur de ses enfans de tous ses droits à la substitution : ce dépouillement est ce qu'on appelle abandon anticipé de la jouissance.

Cet abandon doit être fait dans la forme des donations entre-vifs , parce que , du moins par rapport aux fruits , il présente une donation véritable.

Mais cet abandon ne peut nuire aux créanciers du grevé ; ils peuvent le faire annuller , tout comme la répudiation faite à leur préjudice.

« Les créanciers du grevé , dit *Furgole* sur l'art. » 42 de l'ordonnance de 1747 , entrent dans tous ses » droits ; la restitution anticipée ne peut leur nuire » en aucune façon , de même que si elle n'avait pas » été faite ; ils peuvent exercer leurs actions sur les » biens substitués pendant tout le temps que le grevé » aurait le droit de les posséder ».

Ainsi , *Furgole* pense que les créanciers n'ont pas besoin , pour exercer leurs poursuites sur les biens substitués , de faire préalablement prononcer la nullité de l'abandon ; ils peuvent , selon lui , faire saisir les fruits des biens substitués sur la tête du grevé, tout comme si l'abandon n'avait pas été fait. M. *Grenier*, n.° 369, adopte cette opinion ; elle est, d'ailleurs, fondée sur le texte précis du susdit art. 42, tit. 1.er de l'ordonnance de 1747 ; je pense néanmoins que postérieurement à l'abandon anticipé de la jouissance, dûment trans- crit, les créanciers ne peuvent saisir directement les biens substitués, et qu'ils doivent préalablement agir en révocation de l'abandon fait à leur préjudice ; car, 1.° le code ne renouvelle pas les dispositions du susdit art. 42 ; 2.° les dispositions de cet article étaient une innovation aux principes du droit romain : il en serait autrement si le père se trouvait encore en jouissance.

1109. — Quand nous disons que, ni le défaut d'acceptation, ni la répudiation, ni la remise anti- cipée, ne peuvent préjudicier aux créanciers du grevé, nous entendons parler de tous les créanciers géné- ralement quelconques, soit par acte authentique, soit sous-seing privé ; il faut seulement que la créance ait une date fixe et antérieure à la répudiation ou à la remise anticipée. Vid. l'art. 42 de l'ordonnance de 1747.

Sous le nom de créanciers, employé dans l'art. 1053 du code, nous comprenons également les tiers-acqué- reurs du grevé ; car ils sont toujours créanciers du grevé par rapport à l'obligation par lui consentie de les faire jouir de la chose vendue. Vid., d'ailleurs, l'art. 43 de l'ordonnance de 1747 ; ainsi, les tiers- acquéreurs ne peuvent, en cas de remise anticipée, être dépossédés jusqu'à l'ouverture du fidéicommis ; et si la substitution devient caduque par le prédécès des appelés, les tiers-acquéreurs seront propriétaires incommutables, comme ayant acheté de celui qui, par événement, était propriétaire lui-même.

On sent que les tiers-acquéreurs, de même que les

créanciers, doivent avoir un titre ayant une date certaine avant la remise anticipée ; la jouissance ne suffirait pas, parce que l'on peut jouir à tout autre titre que celui de propriétaire.

1110. — La substitution étant ouverte par l'effet de la répudiation ou de la remise, l'on peut demander qui jouira des biens substitués, en supposant les appelés mineurs : sera-ce le père, ou le tuteur à la substitution ? Le père aura seul le droit de régir et d'administrer ces biens ; il aura les mêmes droits que sur tous les autres biens personnels de ses enfans mineurs, car la répudiation par lui faite étant un avantage pour ces derniers, comment ce bienfait du père pourrait-il lui faire perdre les avantages de la puissance paternelle ?

Mais si les appelés sont majeurs, ils auront seuls le droit de disposer desdits biens.

1111. — Remarquons encore, avec M. le tribun *Jaubert*, que, ni la renonciation du grevé, ni sa remise anticipée, ne peuvent nuire aux enfans qui surviendront au grevé après la renonciation : d'où il résulte que jusqu'au décès du grevé le droit des appelés est éventuel dans sa quotité, et que le partage qu'ils pourraient faire entr'eux avant cette époque devient nul, et de nul effet, s'il survient un frère aux copartageans.

1112. — Remarquons, de plus, que si la remise est faite aux appelés moyennant un prix, c'est-à-dire, à titre onéreux, les créanciers du grevé ne peuvent, dans ce cas, faire annuller l'acte d'abandon, qu'en prouvant non-seulement qu'ils sont en perte, mais encore que l'acte a été fait en fraude de leurs droits, et que les appelés ont participé à cette fraude ; il faut, en un mot, le concours de ces deux circonstances, perte et concert frauduleux, pour l'opérer, *consilium fraudis et eventus damni*.

1113. — Observons, enfin, que dans le cas de la répudiation ou de la remise anticipée, les créanciers peuvent agir, même après le décès du grevé, pour la représentation des fruits que ce dernier aurait pu recueillir : les appelés, en effet, profitent de ces fruits, ils en profitent à titre gratuit; mais il est de principe, que les donations ne peuvent porter préjudice aux créanciers du donateur. Vid. M. *Grenier*, n.º 372.

Mais il en est autrement dans le cas de la non acceptation, car le grevé étant décédé sans accepter, la donation avec charge est absolument nulle par rapport à lui et à ses ayans-cause; ainsi, dans ce cas, les créanciers du donataire ne peuvent rien demander.

SECTION II.

Ingratitude du grevé. — Inexécution des conditions. — Négligence, abus de son droit d'usufruit. — Mort naturelle ou civile.

1114. — *Ingratitude du grevé.* Si le grevé se rend coupable d'ingratitude, et que la révocation de la donation soit prononcée contre lui aux termes des art. 953 et 955 du code, il y aura ouverture au fidéicommis; car la faute et l'ingratitude du père ne peuvent nuire aux enfans.

Dans l'intérêt des créanciers, observons que la révocation pour cause d'ingratitude ne préjudicie, ni aux aliénations, ni aux hypothèques que le grevé aurait pu consentir sur les biens substitués antérieurement à l'inscription de la demande en révocation (art. 958 du code).

1115. — *Inexécution des conditions.* De même l'inexécution des conditions de la donation avec charge opérerait l'ouverture de la substitution en faveur des appelés, qui demeureraient eux-mêmes soumis à l'accomplissement de la condition; mais, dans ce cas, la révocation de la donation annullerait toutes les ventes et hypothèques consenties par le grevé, parce qu'ici la révocation a lieu *ex causâ antiquâ*.

1116. — *Négligence du grevé.* Si le grevé ne fait pas nommer un tuteur à la substitution, il peut être déclaré déchu du bénéfice de la disposition, et le droit peut être déclaré ouvert au profit des appelés (art. 1057 du code).

Ainsi, l'ouverture de la substitution n'existera, dans ce cas, qu'à compter du jugement qui l'aura prononcée en même temps que la déchéance du grevé.

1117. — *Abus du droit d'usufruit.* Le grevé, étant, avant l'ouverture de la substitution, considéré comme un usufruitier, il est naturel de lui appliquer les règles relatives aux obligations de l'usufruitier; or, l'art. 618 du code porte que l'usufruit peut cesser par l'abus que l'usufruitier fait de sa jouissance, soit en commettant des dégradations sur les fonds, soit en les laissant dépérir, faute d'entretien.

Ainsi, dans le cas d'un abus considérable de sa jouissance le juge pourrait déclarer le grevé absolument déchu de son droit, et prononcer l'ouverture de la substitution; il pourrait également prononcer l'ouverture, à la charge par les appelés de payer une pension annuelle à leur père (art. 618); la loi 50, ff *ad trebellianum*, rappelle une décision de l'empereur Adrien, qui accorde à un substitué le droit de demander une restitution anticipée du fidéicommis, parce que le grevé n'usait pas des biens en bon père de famille; il est vrai que cette loi paraît fondée sur la circonstance particulière où se trouvaient les appelés, qui ne pouvaient exiger de caution de la part du grevé; mais comme, d'après nos principes, l'usufruitier, quoiqu'obligé de donner caution, peut néanmoins être déclaré déchu de ses droits par son mésus, il faut également décider que l'abus fait par le grevé de sa jouissance donne ouverture au fidéicommis; mais l'on sent qu'il faut un abus caractérisé, une dilapidation criante, une dégradation manifeste, comme la destruction des édifices, des usines, l'abattement considérable des arbres à haute futaie : les juges ne doivent pas perdre de vue que le grevé est père des appelés, et que, sous ce rapport, les appelés doivent, dans le cas de l'ouverture du fidéicommis, être condamnés à payer une pension annuelle à leur père.

1118. — La substitution étant déclarée ouverte par l'effet de l'abus du grevé, le droit des créanciers de celui-ci se trouve-t-il anéanti par le jugement qui prononce l'ouverture? *Furgole*, examinant cette question, s'explique en ces termes : « il ne me paraît pas » douteux qu'une telle restitution forcée doit laisser » dans leur entier tous les droits des créanciers et des » tiers-acquéreurs, parce que leur condition ne doit » pas devenir pire par le fait du grevé ; et quoique la » restitution anticipée soit forcée, elle est occasionée » néanmoins par des faits qui sont volontaires dans » leur principe ; ainsi, il faut appliquer à ce cas » les règles relatives à la restitution anticipée faite » volontairement par le grevé ».

Je pense, au contraire, que le droit des créanciers est anéanti, *resoluto jure dantis, resolvitur jus accipientis* : en abusant de son droit de jouissance, le grevé n'avait pas l'intention directe et expresse d'opérer l'ouverture de la substitution ; semblable au commun des hommes, il a seulement sacrifié son devoir à son intérêt ou à ses passions ; voilà tout : or, il est de règle et de principe, que la résolution d'un acte anéantit les hypothèques et autres droits créés par le possesseur, quand cette résolution n'est que l'ouvrage indirect et éloigné de sa volonté. Vid. les questions de droit de M. *Merlin*, *verb.* résolution, § 2.

D'ailleurs, assimilant les obligations du grevé à celles de l'usufruitier, le code nous offre un moyen de concilier, en cas de résolution, le droit des appelés avec ceux des créanciers : ce moyen consiste dans la faculté donnée aux créanciers d'intervenir dans l'instance en résolution, d'offrir la réparation des dégradations commises, et des garanties pour l'avenir (art. 618 du code); mais si les créanciers ou tiers-acquéreurs n'usent pas de ce droit, il faut dire que l'ouverture de la substitution opérée par l'inconduite du grevé produit la résolution de leurs droits.

Le droit des créanciers doit également être anéanti dans le cas de déchéance du grevé pour n'avoir pas fait nommer un tuteur à la substitution, car cette nomination étant une condition tacite et inhérente de la disposition, le grevé ne la remplissant pas, son droit ne se trouve point réalisé; mais je pense que les créanciers pourraient également intervenir dans l'instance en résolution, et demander la nomination d'un tuteur, comme exerçant les droits du grevé, leur débiteur; il faut, d'ailleurs, donner aux créanciers un moyen de s'opposer aux collusions frauduleuses qui pourraient leur nuire.

1119. — L'ouverture de la substitution prononcée par jugement, à cause de l'inconduite du grevé, est-elle absolue et définitive; en sorte que tous les droits du grevé soient anéantis dans le cas même où il survivrait aux appelés ? M. *Grenier* pense qu'elle est absolue, et il se fonde sur ce que l'usufruit se consolide à la propriété par l'effet de l'abus de l'usufruitier.

La parité n'est pas exacte : les appelés ne sont pas propriétaires *actu*; ils ne le sont que sous une condition suspensive : le grevé, au contraire, est propriétaire *actu*, mais sous une condition purement résolutoire ; il est , de plus , usufruitier ; or , par l'évanouissement de la substitution , le grevé se trouve propriétaire pur et simple , la condition qui devait le dépouiller ne s'étant pas accomplie : cela posé , le jugement qui a privé le grevé de son droit d'usufruit ne l'a considéré que comme usufruitier , abstraction faite de son droit de propriété résoluble ; mais ce droit à la propriété n'a pas été l'objet du jugement , il subsiste malgré lui ; donc ce droit opère tout son effet lors de la caducité de la substitution par le prédécès des appelés : les jugemens et les transactions ne doivent s'appliquer qu'aux droits et qualités que les juges et les parties avaient essentiellement en vue ; le grevé , d'ailleurs , ne pourrait-il pas dire aux juges : comment pouvez-vous me punir ! je n'ai , dans le fait , abusé que de ce qui était à moi d'une manière rigoureuse , toute condition accomplie ayant un effet rétroactif ! !

Je pense , du moins , que les juges , en prononçant la déchéance du grevé par suite de son inconduite , doivent toujours lui réserver tous ses droit dans le cas où il survivrait aux appelés.

1120. — D'après l'art. 40 du tit. 1.ᵉʳ de l'ordonnance de 1747 les substitués étaient , lors de l'ouverture de la substitution , obligés de demander la délivrance ou remise du fidéicommis : cette formalité ne me paraît nécessaire que dans le cas où les appelés auraient répudié la succession de leur père ; s'ils n'ont pas répudié , se trouvant saisis de plein droit de tous les biens délaissés par le grevé , la demande en délivrance est inutile ; elle serait même ridicule , puisque les appelés seraient obligés de se demander à eux-mêmes.

1121. — D'après l'art. 44 de la même ordonnance les femmes des grevés avaient un recours subsidiaire sur les biens substitués pour la sureté et payement de leur dot et conventions matrimoniales ; ce recours n'a plus lieu aujourd'hui, que dans le cas où le substituant l'aurait ainsi ordonné ; et même, dans ce cas, le recours n'a-t-il lieu que pour le capital des deniers dotaux ; l'art. 1054 du code est ainsi conçu : » les femmes des grevés ne pourront avoir sur les biens » à rendre de recours subsidiaire, en cas d'insuffi- » sance des biens libres, que pour le capital des deniers » dotaux, et dans le cas seulement où le testateur » l'aurait expressément ordonné ».

1122. — *Mort naturelle ou civile.* Nous l'avons déjà dit : la mort naturelle du grevé est dans la pensée du substituant l'époque précise de la restitution du fidéicommis ; cela résulte de la nature de la substitution admise par le code civil.

La mort civile opère également l'ouverture du fidéicommis, parce que le grevé mort civilement perd tous ses droits de propriété ou d'usufruit, purs, simples ou conditionnels ; sa succession s'ouvre comme s'il n'était plus, et les personnes intéressées peuvent exercer tous les droits et actions auxquels sa mort naturelle donnerait ouverture (art. 25 du code civil).

1123. — Dans la remise du fidéicommis doivent entrer les sommes reçues par le grevé par suite d'une obligation purement naturelle envers le substituant. Leg. 47, ff *ad trebel.*

Il doit également être rendu aux appelés tout ce que le grevé a manqué de recevoir par son dol ou par sa faute. Leg. 108, ff *de legat.* 1.

L'alluvion augmente les biens substitués en faveur des appelés. Leg. 16, ff *de legat.* 3.

Ce qui est péri sans la faute du grevé ne doit pas entrer dans la remise. Leg. 22, § 3, ff *ad trebel.*

Ce que le grevé a reçu indûment et par erreur ne doit pas être rendu, parce que la succession du grevé est soumise à la restitution, *conditione indebiti.*

Si le grevé a fait des avances et payé des dettes

actives à la décharge de la substitution, les appelés ne pourront agir en délivrance qu'après avoir remboursé lesdites sommes. Leg. 60, ff *de legat.* 1.°; leg. 59 et 80, ff *ad trebel.*

Ces maximes peuvent encore trouver leur application, soit dans le cas où les appelés auraient répudié la succession de leur père, soit dans le cas où celui-ci aurait fait quelqu'avantage à l'un de ses enfans.

1124. — A qui profite la prescription acquise pendant la jouissance du grevé? Les auteurs distinguaient entre les dettes passives du substituant et les immeubles par lui jouis.

S'il s'agit d'une dette du substituant, soit que la prescription ait commencé sur la tête du donateur, ou sur celle du grevé, dans ces deux cas, si la prescription s'accomplit pendant la jouissance du grevé, celui-ci en pourra répéter le montant, en vertu de la maxime *præscribens solventi similis est.* Vid. *Vedel* sur *Catellan,* liv. 7, chap. 7; le répertoire de jurisprudence, *verb.* substitution fidéicommissaire, pag. 412.

Duperrier, liv. 3, chap. 20, combat cette opinion; il paraît, en effet, bien dur de décider que parce que la prescription se trouvera accomplie pendant la jouissance du grevé, celui-ci soit censé en avoir fait le payement? Supposons que la prescription ait couru vingt-neuf ans sur la tête du substituant, dans ce cas, faudra-t-il dire que le grevé a payé, parce que la prescription aura couru une année sur sa tête? Pourquoi ne pas remonter au principe de la prescription, et dire, que puisqu'elle a commencé sur la tête du substituant, celui-ci est censé avoir payé dès ce moment, la quittance se trouvant perdue et remplacée par la prescription trentenaire!

Quant aux immeubles que le substituant avait commencé de prescrire avant la donation, la prescription qui s'accomplit sur la tête du grevé acquiert ces immeubles à la masse substituée ; il en est de même des droits de légitime dus par le substituant, quand la prescription a commencé sur sa tête. *Peregrinus, de fideicommis.*, art. 10, n.º 11 ; *Ferriere,* sur la question 303 de *Gui-Pape.*

Je pense que sans distinguer les dettes des immeubles, il faut décider, dans tous les cas, que la prescription commencée sur la tête du substituant, et accomplie sur celle du grevé, profite aux appelés, et non à celui-ci : ce n'est pas le dernier jour des trente années qui constitue le payement, c'est le laps entier de ces trente années qui fait présumer un payement ou un abandon remontant à l'époque où le créancier a cessé d'agir : la distinction faite entre les immeubles et les dettes ne me paraît pas solide ; les raisons particulières que l'on donne pour établir que la prescription des immeubles doit profiter aux appelés ne me paraissent pas satisfaisantes : j'en trouve une péremptoire dans la présomption du titre remontant à l'époque de la possession ; et cette raison s'applique tant aux créances, qu'aux biens-fonds.

Mais si la prescription commence et s'accomplit sur la tête du grevé, elle ne profite qu'à lui.

§ IV. *De la caducité ou extinction des substitutions.*

1125. — Si la substitution est conditionnelle, elle s'évanouit par le défaut d'accomplissement de la condition. Leg. 49, § 1, 2 et 3, ff *de legat.*, et leg. 21, ff *quandò dies legator.*

La substitution s'évanouit également quand le grevé survit à ses enfans appelés. Leg. 17, ff *de legat.* 2 ; leg. 10, § 1, ff *de his quæ ut indig.*

Supposons que tous les enfans du grevé meurent avant lui, mais qu'ils laissent des descendans ; dans ce cas la substitution sera-t-elle caduque ? le grevé sera-

t-il propriétaire absolu et irrévocable des biens substitués ?

S'il survit un seul des enfans au premier degré du
grevé, nul doute que les descendans d'un autre enfant
prédécédé ne vienne, par droit de représentation, recueillir leur portion dans le fidéicommis (art. 1051);
mais nous supposons que tous les enfans du grevé meurent avant lui, et qu'ils laissent, ou l'un d'eux, des
descendans; dans ce cas, il faut décider que la substitution est éteinte, car elle n'est faite qu'au profit des
petits-enfans du substituant; elle finit là, elle ne s'étend
pas aux arrière-petits-enfans.

Quand un petit-fils du substituant prédécède, et
qu'il en existe d'autres, la substitution subsiste, puisqu'il se trouve un appelé pour la recueillir; ainsi,
quand un des petits-fils prédécède laissant des enfans,
la difficulté n'est pas de savoir si la substitution existe,
mais si les enfans du prédécédé y auront part; et la
loi les y appelle par droit de représentation, et parce
qu'ils ne doivent pas souffrir de la mort de leur
père.

Mais quand tous les petits-enfans du substituant
sont décédés, c'est toute autre chose; alors nous ne trouvons plus aucun des appelés à la substitution : donc la
substitution s'évanouit d'une manière rigoureuse. Et
comment les arrière-petits-enfans pourraient-ils réclamer les effets de la substitution, quand cette substitution
serait rigoureusement nulle, si elle était directement
et expressément faite en leur faveur!! Dans l'intention de la loi la substitution se bornant aux petits-
enfans du substituant (art. 1048), il faut nécessairement décider que le prédécès de tous les appelés
anéantit le fidéicommis, sans considérer si ceux-ci
laissent ou ne laissent pas des descendans : en effet,
pour que les enfans d'un des appelés décédés aient droit
au fidéicommis par voie de représentation, il a fallu

une disposition expresse ; or, cette disposition expresse ne se trouve que lorsqu'il y a concours des petits-enfans du substituant avec ses arrière-petits-enfans : donc, lorsque le concours n'existe pas, la représentation n'a plus lieu ; d'ailleurs, la représentation n'a lieu de droit que dans la succession *ab intestat*.

PIERRE.

Jean.

Joseph.   Bertrand.   Jacques.

Adolphe.

Gervais.   Blaise.   Sophie.   Marie.

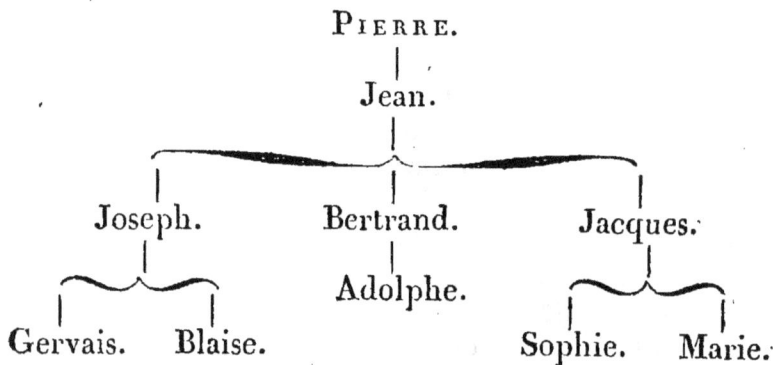

Dans cet exemple, Pierre ayant donné à Jean, avec charge de rendre à ses enfans nés et à naître, si Jean survit à Joseph, Bertrand et Jacques, la substitution s'évanouira, nonobstant l'existence de Gervais, Blaise, Adolphe, Sophie et Marie ; mais si à la mort de Jean, Bertrand seul survit, alors la substitution existera, et les enfans de Joseph et de Jacques y viendront par droit de représentation ; en sorte que Bertrand en aura le tiers, les enfans de Joseph un autre tiers, et l'autre tiers appartiendra à Sophie et à Marie, enfans de Jacques.

1126. — La substitution s'évanouit du moment même de son ouverture ; ainsi, quand les biens sont parvenus aux appelés, petits-enfans ou neveux du substituant, les biens deviennent libres sur la tête des appelés qui les ont recueillis : il n'est plus question alors de substitution ; la charge de rendre ne s'étend pas plus loin, elle finit en la personne du substitué ;

ainsi,

ainsi, il est vrai de dire que la substitution finit au moment de son ouverture, et les appelés sont aussi maîtres des biens à eux parvenus, que s'il n'avait jamais existé de fidéicommis.

1127. — La substitution s'évanouit par l'anéantissement de la chose substituée survenue sans le dol ou la faute du grevé. Leg. 26, § 1.er, ff *de legat.* 1; leg. 22, § 3, ff *ad senat. trebel.*

Il faut un anéantissement absolu, car la substitution continuerait d'exister sur ce qui reste, dans le cas d'une destruction partielle. Vid., par analogie, l'art. 623 du code.

1128. — La renonciation des appelés majeurs opérerait également l'extinction de la substitution : nous avons déjà remarqué que les appelés pouvaient, avant l'ouverture de la substitution, consentir à la vente des biens substitués; ce qui présente une renonciation indirecte et efficace : ils peuvent également y renoncer d'une manière expresse.

Cette renonciation expresse peut consister dans un abandon pur, simple et gratuit, que les appelés font de leur droit; elle peut également consister dans une transaction à titre onéreux, faite entre les appelés majeurs et le grevé : dans tous ces cas la renonciation serait également valable. Leg. 21, § 4, ff *de pactis;* leg. 1 et 16, cod. *eodem ;* leg. 11, cod. *de transactionibus :* vid. l'art. 28 du tit. 1.er de l'ordonnance de 1747, et *Furgole* sur cet article.

L'abandon simple et gratuit fait par les appelés en faveur du grevé, étant une véritable donation, doit être passé dans la forme des donations entre-vifs.

Mais la renonciation à titre onéreux, et convenue par pacte, peut être faite sous signature privée, et dans la forme ordinaire des contrats à titre onéreux.

On sent que la renonciation, soit gratuite, soit onéreuse, n'exclut que l'appelé majeur qui l'a faite, et qu'elle ne porte aucun préjudice, ni aux appelés non existans, ni à ceux qui, existans, n'ont pas participé à la renonciation. Vid. la loi 26, cod. *de fideicom.*

Quant à la renonciation gratuite ou onéreuse que les appelés pourraient faire en faveur d'un tiers, elle n'opérerait pas l'extinction de la substitution ; ce ne serait pas là une renonciation proprement dite, mais une simple cession faite d'un droit éventuel; cession valable dans tous les cas, et dont l'objet serait d'investir le cessionnaire des droits que les cédans auraient pu exercer de leur chef.

§ V. *Des reprises subsidiaires sur les biens substitués.*

1129. — D'après l'ordonnance de 1747 les femmes des grevés avaient, comme nous l'avons observé, un recours subsidiaire sur les biens substitués, pour la répétition des reprises dotales et des intérêts ; mais ce recours n'a plus lieu depuis le code civil. Vid. l'art. 1054 du code.

Il résulte de cet article, 1.° que le recours n'a lieu que lorsque le substituant l'a expressément permis dans la donation avec charge de rendre ;

2.° Que, dans ce cas, le recours n'est que subsidiaire, et en cas d'insuffisance des biens libres appartenant au grevé, insuffisance que la femme devra prouver par le résultat d'une discussion préalable : vid. *Furgole* sur l'art. 44 de l'ordonnance de 1747 ;

3.° Que ce recours n'a lieu que pour la répétition du capital constitué en dot; ainsi, nulle reprise pour les intérêts, ni pour les gains de survie, ni pour les habits de deuil, ni pour le remploi des propres aliénés, ni pour l'indemnité du cautionnement que la femme aurait pu fournir pour son époux, ni même pour la représentation des sommes provenant de la vente des immeubles dotaux : M. *Grenier* fait cette dernière observation, et elle est juste ; la loi ne permet taxativement que la répétition des deniers dotaux : d'ailleurs, l'art. 49 de l'ordonnance de 1747 n'accordait pas ce recours à la femme dans le cas de vente des biens dotaux faite par le mari. Vid. *Furgole* sur le susdit art. 49 : « le recours subsidiaire, dit-il, » n'a lieu que pour la dot constituée en deniers, et » non pour remplacer la dot constituée en fonds, » lorsque le mari les aliène ».

Ainsi, quand le mari n'offre d'autre sureté qu'une donation avec charge, la femme doit avoir l'attention de ne pas lui donner pouvoir de vendre ses biens dotaux, ou bien de stipuler l'obligation expresse du remploi en nature.

On sent que si lors de la constitution de dot la substitution antérieure n'était pas transcrite, l'hypothèque légale de la femme serait, dans ce cas, valable comme celle de tout autre créancier.

1130. — Peut-on prendre subsidiairement sur les biens substitués les frais funéraires du grevé ? Cette question, non décidée par les lois, était diversement jugée. *Catellan*, liv. 6, chap. 24, rapporte deux arrêts contre le recours, et un arrêt qui le permet.

Mais cette question n'en peut être une d'après les principes du code, car les appelés seuls pourraient s'opposer au recours sur les biens substitués ; mais comment pourraient-ils le faire, eux nécessairement enfans du grevé, et obligés personnellement, même dans le cas où ils auraient répudié sa succession, de satisfaire à ce dernier devoir envers celui qui leur a donné la vie ! !

CHAPITRE V.

DES PARTAGES FAITS PAR LES PÈRE, MÈRE, OU AUTRES ASCENDANS, ENTRE LEUR DESCENDANS.

1131. — LE partage des biens entre enfans de la part des ascendans avait lieu dans la législation romaine. Leg. 81 *et ult.*, cod. *famil. erciscund.*; la novelle 18, chap. 7; la novelle 107, chap. 3, et leg. 8, cod. *de inoff. testam.*

Cette faculté était accordée au père, à la mère et aux autres ascendans (novelle 117). Vid. *Furgole*, traité des testamens, chap. 8, sect. 1.re, n.° 143.

Ce partage pouvait porter sur tous les biens, ou sur une partie seulement. Leg. 21, cod. *famil. erciscund.*, et leg. 20, §3, ff *eodem : si quis voluerit suas res, aut dividere, aut omnes, aut etiam aliquas forte relinquere præcipuas,* dit la novelle 18, chap. 7.

Les objets non compris dans le partage appartenaient à tous les enfans par portions égales.

Ce partage pouvait être fait entre certains des enfans, la prétérition d'un ou de plusieurs d'entre eux ne le rendait pas nul ; l'enfant prétérit pouvait seulement réclamer sa légitime sur les biens partagés, et chacun des copartageans en était tenu *pro modo emolumenti.*

L'égalité n'était pas nécessaire dans ces actes de partage ; les enfans ne pouvaient s'en plaindre, que lorsque, par la portion qui leur était assignée, ils n'étaient pas remplis de leurs droits de légitime. Leg.

8, cod. *de inoff. testam.; Furgole*, chap. 8, sect. 1.re, n.º 150 : cette disposition de la loi romaine est remarquable.

1132. — L'art. 1075 du code civil porte, que « les » père et mère, et autres ascendans pourront faire » entre leurs enfans la distribution et partage de leurs » biens ».

L'art. 1076 ajoute, que « ces partages pourront être » faits par actes entre-vifs ou testamentaires, avec » les *formalités*, conditions et *règles* prescrites pour » les donations entre-vifs et testamens.

» Les partages faits par actes entre-vifs ne pourront » avoir pour objet que les biens présens».

Ainsi, nous voyons que les père et mère, et même les ascendans, peuvent faire le partage de leurs biens ;

Et que ce partage peut être fait par donation ou par testament.

Ne nous occupant ici que des partages par donation entre-vifs, nous devons observer que tout donateur qui se dépouille de ses biens, et qui les donne à plusieurs personnes, peut, sans difficulté, en faire le partage entr'elles ; mais il ne s'agit pas ici de cette faculté, qui compète à tout donateur, parent ou étranger.

Il est question de ce partage anticipé que les père et mère peuvent faire de leurs biens entre ceux qui doivent un jour les recueillir, et cette faculté ne compète qu'aux père et mère.

La loi donne, il est vrai, cette faculté aux ascendans ; mais entendons-nous : les ascendans ne peuvent faire un partage entre leurs petits-enfans, que lorsque les enfans au premier degré ne sont plus ; les petits-enfans peuvent aussi figurer dans un partage comme représentant leur père décédé : en un mot, les ascendans ne peuvent faire un partage en faveur de leurs petits-enfans, que lorsque ceux-ci, par l'effet de la représentation, se trouvent, au moment du partage, successibles de l'ascendant qui le fait ; en d'autres termes, le petit-enfant non-successible ne peut figurer dans le partage fait par l'ascendant.

1133. — L'acte de partage est soumis à toutes les formalités, conditions et règles prescrites pour les donations entre-vifs.

Ainsi, tout ce que nous avons dit par rapport à la capacité de donner et de recevoir s'applique aux partages.

L'acte doit être retenu par un notaire dans la forme ordinaire des contrats, et il doit en rester minute.

Tous les copartageans doivent accepter, ou par eux-mêmes, ou par procureur-fondé.

Le partage par rapport aux immeubles doit être transcrit ;

Par rapport aux meubles il doit en contenir l'état estimatif : tout cela résulte des dispositions de la loi, car les termes *formalités*, *conditions* et *règles*, qu'on trouve dans le susdit art. 1076, comprennent absolument toutes les formalités nécessaires pour la validité et efficacité de la donation.

1134. — Si l'on pouvait considérer le partage par donation entre-vifs comme ne devant avoir effet qu'après le décès du père partageant, et comme ne changeant rien aux droits de propriété de ce dernier, l'on pourrait dire que l'acte de partage n'est pas une donation, mais une simple division de biens éventuelle, et ne devant produire son effet que lors de l'ouverture de la succession.

Mais cette manière d'envisager l'acte de partage est fausse et erronée : le père qui partage par donation se dépouille des biens partagés, il en investit ses enfans, chacun est saisi du lot qui lui est assigné ; ainsi, le partage présente tous les caractères essentiels d'une donation : le père peut, il est vrai, se réserver tous les droits d'usufruit et de jouissance qu'il trouve à propos; il peut imposer toutes charges déterminées qu'il trouve convenables; mais quant à la propriété, elle cesse de lui appartenir; il ne peut plus en disposer, ses enfans en sont les maîtres : donc il y a donation en faveur de ces derniers, puisque, par l'acte de partage, ils se trouvent investis à titre gratuit d'une propriété qu'ils n'avaient pas : observations qui font sentir la nécessité de suivre dans les actes de partage les formalités des donations entre-vifs.

1135. — Les père et mère peuvent dans l'acte de donation partager tous leurs biens présens ;

Ils peuvent également n'en partager qu'une partie ; qu'un domaine, qu'une succession qui leur est échue : dans tous ces cas, le partage est valable.

Si le père n'a partagé qu'une partie de ses biens, l'autre partie formera sa succession, et sera partagée entre ses enfans d'après les règles déterminées par la loi sur les successions.

Le père qui n'a partagé qu'une partie de ses biens pourra faire un nouveau partage, et même un troisième ou quatrième, selon qu'il pourra lui survenir de nouveaux biens, ou qu'il aura négligé de faire porter les partages antérieurs sur la totalité de sa fortune.

On sent que les biens à venir ne peuvent être l'objet d'un partage : comment, en effet, partager ce qui n'est pas encore? comment établir l'égalité dans le partage d'une chose qu'il est impossible de connaître? Ainsi, la donation entre-vifs contenant partage ne peut comprendre que les biens présens du donateur; le partage cependant ne serait pas nul s'il portait sur les biens à venir, la nullité ne frapperait que la disposition relative à ces derniers biens; le partage pour les biens présens serait également valable.

1136. — Le partage entre enfans étant un dépouillement en faveur de tous ceux qui lors du partage auraient un droit à la succession si le père venait à décéder, l'on sent que le partage doit être fait entre tous les enfans existans et les petits-enfans de ceux prédécédés ; c'est dans ce sens qu'il faut entendre l'art. 1078, qui semble n'exiger que la mention de ceux qui se trouveront exister à l'époque du décès : cet art. 1078 n'est pas rédigé d'une manière assez générale, et ne se rapporte qu'aux partages faits par testament.

Il faut, en un mot, que chaque enfant existant, ou représenté lors de l'acte de partage, soit apportionné par cet acte, sans quoi le partage serait nul.

Le père partageant, ni l'enfant prétérit, pendant la vie du père, ne pourraient se plaindre du partage pour vice de prétérition, ni le faire annuller ; ce droit n'appartiendrait pas non plus aux enfans apportionnés, pendant la vie de leurdit père : *le père,....* parce qu'il est donateur, et qu'il ne peut invoquer une violation de la loi qui est son ouvrage ; *l'enfant prétérit,....* parce qu'il n'a pas encore de droit né et actuel sur les biens, et qu'il n'en aura peut-être jamais ; *les autres enfans,....* parce que jusqu'au décès du père l'acte de partage n'est qu'une donation valable par rapport à eux.

Mais au décès du père le partage sera nul, et de nul effet ; et l'enfant prétérit, et même l'enfant apportionné, pourront également demander un nouveau partage (susdit art. 1078 du code).

1137. — Supposons qu'il n'y ait qu'un enfant prétérit, et que cet enfant meure sans postérité avant le père ; dans ce cas le prédécès doit-il équivaloir à la non existence absolue ? en d'autres termes, le partage sera-t-il valable à l'égard des enfans apportionnés ? ceux-ci, ou l'un d'eux, ne pourraient-ils pas invoquer la prétérition ?

Non : eh ! pourquoi renverser un partage pour vice

de prétérition, quand le prétérit n'est plus, quand tous les enfans qui ont droit aux biens se trouvent par événement apportionnés dans l'acte ! Dira-t-on qu'il faut examiner l'acte dans son principe, et juger de sa validité au moment même de sa confection ? Je réponds que cela est vrai par rapport à la forme matérielle de l'acte ; ainsi, toutes les formalités des donations doivent être suivies, sans quoi point de partage valable ; mais il en est autrement par rapport aux autres formalités : le partage fait par le père devant remplacer, par rapport aux biens partagés, celui qui devait se faire lors de son décès, l'on voit pourquoi tous les enfans doivent être apportionnés dans cet acte de partage ; mais si l'enfant prétérit meurt avant son père, comment, sur le fondement de cette prétérition, renverser un partage qui par événement se trouve conforme à la loi ? comment les enfans apportionnés pourraient-ils invoquer une prétérition qui n'existe pas d'une manière rigoureuse ? Où est, leur dirait-on, où est cet enfant prétérit ; montrez-le ? vous ne le pouvez point ; à quoi bon renverser un partage, quand il faudrait procéder à un nouveau d'après les mêmes bases, et entre les mêmes parties ?

On peut objecter encore, qu'aux termes de l'art. 1078 l'un des apportionnés peut faire renverser le partage pour vice de prétérition, lors même que le prétérit ne se plaindrait pas : je réponds que le prétérit existant, et ayant le droit de se plaindre, l'existence de ce droit opère la nullité de l'acte à l'égard de tous ; sans cela la condition des copartageans ne serait pas égale, le prétérit pourrait toujours se plaindre, et l'apportionné ne le pourrait pas ; le prétérit aurait un droit certain de faire renverser l'acte, et l'apportionné serait dans une continuelle incertitude sur ses droits ; il ne pourrait rien améliorer, rien perfectionner ; il devrait vivre dans l'inquiétude, en attendant une attaque du

prétérit, et il ne pourrait faire cesser cet état pénible! Î
Tels sont les motifs qui ont fait donner à l'apportionné
le droit de se plaindre de la prétérition d'un des copartageans ; mais la loi ne lui donne ce droit, que quand
le prétérit existe au moment de l'ouverture de la succession ; je pense même que si le prétérit renonçait à
la succession paternelle, le partage serait inattaquable.

1138. — Pour la validité de l'acte de partage par
donation entre-vifs, il faut l'acceptation de tous les
copartageans ; le défaut d'acceptation de l'un d'eux
rend l'acte nul à l'égard de tous : cela est rigoureusement vrai.

Mais supposons qu'un père ait trois enfans, qu'il
ait partagé un domaine entr'eux ; que sur ces trois
enfans, Pierre, Joseph et Jacques, Pierre et Joseph
ayent accepté ; je le demande, jusqu'à l'acceptation
de Jacques le père reste-t-il le maître absolu non-
seulement de la portion assignée à Jacques, mais
encore des deux portions de Pierre et de Joseph ?
pourra-t-il, en un mot, vendre l'entier domaine jusqu'à
l'acceptation de Jacques ? On peut dire : considéré
comme donation, et respectivement du père aux enfans, le partage dont s'agit doit sortir à effet pour la
portion acceptée ; il y a, par rapport à cette portion,
donation valable et efficace ; il y a dépouillement du
donateur envers le donataire : le défaut d'acceptation
de Jacques rend l'acte nul, comme partage, par rapport
aux enfans entr'eux ; mais cette acceptation pouvant
survenir, la donation, par rapport aux portions
acceptées, doit valoir du moment de sa date.

Je réponds, que le dépouillement du père n'est ici
que conditionnel, et en faveur de tous ses enfans ; que
le refus de l'un d'eux rend l'acte de nul effet ; qu'il est
impossible de considérer les enfans acceptans comme
propriétaires de leur lot, puisque, par la non acceptation de l'un d'eux, le partage ne produit aucun effet :

or, s'ils étaient propriétaires de leur lot par donation, qui pourrait les empêcher de le garder, en renonçant à la succession? Mais puisqu'ils ne peuvent pas garder ce lot, il faut nécessairement dire qu'ils n'étaient pas propriétaires; et s'ils ne l'étaient pas, c'est que leur père n'était pas encore dépouillé : d'ailleurs, par le défaut d'acceptation de l'un des copartageans, le partage étant annullé à l'égard de tous, l'effet de cette nullité serait de faire rentrer dans la succession du père les biens soumis au partage; et l'on sent que, par l'effet de cette rentrée, ceux qui auraient traité avec lui depuis le partage pourraient toujours exercer leurs droits de garantie sur les biens partagés : donc, jusqu'à l'acceptation de tous, il n'existe aucun dépouillement partiel au préjudice du père.

1139. — Supposons, dans l'exemple ci-dessus, que Jacques accepte postérieurement à la donation ; mais qu'avant son acceptation le père ait vendu tout ou partie du lot de l'un des acceptans : cette aliénation sera-t-elle annullée par l'effet de l'acceptation de Jacques? Sans doute elle serait annullée, si les copartagés acceptans avaient été saisis de la propriété sous la condition suspensive de l'acceptation de Jacques, car l'accomplissement de la condition a un effet rétroactif; mais il n'est pas exact de dire que le père se soit dépouillé avant l'acceptation de tous; c'est seulement du moment que tous ont accepté qu'il y a dépouillement : avant cette acceptation aucun droit, ni pur, ni conditionnel, n'a passé aux enfans; l'acte de partage est indivisible, il ne peut donc produire aucun effet partiel, ni être provisoirement ou éventuellement valable pour un des copartageans, et être nul pour les autres.

1140. — L'acte de partage fait entre tous les enfans existans devient nul par la survenance d'un enfant ou d'un posthume ; l'essence du partage consistant dans l'égalité entre tous les enfans, le partage doit cesser de produire un effet à la mort du donateur, quand par événement l'un des enfans ne se trouve avoir rien en vertu de cet acte.

Mais la nullité causée par la survenance d'un enfant n'est pas de droit; ainsi, si l'enfant né postérieurement meurt avant le père, le partage n'éprouvera, et n'aura éprouvé aucune atteinte.

Les créanciers ou tiers-acquéreurs du père profiteront-ils de la nullité opérée par la survenance d'un enfant? Non, sans doute : il faut raisonner par rapport à eux comme dans le cas de réduction d'une donation excessive; l'on sait que les créanciers, ni les tiers-acquéreurs, ni les légataires ou donataires postérieurs du père, ne peuvent demander cette réduction, ni en profiter (art. 921 du code).

1141. — Les père et mère peuvent par le même acte entre-vifs faire le partage de leurs biens entre leurs enfans; ils pouvaient autrefois faire ce partage par testament, mais les testamens conjonctifs sont abrogés par le code; ainsi, les père et mère qui ont leurs biens confondus, qui ont des reprises mutuelles et embrouillées, doivent, s'ils veulent faire un partage, choisir la forme des donations; et, par ce moyen, le partage sera valable.

1142. — La mère peut aussi faire séparément, et par donation entre-vifs, le partage de ses biens; mais quand ses biens sont soumis au régime dotal, les dispositions de l'art. 1556 peuvent présenter de grandes difficultés; cet article porte, que « la mère peut, avec » l'autorisation de son mari, donner ses biens dotaux » pour l'*établissement de leurs* enfans communs ».

Les biens dotaux sont inaliénables; tel est le principe : la mère peut les donner pour l'établissement de ses enfans; voilà l'exception : il faut donc qu'il y ait mariage du donataire, ou, du moins, entrée dans un état, ou dans le commerce, pour valider la donation des biens dotaux : or, cela ne peut se rencontrer dans un acte de partage fait entre plusieurs enfans ; il est impossible qu'ils se marient tous le même jour, il est également difficile qu'ils prennent un état à la même époque : d'où il semble résulter que les biens dotaux ne peuvent être l'objet d'un partage entre-vifs, entre enfans, que dans le cas, bien rare, de l'établissement de tous les enfans à la même époque.

J'en conviens, cette conséquence résulte du texte de la loi ; mais ne blesse-t-elle pas son esprit ? La dot est inaliénable, j'en conviens ; mais cette inaliénabilité est principalement établie en faveur des enfans : or, comme tous les enfans sont nécessairement apportionnés dans le partage, le motif de l'inaliénabilité cesse ; d'ailleurs, le partage entre-vifs a encore ce but essentiel, celui de donner à chaque copartageant un objet d'occupation et d'administration ; et, sous ce rapport, le partage présente une espèce d'établissement en faveur des enfans ; enfin, cet acte me paraît favorable, et les motifs de l'inaliénabilité de la dot doivent le céder aux avantages que cet acte procure : l'on peut dire, du moins, que l'acte de partage est aussi favorable que l'établissement d'un enfant ; et alors les mêmes motifs d'exception se trouvent pour valider l'acte de partage, en tant qu'il porte sur les biens dotaux.

Serres, pag. 191, et *Boutaric*, pag. 219, pensaient que la femme pouvait donner ses biens dotaux à ses enfans, même hors contrat de mariage ; *Roussille*, il est vrai, pensait le contraire, traité de la dot, n.º 67 ; et quoique le code ait adopté l'opinion de *Roussille*, je pense néanmoins que le partage des biens dotaux serait valable indépendamment du mariage des enfans apportionnés.

1143. — Le partage dépouillant le père et la mère, et étant, par voie de suite, une vraie donation, nul doute que les père et mère ne puissent stipuler le droit de retour; et, dans ce cas, il faudra appliquer aux partages, et dans le cas de prédécès d'un ou de plusieurs des copartageans, les règles que nous avons établies relativement au retour conventionnel.

A défaut de stipulation du droit de retour, il faudra également appliquer au cas de prédécès d'un ou de plusieurs enfans ce que nous avons dit par rapport au retour légal établi par l'art. 747 du code : le père partageant est toujours donateur, et doit jouir des avantages qui résultent de cette qualité, quand il a le malheur de survivre à quelqu'un de ses enfans apportionnés; la portion de l'enfant prédécédé n'accroît pas aux autres, elle revient au père; et si cette portion se trouve en tout ou en partie dans le patrimoine du père lors de son décès, ses enfans survivans et représentés partageront ce qui en restera, ainsi que le surplus de la succession.

§ I.er *De la lésion en matière de partage.*

1144. — L'art. 1079 du code civil est ainsi conçu : le » partage fait par l'ascendant pourra être attaqué pour » cause de lésion de plus du quart; il pourra l'être aussi » dans le cas où il résulterait du partage et des disposi- » tions faites par préciput que l'un des copartagés » aurait un avantage plus grand que la loi ne permet ».

Cet article présente deux dispositions bien dis- tinctes : s'agit-il d'un partage pur et simple, et tel que la loi le fait elle-même par portions égales entre tous les enfans, alors l'un des enfans ne peut se plaindre, qu'en prouvant qu'il est lésé de plus d'un quart; en un mot, s'il a les trois quarts de sa por- tion successive, il ne peut se plaindre du partage.

Mais si le père, avant de faire le partage, commence par disposer du tiers ou du quart de ses biens, montant de sa quotité disponible, et qu'il en dispose en faveur d'un de ses enfans, et qu'ensuite il fasse le partage pour remplir l'avantagé, et de son préciput, et de sa portion dans la réserve ; dans ce cas, le partage sera rescindable, si l'avantagé se trouve avoir au delà, et de son préciput, et de sa réserve : « s'il en » était autrement, dit M. le tribun *Jaubert,* pag. 345 de » son discours sur les donations, le père pourrait favo- » riser un de ses enfans en deux manières : 1.º en don- » nant la quotité disponible ; 2.º en faisant un partage » inégal, avec la précaution de ne pas excéder le » quart ; et c'est ce que la loi ne permet pas ».

1145. — Relativement au partage par portions éga- les, et lorsque le père n'a rien donné par préciput, nous disons que l'enfant ne peut se plaindre quand il a les trois quarts de ce qu'il devrait avoir d'après les règles d'une juste égalité ; ainsi, le père peut, dans le partage, priver un ou plusieurs des copartagés du quart de leur portion virile ; il peut, en même temps, cumuler tous ces retranchemens sur la tête de l'un d'eux ; car les enfans ne peuvent se plaindre que quand ils sont lésés de plus d'un quart.

Observons que lorsqu'il existe trois, ou un plus grand nombre d'enfans, la quotité disponible égale le quart ; or, le père qui dispose de sa quotité dispo- nible enlève précisément à chacun des enfans le quart de sa portion virile : d'où il résulte que dans l'acte de partage le père, en causant aux enfans le plus grand préjudice permis ; en ne leur donnant, en un mot, que les trois quarts de ce qu'ils devraient avoir, ne fait réellement que disposer de sa quotité disponible ; la portion dans la réserve demeure intacte pour chaque enfant, car lorsqu'ils ont moins de la réserve la lésion s'y trouve, et l'acte est annullé.

Cette observation est vraie, quand il existe trois, ou un plus grand nombre d'enfans ; parce que, dans ce cas, la quotité disponible est du quart, égalant le préjudice que la loi permet au père de causer à chacun des enfans dans sa portion successive.

Mais quand il n'y a que deux enfans , alors la quotité disponible égalant le tiers , le préjudice que le père peut causer est moindre d'un douzième que la quotité disponible.

Ainsi, s'il n'y a que deux enfans, l'enfant peut se plaindre s'il ait lésé de plus d'un quart ;

S'il y a trois, ou un plus grand nombre d'enfans, l'un d'eux ne peut se plaindre que lorsqu'il n'a pas sa portion dans la réserve ; et nous avons déjà observé que telle était la disposition de la loi romaine.

Un père a 48 de fortune ; il a deux enfans : chacun devrait avoir 24 , le partage étant fait d'après les règles d'une juste égalité ; mais si l'un d'eux a les trois quarts de 24, égalant 18, il ne peut se plaindre ; s'il a moins de 18 le partage est rescindable.

Deuxième exemple : un père a 48 de fortune ; il a trois enfans : chacun devrait avoir 16 ; le quart de 16 est le préjudice permis au père : or, le quart de 16 est 4 ; ainsi, si l'un des enfans a 12, il ne peut se plaindre : or, 12 est précisément la portion dans la réserve compétant à chaque enfant ; donc, quand il y a trois, ou un plus grand nombre d'enfans , le partage n'est rescindable que quand l'un d'eux n'a pas l'intégralité de sa réserve ; et comme tous ces préjudices permis peuvent s'accumuler sur la tête d'un des enfans , le père, par des inégalités permises et calculées , peut avantager un de ses enfans de toute la quotité disponible , sans disposer en aucune manière par préciput ; et cela est rigoureusement vrai , quand le père a trois, ou un plus grand nombre d'enfans.

1140. — Mais quand le père commence par donner par préciput à l'un des enfans, et fait ensuite un partage, alors le père ne peut cumuler sur la tête
du

du fils avantagé, et le préciput résultant de la disposition expresse, et le préjudice qu'il pourrait causer aux autres enfans, en les réduisant aux trois quarts de leur réserve.

Par exemple, un père a 48 de fortune, et trois enfans ; il donne le quart par préciput à l'aîné, et fait un partage pour remplir le fils aîné de son préciput, et tous les enfans de leur portion dans la réserve : dans ce cas le fils avantagé ne peut recevoir au delà de 12, montant du préciput, et de 12, montant de sa portion dans la réserve ; il ne peut recevoir en tout que 24 : s'il reçoit au delà l'acte est rescindable, parce que les autres enfans, ou l'un d'eux, ne sont pas remplis de leur portion dans la réserve.

Si aux 24, montant du préciput et de sa portion dans la réserve, le fils aîné recevait le quart de la portion des autres enfans, ceux-ci seraient réduits aux trois quarts de 12, c'est-à-dire à 9 ; de manière que sur 48 les deux enfans non avantagés n'auraient que 18, 9 pour chacun, et le fils aîné aurait 30 : ce double préjudice n'est pas permis au père ; il ne peut, en un mot, après avoir donné le préciput à l'un des enfans, cumuler encore sur sa tête le second préciput indirect qui résulterait de la réduction des autres enfans aux trois quarts de leur réserve : s'il en était autrement, dans le cas de trois, ou d'un plus grand nombre d'enfans, le père pourrait disposer par préciput, 1.º du quart d'une manière expresse ; 2.º du quart des trois quarts, ou de trois seizièmes, d'une manière indirecte, en donnant tout juste aux enfans non avantagés les trois quarts de leur réserve : la loi n'a pas donné au père le pouvoir d'augmenter indirectement dans un acte de partage sa quotité disponible d'un des trois seizièmes de sa fortune.

Voilà pourquoi la loi, tout en permettant au père de réduire les enfans aux trois quarts de leur portion

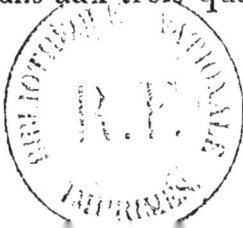

Tom. III. 7

virile, a l'attention d'observer que lorsqu'il y a disposition par préciput, le fils avantagé ne peut recevoir
que la quotité disponible, et sa portion dans la réserve : on ne considère pas dans ce dernier acte
la lésion dans les trois quarts revenant aux enfans
non avantagés ; mais ce point de fait, le fils avantagé a-t-il au delà, et de la quotité disponible, et
de sa portion dans la réserve : s'il a plus l'acte est
nul, et rescindable.

1147. — Reprenons l'exemple ci-dessus : un père
a 48 de fortune, et trois enfans ; il donne à l'aîné
le quart par préciput ; il fait un partage : sans doute
le lot fixé à l'aîné ne doit valoir que 24, montant
du préciput et de la réserve ; nul doute sur ce
point.

Mais l'égalité la plus rigoureuse doit-elle exister
entre les deux autres enfans ? la moindre inégalité
annullera-t-elle le partage ? ou bien une certaine
lésion est-elle nécessaire pour opérer la rescision ? faudra-t-il la lésion du quart pour que l'enfant puisse
se plaindre ?

On peut dire : la faculté de faire un partage serait
le plus souvent illusoire dans la main du père, si
la moindre lésion suffisait pour l'annuller : quel père
peut être assuré de cette précision rigoureuse et mathématique ? La loi ne doit punir que le dol ; or, une
erreur presque inévitable pourra-t-elle rendre le partage nul ? ne faudrait-il pas une lésion du quart pour
opérer cette nullité ?

Je réponds, que la loi n'a mis dans la main du
père qu'une seule quotité disponible ; que cette quotité disponible ne peut être augmentée, et que quels
que soient les actes du père, la réserve doit être
intacte pour chaque enfant ; or, dans l'exemple ci-
dessus, si, après avoir fait le lot pour l'aîné, valant
24, le père réduisait son troisième fils aux trois

quarts, de sa réserve, en portant cette inégalité sur le lot de l'enfant puîné, le troisième enfant n'aurait que 9, et le père se trouverait avoir disposé de 12, plus 3, égalant 15; ce qui surpasse sa quotité disponible, et ne peut être permis : le lot de chaque enfant doit nécessairement le remplir de sa réserve; c'est là le point dont il ne faut jamais s'écarter.

La moindre lésion dans la réserve annullant l'acte de partage, il en résulte, j'en conviens, une certaine gêne pour le père, et la nécessité pour lui d'une rigoureuse exactitude, quand il a disposé par préciput de toute sa quotité disponible; car alors ne partageant que la réserve entre ses enfans, la moindre inégalité dans les lots de ceux qui ne sont pas avantagés fait que l'un d'eux n'est pas rempli de sa réserve, et l'acte tombe; mais cet inconvénient ne pouvait être levé que par un autre plus grand et plus funeste, celui de permettre au père une certaine lésion dans la réserve : d'ailleurs, le père est également assujetti à la plus grande exactitude dans le lot qu'il forme à l'enfant avantagé, puisque la moindre chose en sus, et de la réserve, et du préciput, rendrait l'acte rescindable.

1148. — Faisons-nous des idées justes : si l'enfant avantagé ne peut rien avoir en sus, et du préciput, et de la réserve, et si la plus grande égalité est ensuite requise entre les autres enfans, cela n'est vrai que lorsque le père a expressément disposé par préciput de toute sa quotité disponible; car s'il n'avait disposé que d'une partie, alors une certaine inégalité serait permise dans les lots; et pourvu.que chacun des enfans eût sa réserve, le partage serait valable.

Par exemple, un père a 48, et trois, ou un plus grand nombre. d'enfans; il a donné le huitième par préciput à l'aîné, et puis fait le partage entre ses enfans : n'ayant usé sa quotité disponible que jusques et à concurrence du huitième, égalant 6, le père peut encore augmenter le lot, soit de son fils aîné, soit de tout autre, d'une autre somme équivalant à 6 ; et pourvu que chaque enfant ait sa réserve intacte, le partage sortira à effet.

En un mot, dans un acte de partage le père qui a trois, ou un plus grand nombre d'enfans, peut directement ou indirectement réduire quelques-uns de ses enfans, et même tous, excepté un seul (qui est l'avantagé), à la simple réserve ; mais il ne peut aller au delà, et la réserve doit demeurer intacte pour chaque enfant.

Ainsi, nous devons tenir pour certain, que dans tout partage, soit qu'il y ait préciput donné, soit qu'il n'y en ait pas, l'acte est valable, pourvu qu'aucun des enfans ne soit lésé dans sa portion de la réserve ; mais qu'il est toujours nul ou rescindable, quand l'un d'eux ne se trouve pas rempli de cette portion dans la réserve : cela est vrai, quand il existe trois, ou un plus grand nombre d'enfans : si dans l'acte de partage il y a des petits-enfans apportionnés, comme représentant leur père, alors il faudra considérer tous les lots des petits-enfans comme n'en faisant qu'un, et voir si tous ces lots ne remplissent pas les petits-enfans de la portion dans la réserve que leur père aurait eue, et qu'ils recueillent à sa place.

Mais quand il n'y a que deux enfans, dans ce cas, il faut distinguer le partage avec préciput du partage pur et simple.

Dans le partage pur et simple, l'un des enfans peut se plaindre s'il est lésé de plus du quart, et quoiqu'il ait sa réserve intacte ; ainsi, sur 48 à partager, il pourra se plaindre s'il a moins de 18, et lors même qu'il aurait plus de 16, montant de sa réserve.

Dans le partage avec préciput stipulé, l'enfant non avantagé ne peut, au contraire, se plaindre que lorsqu'il n'est pas rempli de sa portion dans la réserve ; c'est-à-dire, quand il a moins de 16.

Tout cela résulte de la différence qui se trouve dans la quotité disponible, égalant un tiers, et le préjudice permis au père, qui n'égale que le quart ; et nous voyons, ainsi que nous l'avons déjà remarqué, que lorsqu'il n'y a que deux enfans, le préjudice indirect que le père peut causer est moindre d'un douzième que le préjudice exprès résultant du préciput stipulé.

1149. — Un père pouvant faire plusieurs partages successifs, soit par rapport aux biens non compris dans le premier partage, soit par rapport aux biens survenus depuis, faudra-t-il, pour déterminer s'il y a lésion dans ces partages, les considérer séparément, ou examiner en bloc le résultat de tous ces partages ? Je pense qu'il faut les considérer en bloc, et comme ne formant tous qu'un seul et unique partage ; car tous ensemble constituent la volonté du père : le second partage se rattache nécessairement au premier ; peut-être n'a-t-il été fait qu'avec intention, et dans la vue de corriger les erreurs glissées dans le premier : quoiqu'il y ait plusieurs partages, ils n'en présentent réellement qu'un seul ; la volonté du père me paraît indivisible, un seul acte de partage ne peut être attaqué ; il faut les attaquer tous ensemble, et juger de la lésion, non par le résultat partiel, mais par l'ensemble de tous ces partages.

1150. — Un père, en mariant une de ses filles, lui a donné une somme de dix, ou un immeuble ; il fait ensuite un acte de partage, par lequel il apportionne sa fille tout comme si elle n'avait rien reçu, et sans faire aucune mention de ladite donation ; l'acte de partage sera-t-il valable ?

On voit que cette question se réduit au fait de savoir si, dans un acte de partage fait par le père, celui-ci doit imputer ce qui a été par lui antérieurement donné aux copartagés ; en d'autres termes, le rapport a-t-il nécessairement lieu dans les partages faits par les ascendans ?

Je pense que ce rapport a lieu, et qu'il faut raisonner, relativement au partage fait par le père, comme à l'égard de tout autre partage ; ainsi, la fille apportionnée dans le partage doit nécessairement rapporter ce qu'elle a reçu : d'où il résulte que le père doit faire entrer dans son lot l'émolument de la donation ; et que s'il ne l'a pas fait, s'il n'a fait aucune mention des choses données, dans ce cas, ces choses doivent être partagées entre tous les enfans, comme objets rapportables, et non compris dans l'acte de partage : cette manière de procéder concilie tous les intérêts, le partage subsiste, et le rapport s'effectue par le supplément de partage sur la chose donnée ; la fille qui a accepté le partage ne peut se dispenser de faire le rapport : *Papinien*, dans la loi 39, ff *famil. erciscund.*, décide, il est vrai, que le rapport n'a pas lieu ; mais il se fonde sur deux circonstances particulières : 1.º sur ce que la fille qui avait reçu la dot était moins apportionnée que son frère dans l'acte de partage ; 2.º sur ce qu'il ne restait plus rien d'indivis dans la succession ; et de là il conclut que le rapport ne doit pas avoir lieu, d'après la volonté présumée du père : d'ailleurs, cette loi est abrogée par la novelle 18, chap. 6, quoique *Heineccius* pense le contraire. *Pandect.*, part. 6, § 20.

Mais si, dans l'acte de partage, le père avait expressément dispensé sa fille de l'obligation de rapport, ou s'il avait déclaré que les choses qu'il lui assignait par le partage lui appartiendraient en sus de ce qu'elle avait reçu par donation ; dans tous ces cas le rapport ne serait pas dû : il ne serait pas dû non plus si la première donation avait été faite par préciput, car, dans ce cas, le père peut se dispenser de faire mention de ce préciput dans l'acte de partage : à sa mort l'on examinera seulement si le préciput excède sa quotité disponible ; et l'excédant, s'il y en a, donnera lieu à un supplément de partage.

Dans le cas d'une donation antérieure par préciput de toute la quotité disponible la moindre lésion annullera le partage ; car, il ne faut pas le perdre de vue, chaque enfant doit avoir sa portion dans la réserve intacte et entière.

Si la donation antérieure faite par préciput ne porte pas sur l'entière quotité disponible, le père pourra établir l'inégalité dans les lots ; mais de manière cependant qu'aucun des enfans ne soit blessé dans sa réserve.

1151. — L'action en rescision pour cause de lésion ne peut être exercée qu'à la mort du père partageant : jusques-là le partage produit son effet, comme donation, et aucune restitution de fruits n'est due avant l'ouverture ; en effet, comment, avant la mort du père, les enfans pourraient-ils attaquer le partage pour cause de lésion ? Ils n'ont aucun droit né et actuel à l'égalité dans le partage ; ils l'ont accepté, ils peuvent périr avant leur père ; et celui-ci peut, par un nouveau partage, corriger les erreurs intervenues dans le premier ?

1152. — Nous avons dit que le père et la mère peuvent, par le même acte, partager leurs biens présens : nous disons que l'action en lésion peut être exercée à la mort du père ; mais dans le cas d'un partage conjonctif, et qui porte sur la totalité des biens paternels et maternels, et dans lequel l'un des copartagés peut n'avoir que des biens du père ou de la mère, peut-on, dans ce cas, vérifier la lésion avant la mort de tous les deux ?

Je pense qu'il faut attendre le décès du dernier mourant des père et mère : s'il en était autrement, si chaque enfant devait précisément recevoir une égale

quantité de biens paternels et maternels, proportionnellement à la fortune de leurs père et mère, tout l'avantage de cet acte serait détruit : cet avantage essentiel
consiste dans la non obligation de démêler scrupuleusement l'origine des biens qui se trouvent confondus,
et dans la facilité pour la formation des lots, en donnant à l'un des enfans un domaine du père, et à l'autre
enfant un domaine de la mère ; or, si l'action en
lésion était permise au décès du premier mourant, il
faudrait nécessairement en venir à cette fixation, souvent difficile, et toujours coûteuse des deux patrimoines ;
il faudrait nécessairement annuller l'acte de partage,
à moins que, par l'effet du hasard, chaque enfant n'eût
reçu sa portion sur chaque patrimoine : ainsi, permettre l'action en lésion avant le décès du dernier
mourant, ce serait anéantir le partage conjonctif ;
or, comme le partage conjonctif est permis par acte
entre-vifs, la loi doit proscrire tout ce qui en opérerait l'inutilité, ou qui, du moins, en enleverait tous les
avantages.

D'où il résulte qu'au décès du dernier mourant des
père et mère, pour savoir s'il y a lésion dans l'acte de
partage, il faut considérer les choses comme si le
partage était fait par une seule personne, et comme
si tous les biens partagés lui appartenaient ; et, cette
supposition faite, il faudra appliquer simplement les
règles ci-dessus posées relativement à la lésion ; il
faudra raisonner de même dans le cas d'une donation
faite par préciput par les père et mère, quand ils ont
disposé l'un et l'autre de la même quote de leurs biens :
ainsi, dans tous ces cas, l'acte sera valable, pourvu
que chaque enfant ait sa portion dans la réserve eu
égard à la masse entière des biens partagés, s'il y a
trois, ou un plus grand nombre d'enfans apportionnés :
le partage sera également valable dans le cas de deux
enfans, pourvu que l'un d'eux ne soit pas lésé de plus

d'un quart dans sa portion successive, en considérant toujours les deux patrimoines comme n'en formant qu'un seul.

De même, si les père et mère ont donné par préciput des portions inégales ; savoir : l'un un huitième, et l'autre un quart de ses biens, l'acte sera valable , d'après les règles ci-dessus, c'est-à-dire, pourvu qu'aucun des enfans ne soit lésé dans sa réserve, s'il y a trois, ou un plus grand nombre d'enfans, et pourvu qu'il ne soit pas lésé de plus du quart dans sa portion successive, dans le cas où il n'y aurait que deux enfans.

Nous entendons par portion successive cette portion virile qui reviendrait à chaque enfant sur les biens partagés, dans la supposition où il n'existerait aucune disposition par préciput ;

Par portion virile dans la réserve nous entendons cette portion de biens qui doit revenir à chaque enfant, prélèvement fait de l'entière quotité disponible.

1153. — Un père ayant donné par préciput à l'un de ses enfans, et fait le partage de ses biens, le préciput conservera toujours son effet , lors même que l'acte de partage serait ensuite annullé pour cause de lésion ; car, dans l'acte dont il s'agit, il faut distinguer deux choses, la donation par préciput, et le partage : ces deux choses existent, et résultent de l'acte fait par le père ; mais le partage peut être nul et de nul effet , en tant que lésif, sans que la donation par préciput en souffre en aucune manière : le père avait la faculté de donner par préciput, et de faire un partage ; mais l'usage simultané de cette double faculté ne rend pas l'acte indivisible : en donnant par préciput , le père a fait ce qu'il pouvait faire, et la donation est bonne quant à ce ; mais en faisant un partage inégal , et dont le résultat viole les dispositions de la loi , le père a fait ce qu'il ne pouvait pas faire , et le partage est nul ; mais la donation par préciput subsiste, de manière qu'en procédant à un nouveau partage il faudra remplir le donataire du préciput qui lui a été donné.

Les mêmes principes s'appliquent au cas de la nullité du partage, causée, soit par la prétérition d'un des enfans existans, soit par la survenance d'un nouveau né ; le préciput sortirait toujours à effet, quoique le partage fût nul.

1154. — On sent que l'enfant lésé par le partage peut seul en demander la nullité pour cause de lésion : comment les autres pourraient-ils se plaindre d'une lésion qui n'existe pas pour eux, ou qui, peut-être, tourne au profit de celui qui ne craindrait pas de se plaindre ! Il est de principe qu'on ne peut exciper du droit d'autrui, et que l'enfant prétendu lésé peut renoncer à ses droits ; il est, d'ailleurs, des prix d'affection, qui, aux yeux de cet enfant, peuvent donner à son lot une valeur considérable : eh ! comment le dépouiller de son lot, sous prétexte d'une lésion qui n'existe pas pour lui, qu'il ne reconnaît point, et dont il n'excipe pas lui-même !

1155. — Mais sur la plainte d'un des enfans pour cause de lésion, les autres enfans pourront-ils empêcher un nouveau partage, en offrant et fournissant au demandeur le supplément de sa portion, soit en numéraire, soit en nature ? Cette faculté appartiendrait aux défendeurs, s'il s'agissait d'un simple partage fait par les cohéritiers entr'eux (art. 891 du code) : or, les dispositions de cet article s'appliquent-elles aux partages faits par les ascendans ? Je le crois : l'intérêt est le fondement de nos actions ; ainsi, du moment que nous sommes désintéressés, notre droit d'agir cesse : pourquoi renverser un partage pour cause de lésion, quand, au moyen de l'offre des autres enfans, la lésion cesse d'exister !

J'avoue que les défendeurs à la demande en lésion ne sont pas obligés de fournir le supplément en corps héréditaire, que la loi leur donne la faculté d'offrir ce supplément en argent; mais l'usage de cette faculté ne constitue pas une nouvelle lésion : le point essentiel est que l'enfant qui se plaint soit rempli de son droit, soit au moyen de son lot, soit au moyen du supplément offert.

En un mot, nul doute que les défendeurs à l'action en lésion ne puissent arrêter le cours des poursuites et la procédure d'experts, en offrant le supplément à celui qui se plaint : certainement ils ont ce droit, quelle que soit la nature du partage, puisque le but de l'action est précisément d'avoir ce supplément : cela posé, toute la difficulté consiste au fait de savoir si ce supplément peut être offert en argent, ou s'il doit l'être en corps héréditaire; or, puisque la loi a décidé cette question par rapport aux partages faits par les cohéritiers entr'eux, il faut le décider de même par rapport aux partages faits par les ascendans.

1156. — Ce que nous venons de dire nous conduit à la question de savoir si le père est le maître, dans l'acte de partage, de faire un partage inégal par rapport à la nature de ses biens ; s'il peut, par exemple, donner des immeubles à l'un, et ne donner que des meubles à l'autre ?

Quand le partage est fait par donation, chaque enfant ayant accepté son lot, l'on sent que le partage ne peut être annullé sous le prétexte, soit du morcellement, soit du non morcellement des héritages, et sous le prétexte que l'un a reçu des immeubles et l'autre des meubles : l'acceptation des lots respectivement faite par chaque enfant le rend irrecevable à se plaindre; il lui faut une lésion réelle, pour qu'il puisse demander un nouveau partage; et il n'y a pas de lésion réelle, quand il n'existe de différence que dans la nature des objets qui composent les lots.

Mais dans un partage fait par testament la question est importante, et mérite d'être examinée.

Et, d'abord, nous voyons que dans les partages faits d'autorité de justice « on doit, dans la formation des lots, éviter, *autant que possible*, de morceler les » héritages, et de diviser les exploitations; qu'il con» vient de faire entrer dans chaque lot, *s'il se peut*, » la même quantité de meubles, d'immeubles, de » droits, etc., de créances de même nature et valeur». (art. 826 et 832 du code civil).

L'art. 833 ajoute, que l'inégalité des lots en nature se compense par un retour, soit en rente, soit en argent.

Enfin, l'art. 827 porte, que les immeubles qui ne peuvent pas se partager commodément doivent être vendus par licitation.

Telles sont les règles tracées pour les experts : 1.º ils doivent faire entrer dans chaque lot la même quantité de meubles et d'immeubles, lorsque la chose est possible; 2.º la loi leur défend de morceler les héritages, à moins qu'ils n'y soient forcés par la nécessité; 3.º l'inégalité des lots se compense par un retour en argent; 4.º enfin, les immeubles dont le partage est difficile doivent être licités.

La première règle est sans contredit la plus importante, les experts doivent la suivre, et lui sacrifier même la seconde; c'est-à-dire, qu'ils doivent morceler les immeubles, pour donner à chacun des copartageans à peu près la même quantité de biens-fonds : ainsi, une succession composée d'un seul domaine et de beaucoup de contrats doit être partagée de manière que chaque enfant ait une portion de ce domaine; il faut, en un mot, morceler les héritages, et diviser les exploitations, pour faire entrer dans chaque lot la même quantité de meubles et d'immeubles.

Cependant si le partage de ce domaine lui faisait

perdre considérablement de sa valeur, alors les experts pourraient-ils se dispenser de faire le partage égal de ce domaine? pourraient-ils le mettre dans un ou deux lots, et composer les autres de meubles et de contrats? ou bien faudrait-il, dans ce cas, recourir à la licitation?

Je pense que les experts doivent avoir une certaine latitude; que l'application des règles ci-dessus est, jusqu'à un certain point, arbitraire, et dépend des circonstances, qu'il est impossible de prévoir.

Si le morcellement du domaine lui enlève une partie considérable de sa valeur, le partage serait préjudiciable à tous; le recours à la licitation serait souvent funeste, et presque toujours nuisible; il serait funeste et pénible aux enfans, s'ils voyaient, par l'effet du caprice de l'un d'eux, vendre un domaine qui était le séjour de la famille, l'ouvrage des soins communs: si ce domaine était une usine considérable, une manufacture exploitée par le père et par certains de ses enfans, son morcellement serait certainement funeste; sa licitation serait aussi très-préjudiciable, elle ferait perdre aux enfans qui l'exploitaient avec leur père leur état et leur crédit: la licitation, comme toute vente forcée, ne produit que bien rarement un prix égal à la valeur de l'immeuble; il ne faut donc y recourir qu'à l'extrémité.

Ainsi, il est des cas où un immeuble ne doit être, ni partagé, ni licité, et où il faut le mettre dans un lot, sauf, à l'égard des autres, la compensation en argent; la loi le reconnaît d'une manière littérale par ces expressions: *il convient* de faire entrer dans chaque lot, *s'il se peut*, la même quantité de meubles et d'immeubles; la loi ne dit pas, *il faut*, mais *il convient*; elle n'ordonne pas une chose absolue et nécessaire, elle conseille seulement une chose juste, et elle ne la conseille que lorsqu'elle est possible, *s'il se peut,* et tout en recommandant le non morcellement des héritages.

Or, la loi n'avant tracé, ni pu tracer ces cas où l'immeuble ne doit être, ni morcelé, ni licité, il faut bien décider que cette question est laissée à l'arbitrage des experts.

Mais si les experts peuvent, selon les circonstances, faire un partage inégal par rapport à la nature des biens; si, en un mot, les experts ne sont pas rigoureusement soumis à la nécessité de faire un partage égal des immeubles, comment le père y serait-il soumis? comment le père aurait-il moins de latitude que les experts?

On peut dire : les experts agissent sans affection, sans motif, ignorant celui qui doit avoir tel ou tel lot; d'ailleurs, le tirage au sort, présentant une chance égale à tous les enfans, compense ce qu'il y a d'inégal dans la nature des biens.

Je conviens de la vérité de cette observation; mais aussi le sort aveugle peut donner à chaque enfant précisément ce qui lui convient le moins : par exemple, l'usine à un homme de lettres, et les terres labourables à l'enfant qui ne s'est occupé que de commerce : le père ne fera pas ces méprises dans le partage; il apportionnera chaque enfant selon son caractère, son goût, son aptitude; et je ne vois pas sur quoi l'on pourrait se fonder pour renverser ce jugement du père, quand la lésion réelle ne s'y trouve pas.

Faut-il donc décider que le père peut composer les lots comme il lui plaît, et ne donner à l'un des enfans que des meubles, et des immeubles à l'autre ? Je le crois : une certaine inégalité dans la nature des biens est certainement permise au père, sans quoi point de partage possible; or, qui peut fixer des bornes à cette inégalité? la loi ne l'a point fait. Appellera-t-on des experts pour redresser le jugement du père, pour décider s'il aurait pu, ou non, partager ses biens d'une autre manière? On ne trouve pas dans la loi de disposition qui soumette le jugement du père à ce second jugement; ce second jugement serait peu convenant, et produirait un arbitraire plus funeste que celui qu'il entendrait corriger.

Ainsi, de quelque manière que les lots aient été formés, les enfans ne pourront se plaindre; sous ce rapport le partage sera valable : la lésion réelle peut seule le vicier.

Ce système admet cependant une restriction; je m'explique : quand un immeuble est donné par préciput, si cet immeuble excède la quotité disponible, le donataire doit rapporter cet excédant en nature, si le *retranchement peut s'opérer commodément.*

Si le retranchement ne peut s'opérer commodément, alors on examinera si l'immeuble donné vaut le double de la quotité disponible; s'il vaut plus du double, il faut rapporter l'immeuble en entier, sauf à prélever sur la masse la quotité disponible; s'il vaut moins du double de la quotité disponible, alors le donataire garde l'immeuble, à la charge par lui de récompenser ses cohéritiers en argent ou autrement : telles sont les dispositions de l'art. 866 du code civil, dispositions qui s'appliquent particulièrement au cas où il n'existe dans la succession que l'immeuble donné.

Or, si nous remarquons que la quotité disponible est toujours égale ou plus forte que la portion dans la réserve compétant à chaque enfant, nous trouverons que lorsqu'un immeuble est donné par préciput, et qu'il ne peut commodément se partager, le donataire a le droit de le garder, pourvu que sa valeur n'excède pas celle de la quotité disponible et de sa portion dans la réserve; mais qu'il doit le rapporter en entier, si la valeur de l'immeuble vaut plus que le double de la quotité disponible : ainsi, la fortune

étant 48, et le père laissant trois enfans, si l'immeuble
donné ne vaut que 24, ou moins, l'enfant donataire
par préciput pourra le garder, lors même que ce serait le seul immeuble de la succession ; s'il vaut plus
de 24, le rapport en nature doit être fait, sauf à prélever le préciput égalant 12.

Telles sont les règles dans le cas d'une donation ,
par préciput, d'un immeuble , et lorsque l'immeuble
ne peut se diviser commodément.

Or, le père qui fait un partage doit être juge unique
et souverain du fait de savoir si l'immeuble peut se
diviser sans incommodité; et lorsqu'il ne le divise pas,
il annonce suffisamment qu'il a jugé que la division
ne pouvait en être faite ; et alors, appliquant au partage les règles ci-dessus, nous trouverons que le père
peut donner à l'un des enfans le seul immeuble qu'il
possède, pourvu que cet immeuble ne vaille pas plus
du double de la quotité disponible : donc, le partage
sera valable , lors même que l'immeuble égalerait en
valeur, et la quotité disponible, et la portion dans
la réserve compétant au fils qui reçoit l'immeuble ,
car cette portion n'excède jamais la quotité disponible;
mais le partage sera nul, si cet immeuble unique
valait plus que deux fois la quotité disponible, lors
même que l'enfant aurait été soumis à un retour en
argent, qui ferait disparaître la lésion de l'acte de
partage : nous disons que le partage sera nul; mais
l'enfant pourrait prélever sur la masse le préciput qui
lui aurait été fait.

Je pense que dans la même espèce, et lors même
que le père n'aurait rien donné par préciput à l'enfant
qui a reçu l'immeuble valant deux fois la quotité disponible et au-delà, l'enfant donataire qui rapporte-
rait l'immeuble par l'effet de la nullité du partage
pourrait toujours prélever sur la masse la quotité disponible, parce qu'ici le partage n'est pas nul pour
cause

cause de lésion, mais seulement irrégulier par rapport
à la distribution des immeubles; or, cette irrégularité
ne peut préjudicier à l'enfant qui a reçu l'immeuble,
non à la vérité avec clause de préciput, mais indirectement, à titre d'avantage, puisqu'il est d'une valeur
double de la quotité disponible : quand nous disons
qu'il pourra prélever la quotité disponible, nous
supposons que la valeur de l'immeuble donné, moins
la somme qu'il a été chargé de payer, égale, et la quotité
disponible, et la portion dans la réserve : si le calcul
démontre que la quotité disponible ne lui a pas été
implicitement donnée en entier, il ne pourra prélever
que la quotité donnée; je reconnais néanmoins que
la question du prélèvement dans le cas où il n'y a pas
de préciput stipulé, mais seulement une inégalité
dans les lots, présente de grandes difficultés; car le
prélèvement ne serait fondé ici que sur une présomption : qui peut nous dire que l'inégalité n'est pas
l'ouvrage de l'erreur? Attendons là-dessus les secours
de la jurisprudence; mais ces observations avertiront
les pères qui veulent faire un partage, et dans lequel
il y a une certaine inégalité dans la valeur des lots,
et dans la nature des biens dont ils sont composés, de
prévoir le cas de la nullité du partage, et de déclarer
que dans ce cas ils donnent à tel de leurs enfans telle
chose par préciput : cette stipulation peut prévenir
une foule de discussions.

Une autre preuve péremptoire, que l'un des enfans
qui a reçu une portion quelconque de l'immeuble
ne peut se plaindre de ce que l'immeuble a été inégalement partagé, et de ce qu'on lui a donné peu d'immeubles, et beaucoup d'argent, résulte des dispositions
de l'art. 891 du code civil, qui s'appliquent également
aux partages faits par les ascendans : cet article permet aux autres enfans, dans le cas de plainte en
lésion, d'offrir au plaignant son supplément en nu-

Tom. III. 8

méraire; or , je le demande, si l'enfant copartagé
n'avait reçu que sa petite portion d'immeubles, sans
argent, l'acte de partage serait valable, si les autres
enfans lui offraient ce supplément en numéraire, et
l'acte serait nul, parce que ce supplément aurait été
fixé par le père lui-même! Si le père s'était montré
plus injuste, l'acte serait valide, et il serait annullé,
parce qu'il aurait été fait avec plus de justice!! On
sent qu'une pareille conséquence ne peut être admise,
et que dans les partages faits par les pères l'égalité
dans la nature des biens qui composent les lots n'est
pas requise.

§ II. *De la garantie des lots dans les partages faits par les ascendans.*

1157. — Dans les partages faits entre cohéritiers,
soit judiciairement, soit d'une manière amiable, la
garantie a lieu de droit, et sans stipulation. Leg. 14,
cod. *famil. erciscund.*, et 25, § 21, ff *eodem.*

« Les cohéritiers, dit l'art. 884 du code, demeurent
» respectivement garans les uns envers les autres des
» troubles et évictions qui procèdent d'une cause an-
» térieure au partage ».

En est-il de même dans les partages faits par les
ascendans? Cette question, savamment traitée par
Duperrier, liv. 2, quest. 2, était controversée : certains
auteurs, *Peregrinus, Menochius,* la Glose, et *Barthole,*
soutenaient que la garantie n'avait pas lieu, à moins
que l'éviction n'arrivât avant la délivrance du lot de
celui qui est évincé; *Ripa, Cujas* et *Duperrier,* pensaient, au contraire, que la garantie avait lieu de droit
comme dans tous les autres partages; *Catellan*, liv.
5, chap. 66, et *Lebrun,* traité des successions, liv. 4,
chap. 1, n.º 69, ont adopté cette dernière opinion,
se fondant principalement sur la loi *cùm pater,* ff
de legat. 2, et sur la loi 33, ff *famil. erciscund.*

Furgole, dans son traité des testamens, chap. 8, sect. 1.ʳᵉ, n.º 166, tâche de concilier ces deux opinions par cette distinction : si le testateur, dit-il, après avoir institué plusieurs héritiers, fait lui-même le partage de sa succession, et assigne des lots à chacun, alors il fait la fonction d'expert, et la garantie a lieu ; mais si le père, sans fixer à chaque enfant une portion héréditaire, se contente de distribuer ses biens à ses enfans, alors point de garantie, parce que chaque enfant ne reçoit que ce que le père a trouvé à propos de lui donner.

Cette distinction de *Furgole* ne me paraît pas solide ; car un père est toujours présumé vouloir distribuer ses biens par portions égales entre ses enfans, qu'il est censé également chérir, et qui ont les mêmes droits, puisque le père ne donne rien par préciput ; d'où il résulte que, dans tous les cas, le père fait réellement la fonction d'expert : d'ailleurs, l'institution préalable des enfans dans une portion héréditaire ne se rencontrera jamais dans un acte de partage ; ce qui démontre que la distinction de *Furgole* serait même aujourd'hui sans application.

Je pense, en règle générale, que la garantie n'a point lieu, à moins que par le résultat de l'éviction l'enfant évincé ne se trouve privé de l'intégralité de sa réserve : je me fonde sur cette observation, que le partage peut être inégal, pourvu que chaque enfant soit rempli de sa portion dans la réserve : ce principe posé, supposons que le lot d'un enfant soit composé des objets A et B, que B le remplisse exactement de sa portion dans la réserve, et qu'il soit ensuite évincé de l'objet A ; comment l'éviction de cet objet annullerait-elle le partage, quand sa non donation ne le vicierait pas ? Quoi ! le père aurait pu impunément priver cet enfant de l'objet A, et le partage subsisterait ! et la privation causée par l'éviction modifierait le partage dans ses résultats! Cette conséquence ne serait pas juste.

Dira-t-on qu'en ne donnant pas l'objet A, le père est censé avoir voulu disposer inégalement de ses biens; mais qu'en le donnant il est censé avoir voulu établir une égalité parfaite? Je réponds, 1.º que c'est là une présomption qui est combattue par une présomption contraire, et plus forte : il est certainement présumable que le père a connu le danger de l'éviction, et, dans cette pensée, il faut dire qu'il n'a voulu donner qu'un droit précaire; 2.º quoique le père soit censé vouloir distribuer également ses biens, cependant une certaine inégalité lui est permise, non comme un moyen indirect d'avantager ses enfans, mais à cause de l'erreur, notre commun partage : l'inégalité n'est donc principalement pardonnée qu'à cause de l'erreur; et quand cette erreur ne blesse pas la réserve légale, elle ne vicie pas la distribution du père, elle n'y change rien; or, qu'importe que le père se soit trompé, soit dans l'estimation des biens, soit dans l'opinion qu'il pouvait avoir de leur solidité? Le point essentiel est que son erreur ne vicie, ni ne modifie le partage, que quand la réserve est blessée.

Où nous conduirait, d'ailleurs, le système qui admet la garantie? Supposons un père riche de 48 : il a trois enfans; il donne à l'aîné deux immeubles, A et B, valant chacun 12; il donne 12 à chacun des autres enfans : dans cette hypothèse le partage est valable, quoique le fils aîné ait 12 en avantage.

Supposons que le fils aîné soit évincé de l'immeuble B, valant 12, aura-t-il son recours en garantie?

De deux choses l'une : ou le père a connu le danger de l'éviction, ou il ne l'a pas connu; s'il l'a connu, il n'a voulu donner à l'aîné, en plus, qu'un droit éventuel, et alors nul motif à la garantie; s'il n'a pas connu le danger de l'éviction, il faut dire, ou que le père savait qu'il faisait un avantage à son fils aîné, ou que cet avantage est le résultat de l'erreur du père dans l'estimation : si c'est avec intention et connaissance de cause que le père a donné 24 au fils aîné, alors il y a préciput et avantage réel dans l'intention du père ; or, l'éviction dans les prélegs et les préciputs ne donne pas lieu à l'action en garantie.

Si c'est, au contraire, par erreur que le fils aîné se trouve avoir 24 ; si, en un mot, le père a eu l'intention de faire un partage égal entre ses enfans, voyons à quel point l'intention du père serait violée si l'action en garantie avait lieu ; car l'immeuble B, valant 12, étant évincé, chacun des autres enfans devrait rigoureusement donner 4 pour la garantie ; mais en donnant 4, il ne leur resterait que 8, c'est-à-dire, moins que 9, portion virile dans la réserve, même en considérant l'immeuble B, évincé, comme ne faisant pas partie de la succession : ne donnassent-ils que 3 chacun, les enfans se trouveraient encore réduits au *minimum*, c'est-à-dire, à la réserve légale, tandis que la volonté du père était de n'établir aucune inégalité entre ses enfans ; donc, dans toutes les suppositions, et sous tous les rapports, la garantie ne doit pas avoir lieu, à moins que, par l'effet de l'éviction, l'enfant évincé ne soit privé d'une partie de sa réserve ; dans ce cas il pourra agir en garantie, non pour la représentation de la valeur de l'objet évincé, mais seulement pour obtenir le supplément de sa réserve.

Je reconnais que, d'après la loi *cùm pater* 77, § 8, ff *de legat.* 2, les enfans qui ont reçu des prélegs se doivent réciproquement la garantie ; mais cette loi ne s'applique qu'aux enfans qui ont reçu des prélegs, ceux qui n'en ont pas reçu ne doivent pas garantir les prélegs aux autres : par exemple, un père donne à son fils aîné par préciput l'immeuble A, et au fils cadet, également par préciput, l'immeuble B ; il laisse trois enfans : si le fils aîné est évincé de l'immeuble A, il pourra exercer sa garantie contre le cadet ; mais nullement contre le troisième frère, qui n'a pas de préciput.

Or, dans un partage fait par l'ascendant, l'on ne peut pas dire qu'il y ait réellement préciput, quoiqu'il s'y trouve une certaine inégalité dans les lots ; cette inégalité peut être l'ouvrage de l'erreur : considération qui prouve que la susdite loi 77 ne s'applique pas d'une manière rigoureuse aux partages faits par les père et mère.

La loi 33, ff *famil. erciscund.*, dit bien que si un père de famille a partagé ses biens entre ses héritiers, l'un des héritiers n'est pas obligé de céder sa portion, à moins que l'immeuble qui lui est assigné, et qui se trouve engagé, ne soit rendu libre ; mais cette loi se rattache à la loi 28, *eodem titulo*, qui décide également que si un immeuble engagé est légué par préciput, le légataire peut exiger que l'immeuble soit dégagé aux dépens de la succession ; ainsi, si de ces lois l'on voulait conclure que la garantie est due entre cohéritiers, il faudrait également décider que la garantie a lieu par rapport aux préciputs ; ce qui est contraire à la première partie de la susdite loi *cùm pater*, ff *de legat.* 2 : ladite loi 33 ne décide que ce seul point, que les héritiers doivent dégager de tout droit de gage et d'hypothèque l'immeuble légué : voilà tout.

Peut-être vaudrait-il mieux concilier l'opinion des docteurs avec les dispositions desdites lois par la distinction suivante : si, par l'effet de l'éviction, l'égalité entre enfans se trouve blessée, la garantie aura lieu, à l'effet de rétablir l'égalité ; si, au contraire, malgré l'éviction, l'enfant évincé se trouve rempli de sa réserve, et avoir autant que les autres, ou du moins autant que le moins prenant, la garantie n'a point lieu : si l'égalité est requise dans les partages, si l'action en garantie n'est fondée que sur ce motif, il serait ridicule, et contre la nature même des choses, d'admettre la garantie dans un cas où l'éviction, loin de blesser l'égalité, ne fait que la rétablir; ainsi, dans l'exemple ci-dessus posé, l'aîné qui a reçu 24 sur 48, se trouvant évincé de 12, n'a rien à réclamer, parce qu'il lui reste encore autant qu'à chacun de ses deux frères.

Mais le partage étant fait également par le père, si sur 48 chacun des enfans a reçu 16, alors l'éviction éprouvée par l'un d'eux lui donnera le droit d'agir en garantie; ainsi, si l'objet évincé vaut 9, il pourra réclamer 3 de chacun de ses frères, et ils auront 13 chacun.

Supposons que sur 48 un père, qui a trois enfans, ait donné à l'aîné 20, 16 au cadet, et 12 au troisième, et que l'aîné soit évincé de 4; dans ce cas il n'y a pas lieu à garantie, car, par l'effet de l'éviction, la masse se réduit à 44; ce qui fait que la portion virile de chaque enfant se porte à 14 fr. 66 c.; or, comme il reste 16 à l'aîné, malgré l'éviction, il n'éprouve pas de préjudice réel, et l'égalité n'est pas essentiellement blessée.

Supposons, dans le même exemple, que l'aîné soit évincé de 8; alors la masse est 40, la portion virile pour chaque enfant est 13 fr. 33 c.; l'aîné, sur 20, évincé de 8, n'a que 12; mais il a autant que le troisième frère, et l'on sent qu'il serait injuste de donner quelque chose à l'aîné par voie de garantie, sans donner en même temps quelque chose au troisième; autrement l'action en garantie, dont le but est de rétablir l'égalité, ne la rétablirait pas.

Si, dans le même exemple, l'aîné est évincé de 10, alors la masse est 38, et la portion virile 12 fr. 66 c. pour chaque enfant; or, par l'éviction, l'aîné n'a que 10, c'est-à-dire, moins que sa portion virile, et moins que l'autre frère le moins avantagé; dans ce cas le frère cadet devra donner à l'aîné ce qui lui manquera pour compléter une portion égale à celle du troisième frère, c'est-à-dire deux.

Ce système se réduit, en dernière analise, aux propositions suivantes :

Dans les partages faits par les ascendans l'action en garantie n'a lieu que lorsque l'enfant évincé se trouve, par le résultat de l'éviction, avoir moins que celui de ses autres frères le moins avantagé ; dans ce cas il peut demander ce qui lui manquera pour compléter cette portion moindre ; l'enfant le moins prenant ne doit contribuer en rien à ce complément, il doit être fourni par les autres frères proportionnellement à la valeur de la portion qui leur est assignée.

C'est ainsi qu'il faudra procéder toutes les fois que la portion virile pour chaque enfant, calculée d'après la masse restante, déduction faite de l'objet évincé, se trouve plus forte que la valeur du lot du frère le moins avantagé ; mais si la portion virile est, au contraire, plus petite que le moindre lot, alors il faudra réduire tous les enfans à cette portion virile ; ainsi, si, dans l'exemple ci-dessus, l'aîné est évincé de tout son lot, égalant 20, la masse se réduit à 28, la portion virile égale 9 fr. 33 c. pour chacun ; or, comme l'enfant le moins avantagé avait reçu 12, il faudra réduire ces 12 à 9 fr. 33 c., et réduire également les 16, reçus par le cadet, à 9 fr. 33 c.

Par ce moyen l'évincé recevra 2 fr. 67 c. du troisième frère, et 6 fr. 67 c. du second ; et par là l'égalité se trouvera établie entr'eux.

Il me semble que ce système mérite la préférence ; ses résultats sont plus conformes à l'équité, et se trouvent en harmonie avec le caractère essentiel des partages.

Par éviction, nous entendons celle qui est le produit d'une cause antérieure au partage, et qui ne provient pas de la faute du cohéritier évincé (art. 884 du code civil).

1158. — Mais si dans l'acte de partage le père avait expressément donné par préciput toute sa quotité disponible à l'un de ses enfans, et qu'ensuite il lui eût assigné un lot pour le remplir, et du préciput, et de la réserve, dans ce cas, la moindre éviction éprouvée par l'enfant avantagé, ou par quelqu'autre, donnera lieu à l'action en garantie.

De même, si le père n'avait disposé que d'une partie de sa quotité disponible ; si l'enfant expressément avantagé éprouve une réduction sur son lot, il pourra agir en garantie ; mais si l'un des autres enfans est évincé, il ne pourra agir en garantie, que dans le cas où, par le résultat de l'éviction, il lui resterait moins qu'au frère le moins apportionné.

Si dans l'acte de partage le père avait fixé à l'un des enfans un objet à titre de préciput, l'éviction de tout ou de partie de ce préciput ne donnerait lieu à aucune garantie.

CHAPITRE VI.

DES RAPPORTS.

1159. — JUSQU'A présent nous avons particuliè-rement considéré la donation dans ses effets pendant la vie du donateur; mais à la mort de ce dernier deux considérations importantes se présentent.

Il faudra examiner, 1.º si la donation excède ou n'excède pas la quotité disponible, pour l'y réduire en cas d'excès : nous avons parlé de cette réduction, des cas où elle a lieu, et de la manière de l'opérer.

On examinera, en second lieu, si le donataire, suc-cessible du donateur, peut prendre part à sa succession à charge ou sans charge de rapport : cette dispense ou obligation du rapport est une matière aussi vaste qu'importante, et nous allons nous en occuper dans ce chapitre.

1160. — La loi des douze tables n'appelait à la succession du père que les enfans siens, c'est-à-dire, non émancipés; mais comme entre le père et ses enfans siens, il ne pouvait exister, ni contrat, ni donation entre-vifs, la question du rapport ne pouvait se présenter dans les principes de la législation ro-maine.

Le préteur appela ensuite les enfans émancipés à la succession paternelle; il considéra que les acquisitions faites par les émancipés leur profitaient, tandis que les enfans siens n'avaient acquis que pour leur père : il fut frappé de cette inégalité; et, dans la vue d'y remé-dier, il crut ne devoir admettre les enfans émancipés à la succession de leur père, qu'à la charge par ces enfans de rapporter leurs propres biens : *jussit prætor emancipatos bona sua conferre.* Leg. 1 , § 5 et 6 ; leg. 2 , § 6, ff *de collat.*

Dans le principe ce rapport n'avait lieu que dans les successions *ab instestat*, leg. 1.re et 15, cod. *de collat. ;* les émancipés ne devaient le rapport qu'en faveur des enfans siens, ou non émancipés; les émancipés n'en profitaient pas entr'eux, et ne pouvaient réciproquement exiger le rapport, leg. 1.re , § 1 et 6; leg. 2 , § 6, ff *eodem :* les émancipés devaient rapporter tous leurs biens profectifs ou adventifs, les pécules castrenses ou quasi-castrenses étaient seuls exceptés.

Mais par le droit nouveau le rapport avait lieu dans toutes les successions *ab intestat* ou testamentaires, et le rapport était dû par tous les descendans émancipés ou non, et au profit de tous, sans considération de sexe ou de grade : *omnes descendentes, sive instituti, sive ab intestato, cujuscumque gradús, sibi invicem conferebant. Heineccius, pandect.,* part. 6 , § 14 ; mais le rapport n'avait lieu que pour les biens profectifs.

Le rapport n'avait lieu qu'en ligne directe descendante, les ascendans, les collatéraux et les étrangers n'étaient pas soumis au rapport, leg. 17 et 19, cod. *de collat. ;* ni les légataires ou fidéicommissaires, leg. 12 et 16, *eodem.*

Mais le rapport cessait dans la ligne directe descendante, 1.º quand le père l'avait expressément défendu, novelle 18, chap. 6; ou quand la donation était faite à titre de préciput et d'avantage, leg. 13, cod. *de collat. ;* 2.º quand l'enfant, content de ce qu'il avait reçu, répudiait la succession : dans ce cas il pouvait garder le don en entier, pourvu que les autres enfans eussent leur droit de légitime intact, novel. 92, chap. 1.er ; 3.º quand la chose sujette à rapport avait péri sans la faute du donataire, leg. 2, § 2, ff *de collat.*

Tels étaient les principes de la législation romaine et la jurisprudence des pays de droit écrit. Vid. *Serres,* pag. 400.

Voyons les changemens et les modifications que le code civil apporte à cette jurisprudence : pour procéder avec plus d'ordre, nous examinerons dans un premier paragraphe quelles sont les personnes soumises au rapport ; dans un deuxième, quelles sont les choses sujettes à rapport, et dans un troisième, de quelle manière ce rapport doit être effectué.

Cette matière est sèche, aride et épineuse ; elle demande beaucoup d'attention.

§ I.er *Des personnes soumises au rapport, et des cas où il a lieu.*

1161. — L'art. 843 du code civil porte, que « tout » héritier, *même bénéficiaire,* venant à une succes- » sion, doit rapporter *à ses cohéritiers* tout ce qu'il » a reçu du défunt par donation entre-vifs, direc- » tement ou *indirectement;* il ne peut retenir les dons, » ni réclamer les legs à lui faits par le défunt, à moins » que le don ou le legs ne lui ayent été faits expressé- » ment par préciput et hors part, ou avec dispense du » rapport ».

Quand un homme meurt, ses héritiers en ligne directe ou collatérale ont un droit égal à sa succes- sion ; mais si l'un de ces héritiers avait reçu quel- que chose du défunt par donation entre-vifs, l'on sent que l'égalité serait blessée, si cet héritier pou- vait garder le don, et partager la succession avec les autres : la loi ne l'a pas voulu ; et dans la vue d'établir l'égalité entre cohéritiers, elle ordonne le rapport à tout héritier qui voudra prendre part à la succession du donateur.

Cependant comme l'égalité dans les successions n'a lieu que lorsque le défunt n'a manifesté aucun motif de préférence entre ses héritiers, le rapport ne doit avoir lieu que dans ce cas ; et il doit cesser quand le défunt a expressément dispensé du rapport le don fait au donataire successible : sans cela la faculté de disposer serait illusoire.

De ces observations résultent les trois maximes suivantes : 1.º la question du rapport n'intéresse que les donataires ou légataires qui sont en même temps successibles du disposant ; 2.º la donation faite à un non successible doit toujours sortir à effet jusques et à concurrence de la quotité disponible ; 3.º le rapport n'a point lieu quand le don est fait par préciput ou hors part.

1162. — Le but du rapport étant l'égalité entre successibles, et tous les successibles, quels qu'ils soient, ayant le même droit à cette égalité, le rapport a lieu non-seulement dans la ligne directe descendante, comme chez les Romains, mais même entre ascendans ou collatéraux ; en un mot, le rapport est dû par tout cohéritier quelconque, descendant, ascendant ou collatéral : il suffit d'être successible, pour être soumis au rapport ; il suffit même, pour que le rapport ait lieu, que le donataire ait accepté expressément ou tacitement la succession. *Sirey*, an 1817, pag. 370, où il rapporte un arrêt de la cour de cassation.

1163. — Le rapport a-t-il lieu dans une succession testamentaire ? par exemple : Pierre a tout disponible ; il donne un immeuble à Jean, et puis fait un testament, par lequel il institue ledit Jean et Joseph pour ses héritiers, sans parler de la donation antérieure ; dans ce cas Jean devra-t-il rapporter l'immeuble à lui donné ?

On peut dire que le rapport était expressément ordonné dans la succession testamentaire par la novelle

18, chap. 6, qui forme le dernier état de la législation romaine ; que le parlement de Toulouse a ordonné le rapport dans l'espèce suivante.

Antoni s'était marié deux fois, et avait des enfans des deux lits : mariant le fils aîné du premier lit, il lui fit une donation de la moitié de tous ses biens ; il fit ensuite son testament, il y confirma ladite donation, et institua son fils aîné donataire, conjointement avec Jeanne Solanier, sa seconde épouse : celle-ci demanda le rapport de la donation, et le rapport fut ordonné, malgré la confirmation de la donation insérée dans le testament. Vid. *Albert*, lettre R, chap. 3, et *Catellan*, liv. 2, chap. 17.

On peut répondre qu'avant la novelle 18 le rapport n'avait pas lieu dans les successions testamentaires ; que lorsque le testateur appelle lui-même le donataire à la succession, *sans le soumettre au rapport*, il annonce d'une manière bien claire qu'il veut qu'il jouisse des deux avantages à lui faits ; que dans la succession *ab intestat* le silence du défunt laisse des doutes sur sa volonté, et que, d'après ces doutes, le rapport est ordonné en faveur de l'égalité, toujours favorable ; que le code civil ne soumet au rapport que le cohéritier en faveur de l'autre cohéritier, et non le légataire en faveur du légataire (art. 857 du code) : or, la loi n'appelle cohéritier que celui qui l'est *ab intestat*, le cohéritier testamentaire est appelé légataire universel ou à titre universel ; et comme le susdit art. 857 décide, sans distinction, que le rapport n'est pas dû *aux légataires*, et cette expression comprenant tous les légataires, universel ou à titre universel, comme ceux à titre particulier, il faut nécessairement en conclure que le rapport n'a point lieu dans la succession testamentaire.

Je pense, en effet, que le rapport n'a point lieu : car supposons qu'un père qui a deux enfans ait fait à l'un d'eux une donation entre-vifs, et qu'il ait ensuite institué un étranger légataire pour un tiers; dans ce cas le rapport de la donation aura-t-il lieu en faveur de cet étranger? On répondra que l'étranger ne peut profiter du rapport, et l'on invoquera à cet effet les dispositions du susdit art. 857 du code; mais appliquer cet article au légataire du tiers, c'est reconnaître que cet article parle expressément du légataire à titre universel, comme du légataire à titre particulier : donc le rapport n'a pas lieu dans la succession testamentaire, puisque les appelés à cette succession sont nécessairement *legataires*, et que le susdit art. 857 décide que les *légataires* ne peuvent demander le rapport, ni en profiter.

Où nous conduirait, d'ailleurs, le système qui admet le rapport dans la succession testamentaire? Pierre a tout disponible; il fait un testament : par une première disposition il lègue un immeuble à Jacques, et puis il institue ledit Jacques et un autre étranger pour héritier : dans le système qui ordonne le rapport, il faudrait décider que Jacques ne pourrait pas conserver l'immeuble à lui légué et partager le restant des biens; il faudrait, en un mot, que Jacques optât entre le legs universel et le legs à titre particulier, il ne pourrait cumuler l'un et l'autre; mais, je le demande, cette conséquence ne violerait-elle pas ouvertement la volonté du testateur? cette volonté n'est-elle pas claire et sans équivoque? peut-on se méprendre sur l'intention du disposant? et quand il lègue à Jacques un immeuble, et qu'une ligne après il lui lègue la moitié de ses biens, ce second legs peut-il être considéré comme une révocation éventuelle du premier? Si Jacques, après avoir reçu un premier legs à titre particulier, en recevait un autre au même titre, il pourrait, sans difficulté, cumuler ces deux legs; mais si le second legs était universel, ou à titre universel,

Jacques serait obligé d'opter !! Ces conséquences ne me paraissent pas justes ; elles sont même contraires à la susdite novelle 18, chap. 6 ; car si, d'après cette novelle, le rapport a lieu dans la succession testamentaire, c'est parce qu'il est à présumer que le testateur a oublié les dons par lui faits : *quoniam incertum est, ne forsan oblitus datorum, aut, præ tumultu mortis angustiatus, hujus non est memoratus ;* ainsi, la novelle est fondée sur ce que le second avantage inséré dans le testament a été fait dans l'oubli du premier ; le législateur romain suppose, en un mot, que le testateur n'aurait pas fait le legs au donataire, ou qu'il l'aurait fait moindre, s'il avait rappelé le premier don ; mais ce motif ne peut se rencontrer quand les deux dispositions, le legs et l'institution, se trouvent dans le même testament : ces deux legs sont inséparables, et doivent avoir lieu cumulativement, parce qu'ils constituent ensemble la volonté du testateur ; cependant si le rapport avait lieu dans la succession testamentaire, il faudrait nécessairement décider que le cumul ne pourrait avoir lieu, le legs à titre particulier n'étant pas fait par préciput.

Dira-t-on que, conformément à la susdite novelle, le rapport des *donations* est seul ordonné dans la succession testamentaire, et non le rapport des *legs ?* Mais où puiser dans le code les motifs d'une pareille distinction, quand la loi ordonne en même temps le rapport des donations et des legs ?

Ce n'est pas tout : une donation étant faite purement et simplement, la dispense du rapport peut être faite ensuite, soit par donation entre-vifs, soit par testament ; or, quelle dispense de rapport plus énergique que celle qui résulte du testament qui appelle le donataire au partage de la succession !!

Enfin, le but du rapport est l'égalité entre cohéritiers ; mais quels sont ces cohéritiers qui ont un

droit

droit égal aux biens ? Ce sont, sans doute, les héritiers *ab intestat,* que le défunt est censé également
chérir, lorsqu'il ne manifeste, d'ailleurs, aucun signe
de préférence ; ce sont, en un mot, les héritiers que
la loi investit, d'après l'intention présumée du défunt;
mais quant aux héritiers testamentaires, quels droits
ont-ils à l'égalité ? absolument aucun ; ils n'ont, et ne
peuvent avoir, en cette qualité, que ce que le testateur a bien voulu leur transmettre : or, comment
pourraient-ils invoquer en leur faveur une volonté
tacite et présumée, quand ils ne peuvent rien avoir
que par une volonté bien expresse? comment pourraient-ils dire au donataire : rapportez, si vous voulez
partager avec nous ? Le donataire leur répondrait :
j'ai en ma faveur deux dispositions claires et distinctes,
je dois jouir de l'une et de l'autre ; l'affection du testateur est prouvée par ces actes : or, j'en ai deux en
ma faveur, et vous n'en avez qu'un seul ; point donc
d'égalité entre nous.

Concluons donc que le rapport n'a lieu que dans
la succession *ab intestat,* et que les légataires universels, ou à titre universel, ne sont pas entr'eux soumis à un rapport réciproque, quand même ils seraient
successibles du défunt; en un mot, le rapport est dû
par ceux qui sont appelés à la succession par la volonté
de la loi, et non par ceux qui y sont appelés par
le testateur lui-même : l'institution expresse de la
part du testateur présente une dispense de rapport
virtuelle et énergique.

Sans doute, quand le testateur fait un legs à l'un
de ses héritiers, celui-ci ne pourra point réclamer en
même temps le legs et sa portion héréditaire, si le
legs n'est pas fait par préciput; et la raison en est
simple : il y a ici du doute sur la volonté du testateur; l'on peut dire qu'il a voulu réduire le légataire
à son legs, puisque, lui donnant, il ne lui donne

Tom. III.   9

que l'objet légué ; l'on peut dire encore que le testateur pouvait ignorer si le légataire était son successible ; enfin, les autres cohéritiers étant au même degré, il faut une volonté expresse pour établir de l'inégalité entr'eux : or, ces raisons ne se rencontrent pas dans la succession testamentaire, et il n'y a aucune contradiction à dire que le légataire pur et simple ne peut cumuler le legs avec sa portion héréditaire *ab intestat*, et que ce cumul est permis dans la succession testamentaire.

Certains auteurs n'approuvent pas cette doctrine d'une manière générale, ils font une distinction ; ils disent : si les légataires institués sont en même temps successibles du défunt, le rapport a lieu ; mais le rapport ne peut être exigé, si les légataires ne sont pas en même temps héritiers présomptifs du testateur.

Par exemple, Pierre a pour successibles Jean et Joseph ; il donne un immeuble à Jean, et puis dans son testament il institue Jean et Joseph pour ses héritiers : dans ce cas Jean devra le rapport ; mais le rapport n'aurait pas lieu, si Jean et Joseph n'étaient pas successibles.

Deuxième exemple : Pierre a pour successibles Joseph et Jean ; il donne un immeuble à Jacques, étranger, et un immeuble à Jean, et puis institue pour ses héritiers lesdits Jean, Joseph et Jacques : dans ce cas Jacques ne devra pas le rappport, parce que n'étant pas successible, il n'a pas droit de l'exiger lui-même ; mais Jean devra rapporter l'immeuble à Joseph, de manière que Joseph et Jean auront la moitié de l'immeuble rapporté et les deux tiers de la succession, et Jacques aura l'autre tiers de cette succession, et conservera la totalité de l'immeuble à lui donné.

Pour fonder cette distinction, l'on dit que le but du rapport est l'égalité entre les cohéritiers ; or, les légataires qui sont en même temps successibles se trouvent appelés à la succession, et par la volonté de l'homme, et par la volonté de la loi ; or, cette double vocation ne peut rien changer à l'égalité de leurs droits.

Le légataire non successible n'étant, au contraire, appelé que par la volonté de l'homme, ne doit, ni ne peut invoquer que cette volonté ; il doit donc se contenter de ce qu'on lui donne, il n'a aucun droit à l'égalité ; et ce serait violer la volonté du testateur que de grossir sa portion successive au moyen du rapport.

Je réponds : quand le testateur a tout disponible, et qu'il a disposé de ses biens par testament, il n'est et ne peut plus être question que de la succession testamentaire ; alors la loi sur les successions, et qui admet l'égalité entre successibles, se tait et disparaît entièrement ; car, suppléant au silence de l'homme, elle n'est rien, quand l'homme a parlé : il n'est donc pas exact de dire que les héritiers institués ont droit à l'égalité ; leur institution peut être absolument inégale : donc il n'y a pas égalité de droits entr'eux ; donc, quand le testament existe, les légataires n'ont et ne peuvent avoir d'autres droits que ceux qui leur ont été expressément conférés : du moment qu'un testament existe, semblables à un étranger, les successibles sans réserve n'ont droit à la succession qu'autant qu'ils y sont expressément appelés par le titre testamentaire ; la qualité d'héritier testamentaire est la seule qui réside en eux, l'autre est anéantie : or, si l'un d'eux a pour lui, et une donation entre-vifs, et une institution égale, il est impossible de voir de l'égalité entr'eux, la donation et l'institution devant certainement plus opérer que l'institution seule.

Dira-t-on que tous les institués étant héritiers présomptifs, le testateur est supposé les chérir également, et que telle est la cause de l'égalité de leurs droits ? Mais cette supposition, base de la loi sur les successions, peut-elle être admise dans la succession testamentaire? Non, sans doute; car si sur trois successibles le testateur n'en institue que deux, le troisième n'aura rien : et pourquoi cela? parce que la présomption d'un égal attachement est ici détruite par le fait : la vocation égale des deux autres ne prouve pas non plus un égal attachement, parce que l'un d'eux a une preuve non équivoque de préférence dans la donation à lui faite, et dont le rapport ne se trouve pas ordonné ; de plus, quelle est la preuve de l'attachement du testateur? Dira-t-on que c'est l'institution en faveur des légataires? Mais alors, si la présomption d'un égal attachement était la cause du rapport, il faudrait également l'ordonner en faveur de l'étranger légataire, et contre lui; car l'attachement se prouve et se mesure d'après les faits extérieurs, et quand ces faits sont les mêmes, l'attachement est supposé égal ; la cause doit être proportionnelle à l'effet.

D'ailleurs, le légataire successible ne pourrait-il pas dire : quoi! si j'étais étranger, je jouirais des deux avantages à moi faits ; et parce que je suis successible, le cumul ne peut avoir lieu! comment cette qualité de successible, favorable d'ailleurs, mais qui n'existe pas, quand il se trouve un testament, peut-elle m'être funeste!!

De plus, ou le moderne législateur a entendu consacrer les principes de la novelle 18, chap. 6, ou adopter la législation antérieure des Romains : dans le premier cas, il faudrait décider que le rapport a lieu dans toute succession testamentaire, vid. le susdit arrêt rapporté par *Albert ;* et que le rapport n'a lieu que pour les donations, et non pour les legs : dans le second cas, il faudrait décider que le rapport n'a jamais lieu dans la succession testamentaire. Vid. la loi 1.re, cod. *de collat.*

Ce n'est pas tout : sur quelle disposition du code peut-on baser cette distinction entre le légataire successible, et sujet à rapport, et le légataire non successible, et qui n'y est pas sujet? L'art. 857 dit que le rapport n'est dû que par le cohéritier à son cohéritier, et qu'il n'est pas dû *aux légataires;* or, où la loi ne distingue pas nous ne saurions distinguer : *les légataires n'ont pas de droit au rapport, ils ne peuvent pas l'exiger;* voilà la loi : donc il est impossible de *l'exiger d'eux,* sans blesser cette même égalité que le rapport a pour but et pour objet.

Enfin, la loi qui parle du rapport, qui détermine les cas où il a lieu, est la loi relative aux successions *ab intestat;* donc cette loi ne peut s'appliquer aux successions testamentaires sans une disposition expresse : or, cette disposition expresse ne se trouve pas.

La distinction entre le légataire successible et le légataire non successible ne doit pas être admise; le raisonnement le prouve, et l'application de cette distinction ne laisse aucun doute sur son rejet.

Par exemple : Pierre a deux successibles, Jean et Joseph; il donne 6 à Jean, et puis institue Jean et Joseph pour ses héritiers; savoir : Jean pour le tiers; et Joseph pour les deux tiers : sa succession, y compris les 6 donnés, vaut 24; or, si dans cette espèce Jean est soumis au rapport, Joseph aura 16, et Jean aura 8; au lieu que si le rapport n'a pas lieu Joseph n'aura que 12.

Dira-t-on que le rapport ne doit pas avoir lieu dans cette espèce, parce que, par l'effet du rapport, l'égalité serait blessée? Mais alors nous sommes conduits à cette conséquence, que le rapport n'a lieu que lorsqu'il en résulte de l'égalité, ou une plus grande égalité entre les cohéritiers. Mais pourquoi, au lieu de toutes ces distinctions et sous-distinctions, ne pas reconnaître en principe que le rapport n'a point lieu dans la succession testamentaire; d'ailleurs, le testateur ne dispose que pour détruire précisément cette égalité qui aurait existé de droit entre ses héritiers *ab intestat:* le testament suppose donc une intention d'inégalité dans la pensée du testateur ; donc le rapport, qui a pour but l'égalité entre cohéritiers, ne peut se concilier avec le testament, qui n'a été fait que dans la vue de la détruire.

Je reviens encore au susdit art. 857 du code; il porte que le rapport n'est pas dû *aux légataires :* or, c'est particulièrement des légataires universels, ou à titre universel, que parle cet article; il ne saurait parler des légataires particuliers, qui ne peuvent jamais avoir droit qu'à la chose léguée ; ainsi, cet article présente cette proposition : *le rapport n'est pas dû aux légataires universels, ou à titre universel;* en d'autres termes, le rapport n'est pas dû aux héritiers testamentaires ; donc les héritiers testamentaires ne peuvent exiger le rapport : telle est la volonté de la loi, elle ne distingue pas; donc nous ne pouvons pas distinguer entre les légataires successibles et les légataires non successibles : d'ailleurs, cette qualité de successible existe-t-elle dans une succession testamentaire ??

J'insiste, et je dis : si le mot *héritier*, employé dans l'art. 843, désigne et comprend, tant l'héritier testamentaire, que l'héritier *ab intestat*, il résultera rigoureusement de cet article que l'héritier testamentaire ne pourra réclamer le legs à lui fait que dans le cas où il serait expressément fait par préciput; proposition contraire à tous les anciens principes, et qui présente une violation manifeste de la volonté du testateur ; proposition, enfin, qui détruit la susdite distinction entre le légataire successible et le légataire non successible; car alors l'art. 843 énoncera : *tout héritier testamentaire ou légitime sera obligé au rapport;* mais qui dit tout ne distingue point, et exclut toute distinction.

J'avoue néanmoins que ce n'est qu'avec crainte que,

sur une matière aussi importante, j'ose énoncer une opinion contraire à celle de plusieurs jurisconsultes ; mais la jurisprudence n'est pas encore fixée, et tout écrivain doit dire franchement ce qu'il croit être juste et conforme à la loi.

1164. — Faisons-nous des idées justes : nous disons que le rapport n'a pas lieu entre légataires, soit universels, soit à titre universel.

Mais des héritiers avec réserve ont des droits à la succession, sans être mentionnés dans le testament ; le rapport, dans ce cas, aura-t-il lieu en faveur de ces héritiers? Pierre, par exemple, a un ascendant successible ; il donne à Jacques, étranger, un immeuble, et par son testament il institue ledit Jacques et Joseph pour ses héritiers ; faudra-t-il, dans ce cas, prendre la réserve de l'ascendant, tant sur les biens donnés, que sur les biens trouvés dans la succession ?

Sans doute, pour fixer la réserve de l'ascendant, il faut rapporter fictivement à la masse l'émolument de la donation, pour que l'ascendant ait le quart de tout ; mais prendra-t-il le quart, et de l'immeuble donné, et le quart des autres biens? non ; il devra prendre la réserve entière sur les biens de la succession, il ne peut recourir sur l'immeuble donné qu'en cas d'insuffisance ; ainsi, si l'immeuble donné vaut 10, et la succession 14, total 24, l'ascendant prendra 6 sur la succession, et les 8 restans se partageront entre Joseph et Jacques, qui gardera, de plus, l'intégralité de son immeuble.

Deuxième exemple : Pierre a deux enfans, Jean et Joseph ; il donne 12 à Jean, puis institue Jean et Jacques, étranger, pour ses héritiers, sans aucune mention de Joseph : sa fortune, en y comprenant les 12 donnés, vaut 24.

Dans cette espèce Joseph doit avoir 8 pour sa réserve ; il prendra ces 8 sur la succession, qui vaut

12 ; les 4 restant se partageront entre Jacques et Jean : par ce moyen Jean aura 14 , et l'étranger 2.

Si dans ces exemples le rapport avait lieu, l'étranger institué en profiterait indirectement, ce qui ne peut être ; car, en faisant prélever la réserve sur les biens donnés et sur la succession , la portion de l'étranger se trouverait plus forte.

Donc le rapport réel n'a pas lieu dans le cas ci-dessus, sauf la réduction, si le montant de la réserve ne se trouve pas dans la succession du testateur.

1165. — Nous disons que l'héritier testamentaire n'est pas soumis au rapport ; que l'héritier *ab intestat* en est seul tenu, mais à l'égard seulement de ses cohéritiers, et non des légataires.

Par exemple , un père a deux enfans, Jean et Joseph ;

Il donne 10 à Jean , et lègue le tiers de ses biens à un étranger :

Ici Jean , donataire, n'est pas institué héritier ; il n'est appelé à la succession que par la volonté de la loi : ainsi, il devra le rapport à son frère Joseph ; mais l'étranger n'en profitera point, il n'aura que le tiers des biens trouvés à la mort du testateur ; les 10 donnés se partageront également entre les deux frères : c'est ce qui résulte textuellement de l'art. 857, qui décide que le rapport n'est pas dû aux légataires ; d'ailleurs, comment leur devrait-on le rapport, quand on ne peut l'exiger d'eux !!

1166. — Le rapport, disons-nous, n'est pas dû aux légataires ; de même il n'est pas dû aux créanciers du défunt postérieurs à la donation, et ces créanciers ne peuvent en profiter ; ainsi , si un père qui a deux enfans donne un immeuble à l'aîné, l'aîné rapportant l'immeuble à la succession , les créanciers postérieurs à la donation ne pourront exercer leurs poursuites sur la portion de l'immeuble recueillie par les deux enfans; et la raison en est simple : leur créance étant postérieure à la donation, l'immeuble donné n'a jamais été leur gage, ni l'assurance de leur prêt; les créanciers ne peuvent pas plus profiter du rapport que de la réduction d'une donation excessive. Quand nous disons que les créanciers postérieurs ne peuvent pas exercer leurs poursuites sur l'immeuble rapporté, nous supposons qu'il existe une séparation du patrimoine du défunt d'avec le patrimoine de l'héritier : dans ce cas, les créanciers du donateur n'ont aucun droit sur l'immeuble rapporté; mais quand il n'existe pas de séparation de patrimoine, les créanciers du défunt ont une action indéfinie sur tous les biens des héritiers, quelle qu'en soit l'origine.

Nous disons que les créanciers du défunt postérieurs à la donation ne peuvent exiger le rapport; il en est de même des créanciers antérieurs, sauf leurs droits sur les biens donnés, qu'ils peuvent exercer contre le donataire d'après les règles relatives à la contribution aux dettes. Vid. *Rousseau de Lacombe*, *verb.* rapport, n.º 19.

1167. — Le principe qui veut que les créanciers ne puissent demander le rapport s'applique également au cas d'une succession acceptée sous bénéfice d'inventaire; vid. *Lebrun*, liv. 3, chap. 4, n.º 26 : ainsi, si Jean a reçu un immeuble de Pierre, et qu'il accepte la succession de ce dernier sous bénéfice d'inventaire, il sera bien tenu au rapport; mais s'il répudie la succession, les créanciers de Pierre ne pourront s'y opposer, et il reprendra son immeuble, sans que les créanciers y aient aucun droit.

Par la même raison, s'il a été donné à deux successibles deux immeubles d'inégale valeur, et que ces deux successibles acceptent la succession sous bénéfice d'inventaire, le rapport sera dû entr'eux; mais ils ne confondront pas les objets rapportés avec les biens de la succession, et les créanciers n'auront aucun droit à la chose rapportée : elle est, par rapport à eux, hors du patrimoine de leur débiteur. Vid. *Pothier, des successions*, chap. 3, art. 2, § 6.

Mais le rapport peut toujours être exigé par les créanciers d'un des héritiers qui aurait lui-même le droit d'exiger le rapport, car les créanciers ont le droit d'exercer tous les droits et actions de leurs débiteurs.

1168. — L'héritier bénéficiaire est-il tenu au rapport? Cette question peut se présenter dans trois hypothèses : 1.º à l'égard des créanciers du défunt ; 2.º par rapport aux cohéritiers ; 3.º dans le cas où l'héritier bénéficiaire a accepté et répudié ensuite la succession.

Première hypothèse. Les créanciers du défunt peuvent-ils demander le rapport à l'héritier bénéficiaire? Nous avons déjà décidé qu'ils ne le pouvaient pas, aux termes de l'art. 857 du code : ainsi, Pierre n'a qu'un successible nommé Jacques ; il donne entre-vifs à Jacques un immeuble ou une somme : il meurt, et Jacques accepte sa succession sous bénéfice d'inventaire.

Dans ce cas les créanciers de Jacques postérieurs à la donation ne pourront demander le rapport; les biens donnés n'ont jamais été leur gage, et ne doivent pas le devenir ; en un mot, les créanciers n'auront droit qu'aux biens formant la succession, et nullement à l'objet donné.

Quant aux créanciers de Pierre antérieurs à la donation ils ne peuvent pas non plus en demander le rapport ; mais ils pourront se pourvoir contre le donataire, si la succession se trouve insolvable. Vid. *Furgole*, des testamens, chap. 10, sect. 3, n.º 70.

Deuxième hypothèse. Les cohéritiers sous bénéfice

d'inventaire peuvent-ils exiger le rapport? Ils le peuvent; la loi le dit textuellement, et sa décision est juste, car l'acceptation sous bénéfice d'inventaire donne le même droit au donataire cohéritier qu'aux autres : si le rapport n'était pas dû par l'héritier sous bénéfice d'inventaire, tout cohéritier aurait un moyen facile d'éluder le rapport.

Mais quoique le rapport soit de nécessité entre cohéritiers sous bénéfice d'inventaire, il ne profite qu'à eux, et non aux créanciers de la succession, comme nous venons de l'expliquer.

Troisième hypothèse. Le cohéritier sous bénéfice d'inventaire qui a rapporté peut-il reprendre son rapport, en répudiant la succession? ou, pour mieux dire, l'héritier qui a une fois accepté sous bénéfice d'inventaire peut-il répudier?

Sans doute la répudiation ou l'équivalent de la répudiation sont permis par l'art. 802 du code, qui donne à l'héritier bénéficiaire la faculté de se décharger du payement des dettes, en abandonnant tous les biens de la succession ; or, celui qui peut, en abandonnant les biens d'une succession, se dispenser d'en payer les dettes, a certainement la faculté de répudier, puisque l'abandon lui procure tous les avantages d'une véritable répudiation, du moins à l'égard des créanciers.

Relativement aux créanciers, l'héritier n'étant qu'un simple administrateur des biens qui sont leur gage, l'on sent que cette administration ne peut-être éternelle, et que l'héritier bénéficiaire peut, dans tous les cas, dire aux créanciers : j'ai administré ces biens, sur lesquels vous avez des droits ; en les administrant j'étais tacitement votre mandataire, mais j'abandonne ce mandat tacite ; voilà les biens, choisissez un autre administrateur; quant aux objets rapportés, n'ayant jamais eu aucun droit à ces biens, vous ne sauriez mettre obstacle à ce que je les garde : ce langage contre les créanciers est invincible.

Mais l'héritier bénéficiaire pourra-t-il dire à ses cohéritiers : j'abandonne la succession, et je reprends mon rapport ?

On peut dire, que la qualité d'héritier est une et indivisible; que la répudiation étant permise à l'égard des créanciers, elle doit l'être également à l'égard des cohéritiers, sans quoi l'on serait héritier à l'égard des uns, et on ne le serait pas à l'égard des autres;

Que le but du rapport est l'égalité entre cohéritiers: or, quand l'un d'eux répudie sa portion successive, il n'y a plus de motif au rapport : si l'objet rapporté demeurait au pouvoir des cohéritiers, ils se trouveraient en jouir sans cause, ce qui ne peut être ; d'ailleurs, le rapport fait sans être dû peut être redemandé même après le partage, *condictione indebiti*, leg. 8, cod. *de collat.*

On peut répondre, que l'héritier bénéficiaire est véritable héritier ; que celui qui est devenu héritier par l'acceptation ne peut plus cesser de l'être; que le bénéfice d'inventaire n'est établi que contre les créanciers, et non à l'égard des cohéritiers; que tout doit être égal entre cohéritiers : or, comme les autres cohéritiers ne pourraient expulser le rapportant, en lui abandonnant la chose rapportée, de même le rapportant ne peut renoncer à la succession, et priver les autres de leur portion au rapport.

De la part du rapportant, peut-on ajouter, l'acceptation est un acte en quelque sorte aléatoire ; il doit en prévoir les conséquences ; il court les chances d'un gain éventuel; il doit, par la même raison, être éventuellement soumis à la perte relativement à la chose rapportée.

S'il en était autrement, l'acceptation du rapportant ne pourrait jamais être que funeste aux autres cohé-

ritiers, sans jamais leur être avantageuse ; le rapportant pourrait gagner, et ne pourrait jamais perdre ; ce
qui paraît contraire à tous les principes.

Je pense qu'il faut distinguer le cas où il existe
un partage fait de la succession acceptée sous bénéfice d'inventaire de celui où la renonciation est faite
avant le partage.

Si le cohéritier rapportant a fait le partage, il est
irrecevable à renoncer dans la suite, parce que ce
partage présente une stipulation entre lui et les autres
cohéritiers ; d'ailleurs, il y aurait une espèce d'injustice à permettre la renonciation dans ce cas, parce que,
par la reprise de la chose rapportée et partagée, le
partage serait annullé ; d'où résulterait une incertitude
funeste dans le droit de propriété.

Mais avant le partage la répudiation peut avoir
lieu, et le cohéritier répudiant peut reprendre les
objets par lui rapportés ; je crois même la répudiation
permise après partage, si la reprise des choses rap-
portées ne cause aucun préjudice au partage, et ne dé-
range rien aux lots des autres cohéritiers, comme
dans le cas où le rapport a eu lieu en moins prenant,
et dans le cas où la chose rapportée se trouverait en
entier dans le lot de celui qui voudrait répudier ; je
me fonde sur les observations suivantes :

1.º L'acceptation sous bénéfice d'inventaire fait
que l'acceptant ne confond pas ses biens personnels
avec ceux de la succession ; il conserve contre elle le
droit de réclamer le payement de ses créances (art.
802 du code civil) ; or, si par son acceptation le
cohéritier était définitivement lié à l'égard des autres,
il y aurait au moins confusion de sa créance jusques
et à concurrence de sa portion successive ; mais puisqu'il peut en réclamer l'intégralité, l'on sent qu'il ne
peut le faire que dans le cas de répudiation ; car auparavant on lui dirait : commencez par vous demander

à vous-même au moins votre portion contributoire, puisque vous jouissez comme nous des droits successifs ; or , puisque la répudiation est permise au préjudice des cohéritiers , et que ceux-ci sont tenus de payer l'intégralité de la créance du répudiant , il faut dire que l'acceptation sous bénéfice d'inventaire ne lie pas les cohéritiers entr'eux.

2.º Personne n'est présumé vouloir se porter préjudice à soi-même, ni faire un acte qui lui soit désavantageux ; d'où résulte la conséquence que le rapport de l'héritier bénéficiaire n'est que conditionnel , et dans le cas seulement où il ne trouverait pas à propos de répudier dans la suite : les autres cohéritiers pourraient-ils se plaindre de la reprise de l'objet rapporté ? Non , sans doute : ce n'était pas pour rendre leur condition meilleure que le cohéritier a accepté sous bénéfice d'inventaire, comment donc pourraient-ils profiter de cette acceptation ? de quel droit irrévocable cette acceptation peut-elle les avoir saisis ? où est leur stipulation , où est la perte à eux causée ?

3.º Supposons que le rapportant renonce à la succession, et que les autres cohéritiers sous bénéfice d'inventaire renoncent ensuite ; dans cette espèce qui profitera des objets rapportés ? Les créanciers ! ils n'y ont aucun droit ; les cohéritiers renoncans ! mais comment pourraient-ils profiter du rapport à une succession, quand cette succession est par eux répudiée ! Il faut donc décider que la chose rapportée doit revenir au rapportant qui renonce.

4.º Il y aurait , sans doute, de l'injustice de la part du cohéritier sous bénéfice d'inventaire qui voudrait prendre part à la succession sans rapporter ; mais du moment qu'il renonce il ne fait que remettre les choses dans le même état où elles étaient avant son acceptation , il n'enlève, ni ne peut rien enlever à personne ; ses cohéritiers ne peuvent s'opposer à la répudiation , l'acceptation du rapportant ne saurait être pour eux une occasion de gain.

5.° Les cohéritiers, il est vrai, ne sauraient forcer le rapportant à répudier, en lui abandonnant l'objet du rapport ; d'où il semble résulter que les cohéritiers étant liés par l'acceptation du rapportant, celui-ci doit l'être de même, le rapport devant opérer entre cohéritiers une confusion de biens volontaire et irrévocable ; mais il faut dans tous les actes considérer quelle a été l'intention des parties : or, le rapportant n'a entendu faire son rapport que d'une manière conditionnelle, et les autres cohéritiers n'ont pas cru que ce rapport pût jamais devenir un gain pour eux.

Il eût été à désirer que le législateur se fût expliqué sur cette importante question ; mais il ne l'a pas fait, et il me semble qu'il y a moins d'injustice, et une moindre violation de la volonté présumée, à décider que le cohéritier sous bénéfice d'inventaire peut reprendre l'objet rapporté, en renonçant à la succession, sur-tout quand il n'existe pas de partage. Vid. *Furgole*, des testamens, chap. 10, sect. 3, n.° 72 et suivans.

Quant au donataire successible qui a pris la qualité d'héritier, nul doute qu'il ne soit soumis au rapport ; il ne peut pas même accepter la succession sous condition, pour ne rapporter ensuite que conditionnellement ; il faut que le donataire opte purement et simplement. Vid. l'arrêt de la cour de cassation rapporté par M. *Sirey*, an 1808, pag. 490.

1169. — Nous avons déjà observé que la question du rapport n'intéresse que les donataires ou légataires qui se trouvent en même temps successibles du donateur ou testateur ; c'est, en un mot, lorsque le donataire se présente à la succession, et veut y prendre part, qu'on examine la question de savoir s'il est ou non soumis au rapport.

Mais quand les donataires ou légataires s'en tiennent à leur don ; quand ils répudient la succession ; alors, semblables à un étranger, ils peuvent garder le don, ou réclamer le legs jusques et à concurrence de la quotité disponible (art. 845 du code). Vid. la loi 10, cod. *de collat.* ; la loi 25, cod. *famil. erciscund.* ; les lois 4 et 9, ff *de collat. dot.* : cette dernière loi permet à la fille, à qui il a été promis une dot, qu'elle n'a pas reçue, d'agir, en renonçant à la succession de son père, contre ses frères et sœurs, pour s'en faire payer.

Si les donataires successibles n'avaient pas cette faculté, ils se trouveraient avoir moins d'avantage qu'un étranger donataire ; ce qui n'est, ni ne peut être : la donation consentie donne nécessairement un droit au donataire, et ce droit sortira à effet, pourvu que la réserve demeure intacte aux héritiers légitimes.

Remarquons que si la donation ou le legs se trouvent faits en faveur d'un étranger, celui-ci pourra en profiter jusques et à concurrence de la quotité disponible ; ainsi, si le donateur avait trois, ou un plus grand nombre d'enfans, la donation sortira à effet, jusques et à concurrence du quart des biens délaissés par le donateur ; mais si, lors du don, celui-ci avait épuisé une partie de sa quotité disponible, alors le donataire ne pourra réclamer que ce qui se trouvait encore de disponible lors de l'avantage qui lui a été fait, car la réserve doit toujours demeurer intacte.

Mais supposons que le donataire soit en même temps successible avec réserve, pourra-t-il, en répudiant la succession, conserver la donation et le legs non-seulement jusques et à concurrence de sa quotité disponible, mais encore de sa portion dans la réserve ? Je crois, sans difficulté, qu'il le peut ; car toute libéralité doit sortir à effet, pourvu que la réserve demeure intacte aux autres enfans : or, puisque les enfans trouvent dans la succession de quoi se remplir de leur réserve,

ils

ils ne peuvent agir en réduction, parce qu'aucun préjudice ne leur est causé : l'intérêt est la mesure des actions ; or, celui qui est rempli de sa réserve n'a pas plus de droits que celui qui n'en a point : telle était, d'ailleurs, la disposition de la novelle 92, chap. 1.er, et de l'art. 34 de l'ordonnance de 1731 : *donatio tunc reducitur ad legitimum modum, sive ad quantitatem legitimæ, ne scilicet legitimarii defraudentur portione suâ in bonis paternis. Leg. penul. et ult.,* cod. *de inoff. donat.; Cujas,* lib. 5, obser. 14; *Dantoine, de regul. juris,* pag. 61.

Ainsi, si un père qui a trois enfans donne à l'un d'eux un immeuble valant 24, et laisse une fortune égalant, y compris la donation, 48, le donataire gardera l'émolument entier de sa donation, parce que les autres enfans trouvent de quoi se remplir de leur réserve ; par la même raison, si le père n'avait rien laissé dans sa succession, le donataire garderait l'immeuble jusques et à concurrence de 12, montant de sa quotité disponible et de sa portion dans la réserve.

En un mot, quand le donataire ou le légataire s'en tiennent à leur don, alors il n'est pas question de rapport, ni du fait de savoir si le don ou le legs ont été faits par préciput ; dans tous ces cas, il ne peut être question que de retranchement, et le retranchement ne doit jamais avoir lieu que pour remplir les autres cohéritiers de leurs portions dans la réserve.

Ainsi, si Pierre, qui n'a que son père et sa mère, donne tous ses biens à l'un d'eux par donation ou par testament, l'ascendant avantagé aura les trois quarts des biens, l'autre n'aura que le quart, montant de sa réserve ; car, ne le perdons pas de vue, quand le donataire ou légataire n'invoque que la disposition expresse du défunt, il faut seulement examiner si cette disposition est ou n'est pas réductible ; et quand

Tom. III. 10

elle est réductible, la réduction ne doit avoir lieu que jusques et à concurrence de ce qu'il faut pour remplir les autres successibles de leur réserve ; en un mot, la volonté du donateur doit être pleinement et entièrement exécutée en tout ce qui ne blesse pas la réserve légale des successibles qui demandent la réduction ; et cette maxime est vraie dans tous les cas, et dans toutes les hypothèses, et dans toute donation, soit d'une quote, soit d'un objet particulier ; le donataire, enfin, pourra toujours garder le don jusques et à concurrence, et de la quotité disponible, et de sa portion dans la réserve.

Telle était l'opinion que je m'étais formée sur l'interprétation de l'art. 845 du code ; mais la cour de cassation vient de rendre, sur l'interprétation de cet article, un arrêt bien remarquable.

La dame Larroque de Mons, mère de six enfans, fait à l'un d'eux une donation considérable ;

A la mort de la mère l'enfant donataire renonce, pour s'en tenir à la donation ; il veut conserver l'émolument de cette donation jusques et à concurrence, et du quart, quotité disponible, et de sa portion dans la réserve :

Les autres enfans disent que le donataire ne peut conserver l'émolument de sa donation que jusques et à concurrence du quart, quotité disponible.

Procès entre le donataire et ses frères ; jugement de première instance, et arrêt de la cour royale de Bordeaux, qui déclarent que la donation ne peut sortir à effet que jusques et à concurrence de la quotité disponible, fixée au quart.

Le donataire se pourvoit en cassation ; il invoque l'ancienne jurisprudence, l'art. 34 de l'ordonnance de 1731, et les art. 845, 919 et 924 du code ; il prétend que ces derniers articles ont été violés.

Arrêt de la cour de cassation, du 18 février 1818,

qui rejette le pourvoi : cet arrêt, rendu après délibéré, et après une longue et lumineuse discussion, est rapporté par *Sirey*, an 1818, pag. 98.

Cet arrêt est principalement fondé sur ce que les biens des père et mère disposans se divisent en deux portions ; savoir : la quotité disponible et la réserve ; que cette quotité disponible est une, et toujours la même, soit à l'égard de l'enfant, soit à l'égard de l'étranger ; que la réserve appartient aux enfans collectivement, et qu'ils la recueillent comme héritiers ; que l'enfant qui renonce n'a aucun droit à cette réserve, et que sa portion accroît aux autres.

On pourrait opposer à cet arrêt, 1.º les novelles 18 et 92 : par la première de ces novelles la légitime est fixée, non particulièrement pour chaque enfant, mais collectivement pour tous ; et cependant, par la seconde, il est décidé que l'enfant peut conserver sa donation jusques et à concurrence du disponible et de sa légitime ;

2.º Qu'il est difficile de croire que l'enfant donataire qui renonce, pour conserver son don, n'ait pas plus d'avantage qu'un simple étranger ;

3.º Que par la quotité disponible dont parle l'art. 845, l'on doit entendre tout ce qui est disponible à l'égard des autres enfans; en sorte que, pour déterminer cette quotité à l'égard de l'enfant donataire, il faut d'abord imputer sur la donation ce qu'il amenderait dans la réserve ;

4.º Qu'il y a lieu de croire que la difficulté ne s'est pas présentée aux yeux du législateur; qu'en ce cas il y a silence, et qu'alors la nouvelle loi doit être interprétée par l'ancienne ;

5.º Qu'il s'agit ici d'une réduction d'une donation excessive, et que, pour déterminer cette réduction, il ne faut pas recourir à l'art. 845 du code, qui fait partie de la loi sur les successions, et qui ne s'applique nommément qu'aux rapports ;

6.º Supposons qu'un père ait fait une donation, et qu'il ne laisse dans sa succession que des dettes : dans cette espèce les enfans renonceront, et prendront néanmoins leur part dans la réduction de la donation ; ce qui prouve que *le renonçant peut avoir part à la réserve*, car ici ce que l'on retranche de la donation forme la réserve des enfans ;

7.º Enfin , que pour demander la réduction il faut être lésé ; or, les enfans qui sont remplis de leur part dans la réserve n'éprouvent aucune lésion : d'où semble résulter une certaine injustice à réduire une donation qui ne porte aucune atteinte à la réserve de ceux qui se plaignent.

Ces réflexions, et beaucoup d'autres, pourraient être opposées au susdit arrêt; mais comme, d'après les dispositions de la loi, la question m'a toujours paru difficile et embarrassante , je crois qu'il faut s'en tenir au susdit arrêt; et qu'ainsi l'enfant donataire qui renonce ne peut, tout comme un simple étranger, conserver le don que jusques et à concurrence de la quotité disponible proprement dite.

Si l'on borne là l'interprétation de cet arrêt, je l'approuve ; mais si l'on en tire cette conséquence, que tout don fait par le père à son enfant s'impute rigoureusement sur la quotité disponible du moment que l'enfant donataire renonce, j'ose m'élever fortement contre cette conséquence ; et si les principes dudit arrêt font naître rigoureusement cette conséquence, je ne saurais y souscrire.

Je m'explique : un père a trois, ou un plus grand nombre d'enfans ; il est riche de 100, il constitue à une de ses filles la somme de 25 ; le père meurt, et laisse un testament par lequel il lègue le quart de ses biens par préciput à son fils aîné ; la fille renonce : faudra-t-il dire que les 25 donnés à la fille s'imputent sur le disponible, et qu'ainsi le père ne

pouvait rien donner à son fils par préciput? Quoi !
il dépendra de la fille donataire de valider ou d'annuller le legs par préciput !..... elle le validerait
en rapportant, et elle l'annullerait en renonçant ?
quoi ! du moment que le père aurait fait une donation,
la quotité disponible ne serait plus dans ses mains
qu'une faculté éventuelle, et absolument dépendante
du caprice de l'enfant donataire ! Admettre de pareils
principes, ne serait-ce pas se jouer du pouvoir pater-
nel ! détruire la quotité disponible, ou, du moins,
ordonner au père de ne jamais se dépouiller qu'à
la dernière extrémité, et en faveur de l'enfant qu'il
croit digne de préférence !

Oui, si tout don fait à l'enfant qui renonce ne
s'impute pas d'abord sur sa réserve, et puis sur le disponible, il faut le dire, il n'y a plus de quotité disponible
en faveur des pères ; non, il n'y en a plus : l'enfant
donataire eût-il même un avantage réel à rapporter,
ne le fera point, les autres enfans l'indemniseront,
et emploîront toute espèce de moyens pour l'engager
à renoncer ; et voilà la source ouverte aux collusions
de la fraude et aux inspirations de la jalousie, passion
si funeste entre frères : nous avons déjà fait ces
observations ; mais il est bon de les répéter sans cesse.

On ne peut pas non plus induire du susdit arrêt
de la cour de cassation qu'un donataire ou légataire
universel ne peut point cumuler, et la quotité disponible, et sa portion dans la réserve ; dans cette espèce
où trouver une dispense plus énergique du rapport
que le don de la *totalité !* La loi est ennemie de
tout esprit de sophisme et de subtilité ; or, que
dirait le père de famille, s'il voyait un pareil don
réduit au tiers ou au quart, sous ce prétexte, que
le don *du tout* n'a pas été fait par préciput : législa-
teurs, dirait-il, vous attachez-vous aux mots ou aux
choses ! est-il dans votre intention de respecter une

volonté claire et manifeste? or, pouvais-je annoncer plus expressément mon intention d'avantager mon fils autant qu'il était en ma puissance, qu'en lui donnant tout, tout sans exception? je n'ai pas, à la vérité, prononcé le mot préciput; mais cette expression aurait-elle une force magique? donnant tout, pouvais-je sentir les besoins de parler d'un prélèvement ou d'un avantage?

En dernière analise, j'ose décider, 1.º que tout donataire ou légataire *universel* doit conserver le don jusques et à concurrence, et de sa quotité disponible, et de sa portion dans la réserve;

2.º Qu'un donataire ou légataire à titre universel ou particulier qui renonce ne peut conserver le don que jusques et à concurrence du disponible à l'égard d'un étranger;

3.º Que pour savoir si le père a quelque chose de disponible, il faut néanmoins imputer le don fait au renonçant d'abord sur sa portion dans la réserve.

Si ces trois décisions se trouvent inconciliables avec le susdit arrêt (ce que je ne pense pas), je ne puis croire que cet arrêt serve de fondement à la jurisprudence.

1170. — Mais les principes ci-dessus ont-ils lieu quand la donation a été expressément faite à titre d'avancement d'hoirie? en d'autres termes, la donation à titre d'avancement d'hoirie est-elle nécessairement rapportable?

Dumoulin, sur l'art. 17 de l'ancienne coutume de Paris, n.º 4, soutient que le rapport est indispensable, sur le fondement qu'on est censé prendre à titre successif ce qu'on reçoit en avancement de succession.

Mais *Lebrun*, liv. 3, chap. 6, sect. 2, tit. 43, assure que la jurisprudence du ci-devant parlement de Paris était contraire à l'opinion de *Dumoulin*; ce qui est également attesté par *Ferriere*, sur l'art. 307 de la coutume de Paris.

Je crois que l'opinion de *Dumoulin* ne doit pas être suivie, car si la donation à titre d'avancement d'hoirie était nécessairement rapportable, il en résulterait que le donateur n'aurait transmis au donataire qu'une propriété à temps, qu'un simple droit d'usufruit, le rapport devant nécessairement arriver un jour.

D'ailleurs, l'expression *avancement d'hoirie* n'est que l'opposé de l'expression à *titre de préciput*; ce qui n'est pas préciput est avancement d'hoirie : voilà tout ; donc, quand le donateur donne à titre d'avancement d'hoirie, il ne fait qu'expliquer plus clairement qu'il ne donne pas par préciput.

De plus, si l'expression à titre d'avancement d'hoirie équivalait à la condition rigoureuse d'accepter la succession du donateur, l'on sent que cette condition vicierait la donation pure et simple, puisque le donateur resterait le maître d'épuiser la donation, en ne laissant que des dettes dans sa succession ; car le rapport étant absolument nécessaire, le donataire rapportant perdrait tout, puisque, à cause des dettes, il serait obligé de répudier la succession, et, par voie de suite, son droit à l'objet rapporté ; or, comme la clause d'avancement d'hoirie peut se trouver, tant dans une donation par contrat de mariage, que dans une donation hors contrat, il en résulte que cette clause n'emporte pas avec elle la condition rigoureuse du rapport.

Enfin, l'art. 845 décide, sans distinction, que l'héritier qui renonce peut retenir le don entre-vifs, ou réclamer le legs jusques et à concurrence de la quotité disponible.

1170. — Le donataire qui n'était pas héritier présomptif lors de la donation, mais qui se trouve successible lors du décès du donateur, peut-il venir à la succession sans rapporter?

Le rapport n'avait pas lieu dans la jurisprudence du parlement de Toulouse, vid. *Serres*, pag. 400; mais aujourd'hui le donataire devenu successible doit rapporter, s'il veut venir à la succession : telle est la disposition littérale de l'art. 846 du code; la loi est claire et sans équivoque.

Ainsi, le petit-fils qui a reçu de l'aïeul pendant la vie du père doit rapporter, si, par le prédécès du père, il se trouve successible de son aïeul.

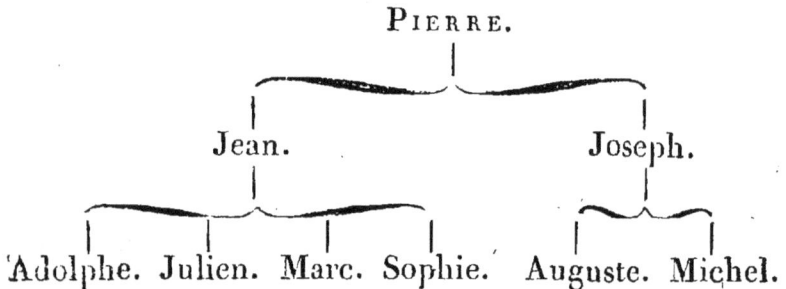

PIERRE.

Jean.   Joseph.

Adolphe. Julien. Marc. Sophie.   Auguste. Michel.

Pierre a deux enfans, Jean et Joseph.

Jean a quatre enfans, et Joseph en a deux.

Pierre donne 12 à Adolphe, son petit-fils, fils aîné de Jean.

Jean meurt, et ensuite Pierre; la fortune de celui-ci égale 48, en y comprenant les 12 donnés au petit-fils.

Dans ce cas, si Adolphe veut venir à la succession de son aïeul, il sera obligé de rapporter les 12 qu'il a reçus.

Mais avant de faire ce rapport il doit en examiner les résultats, et voir si son intérêt commande le rapport; or, si Adolphe rapportait, il aurait la moitié de la succession de son aïeul à partager avec ses quatre frères, il aurait 24 à diviser par quatre; il aurait

6 : ainsi, dans notre espèce, le petit-fils doit renoncer à la succession , et garder les 12 qui lui ont été donnés ; alors chacun de ses frères aura 6 , et les enfans de Joseph auront 9 chacun. Tout cela est fondé sur le droit de représentation , qui fait que les petits-enfans ne représentent que leur père , lors même qu'ils viendraient à la succession en degrés égaux ou inégaux.

En réfléchissant sur cet exemple , nous voyons que les frères d'Adolphe profitent seuls de sa renonciation; car les enfans de Joseph auraient toujours eu 9 , lors même qu'Adolphe aurait été admis au partage sans rapporter : sur quoi l'on pourrait demander si les enfans de Joseph, ne gagnant rien à la renonciation d'Adolphe , ne pourraient pas forcer les frères de celui-ci , qui en profitent , à rapporter les 12 qui ont été donnés à Adolphe ! Non : les enfans de Joseph ne peuvent exiger ce rapport, car le donataire en est seul tenu ; or, les frères d'Adolphe ne sont pas donataires : du moment qu'Adolphe a renoncé , il faut le considérer comme absolument étranger à la succession du donateur , et raisonner tout comme si le don avait été fait à un étranger; d'ailleurs , le rapport n'est dû qu'à la succession du donateur , et non particulièrement à telle ou telle branche de cette succession : enfin , si Adolphe avait reçu son don par préciput, sa branche ne devrait aucune indemnité à l'autre , la chose donnée serait retranchée de la succession du donateur ; mais la renonciation du donataire opère le même effet : elle diminue d'autant ladite succession, et le préjudice qui en résulte doit être supporté également par les deux branches ; d'ailleurs, si, relativement à la branche de Joseph , les choses se passent tout comme si le don était fait par préciput à Adolphe , il en résulte aussi que la clause de préciput apposée au don d'Adolphe ne leur causerait aucun préjudice.

De même, supposons que l'aïeul ait donné 20 à Adolphe ; dans ce cas la réserve doit demeurer intacte à la branche de Joseph : cette branche aura 16, 8 pour Auguste, et 8 pour Michel : Adolphe gardera 20 ; savoir : 16, montant de sa quotité disponible, et 4 pour sa portion dans la réserve : chacun de ses frères aura 4.

Deuxième exemple : Pierre a des enfans et plusieurs frères ; pendant la vie de ses enfans il donne à l'un de ses frères, et survit à sa postérité : dans ce cas le frère, devenu successible, doit rapporter ; il en serait de même si Pierre, ayant un aïeul et un frère, donnait à cet ascendant pendant la vie de ce frère ; car si ce frère mourait avant Pierre, l'ascendant deviendrait successible de ce dernier, et serait obligé au rapport.

1171. — L'art. 847 du code est ainsi conçu : « les » dons et legs faits au fils de celui qui se trouve suc- » cessible à l'époque de l'ouverture de la succession » sont toujours réputés faits avec dispene de rapport.

» Le père, venant à la succession du donateur, n'est » pas tenu de les rapporter ».

Cet article se réduit à la proposition suivante : le père, appelé à une succession, n'est pas tenu de rapporter les dons et legs faits à ses enfans par celui de la succession duquel il s'agit.

La justice de cette proposition est évidente : le don est fait ici à l'enfant, qui ne succède pas ; or, si le père succédant rapportait ce don, il en résulterait de deux choses l'une : ou que l'enfant donataire perdrait le legs ou don à lui fait, ou que le père serait obligé de rapporter sur ses biens l'équivalent de ce qu'il n'aurait pas reçu ; ce qui présenterait une double injustice.

Le fils du successible n'a absolument aucun droit à la succession du donateur, comment donc aurait-il moins d'avantage qu'un véritable étranger!!

Inutilement dirait-on que, par l'effet du non rapport, l'une des branches peut se trouver avantagée ; cette circonstance est indifférente, puisqu'il existe une quotité disponible que le donateur ne peut dépasser.

1172. — Le petit-fils venant à la succession de l'aïeul est-il tenu de rapporter le don que l'aïeul a fait à son père ?

Il faut distinguer : si le petit-fils vient de son chef, et sans le secours de la représentation, à la succession de l'aïeul, il n'est pas tenu au rapport, lors même qu'il aurait accepté la succession de son père ;

Mais si le petit-fils ne vient que par représentation, il doit rapporter ce qui a été donné à son père, même dans le cas où il aurait répudié sa succession (art. 848 du code).

Il faut donc bien distinguer ces deux cas, celui où le petit-fils *vient de son chef*, et celui où il ne vient que *par représentation*.

Cette matière est abstraite ; elle exige une certaine continuité d'attention. Pour nous faire entendre nous rappellerons ,

1.º Que la représentation a lieu à l'infini dans la ligne directe descendante, qu'elle a lieu dans tous les cas, soit que les enfans du défunt concourent avec les descendans d'un enfant prédécédé, soit que tous les enfans du défunt étant morts avant lui, les descendans desdits enfans se trouvent entr'eux en degrés égaux ou inégaux ;

2.º Que la représentation n'a point lieu dans la ligne directe ascendante, l'ascendant le plus proche de chaque ligne exclut toujours le plus éloigné ;

3.º Que la représentation a lieu en ligne collatérale en faveur des enfans et descendans des frères ou sœurs du défunt, soit qu'ils viennent à la succession concurremment avec des oncles ou tantes, soit que tous les frères ou sœurs du défunt étant prédécédés, là succession se trouve dévolue à leurs descendans en degrés égaux ou inégaux (art. 740, 741 et 742 du code);

4.º Qu'on ne représente point les personnes vivantes; mais qu'on représente celles qui sont mortes naturellement, ou civilement, lors même qu'on aurait renoncé à leur succession (art. 744 du code);

5.º Qu'on ne vient pas par représentation d'un héritier qui a renoncé (art. 787 du code);

6.º Enfin, qu'on ne peut représenter un indigne (art. 730 ; vid. *Serres*, pag. 299).

Rendons ces maximes sensibles par des exemples.

1.er exemple :

PIERRE DE CUJUS.

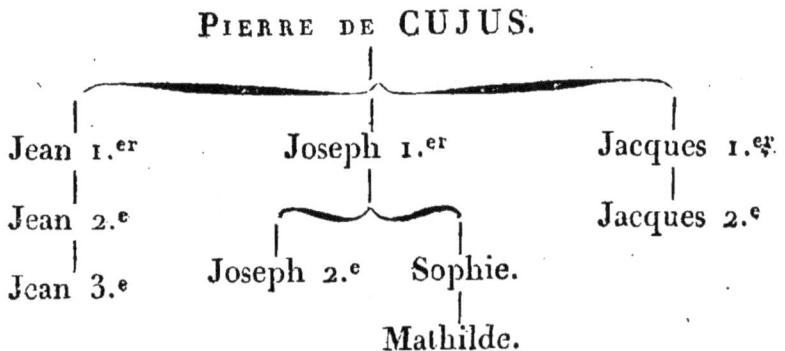

Jean 1.er	Joseph 1.er	Jacques 1.er
Jean 2.e		Jacques 2.e
Jean 3.e	Joseph 2.e Sophie.	
	Mathilde.	

Pierre étant mort, si ses trois enfans, Jean 1.er, Joseph 1.er et Jacques 1.er, vivent, il n'est pas question de représentation.

Mais supposons que Jacques 1.er soit décédé, alors Jacques 2.e le représentera, et aura, comme son père, le tiers de la succession.

Si tous les enfans au premier degré sont décédés, ainsi que Jean 2.e et Joseph 2.e, alors Jean 3.e, Sophie et Jacques 2.e, viendront par représentation, et auront chacun un tiers.

Si Jean 1.er, Jacques 1.er, Joseph 1.er, Jean 2.e et Sophie sont décédés, alors Jean 3.e, Joseph 2.e, Mathilde et Jacques 2.e, viendront par représentation ; Jean 3.e et Jacques 2.e auront un tiers chacun de la succession, l'autre tiers se partagera entre Joseph et Mathilde.

De même, si Pierre meurt ne laissant à lui survivans que Jean 1.er, Jacques 2.e et Mathilde, sa succession se partagera entr'eux par portions égales.

2.e exemple :

PIERRE DE CUJUS.

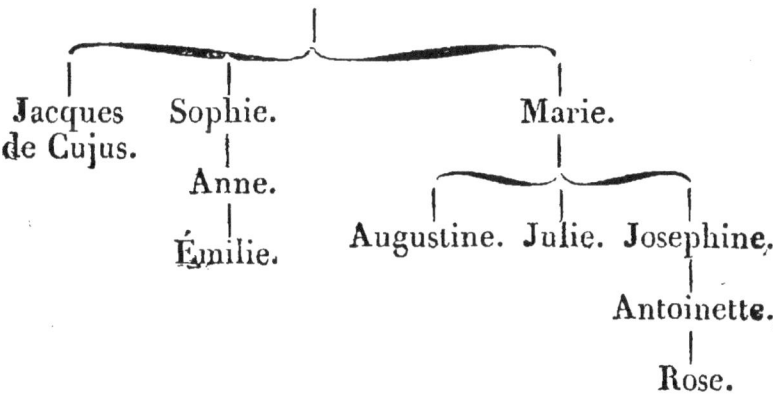

Jacques de Cujus.   Sophie.   Marie.

Anne.

Émilie.   Augustine. Julie. Josephine.

Antoinette.

Rose.

Jacques meurt après son père : si Marie et Anne lui survivent, elles partageront sa succession ; Anne en aura la moitié, comme représentant Sophie.

Si Jacques laisse à lui survivantes Émilie, Augustine, Julie et Josephine, Émilie aura la moitié de la succession, comme représentant Anne et Sophie ; l'autre moitié sera partagée par portions égales entre Augustine, Julie et Josephine.

Si Jacques meurt laissant à lui survivantes Sophie, Augustine et Rose, Sophie aura la moitié de la succession, l'autre moitié se partagera entre Augustine et Rose.

3.e exemple.

PIERRE DE CUJUS.

Jean 1.er   Joseph,   Jacques,   Marie.
              renonçant. indigne.

Jean 2.^e

Jean 3.e   Sophie. Églé.   Jacques 2.e   Rose. Anne.

                                  Mathilde.

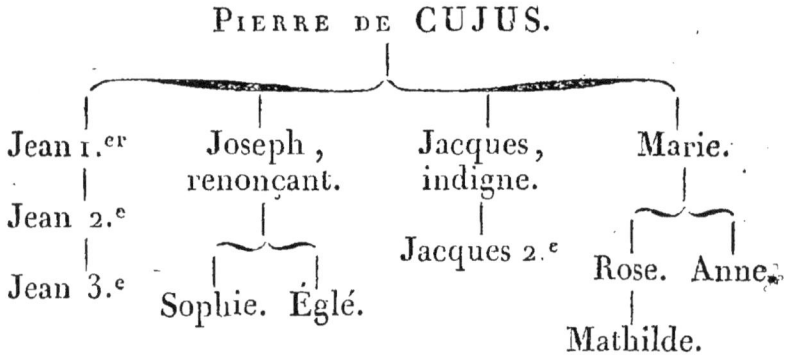

Si Pierre meurt laissant à lui survivans Jean 2.e, Sophie, Églé, Jacques 2.e et Mathilde, Sophie et Églé ne pouvant représenter Joseph, qui a renoncé, et Jacques 2.e ne pouvant représenter Jacques 1.er, qui est indigne, la succession appartiendra pour moitié à Jean 2.e, représentant Jean 1.er, et pour l'autre moitié à Mathilde, représentant Rose et Marie.

Si Pierre laisse à lui survivans Jean 2.e, Anne et Mathilde, Jean 2.e aura la moitié de la succession, et l'autre moitié se partagera entre Anne et Mathilde.

4.e exemple.

Pierre de CUJUS.

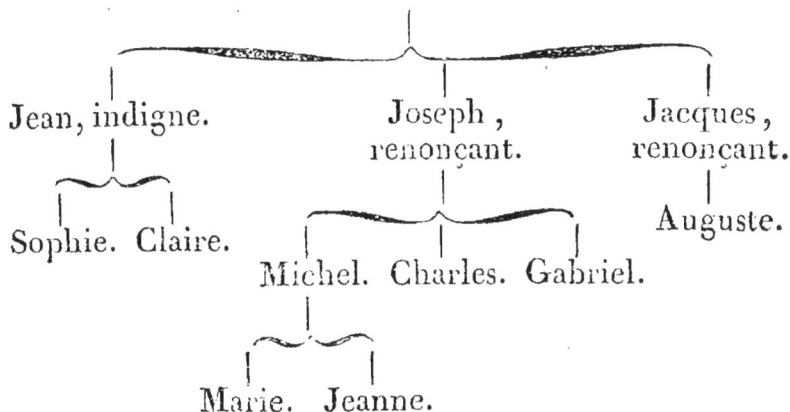

Jean, indigne.   Joseph,   Jacques,
                 renonçant.   renonçant.

Sophie. Claire.   Auguste.
        Michel. Charles. Gabriel.

Marie. Jeanne.

Si Pierre meurt laissant à lui survivans Sophie, Claire, Michel, Charles, Gabriel et Auguste, il n'y a pas lieu à représentation, vu l'indignité et la renonciation de leurs pères; alors tous les petits-enfans de Pierre, se trouvant au premier et même degré, viennent à la succession de leur chef, et partagent par tête : ainsi, Auguste n'aura, comme chacun des autres, que le sixième de la succession ; mais si Michel était mort avant Pierre, Marie et Jeanne n'auraient rien à voir dans la succession, car la représentation n'a pas lieu dans les subdivisions quand elle n'existe pas au premier degré; ainsi, Marie et Jeanne seraient exclues, comme se trouvant plus éloignées d'un degré que les autres petits-enfans.

Nous voyons, par ces exemples, que la représentation, qui a lieu à l'infini en faveur des petits-enfans, arrière-petits-enfans et descendans plus éloignés du défunt, et en faveur de ses neveux et arrière-petits-neveux, cesse quand tous ceux qu'on veut représenter sont, ou indignes, ou renonçans: alors les petits-enfans, petits-neveux ou arrière-petits-neveux, viennent à la succession de leur chef; mais ils y viennent par tête, et non par souche, le plus proche excluant toujours le plus éloigné.

1173. — Appliquant ces principes aux rapports, et en rappellant que le rapport n'a pas lieu quand les enfans ou descendans du donataire viennent de leur chef à la succession du donateur, nous serons conduits à cette conséquence, que les enfans ou descendans du donataire ne sont soumis au rapport de ce que leur père a reçu, que lorsqu'ils ne se trouvent successibles que par représentation de leur père; dans ce cas, le rapport est de droit, parce qu'étant au lieu, droits et place du représenté, ils se trouvent soumis aux mêmes obligations; ils devraient même le rapport dans le cas où ils auraient répudié la succession de leur père donataire, parce que cette répudiation ne peut porter préjudice aux autres successibles, et que les représentans ne peuvent jamais avoir plus de droits que le représenté.

Mais si les enfans ou descendans du donataire se trouvent successibles de leur chef, et sans le secours de la représentation, dans ce cas, ils ne sont pas obligés de rapporter ce que leur père a reçu.

PIERRE DE CUJUS.

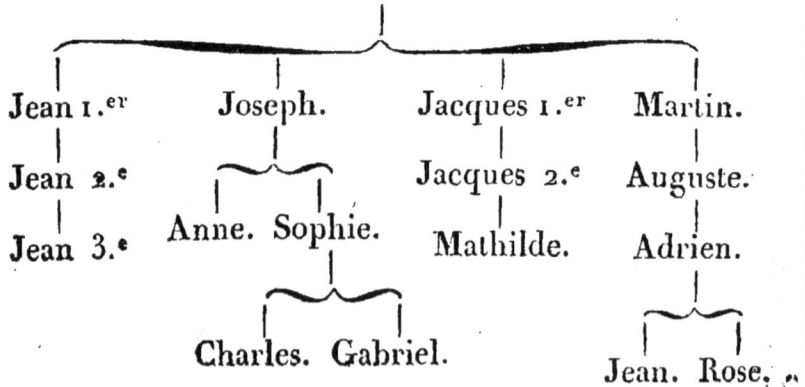

Dans cet exemple, si Jean 1.ᵉʳ, Joseph, Jacques 1.ᵉʳ et Martin, sont indignes ou renonçans, et que Pierre ait donné à Jean 1.ᵉʳ, à Joseph et à Martin, la succession de Pierre sera dévolue à Jean 2.ᵉ, à Anne, à Sophie, à Jacques 2.ᵉ et à Auguste, qui, se trouvant successibles au même degré, partageront la succession en cinq portions égales; mais Jean 2.ᵉ, ni Anne, ni Sophie, ni Auguste, ne seront obligés de rapporter ce que leurs pères ont reçu, lors même qu'ils auraient accepté la succession de leursdits pères.

Si nous supposons, au contraire, que Jean, Joseph, Jacques et Martin ne sont, ni renonçans, ni indignes, dans ce cas la représentation a lieu; alors Jean 2.ᵉ, Anne, Sophie et Auguste ne peuvent venir à la succession, qu'en rapportant ce que leurs pères ont reçu; alors la succession se divise en quatre portions, dont une appartient à Anne et à Sophie, et, en cas de prédécès de celle-ci, sa portion, égalant le huitième du total, appartiendra à Charles et à Gabriel.

En un mot, le fils doit toujours rapporter ce que son père a reçu, quand il ne vient à la succession du donateur que par représentation de son père; mais le rapport n'est pas dû quand il vient de son chef, lors même qu'il aurait accepté la succession de ce dernier.

1174. — Donnons un autre exemple.

PIERRE DE CUJUS.

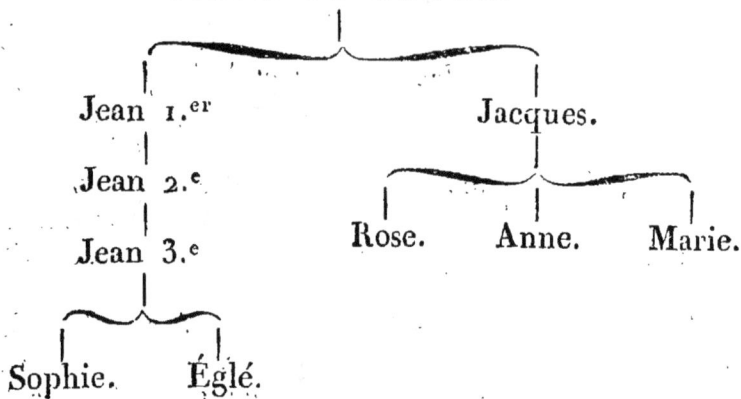

Jean 1.er   Jacques.

Jean 2.e

Jean 3.e   Rose.   Anne.   Marie.

Sophie.   Églé.

Pierre fait une donation d'un immeuble à Jacques, son fils ;

Jacques donne ensuite par préciput le quart de cet immeuble à Marie, et décède ;

Pierre meurt ensuite, laissant à lui survivantes Sophie, Églé, Rose, Anne et Marie :

Dans cette espèce on sent que Rose, Anne et Marie ne peuvent venir à la succession de Pierre, qu'en rapportant l'immeuble donné à Jacques, leur père : nul doute sur ce point ; .

Mais comment, et dans quelle proportion doivent-elles faire ce rapport ? Marie, qui profite de la moitié de cet immeuble, doit-elle en rapporter la moitié, ou seulement un tiers ?

Le rapport doit être fait par les trois sœurs par portions égales ; s'il en était autrement, Marie, par l'effet du rapport, perdrait tout l'avantage de son préciput ; ce qui ne serait pas juste : ainsi, le rapport ne doit être fait qu'en moins prenant dans la succession de Pierre ; et si le rapport est réellement effectué, il faut que Marie prélève sur la moitié de

la succession déférée à sa branche la valeur du quart
de l'immeuble à elle donné par préciput.

Faisons-nous, en effet, des idées justes du droit
de représentation : ce droit n'appartient pas aux
enfans par la volonté de leur père, mais par la seule
volonté de la loi ; d'où il résulte que le père, non
auteur de ce droit, ne peut, ni le modifier, ni le restreindre ; la loi en investit les enfans par portions
égales, et quelle que soit d'ailleurs leur inégalité
dans la succession de leur père : ainsi, dans l'exemple
ci-dessus, quand Jacques aurait donné le quart de
sa succession par préciput à Marie, cet avantage
n'aurait rien changé au droit de représentation, qui
est toujours égal pour tous les enfans ; s'il en était
autrement, le testament du fils pourrait modifier les
droits des petits-enfans à la succession de leur aïeul ;
ce qui serait contraire à tous les principes : la preuve,
d'ailleurs, que l'inégalité dans le droit à la succession paternelle ne change rien au droit de représentation, c'est que l'enfant qui répudie la succession
du père n'en est pas moins habile à le représenter
dans la succession de l'aïeul ; donc le droit de représentation appartient par portions égales à tous les
enfans du représenté, quels que soient d'ailleurs les
avantages par préciput que ce dernier pourrait avoir
faits ; et puisque les enfans représentent par portions
égales leur père, il faut bien qu'ils rapportent, dans
tous les cas, par portions égales le don que leur père
peut avoir reçu.

On sent que Rose, Anne et Marie ne seraient pas
soumises au rapport, si l'immeuble avait été donné à
leur père par préciput, ou si elles renonçaient à la
succession de leur aïeul ; dans ces deux cas il ne
serait pas question du rapport, mais de la réduction, si Sophie et Églé ne trouvaient pas de quoi

*

se remplir de leur réserve, égale au tiers des biens de leur aïeul.

1175. — Il est des cas où les enfans succèdent de leur chef au donateur de leur père, et sans recourir à la représentation.

Supposons que Pierre, qui a des enfans du premier lit, donne à sa seconde épouse un immeuble, et qu'il provienne des enfans de ce mariage : dans cette espèce les enfans du second lit viennent à la succession de leur père sans le secours de la représentation ; d'où il résulte que ces enfans ne doivent pas rapporter à ceux du premier lit le don fait à leur mère, lors même que celle-ci serait décédée, et que les enfans eussent partagé l'immeuble à elle donné : cela résulte des principes ci-dessus et de l'art. 848 du code ; car, pour être sujet au rapport, il ne suffit pas d'être héritier du donataire, il faut encore représenter ce donataire dans la succession du donateur. Vid. l'excellent traité de M. *Chabot* sur les successions, art. 848.

1176. — Le rapport ne se fait qu'à la succession du donateur (art. 850 du code) ; et la raison en est simple : le rapport n'a pour objet que d'établir l'égalité entre les cohéritiers du donateur.

D'où il résulte que le petit-fils ne doit pas rapporter à la succession de son père le don qu'il a reçu de l'aïeul.

Il en résulte également que si un père et une mère ont constitué un immeuble en dot à une de leurs filles, cette constitution étant supposée faite, moitié par le père, et moitié par la mère, le rapport devra avoir lieu pour la moitié à la succession de chacun des père et mère.

1177. — Supposons que l'immeuble constitué conjointement par le père et la mère appartienne en entier à la mère, et que celle-ci décède la première ;

dans ce cas faudra-t-il rapporter l'immeuble en entier dans sa succession ?

Lebrun soutient l'affirmative dans son traité des successions, liv. 3, chap. 6, sect. 3, n.° 72 ; mais M. *Chabot*, dans son commentaire sur les successions, art. 850, combat cette opinion d'une manière victorieuse : je pense, comme M. *Chabot*, que le rapport ne doit se faire que pour moitié à la succession de la mère, celle-ci ayant une indemnité à exercer sur les biens du père jusques et à concurrence de l'autre moitié (art. 1438) : telle est également l'opinion de *Pothier*. Vid. le répertoire de jurisprudence, *verb.* rapport à succession, pag. 580.

Mais si lors de la mort du père l'on n'a pas encore procédé au partage de la succession de la mère prédécédée, dans ce cas, je pense que le rapport doit être fait en entier à la succession de la mère : pourquoi alors recourir à une estimation d'experts ? ces frais sont inutiles : la succession de la mère doit toujours être grossie de la valeur de l'entier immeuble ; or, le meilleur moyen de fournir cette valeur consiste à rapporter l'immeuble en entier : cette manière de procéder est toujours plus juste, moins dispendieuse, et présente beaucoup moins d'embarras dans l'exécution.

1178. — Le don fait au conjoint d'un époux successible est-il sujet au rapport, comme s'il était fait au successible lui-même ?

Non, ce don n'est pas rapportable ; il est censé fait avec dispense de rapport (art. 849 du code).

On peut dire, que le don fait au conjoint de l'époux successible est censé fait à l'époux successible lui-même, car les époux sont réputés entr'eux personnes interposées (art. 911 du code).

Je réponds, que la loi ne présume cette interposition que lorsque l'un des époux est relativement incapable de recevoir ; alors elle suppose que le don fait au con-

joint de cet incapable n'est qu'un moyen indirect d'a-
vantager ce dernier, et voilà pourquoi elle présume
dans ce cas l'interposition ; mais quand l'époux successible est capable de recevoir, alors point de motif
de fraude, ni de simulation ; alors le don est considéré
comme fait en faveur de l'époux qui le reçoit : pourquoi, en effet, supposer une fraude, quand elle n'était
pas nécessaire ! pourquoi choisir une personne interposée, quand on peut donner directement à l'objet
de son affection !

D'ailleurs, la quotité disponible étant fixée, nul
préjudice réel n'est causé, en décidant que le don fait
à l'époux de celui qui est successible est dispensé du
rapport ; ainsi, le don fait par le beau-père à sa
belle-fille, épouse de son fils, n'est pas rapportable :
la belle-fille, quoiqu'épouse du successible, est, relativement au don, considérée comme étrangère ; elle n'est
pas obligée de rapporter le don à la succession du donateur, et son époux n'est pas non plus soumis à ce
rapport.

Si le don est fait conjointement à deux époux, dont
l'un seulement est successible, celui-ci en rapportera
seulement la moitié : telle est la disposition du susdit
art. 849, et la conséquence rigoureuse du principe
qui dispense du rapport le don fait au conjoint de
l'époux successible.

1179. — De ce que nous venons de dire j'ose har-
diment conclure, que toute donation faite même à
une personne interposée, et dont l'interposition serait
prouvée, ne serait pas rapportable ; et qu'ainsi celui
qui demandera le rapport d'une donation faite à Jacques, étranger, sous le prétexte qu'il est personne interposée en faveur d'un successible, ne doit pas être
entendu, ni admis à prouver cette interposition.

Le législateur, en effet, considère le conjoint de
l'époux successible comme personne interposée par

rapport à ce dernier ; il reconnaît cette interposition , il déclare qu'elle est de droit, et prouvée par le fait même ; et en même temps qu'il reconnaît et déclare l'existence de l'interposition , il prononce que le don est exempt de rapport ; le législateur , en un mot, voit un préciput dans tout don fait à une personne légalement reconnue comme interposée.

Mais si le législateur juge et décide ainsi , le juge pourrait-il , en signalant une personne comme interposée , voir dans ce don un objet rapportable, quand le législateur n'y voit qu'un don exempt de rapport ?

Il faut , d'ailleurs, donner un but à l'interposition ; or , je le demande, pouvant donner à Pierre par préciput , quel motif puis-je avoir eu en donnant à la personne interposée, et chargée de rendre à Pierre ? J'ai eu certainement celui de cacher mon avantage , pour que Pierre en profitât en sus de ses droits : telle a été ma pensée, je ne puis en avoir eu d'autre ; or , cette intention de ma part n'a rien de contraire à la loi : j'ai simulé , il est vrai ; mais ma simulation n'est pas frauduleuse , et il en résulte nécessairement que j'ai voulu donner un préciput à Pierre ; et comme cette volonté est évidente, et qu'elle n'est pas contraire à la loi , Pierre, lors même que l'interposition serait prouvée , ne peut être soumis au rapport.

§ II. *Des choses soumises au rapport.*

1179. — En règle générale tout don est rapportable , quand il est fait à un successible , et que le donataire veut prendre part à la succession *ab intestat* du donateur.

Mais cette obligation du rapport cesse quand le donateur a eu l'attention d'en dispenser le donataire ; le rapport est, en effet, fondé sur l'intention présumée du défunt, qui est censé vouloir l'égalité entre ses héritiers ; mais cette présomption s'évanouit quand le défunt s'est expliqué lui-même.

Ainsi, à côté de la règle qui veut que tout don fait à un successible soit rapportable, nous trouvons celle-ci : *le rapport n'a point lieu quand la dispense du rapport se trouve dans la donation.*

La combinaison de ces deux règles nous conduit à la maxime suivante : en général, tout don est rapportable, quand il n'existe pas de dispense de rapport ; ce principe, vrai, est le fondement de tout ce que nous allons dire ; il admet cependant certaines exceptions, à raison de la nature des choses données, exceptions que nous ferons connaître.

1180. — Le donateur qui veut donner par préciput doit avoir l'attention de déclarer dans l'acte que le don qu'il fait ne sera pas soumis au rapport : la loi exige qu'il manifeste là-dessus sa volonté ; mais il suffit que sa volonté soit claire, car, pour la dispense du rapport, il n'est pas d'expression sacramentelle, et dont le donateur doive nécessairement faire usage ; il suffit, en un mot, qu'il résulte clairement des expressions du donateur que le donataire est dispensé du rapport.

Ainsi, les expressions suivantes présentent une dispense de rapport également valable et efficace :

Je donne telle chose avec dispense de rapport ;

Je donne telle chose par préciput ;

Je donne telle chose hors part ;

Je donne telle chose pour que le donataire en profite en sus de ses droits successifs ;

Je donne telle chose sans préjudice des droits successifs compétans au donataire, ou sans qu'il soit tenu de la rapporter à la masse ;

Je donne telle chose comme avantage sur ma future succession ;

Je donne telle chose dans l'intention d'avantager le donataire sur mes autres successibles :

Dans tous ces cas il y a également dispense de rapport.

1181. — Le donateur peut exprimer la dispense de rapport non-seulement dans l'acte de donation, mais encore dans un acte postérieur.

L'art. 919 donne au donateur cette faculté de pouvoir, par un second acte, dispenser du rapport une donation antérieurement faite ; il assujettit seulement ce second acte aux formes des donations entre-vifs ou des testamens.

Ainsi, le donateur qui a fait un don pur et simple, ou même à titre d'avancement d'hoirie, et qui voudrait dans la suite dispenser le donataire de rapporter ce don, doit choisir, pour exprimer sa volonté à ce sujet, ou la forme d'une donation, ou la forme d'un testament :

S'il choisit la forme d'un testament, il faut que l'acte contenant sa déclaration soit revêtu de toutes les formalités nécessaires pour la validité des testamens ;

S'il choisit la forme des donations entre-vifs, il faut que l'acte contenant sa déclaration soit reçu par un notaire dans la forme ordinaire des contrats ; qu'il en reste minute, et que le donataire accepte expressément la déclaration de dispense de rapport : jusqu'à cette acceptation le donateur peut se rétracter ; et si le donateur mourait avant l'acceptation, la dispense du rapport serait nulle.

Mais l'on sent qu'il n'est pas nécessaire de faire transcrire ce second acte, lors même que la donation antérieure porterait sur des immeubles, car le défaut de transcription ne peut être opposé par les héritiers du donateur ; donc, par rapport à eux, la donation produit toujours le même effet, qu'elle soit, ou ne soit pas transcrite.

1182. — Observons cependant que la dispense de rapport ne peut jamais nuire aux donations antérieures.

Par exemple, un père a trois enfans, et 48 de fortune; il donne 12 à l'aîné, puis 20 au cadet, et ensuite il dispense l'aîné du rapport.

Je dis que cette dispense ne peut nuire au cadet, qui pourra garder les 20, en renonçant à la succession; mais l'on voit qu'il ne le pourrait pas, si la première donation était à son égard dispensée du rapport, ou si cette dispense pouvait lui préjudicier: la dispense postérieure ne pourra nuire qu'au troisième fils; en sorte que, dans l'espèce, le troisième fils n'aura que 12, et l'aîné aura 16.

1183. — Passons aux donations pures et simples, c'est-à-dire, à celles où la dispense de rapport ne se trouve pas, et voyons plus en détail celles qui sont soumises au rapport, et celles qui en sont dispensées.

L'art. 843 du code civil porte que « tout donataire » successible doit rapporter à ses cohéritiers tout ce » qu'il a reçu du défunt par donation entre-vifs, » directement ou indirectement ».

Ainsi, toute donation pure et simple est rapportable: nulle distinction à faire entre les donations par contrat de mariage et les donations hors contrat; elles sont toutes également rapportables.

1184. — Mais la donation déguisée sous la forme d'un contrat onéreux est-elle rapportable?

Nous avons déjà traité cette question, n.º 425, et nous y avons décidé qu'une donation déguisée était rapportable, et qu'elle ne devait produire que l'effet d'une donation pure et simple.

En effet, l'art. 843 soumet au rapport tout ce que le donataire a reçu par donation, *directement* ou *indirectement;* ce qui embrasse les donations déguisées sous la forme d'un contrat onéreux.

L'art. 853 est encore plus clair: « ne sont pas rap- » portables, dit cet article, les profits que l'héritier

» a pu retirer des conventions passées avec le défunt,
» si ces conventions ne *présentaient aucun avantage*
» *indirect lorsqu'elles ont été faites* » ; donc, quand
ces conventions présentent un avantage indirect, les
profits en résultant doivent être rapportés : par
exemple, un père vend pour 12 à son fils un immeuble qui vaut 24; lors de la vente cette convention
présente un avantage indirect, et le fils devra rapporter 12, montant de l'avantage indirectement fait.

1185. — Mais ne faudrait-il pas distinguer les contrats souscrits par ceux qui ont tout disponible des
contrats souscrits par ceux qui sont soumis à une réserve? Un collatéral, par exemple, pourra-t-il soutenir
qu'une vente faite à un autre collatéral est une donation déguisée, et en demander le rapport, tout comme
s'il s'agissait d'une vente faite en ligne directe?

On peut dire, qu'il paraît bien dur de voir déclarer
feinte et simulée une vente faite par celui qui avait
tout disponible? Ayant tout disponible, étant sans
gêne, pourquoi aurait-il eu recours à la simulation ?
Dans l'espèce il est possible, à la rigueur, qu'il y ait
eu simulation ; mais il est impossible de dire qu'il
y a eu fraude : donc les collatéraux sont irrecevables
à quereller une vente sous prétexte de simulation,
et à en demander le rapport.

On peut répondre, que si cette conséquence était
rigoureuse, il faudrait également décider que les
héritiers avec réserve ne pourraient jamais se plaindre
de la simulation, que lorsque quelque préjudice serait
porté à leur réserve, car ceux qui sont remplis de
leur réserve sont à tous égards semblables à ceux qui
n'en ont pas; et de conséquence en conséquence,
nous serions conduits à cette proposition, que toute
donation déguisée doit être considérée comme un
préciput.

D'ailleurs, la loi décide, sans distinction, que toute

donation déguisée ou indirecte est rapportable; **or,** comment distinguer quand la loi ne distingue pas : il serait, sans doute, plus simple de considérer toute donation déguisée comme un préciput; alors plus de difficulté dans l'application de ce principe : la disposition sortirait à effet, si le disposant avait tout disponible, et elle ne produirait son effet que jusques et à concurrence de la quotité disponible, si le disposant était soumis à une réserve ; mais comment effacer les dispositions des art. 843 et 853 du code ?

Je pense qu'il faut faire la distinction suivante : si la donation déguisée sous la forme d'un contrat onéreux a été consentie par celui qui avait tout disponible lors de cet acte, dans ce cas la donation sera toujours considérée comme un préciput, et ne sera pas rapportable;

Si, au contraire, le donateur était soumis à une réserve, dans ce cas la donation déguisée sera soumise au rapport.

Je fonde cette distinction sur l'esprit de la loi et sur la nature même des choses : dans le premier cas il est impossible de supposer que le donateur ait voulu frauder ; l'acte par lui fait peut être simulé, mais non frauduleux ; et, sous ce rapport, la volonté du disposant n'étant pas contraire à loi, doit sortir à effet ; et l'on ne peut se dissimuler qu'il a voulu donner par préciput :

Dans le second cas, au contraire, s'il y a simulation prouvée, l'on peut, et l'on doit même supposer la fraude; et de là la conséquence rigoureuse que cette donation frauduleuse est soumise au rapport.

1186. — En rapprochant ce que nous avons dit relativement à la simulation par interposition de personnes, nous serons conduits aux maximes suivantes, relatives au rapport des donations simulées :

1.º La donation peut être déguisée, ou sous la

forme d'un contrat onéreux, ou elle peut être faite par personnes interposées;

2.º Si la donation est faite par personnes interposées, elle sortira toujours à effet, comme un véritable préciput, parce que cette interposition, relativement au droit de rapport, ne peut jamais être frauduleuse;

3.º Si la donation a été faite sous la forme d'un contrat onéreux, il faut distinguer le cas où le disposant a tout disponible lors du don simulé, du cas où il est soumis à une réserve : dans le premier cas le don n'est pas rapportable, mais il l'est dans le second;

4.º La vente à fonds perdu ou avec réserve d'usufruit, aux termes de l'art. 918 du code, est une donation déguisée, qui produit tout l'effet d'un préciput; de sorte que cette donation n'est pas rapportable : telle est la volonté de la loi.

Il ne faut pas être surpris de ce que nous décidons que la donation faite par personne interposée est toujours un préciput, et qu'elle est, au contraire, rapportable, quand elle est faite sous la forme d'un contrat onéreux : 1.º cela résulte du texte de la loi; 2.º quand il y a seulement interposition de personne il ne peut y avoir préjudice, ni intention de causer préjudice à la réserve légale; au lieu que cette intention peut se trouver, et se présumer même dans une donation déguisée sous la forme d'un contrat onéreux : dans ce dernier cas les héritiers à réserve courent même la chance de perdre leurs droits sur la chose donnée; ils sont obligés de soutenir un procès, pour faire rentrer cette chose donnée dans la succession du donateur; ils peuvent succomber dans les poursuites; enfin, il y a dol et intention de dol; et de là la conséquence, que si la simulation est prouvée relativement à un contrat onéreux, la donation déguisée est nécessairement rapportable; la loi ne peut sanctionner, comme avantage précipuaire, ce qui n'a été fait que dans l'intention de frauder ses dispositions.

Nous disons, que toute donation déguisée sous la forme d'un contrat onéreux est rapportable, quand le donateur n'avait pas tout disponible lors du don; nous disons ensuite, que la donation simulée, aux termes de l'art. 918, est un préciput : il n'y a pas là de contradiction; car, dans le dernier cas, la simulation est légale; c'est la loi qui la prononce, indépendamment de l'examen ou de l'opinion du juge : or, la loi, qualifiant seule cet acte, a pu seule en déterminer la force et l'effet; le législateur a pu dire : tel acte sera une donation déguisée, et vaudra comme préciput, et décider ensuite, sans contradiction, que telle donation que le juge décidera être simulée sera rapportable.

1187. — Un père vend un immeuble à son fils, et lui donne quittance du prix de la vente; le père meurt, et les frères de l'acquéreur prétendent que cette vente est une donation déguisée.

Supposons que la simulation soit prouvée, le fils acquéreur devra-t-il rapporter l'immeuble, ou simplement sa valeur? Je pense, par induction de l'art. 918, qu'il ne doit rapporter que la valeur de l'immeuble; en effet, quand la loi voit elle-même la simulation, elle n'ordonne que le rapport de la valeur : or, comment le juge, voyant comme la loi, pourrait-il faire plus qu'elle? comment la simulation, fondée sur la présomption du magistrat, aurait-elle plus d'effet que la simulation fondée sur la présomption du législateur ?

1188. — Toute donation déguisée sous la forme d'un contrat onéreux, et faite par celui qui, lors du don, n'avait pas tout disponible, est rapportable : telle est la règle, et elle s'applique à tous les actes quelconques, ventes, quittances, cessions, règlemens de

comptes, etc., qui peuvent être souscrits en faveur
d'un successible.

Mais une association dans une société de commerce
est-elle une donation déguisée, sujette au rapport?
La loi dit que le rapport n'est pas dû, quand l'association n'est pas frauduleuse, et lorsque les conditions
en ont été réglées par un acte authentique : d'où il
résulte qu'à défaut de cet acte authentique, le rapport est dû, lors même que la fraude ne serait pas
prouvée par d'autres présomptions. Vid. l'art. 854 du
code.

1189. — Ce que le fils gagne par l'effet de la renonciation que son père fait à une succession commune
est-il sujet à rapport? Cette question était grandement
controversée : on peut voir le répertoire de jurisprudence, *verb.* rapport à succession, et M. *Chabot*,
dans son commentaire sur les successions, pag. 437
et suivantes.

Nous avons déjà eu occasion de nous expliquer sur
cette question, et nous avons décidé que le rapport
est dû : en effet, tout ce qu'un fils détient de son
père à titre gratuit, *directement* ou *indirectement*,
est sujet à rapport; or, n'est-ce pas tenir du défunt
lui-même, que de profiter par sa renonciation de la
portion de succession à lui déférée? Par l'effet de
la règle *le mort saisit le vif*, le père renonçant était
saisi, il avait la chose, il pouvait la garder; tout cela
dépendait de sa volonté : or, renoncer à ce droit,
pour en investir un autre, n'est-ce pas avantager
ce dernier?

Observons que toute renonciation ne donne pas lieu
au rapport, mais seulement quand le résultat de cette
renonciation faite par le père présente un avantage
en faveur de son fils; ainsi, la question du rapport
dépend de ce point de fait : y a-t-il, ou non, avantage résultant de la renonciation? S'il n'y a point

avantage, le rapport est impossible, n'existant pas alors de chose rapportable; mais quand l'avantage est réel, le rapport en est dû, parce que l'on ne peut se dissimuler que le motif de la renonciation n'ait été de procurer un avantage au fils cohéritier; en un mot, il y a alors donation déguisée, essentiellement rapportable.

1190. — Un père vend un immeuble à son fils pour une somme dont il lui donne quittance : considérée en elle-même, cette vente est valable; car le code, loin de proscrire les transactions commerciales en ligne directe, les permet au contraire, vid. l'art. 1114, et le discours de M. *Bigot* sur les contrats et les obligations, pag. 15; ainsi, le père ne pourrait pas quereller cette vente, et le fils ne saurait l'arguer de nullité.

Mais supposons que les frères de l'acquéreur soutiennent, après le décès du père, que cette vente est simulée, ainsi que la quittance; supposons qu'ils invoquent la vileté de prix :

Sur ces prétentions le juge ordonne une expertise; la valeur de l'immeuble se trouve excéder du quart le prix stipulé : que doit faire le juge dans ces circonstances? doit-il annuller la vente en entier, ou seulement ordonner le rapport de l'excédant de valeur?

Il faut dire, que le juge reste le maître de se déterminer d'après les circonstances : si la simulation est prouvée à ses yeux; si la quittance lui paraît frauduleuse, il peut et doit ordonner le rapport de la valeur entière de l'immeuble; mais si le juge croit la quittance sincère, alors il doit seulement ordonner le rapport de l'excédant de valeur de l'immeuble sur le prix stipulé : telle est la conséquence de l'art. 853, qui soumet au rapport les profits résultant des conventions passées avec le défunt, quand elles présentent un avantage indirect au moment de leur stipulation.

De ce que nous venons de dire résulte cette conséquence,

quence, que lorsque la vente consentie par le père au fils est faite au-dessous de la valeur de la chose vendue, le fils doit, dans tous les cas, rapporter le profit résultant pour lui de son acquisition, quoique la vente soit d'ailleurs reconnue sincère.

Cette conséquence est vraie ; mais elle doit être sainement entendue : le fils pouvant acquérir du père, il faut que tout soit égal entr'eux ; or, si le fils achetait trop cher, il ne pourrait s'empêcher de satisfaire à ses obligations, et la succession du père se trouverait grossie du prix excédant la valeur de la chose vendue ; et cependant si le fils faisait une bonne affaire, il serait obligé de rapporter le profit résultant de son acquisition ; il serait, en un mot, toujours obligé de parfaire la valeur de l'immeuble : de manière qu'en vendant au fils, le père ou ses héritiers ne pourraient jamais perdre, et souvent gagner ; le fils acquéreur, au contraire, ne pourrait jamais gagner, et souvent perdre : de pareils résultats ne peuvent être admis ; il faut donc que les parties contractantes ayent une certaine latitude par rapport au prix stipulé : il serait contraire à la nature de la vente, que la moindre lésion soumît le fils au rapport jusques et à concurrence de la lésion éprouvée ; en un mot, pour que le rapport ait lieu, il faut une lésion sensible, une différence notable entre la valeur et le prix.

Mais qui peut fixer et déterminer cette lésion notable ? doit-elle être du cinquième, du dixième, du quinzième, etc., pour qu'elle opère le rapport ? Il faut répondre, que c'est au magistrat à déterminer lui-même au fond de sa conscience, et relativement à chaque affaire particulière, si la lésion existante est ou n'est pas suffisante pour déterminer le rapport ; il doit se demander à lui-même : cette vente présentait-elle lors de sa confection un avantage indirect ? le père a-t-il connu l'excédant de valeur ? a-t-il voulu

Tom. III. 12

avantager son fils? Si le juge pense qu'il y a avantage indirect non-seulement par le fait, mais encore d'après l'intention du père, le rapport de l'avantage doit être ordonné; si l'avantage est seulement de fait, mais sans intention, alors le rapport n'est dû que lorsque l'avantage se trouve considérable eu égard à la fortune du père.

1191. — Un père achète un immeuble pour son fils, et le paye de son propre argent; le fils devra-t-il rapporter l'immeuble, ou seulement le prix payé par son père?

Argentré, sur l'art. 227, glose 2, col. 798, dit que le père a fait une véritable donation à son fils; mais que cette donation n'est que du prix; qu'elle n'est pas de l'immeuble, puisqu'il n'a jamais appartenu au père : en conséquence, *Argentré* décide que le fils ne doit rapporter que le prix de l'immeuble. Vid. *Duperrier*, tom. 2, pag. 208 de la troisième édition.

Si la valeur de l'immeuble excédait sensiblement le prix stipulé, je penserais que le fils serait tenu de rapporter la valeur entière de l'immeuble au moment de l'acquisition : sans doute le père n'était pas propriétaire de l'immeuble, sans doute il ne l'a pas transmis réellement et de fait à son fils; mais il a tout fait pour opérer cette transmission : il a stipulé pour lui sans ordre, ni mandat; il a payé le prix convenu; il a rendu, en un mot, le fils propriétaire : il a vu une acquisition avantageuse, et au lieu de la faire pour lui, il l'a faite pour son fils; il lui a donc procuré tout l'avantage de l'acquisition : il faut donc décider que le juge doit, d'après les circonstances, ordonner, ou le rapport du prix, ou le rapport de la vraie valeur de l'immeuble au moment de l'acquisition : je pense qu'il serait dangereux de présenter sur cette question une règle générale et inflexible. On peut voir *Lebrun* dans son traité des successions, liv. 3, chap. 6, sect.

3, n.º 15; *Pothier*, idem, chap. 4, art. 2, § 2; M. *Grenier* dans son traité des donations, n.ºs 518 et 519; les lois 4, 5 et 6, cod. *si quis alteri, vel sibi; Serres*, pag. 473, et *Duperrier*, tom. 3, pag. 314 et 315 de la troisième édition.

Si c'était, au contraire, le fils qui eût acquis lui-même, et que le père eût seulement payé le prix de l'acquisition; dans ce cas le prix seul devrait être rapporté, à moins qu'on ne prouvât de la manière la plus évidente que l'acquisition faite par le fils était collusoire avec le père, et qu'on n'a pas stipulé dans l'acte tout le prix payé.

1192. — L'art. 851 du code porte, que le rapport est dû de tout ce qui a été employé *pour l'établissement d'un des cohéritiers*, ou pour le *payement de ses dettes*.

Par le mot *établissement* la loi entend non-seulement un mariage, mais encore un état, un métier quelconque.

Si le donateur a fait une véritable donation entre-vifs, et qu'elle soit causée pour faciliter au donataire tel ou tel établissement : dans ce cas il n'y a nul doute; le rapport de la chose donnée est dû, en vertu de l'art. 843 : aussi n'est-ce pas aux donations expresses et explicites que s'applique l'art. 851; ce dernier article s'applique aux dépenses qu'un père ou autre parent font en faveur d'un successible pour lui procurer un établissement, et il décide que le montant de ces dépenses est rapportable; ainsi, si le père achète pour le fils un office de notaire, d'avoué, un fonds de commerce; s'il lui fournit le cautionnement pour une place comptable, dans tous ces cas il y a lieu au rapport.

1193. — Mais un fils doit-il rapporter l'équipement que son père lui donne lors de son départ pour l'armée ? la bibliothèque qu'il lui fournit comme avocat, médecin, homme de lettres? les frais pour obtenir le grade de licencié, de docteur? *Fernand,* leg. *repet. in quart.* 3, *art.* 3, *n.*° 8, décide que le rapport n'a pas lieu. Vid. *Vedel* sur *Catellan,* liv. 2, chap. 64.

Relativement à l'équipement fourni par le père, l'art. 852 le dispense du rapport, à moins que la dépense du père ne fût excessive, et ne surpassât les frais ordinaires faits par ceux de son rang et de sa fortune.

Relativement à la bibliothèque, il faut décider que la valeur des livres d'étude ordinaires et classiques ne se rapporte pas; mais que si les livres donnés étaient nombreux, et formaient un corps de bibliothèque suffisant pour l'exercice d'un état, la valeur de cette bibliothèque serait rapportable : l'achat ou donation d'une pareille bibliothèque surpasse les frais ordinaires d'éducation. Vid. le répertoire de jurisprudence, *verb.* rapport à succession, pag. 565.

Relativement aux frais de doctorat, je ne les crois pas rapportables dans aucun cas, si le père avait dans la société un rang à peu près égal à celui qu'il veut procurer à son fils; car la fin, le but de l'éducation est de procurer un état, un rang à la personne élevée : donc les frais du doctorat font partie de ceux d'éducation, et ne doivent pas être rapportés; mais si le père veut donner à son fils un rang au-dessus du sien; s'il veut lui procurer une éducation brillante, en lui sacrifiant ses autres frères; si les dépenses à cet effet diminuent la fortune du père, dans ce cas le rapport est dû : ne serait-il pas, en effet, injuste de voir un frère, mis à même de pouvoir vivre honorablement dans la société, venir partager avec ses frères, qui n'auraient qu'un métier, ou qui seraient réduits à la condition, heureuse peut-être, mais peu enviée, de laboureurs, cette même succession, ébréchée et diminuée pour lui!!

La question du rapport est donc soumise dans les cas de cette espèce à la conscience du juge.

Les frais de noces et les présens d'usage ne sont pas rapportables, car le futur époux n'en profite pas, et n'en est pas plus riche.

1194. — Voici une question importante : c'est celle de savoir si le fils conscrit doit rapporter ce que son père a payé pour lui procurer un remplaçant.

On peut dire, que le père a voulu se procurer la satisfaction d'avoir son fils près de lui, et qu'il serait injuste de faire payer par le fils cette satisfaction que le père a voulu se donner.

On peut ajouter, que le fils, en consentant au remplacement, a plutôt obéi à la volonté de son père, que reçu un véritable avantage ; qu'il serait ridicule de voir un mineur consentir tacitement, et d'avance, à manger une partie considérable de la succession paternelle ; qu'enfin, le fils ne gagne absolument rien au remplacement ; il n'en est pas plus riche : le remplacement lui ferme une carrière où il aurait pu parvenir ; elle lui facilite le moyen de prendre un autre état, voilà tout ; ainsi, le remplacement n'est pas un établissement ; donc le prix du remplacement ne doit pas être rapporté : vid. *Serres*, dans ses institutes, pag. 22 ; d'ailleurs, peut-on encore observer, ce que le fils aurait dépensé à l'armée excéderait souvent le prix du remplacement: donc le remplacement, loin de porter préjudice à la succession paternelle, lui est, sous ce rapport, avantageux ; l'on ne peut pas même dire, que le payement du remplaçant soit l'acquit de la dette du fils, puisque, dans la supposition, le fils n'a rien promis de son chef, et qu'il est possible que sa non opposition au remplacement ne soit que l'effet de sa condescendance aux désirs de son père.

On peut répondre, que procurer et payer un remplaçant pour son fils, c'est, de la part du père, un avantage indirect en faveur de l'enfant remplacé ; que le prix du remplacement est véritablement l'acquit de la dette du fils : dette expresse, si le fils a figuré dans l'acte de remplacement ; dette tacite, si le père seul y a figuré ;

Que le but du remplacement a été plutôt de procurer un avantage au fils, qu'une satisfaction au père ;

Que le fils remplacé profite seul du remplacement ;

Que son silence, son défaut d'opposition à l'acte de remplacement, prouvent, de la part du fils, un consentement réel à cet acte ;

Que le fils, quoique mineur, peut valablement contracter et s'obliger, soit tacitement, soit d'une manière expresse, la présence du père, la cause de l'obligation éloignant toute idée de surprise et de lésion :

En un mot, qui du père ou du fils devait le service à l'état ? c'était le fils : le service, voilà sa dette, quoique mineur ; or, quand il existe un remplaçant, qui du père ou du fils est tenu de le payer ? le fils, puisque le remplaçant satisfait à ses obligations : donc le père, en payant le remplaçant, fait ce que le fils serait tenu de faire ; il acquitte sa dette : or, ce que le père paye pour acquitter les dettes du fils est rapportable ; donc le prix du remplacement, cet acquit de la dette du fils, importante et incontestable, doit être rapporté par lui !

Où nous conduirait, d'ailleurs, le système contraire ? Un père a quatre enfans, et 16,000 fr. de fortune ; il fait remplacer son fils aîné pour le prix de 4000 fr. ; ainsi, voilà sa fortune réduite à 12,000 fr. : il donne ensuite à ce même fils aîné le quart de ses biens, égalant 3000 fr. ; or, si, dans cette espèce, le rapport ou imputation n'avaient pas lieu, le fils aîné, sur 16,000 fr., profiterait de la somme de 9250 fr.,

et chacun des autres enfans n'aurait que 2250 fr. :
l'injustice du non rapport se fait encore mieux sentir,
si nous supposons que les trois autres enfans sont
partis pour obéir aux lois de la conscription militaire.

Enfin, en faveur du rapport, l'on pourrait invoquer plusieurs considérations politiques, qui se font
assez sentir sans qu'on les énonce.

Sur ces raisons pour et contre j'observe qu'une
règle générale sur la question proposée présenterait,
quelle qu'elle fût, de grandes injustices dans son
application : un père, par exemple, est infirme, ou sur
le déclin de l'âge ; il n'a qu'un fils, et trois filles
encore dans l'enfance : il voit que si son fils part
ses biens vont être sans culture : il se voit, pour
ainsi dire, sans secours : alors il achète un remplaçant
pour son fils, et ce remplaçant lui coûte 4000 fr. ;
ses biens, en y comprenant les 4000 fr. donnés, valent
12,000 fr. ; il ne fait pas de testament : dans cette
espèce, qui se rencontrera souvent, si le fils est
soumis à l'imputation et au rapport, il devra 4000 fr.,
et sa portion successive ne s'élevera qu'à 3000 fr. ;
de manière que le fils se trouverait avoir dévoré
d'avance ses droits paternels, et même au delà : l'injustice du rapport se fait encore mieux sentir, si nous
supposons que le père donne par préciput le quart
à une de ses filles.

Il faut donc décider que la question du rapport,
relativement au prix du remplacement, est abandonnée
à la conscience du juge, qui doit se déterminer
en faveur ou contre le rapport, selon les circonstances :
pour se déterminer le juge doit envisager, d'un
côté, le prix du remplacement ; de l'autre, il doit
considérer, 1.º ce que le fils aurait naturellement
dépensé au père s'il était parti ; 2.º l'avantage résultant pour la masse successive du non départ du
fils : pour calculer cet avantage, il faut envisager

non-seulement les travaux du fils, mais encore ce qu'il en aurait coûté au père pour faire faire les mêmes travaux par un autre, si le fils était parti : en calculant la perte résultant du remplacement avec les avantages qui en résultent pour la masse successive, le juge doit ordonner le rapport, si les avantages ne compensent pas à peu près la perte ; mais il n'y a pas lieu au rapport, s'il y a compensation, ou à peu de chose près.

Supposons que la perte l'emporte sur les avantages, le fils devra-t-il rapporter, dans ce cas, l'entier prix du remplacement, ou ne devra-t-il rapporter que l'excès de la perte sur les avantages ; il ne devra que ce dernier rapport : puisque c'est en faveur de l'équité que nous investissons le juge d'un pouvoir discrétionnaire, cette même équité commande cette extension d'arbitraire en faveur du juge ; des règles inflexibles sur certaines matières présenteraient souvent plus d'injustice dans leur application que l'arbitraire laissé aux juges n'offrirait d'inconvéniens : la loi qui ordonnerait indistinctement le rapport pourrait être politique ; mais quelle atteinte ne porterait-elle pas à la puissance et à la tendresse paternelles ! quelle source de discussions entre le père et les enfans ! et ces discussions ne se termineraient le plus souvent que par quelque vente frauduleuse, ou quelqu'autre acte simulé !

Mais si le fils, quoique mineur, stipulait lui-même le remplacement ; si le père n'y figurait que comme caution, alors le payement fait par le père présentant incontestablement l'acquit de la dette personnellement contractée par le fils, celui-ci en devrait incontestablement le rapport.

1195. — Les fruits et intérêts des choses sujettes à rapport ne sont dus qu'à compter du jour de l'ouverture de la succession : telle est la disposition de l'art. 856.

Ainsi, quant aux fruits et intérêts perçus par le donataire jusqu'au décès du donateur, le donataire n'est soumis à aucun rapport ; le donateur a pu s'imposer pendant sa vie toute espèce de privations : ses héritiers n'ont aucun droit sur les fruits perçus pendant sa vie, ils n'ont droit qu'aux capitaux ; ainsi, les capitaux seuls doivent être rapportés : telle est la disposition de la loi 5, § 1, ff *de collat. dot.* ; vid. l'art. 57 de la loi du 17 nivôse an 2, et *Serres*, pag. 400.

Mais à l'égard des fruits et intérêts perçus depuis le décès, c'est autre chose : le donataire en doit le rapport aux autres cohéritiers ; et la raison en est simple, car les autres cohéritiers lui doivent, à leur tour, compte des fruits de la succession ; et l'on sent que si le donataire ne rapportait pas les fruits perçus depuis le décès, l'égalité serait blessée, les autres cohéritiers étant tenus de lui représenter les fruits de sa portion successive.

Supposons que le partage ne soit demandé que long-temps après le décès du donateur, et que les intérêts ou fruits de la chose rapportée excèdent la restitution des fruits due par les autres cohéritiers au donataire rapportant ; ce qui peut arriver quand la chose donnée est une somme qui présente un revenu fixe, tandis que la succession se trouve composée d'immeubles ou d'usines dont les revenus sont précaires ; dans ce cas le donataire devra-t-il rapporter les entiers fruits ou intérêts, ou ne devra-t-il rapporter que jusques et à concurrence de la restitution des fruits qui lui est due ? en d'autres termes, le donataire peut-il se dispenser, en rapportant le capital, de rapporter les fruits, en par lui renonçant à la restitution des fruits de sa portion successive ? peut-il, en un mot, compenser l'un avec l'autre.

Duperrier et *Montvallon* pensent que cette compensation peut être exigée par le donataire ; ils la croient
commandée par l'équité : vid. *Montvallon*, dans son
traité des successions, chap. 3, art. 44 ; je pense, au
contraire, que les fruits et intérêts étant l'accessoire
d'un capital rapportable, sont rapportables comme
lui ; que le donataire doit opter ; que ce qu'il peut
perdre par le rapport des fruits se trouve compensé
par ce qu'il gagne sur la propriété ; qu'enfin, le but
du rapport étant l'égalité, cette égalité serait blessée,
si le donataire pouvait garder des fruits ou des intérêts
surpassant les fruits ou intérêts perçus par les autres
cohéritiers ; en un mot, le rapport est indivisible,
et il est dû, tant du capital, que des intérêts perçus
depuis le décès du donateur : la loi l'ordonne, et
elle ne fait aucune distinction.

1196. — Nous avons dit que le rapport n'est pas dû
des fruits ou intérêts perçus avant le décès du donateur ; et cela est sans difficulté, quand il s'agit d'une
donation portant sur la propriété d'une chose ; mais
supposons que la donation ne porte que sur les fruits
d'un immeuble, comme quand il s'agit d'un don en
usufruit, d'une jouissance donnée ; dans ce dernier
cas le donataire ne doit-il pas rapporter tous les fruits
perçus depuis la donation et pendant la vie du donateur ?

Cette question était controversée. Vid. le répertoire de jurisprudence, *verb.* rapport à succession,
pag. 567.

Auzanet et *Basnage* pensent que le donataire ne
doit la restitution des fruits que depuis le décès, tout
comme dans le cas d'une donation portant sur la propriété ;

Ferrière, Chopin et *Charondas* pensent, au contraire, que le donataire doit rapporter tous les fruits
depuis la donation.

A l'appui de cette seconde opinion l'on invoque la loi 9, § 1, ff *de donat.*, ainsi conçue : *ex rebus donatis fructus perceptus in rationem donationis non computatur; si verò non fundum, sed fructús perceptionem tibi donem, fructus percepti venient in computationem donationis.* Le jurisconsulte, dit-on, distingue si la donation porte directement sur les fruits, ou s'ils ne sont que l'accessoire du bien donné : au premier cas, il décide que les fruits doivent être comptés, et au second, qu'ils ne doivent pas l'être ; d'où il résulte que l'on doit considérer comme autant de capitaux les pensions et les jouissances que le père a données à son fils, et de là l'on conclut que le donataire doit les rapporter à la succession du donateur.

Mais, il faut le dire, cette loi 9 est absolument étrangère au rapport ; elle décide une simple question relative au fait de savoir si telle donation est ou n'est pas soumise à l'insinuation : la donation porte-t-elle sur la chose même ? alors les fruits de cette chose, eussent-ils été perçus par le donataire pendant plusieurs années, n'entrent pas dans l'estimation de la donation, pour savoir si elle était ou non assujettie à l'insinuation ; mais ils y entrent nécessairement, quand la donation ne porte que sur les fruits même ; la glose est expresse sur cette loi : *cùm donatur fundus quantum ad effectum insinuationis inspicitur, æstimatio fundi, non fructuum qui posteà recipiuntur; sed si donantur fructus, fit æstimatio ipsorum fructuum.* Vid. la loi 11, ff *de donat.*

Quelle serait, d'ailleurs, cette donation de fruits qui assujettirait le donataire à la représentation de tous ceux par lui perçus ! Serait-elle un avantage ? non, sans doute ; elle serait plutôt un piége funeste, un moyen sûr et presque infaillible de ruiner le donataire. Comment ! si le donataire avait joui trente ans, il serait obligé de rendre une fois et demie le capital de la chose soumise à son usufruit! s'il en avait joui quarante ans, il serait obligé de rendre le double! Une telle conséquence n'est-elle pas absolument contraire à l'essence de la donation!!

Un collatéral, par exemple, marie un de ses successibles : il lui donne la maison qu'il habite ; mais il en réserve la jouissance : puis il lui donne, à titre d'usufruit, soit une autre maison, soit un autre immeuble ; et dans ce cas le donataire serait tenu au double rapport, et de la maison donnée, et de la valeur de l'usufruit pendant sa durée! Le principe qui conduit à une pareille conséquence peut-il être admis ?

Ne perdons pas de vue ce principe, fécond en conséquences : le donateur est le maître absolu de ses revenus ; il peut en disposer comme il lui plaît, ses héritiers n'y ont rien à voir ; ils n'ont droit qu'aux capitaux donnés : donc la donation en usufruit ne porte aucun préjudice aux héritiers ; donc ils sont sans droit et sans qualité pour demander le rapport des fruits donnés : où nous conduirait, d'ailleurs, le système contraire ? Un père aura laissé jouir son fils d'une partie de ses biens, et ce fils serait soumis au rapport des fruits par lui perçus, et annuellement donnés par le père! Quelle source de procès! quelle criante injustice!

Au demeurant, la question est littéralement résolue par la loi 6, § 2, cod. *de bonis quæ liber.* Dans l'espèce de cette loi un père, investi de l'usufruit en vertu de la puissance paternelle, en avait fait abandon tacite en faveur de son fils ; et la question était de savoir si le fils devait rapporter à ses frères les fruits par lui perçus en vertu de cet abandon. L'empereur *Justinien* décide que l'usufruit appartient au fils ; que le père est censé lui en avoir fait donation, sans avoir transmis à ses héritiers le droit d'en demander compte :

elle était l'ancienne jurisprudence, attestée par *Mont-*
vallon dans son traité des successions, chap. 2,
art. 6 : or, si la donation tacite des fruits est dispensée
du rapport, pourquoi en serait-il autrement à l'égard
d'une donation expresse!!

M. *Chabot* fait une objection contre cette opinion ;
il dit : suivant l'art. 843 tout héritier venant à une
succession doit rapporter à ses cohéritiers tout ce
qu'il a reçu du défunt, si le don n'a pas été fait avec
dispense de rapport; cet article ne distinguant pas
ce qui a été donné ou légué en simple jouissance de
ce qui a été donné en fonds, il est évident qu'il
s'applique aux dons des fruits comme aux dons des
fonds : ces mots *tout ce qu'il a reçu* n'exceptent
rien.

L'art. 856, ajoute-t-il, excepte bien du rapport les
fruits des choses rapportables ; mais toute exception
doit être réduite à ses termes, il n'est pas permis de
l'étendre ; or, il est évident que celle dont il s'agit ne
s'applique qu'au cas où les choses données produisent
des fruits, et non pas au cas où les fruits forment le
seul objet de la donation.

Je réponds, 1.º que, selon toutes les apparences,
le législateur, lors de la rédaction des art. 843 et 856,
n'a pas songé aux donations en simple usufruit; d'où
il résulte qu'on ne peut rigoureusement tirer des inductions de ces articles relativement aux dons en jouissance; qu'il y a, par rapport à ces dons, silence de la
part du législateur, silence auquel il faut suppléer
par la jurisprudence antérieure;

2.º Que l'art. 856 se réduit, en substance, à décider
que les *profits* résultant pour le donataire de la libéralité du donateur, et antérieurs à son décès, ne sont
pas rapportables; ce qui s'applique tant aux donations
en propriété, qu'aux donations en simple jouissance;

3.º Que le donataire d'un simple droit d'usufruit

peut, à la mort du donateur, et selon ses intérêts, ou conserver son usufruit, ou prendre part à la succession, en rapportant son droit. Supposons qu'il rapporte, quelle chose aura-t-il rapportée? Il faut nécessairement dire, ou qu'il a rapporté l'immeuble donné, ou qu'il a rapporté son droit d'usufruit : dans la première supposition, l'immeuble sera la chose rapportée; dans la deuxième, ce sera le droit d'usufruit, qui n'est autre chose qu'une modification du droit de propriété; or, que veut l'art. 856? il nous dit que les fruits de la chose sujette à rapport ne sont dus qu'à compter du décès; donc, dans toutes les suppositions, l'usufruitier doit garder les fruits antérieurs, *puisqu'ils proviennent de la chose par lui rapportée;* l'usufruitier dira : j'avais sur cet immeuble un droit réel, ce droit je dois le communiquer aux autres cohéritiers, cela est juste; mais les profits résultant de ce droit ne doivent être rapportés que depuis le décès, parce qu'ils sont les fruits de la chose rapportée, parce que le droit des autres cohéritiers ne s'ouvre qu'alors, parce que l'égalité n'est exigée que dès ce moment, et eu égard seulement aux capitaux du donateur;

4.º Qu'il faut en tout rechercher quelle a été l'intention des parties; et certainement il est impossible de dire que le donateur a voulu soumettre le donataire au rapport des fruits : qu'est-ce que l'usufruit? le droit de jouir de la chose donnée, c'est-à-dire, de percevoir, de consommer les fruits, d'utiliser, en un mot, le droit transmis; mais l'obligation de rapporter les fruits ne serait-elle pas en contradiction évidente avec le droit d'usufruit? L'usufruitier ne serait, dans cette supposition, qu'un régisseur, qu'un simple administrateur, et tous ses droits se réduiraient à jouir des revenus pendant un temps, sous la charge de les représenter à une époque déterminée; il n'aurait, en un mot, pour unique profit que l'intérêt de l'intérêt : pour croire à une

areille intention de la part du donateur, il faudrait
à voir expressément stipulée ; et j'ose assurer que bien
peu de successibles voudraient accepter des donations
n usufruit qui se trouveraient soumises à un pareil
apport.

1197. — L'art. 851 du code porte, que le rapport
st dû de ce qui a été employé pour le payement *des
lettes d'un des cohéritiers*.

Il faut, relativement à cette obligation de rapport, se
aire des idées justes : un père, par exemple, a quatre
nfans, Jean, Joseph, Jacques et Antoine ; il paye
les dettes de Jean jusques et à concurrence de 10 : il
meurt, et laisse des biens valant 38 sans aucune disposition.

Dans cette espèce la fortune du père s'élève réellement à 48 ; savoir : 10, montant de la créance sur son
fils Jean, et 38, valeur des autres biens ; ainsi, chacun
les enfans doit avoir 12 : nul doute sur ce point.

Mais comment faut-il faire pour remplir Jean des 12
qu'il doit avoir ? Il faut faire entrer dans son lot, par
l'effet du rapport en moins prenant, les 10 que le
père a employés au payement de ses dettes, et lui donner 2 ; ainsi, le lot de Jean sera composé, 1.º de 2 ;
2.º de la quittance des 10 qu'il devait rapporter : par
là il aura réellement 12, et les 36 restans se partageront entre les trois autres enfans, qui auront aussi
chacun 12.

Si Jean n'avait pas été soumis au rapport en moins
prenant ; s'il s'était présenté à la succession comme
débiteur de cette succession en la somme de 10, et
comme cohéritier pour un quart, voici ce qui en serait
résulté : 1.º comme débiteur de 10 et cohéritier pour
un quart, la confusion se serait opérée jusques et à
concurrence du quart de 10, égalant 2 fr. 50 c., et
Jean aurait demeuré débiteur de ses cohéritiers en la

somme de 7 fr. 50 c. ; 2.ᵉ comme héritier du quart, Jean aurait eu le quart de 38, égalant 9 fr. 50 c.

Mais supposons que, lors du décès du père, Jean soit insolvable, ou qu'il ait des hypothèques, soit légales, soit judiciaires ; dans cette double supposition les cohéritiers de Jean ne pourraient jamais être payés des 7 fr. 50 c. qui leur sont dus, car ils seraient toujours primés par les créanciers hypothécaires de Jean.

Mais la loi n'a pas voulu causer ce préjudice aux cohéritiers, et voilà pourquoi elle a ordonné le rapport en moins prenant de ce qui a été employé au payement des dettes d'un des cohéritiers.

Ce rapport en moins prenant produit donc cet avantage, que les autres cohéritiers ne sont pas obligés de délaisser la portion héréditaire à celui dont on a payé les dettes, en se contentant d'une action contre lui pour la répétition de cette dette, répétition qui serait souvent une stérile ressource.

Outre cet avantage de prévenir la perte des autres cohéritiers, le rapport en moins prenant en produit un autre ; c'est celui de dispenser les cohéritiers d'agir en répétition contre celui dont on a payé les dettes : par l'effet du partage et du rapport en moins prenant, les droits de tous les cohéritiers sont réglés et fixés, et par là l'on évite un circuit d'actions souvent funeste, et toujours coûteux.

Si, dans l'exemple ci-dessus, le père avait payé à la décharge de Jean, ou employé au payement de ses dettes, la somme de 16, alors la fortune du père serait 16, plus 38, égalerait 54, et la portion de chaque enfant serait de 13 fr. 50 c. : ainsi, Jean ne prendrait rien dans la succession paternelle ; il se trouverait, au contraire, devoir encore à ses frères 2 fr. 50 c., c'est-à-dire, qu'il devrait à chacun d'eux 83 c. ; et au moyen de ces 83 c. et du tiers de 38,

chacun

chacun des frères se trouverait avoir 13 fr. 50 c. ,
à un centime près.

Telles sont les justes conséquences du rapport en
moins prenant.

En réfléchissant sur le rapport de ce qui a été payé
à la décharge d'un des cohéritiers, l'on observera
peut-être que payer dix à la décharge d'un cohéritier, c'est tout comme si on lui avait fait une donation de pareille somme, car dans l'un et l'autre cas
il doit rapporter 10 en moins prenant.

Cette observation est vraie ; mais elle doit être
sainement entendue : tant que la somme payée n'égale
pas la portion héréditaire compétant au cohéritier
dont on a éteint la dette, cette extinction de la dette,
ce payement équivalent à une donation de la somme
payée, et produisent le même effet; mais si la somme
payée excède la portion héréditaire, alors nous ne
pouvons plus considérer le payement comme une
véritable et réelle donation; car si ce payement était
une donation effective, le cohéritier pourrait garder
jusques et à concurrence, et de sa quotité disponible,
et de sa portion dans la réserve ; ce qui n'est pas,
le cohéritier dont on a payé la dette devant toujours
rapporter la somme payée, sans pouvoir dire qu'il
renonce à la succession, pour se dispenser du rapport.

Ainsi, pour avoir des idées justes, il faut dire que
le payement de la dette d'un cohéritier doit être considérée comme une donation qui lui serait faite de
pareille somme; mais donation essentiellement, et, dans
tous les cas, rapportable. On peut voir sur cette
question *Lebrun*, des successions, liv. 3, chap. 6,
sect. 2, n.° 7, et *Pothier*, introduction au titre 17
de la coutume d'Orléans.

1198. — Je pense, par suite des mêmes principes,
que si un père prête une somme d'argent à son fils,
soit à rente constituée, soit par contrat exigible, le

fils doit, dans tous les cas, rapporter en moins prenant la somme par lui reçue. En effet, relativement
au prêt pur et simple, et moyennant une obligation
exigible, il ne peut y avoir aucune différence entre
prêter au fils une somme de 12, ou payer cette somme
à sa décharge : dans tous ces cas il y a également
donation rapportable, car si le rapport n'avait pas lieu,
les autres cohéritiers pourraient être en perte.

De même, dans le cas d'un prêt à titre de rente
constituée, l'on sent que le capital payé est rapportable en moins prenant, parce que cette constitution
de rente présente un avantage indirect de la part du
père, et que l'égalité entre cohéritiers serait blessée, si
l'un d'eux jouissait d'un capital donné, tandis que
les autres n'auraient contre lui qu'une simple créance
non exigible. Vid. *Pothier*, *loco citato*, n.º 78 ;
Lacombe, jurisprudence civile, *verb.* rapport, sect.
3, n.º 12.

Pothier pense même que si le fils à qui son père
a prêté, ou dont il a payé quelque dette, fait faillite, et que par le contrat d'atermoiement il ait été
accordé une remise au fils, cette remise ne saurait
lui profiter au préjudice de ses frères ; et il serait
toujours tenu de rapporter en moins prenant l'intégralité de la somme donnée par le père.

Cette opinion, sévère au premier coup d'œil, est
juste, et doit encore être suivie.

Lacombe et *Lebrun* pensent que si le fils renonçait
à la succession, pour s'en tenir à une donation qui
lui serait faite, il pourrait dans ce cas se dispenser de
rapporter la somme prêtée à titre de rente constituée,
en continuant le service de la rente au profit de ses
frères. Je ne crois pas devoir adopter cette opinion,
parce que le prêt fait au fils, de même que la somme
payée pour l'acquit de ses dettes, sont essentiellement
rapportables, et qu'on ne peut les considérer comme

de véritables donations que le donataire puisse se dispenser de rapporter, en renonçant.

§ III. *De la manière d'effectuer le rapport.*

1199. — Le rapport s'effectue de trois manières :
Ou en nature,
Ou en moins prenant,
Ou en argent.

Cette matière est sèche et aride ; elle demande une certaine attention : pour plus de clarté nous parlerons, d'abord, de la manière d'effectuer le rapport des immeubles ; nous parlerons ensuite de la manière d'effectuer le rapport des meubles donnés.

Relativement aux immeubles le rapport se fait, ou en nature, ou en moins prenant (art. 858 du code) ; il se fait également en argent, comme nous l'expliquerons ci-après.

SECTION I.ʳᵉ

Du rapport en nature.

1200. — Tout rapport d'un immeuble donné doit se faire en nature ; telle est la règle générale : le rapportant doit rapporter ce qu'il a reçu ; mais cette règle reçoit deux exceptions : 1.º quand le donataire a aliéné l'immeuble pendant la vie du donateur ; 2.º quand il se trouve dans la succession de ce dernier des immeubles de même nature et valeur dont on puisse former des lots à peu près égaux pour les autres cohéritiers : dans ces deux cas le rapport ne peut être exigé qu'en moins prenant. Vid. *Lebrun*, traité des successions, liv. 3, chap. 6, sect. 2, n.º 28.

Ainsi, quand le donataire a aliéné l'immeuble donné pendant la vie du donateur, ou quand dans la succession de ce dernier il se trouve des immeubles de même nature et valeur pour les autres cohéritiers : dans ces deux cas le donataire ne peut être forcé au rapport en nature ; mais rien n'empêche que dans ces deux cas le donataire ne rapporte en nature, s'il le trouve à propos, en s'arrangeant, dans le cas de vente, avec l'acquéreur ; en un mot, toujours, et dans toutes les hypothèses, le donataire peut rapporter en nature ; mais il ne peut y être forcé, ni dans le cas de vente, ni quand les autres cohéritiers trouvent dans la succession de quoi se remplir en immeubles de même nature et valeur.

1201. Le rapport de l'immeuble étant fait en nature, l'on sent que le donataire doit rapporter l'immeuble tel qu'il serait au moment du rapport s'il avait été administré et régi par un bon père de famille ; et de là résultent plusieurs conséquences :

1.º Que le donataire doit rapporter l'immeuble avec toutes ses augmentations et accessoires naturelles survenues jusqu'au moment du partage ;

2.º Que si l'immeuble a péri par cas fortuit, et sans la faute du donataire, le rapport n'a plus lieu, en ce sens que l'on considère l'immeuble péri comme s'il n'avait jamais appartenu au donateur ; telle est la disposition textuelle de l'art. 855 du code, et de la loi 2, § 2, ff *de collat.* : aucun homme judicieux, dit cette loi, ne décidera que l'on doive rapporter ce qu'on n'a pas, et ce qu'on a perdu sans sa faute et sans mauvaise foi : vid. l'art. 1302 du code ; pour que le rapport n'ait pas lieu, il faut, en un mot, que l'immeuble ait péri par un cas fortuit, une force majeure, comme par l'effet de la foudre, de l'inondation d'un fleuve, de l'incursion de l'ennemi, d'un tremblement de terre.

Mais si l'immeuble avait péri par défaut de réparations, soit grosses, soit d'entretien ; le donataire serait tenu d'en rapporter la valeur à l'époque de l'ouverture de la succession, car toutes les réparations généralement quelconques sont à la charge du donataire;

3.º Que le donataire doit rendre compte des dégradations ou détériorations provenant de son fait, de sa faute ou de sa négligence, car, relativement aux biens sujets à rapport, le donataire est obligé à tous les soins d'un bon père de famille ; il ne lui suffirait pas d'avoir pour les biens soumis au rapport les mêmes soins que pour ses autres biens, si ces soins ne sont pas ceux d'un homme sage et attentionné.

Par la même raison, si le donataire a fait des réparations, il faudra lui en tenir compte d'après la distinction suivante : si les dépenses faites étaient nécessaires *pour la conservation* de la chose, il faudra lui faire compte du montant de ces dépenses, encore qu'elles n'aient pas amélioré le fonds, ni augmenté sa valeur ; si, au contraire, le donataire n'a fait que des dépenses utiles, mais non nécessaires pour la conservation de l'immeuble, dans ce cas il ne pourra répéter que ce dont la valeur de l'immeuble se trouve augmentée au moment du partage par l'effet de ces impenses utiles ; en un mot, le donataire doit dans tous les cas répéter le montant des dépenses par lui faites pour la conservation de l'immeuble ; mais il ne peut répéter que l'augmentation de valeur donnée à l'immeuble par l'effet des dépenses utiles.

1202. — Ainsi, si l'immeuble donné s'est accru par une alluvion, soit pendant la vie du donateur, soit depuis, le donataire devra rapporter cet immeuble avec l'alluvion, tel qu'il se trouve au moment du partage : si le donataire a dépensé 8 pour la conservation de l'immeuble, il aura une action en répétition sur la succession jusques et à concurrence de 8 ; si le donataire a fait en même temps des dépenses utiles sur l'immeuble, il aura également une action jusques et à concurrence de l'augmentation de valeur donnée à l'immeuble ; et cette augmentation sera fixée par experts : si, d'un autre côté, le donataire a commis des dégradations, soit par son fait, soit par sa négligence, ces dégradations seront estimées par experts, et il faudra en compenser la valeur avec les 8, montant des réparations nécessaires, et subsidiairement avec l'augmentation de valeur résultant des réparations utiles, sans considérer l'époque, ni des dépenses, ni des dégradations ; il suffit qu'elles soient antérieures au partage.

Si le montant des dégradations excède, et les 8, montant des dépenses nécessaires, et l'augmentation de valeur donnée à l'immeuble, le donataire devra faire compte de l'excédant à la succession, ou payer à chacun des copartageans sa quote-part de l'excédant ; ainsi, si cet excédant est 6, et si les cohéritiers sont trois, en y comprenant le donataire, celui-ci sera obligé de donner 2 à chacun des autres cohéritiers ;

Si, au contraire, les réparations nécessaires et l'augmentation de valeur résultant des réparations utiles excèdent de 6 le montant des dégradations, les deux autres cohéritiers doivent remettre chacun 2 au donataire, ou consentir à ce qu'il prélève 6 sur la succession ; je pense même que les autres cohéritiers peuvent toujours se dispenser de payer les améliorations, en consentant que le donataire prélève les 6 sur la succession, soit en meubles, soit en immeubles.

L'art. 867 du code civil porte, que le cohéritier qui fait le rapport en nature d'un immeuble peut en garder la possession jusqu'au remboursement effectif des sommes qui lui sont dues pour impenses ou améliorations : cet article, comme l'on voit, établit en faveur du donataire rapportant un droit de gage sur l'immeuble rapporté jusques et à concurrence de ses reprises ; l'application de ce droit de gage présente des difficultés dans l'application : supposons, en effet, qu'il n'y ait que deux cohéritiers ; que le cohéritier rapportant ait une reprise de 6 : sans doute, le partage étant fait, le donataire pourra conserver l'immeuble jusqu'à ce que l'autre cohéritier lui ait payé 3 ; mais si, par le partage, le cohéritier rapportant se trouve précisément avoir l'objet rapporté, alors le droit de gage s'évanouit ; de même, s'il y a plusieurs cohéritiers ; si l'un d'eux a, par le résultat du partage, l'immeuble rapporté, il serait souverainement injuste que le rapportant pût conserver la possession de cet immeuble au préjudice d'un seul cohéritier, tandis que les autres cohéritiers, soumis, comme le propriétaire de cet immeuble, au payement des reprises du donataire, jouiraient tranquillement de leur lot : il me semble que l'art. 867 ne peut s'appliquer qu'au cas où il n'y aurait que deux cohéritiers, et que l'immeuble rapporté ne se trouverait pas dans le lot du rapportant, ou dans cet autre cas, bien rare, où tous les autres cohéritiers, à l'exception du rapportant, auraient une portion égale de l'objet rapporté ; dans ce cas, par l'effet du droit de gage, le donataire jouirait de son lot et de l'objet rapporté jusqu'au payement de ses reprises.

Il est plus simple de décider que le donataire qui n'est pas payé de ses reprises a droit d'en prélever le montant sur la succession : l'exercice de ce droit ne présente aucune difficulté ; *Lebrun* voulait que si les cohéritiers ne remboursaient pas au donataire le montant de ses reprises, celui-ci fût dispensé du rapport en nature : traité des successions, tit. des rapports, n.° 28 ; et telle était la disposition de la coutume de Paris, mais le code y a dérogé.

1203. — L'immeuble qui a péri par cas fortuit est considéré, disons-nous, comme s'il n'avait jamais existé, et se trouve, par voie de suite, non soumis au rapport ; et cela a lieu, soit que l'immeuble ait péri pendant la vie du donateur, ou postérieurement à son décès, pourvu que, dans tous les cas, il n'y ait, ni faute, ni négligence de la part du donataire ; mais l'on sent que si l'immeuble a péri postérieurement au décès du donateur, le donataire doit toujours rendre compte des fruits par lui perçus depuis ce décès jusqu'à l'anéantissement de l'immeuble.

Supposons que le donataire ait fait des dépenses, soit nécessaires, soit utiles, sur l'immeuble qui a péri ensuite par cas fortuit ; le donataire pourra-t-il dans ce cas réclamer le montant de ses dépenses ? Je pense qu'il pourra réclamer le montant des dépenses par lui faites pour la conservation de la chose ; mais qu'il ne pourra rien réclamer relativement aux autres dépenses, puisque l'augmentation de valeur ne peut être constatée, vu la perte de l'immeuble ; d'ailleurs, ces dépenses n'étant pas nécessaires, l'on ne peut pas supposer que le donateur les aurait faites, et que sa succession se trouverait diminuée d'autant.

1204. — On sent que si l'immeuble n'a péri par cas fortuit qu'en partie, le rapport de la portion subsistante doit être fait en nature ; ainsi, si une maison a été renversée par un tremblement de terre, le donataire devra rapporter le sol et les matériaux. Vid. *Pothier*, obligations, n.° 633.

Si sur le même sol le donataire a fait construire une nouvelle maison, il aura le droit de réclamer l'augmentation de valeur résultant de ces dépenses ; car cette nouvelle construction sera considérée, non comme une dépense nécessaire, mais comme une dépense purement utile ; et pour fixer cette augmentation de valeur, l'on considérera le sol et les matériaux au moment de la reconstruction, et puis la valeur de l'édifice reconstruit au moment du partage.

Mais si la maison reconstruite était nécessaire pour

l'exploitation d'autres immeubles donnés ; si c'était, par exemple, une métairie, une grange, un cellier ; dans ce cas le donataire pourrait exiger le montant de ces dépenses. Vid. la loi 7, § *ult.*, ff *solut. matrim : planè si novam villam necessariò extruxerit, vel veterem, sine culpá suá collapsam, restituerit, erit ejus impensæ petitio;* et *Lebrun*, n.º 39.

1205. — Quand le rapport se fait en nature, les biens se réunissent à la masse de la succession francs et quittes de toutes charges créées par le donataire : telle est la disposition de l'art. 865 du code.

Il en résulte que l'hypothèque créée par le donataire s'éteint du moment du rapport : le donataire n'avait qu'une propriété résoluble, et n'a pu transmettre à son créancier qu'un droit d'hypothèque soumis à la même résolution ; en un mot, par l'effet du rapport, les hypothèques consenties par le donataire sont effacées : nous avons vu cependant que lorsque le donataire a vendu l'immeuble, cette vente subsiste nonobstant le rapport ; mais, dira-t-on, comment donc la vente est-elle irrévocable et l'hypothèque résoluble ? qui peut le plus peut le moins ; or, le donataire qui a la faculté d'aliéner irrévocablement, comment ne pourrait-il pas consentir une hypothèque irrévocable ? Je réponds que cette contradiction existe ; mais qu'il est facile de l'expliquer : en principe, la vente et l'hypothèque devraient être résolues par l'effet du rapport ; mais la loi a cru devoir s'écarter de ce principe en faveur de la vente, et à raison des inconvéniens graves résultant de la résolution : les mêmes inconvéniens ne se rencontrent pas dans l'annullation de l'hypothèque ; et voilà pourquoi l'hypothèque est anéantie lors même que la vente subsiste.

Le rapport pouvant être volontaire de la part du donataire, et frauduleux à l'égard du créancier hypothécaire, l'on sent que celui-ci doit avoir le droit d'intervenir au partage, et de s'opposer à ce que le rapport se fasse en fraude de ses droits : cette faculté lui est donnée par le susdit art. 865; ainsi, si le créancier prouve qu'il y a dans la succession d'autres immeubles d'égale valeur et bonté pour former des lots à peu près égaux pour les autres cohéritiers, le rapport ne devra pas être admis en nature ; de même si le créancier justifie que la portion successive du donataire est de moindre valeur que l'immeuble rapporté ; s'il prouve, en un mot, que le rapport est préjudiciable au rapportant, le juge devra rejeter ce rapport volontaire, et nécessairement frauduleux ; enfin, si le donataire a fait un acte d'héritier, et qu'il soit prouvé qu'il ne l'a fait qu'en fraude de la créance hypothéquée, le juge devra, sur la demande du créancier, rescinder cette acceptation frauduleuse, et déclarer n'y avoir lieu au rapport ; en un mot, tout créancier, quel qu'il soit, a droit de veiller à ce que les lots soient faits avec égalité ; mais les créanciers hypothécaires du donataire rapportant, et qui ont une hypothèque, soit légale, soit judiciaire, sont principalement intéressés à ce que l'égalité dans la nature des biens soit scrupuleusement observée.

Nous disons que les créanciers hypothécaires peuvent intervenir dans l'instance en partage, et s'opposer à ce que le rapport se fasse en fraude de leurs droits; mais quand doivent-ils intervenir? peuvent-ils attaquer un partage fait et consommé?

Les créanciers peuvent intervenir, et cette faculté existe jusqu'à ce que le partage soit parfait et consommé ; les créanciers ont encore un autre droit bien essentiel, celui de former opposition au partage, avec déclaration qu'ils s'opposent à ce qu'il y soit procédé sans eux, et sans leur participation :

il fallait accorder ce droit aux créanciers, à cause des partages qui peuvent s'opérer d'une manière amiable ; ainsi, s'il y a instance en partage, les créanciers doivent intervenir ; s'il n'y a pas d'instance, ils peuvent former opposition au partage ; et cette opposition produit cet effet important, que le partage fait au mépris de cette opposition, et sans que les créanciers y aient été appelés, peut être attaqué par eux : c'est ce qui résulte de la combinaison des art. 865 et 882 du code civil.

Mais le créancier qui a négligé, soit d'intervenir dans un partage judiciaire, soit de former opposition à tout partage, peut-il attaquer un partage consommé, et dont la date est certaine ? non ; et c'est ce qui résulte textuellement du susdit art. 882 du code. Comment pourrait-il se plaindre de ce partage ? n'était-il pas le maître d'y former opposition, s'il était amiable, ou d'y intervenir, s'il était judiciaire ? En vain le créancier dirait : ce partage préjudicie à mes droits ; en vain offrirait-il la preuve de la fraude dont il est la victime, on lui répondrait : la loi vous avait donné un moyen sûr et infaillible d'arrêter les effets de la fraude dont vous vous plaignez ; vous n'avez pas voulu vous en servir, cessez donc de vous plaindre d'une fraude qui est indirectement votre ouvrage, puisque vous ne l'avez pas empêché, pouvant l'empêcher ; votre conduite est la ratification virtuelle de ce qui a été fait : *volenti non fit injuria ;* aussi l'art. 1167 du code, qui permet aux créanciers d'attaquer les actes faits par le débiteur en fraude de leurs droits, y met cette condition, pourvu qu'ils se soient conformés aux règles prescrites au titre des successions relativement aux droits énoncés audit titre : donc le créancier qui a gardé le silence ne peut attaquer un partage consommé, soit amiable, soit judiciaire.

Remarquons cependant, que si le partage était fait à l'amiable et à l'instant même du décès, alors le créancier pourrait l'attaquer, comme fait en fraude de ses droits : on ne saurait alors lui reprocher le défaut d'opposition ; car, pour que ce défaut puisse nuire, il faut un délai moral pour que le créancier ait pu former son opposition : cette restriction est soumise à la conscience du juge.

Remarquons encore, que le créancier peut non-seulement s'opposer au partage, mais encore se plaindre de l'acceptation frauduleuse faite par le débiteur de la succession du donateur d'où résulterait la nécessité du rapport ; ainsi, si la fraude est prouvée, le rapport ne sera pas dû au préjudice du créancier : s'il en était autrement, le débiteur aurait toujours un moyen infaillible de faire le rapport au préjudice du créancier ; il n'aurait pour cela qu'à faire acte d'héritier.

1206. — Supposons que, par le résultat du partage, le donataire se trouve avoir tout ou partie de l'immeuble rapporté ; dans ce cas l'hypothèque spéciale antérieurement consentie subsistera-t-elle sur la portion de l'immeuble échue au donataire? M. *Chabot*, dans son excellent commentaire sur les successions, décide que l'hypothèque éteinte par le rapport ne revit point par l'effet du sort ou partage qui donne au rapportant précisément tout ou partie de l'immeuble par lui hypothéqué et rapporté.

Je pense, au contraire, que l'hypothèque spéciale subsiste dans ce cas : sans doute toute hypothèque est résolue par l'effet du rapport ; mais cette résolution n'a lieu qu'en faveur des autres copartageans, qui ne doivent rien perdre à raison de cette hypothèque, et qui doivent recevoir les biens francs et libres du chef du rapportant ; mais à l'égard de celui-ci, l'action personnelle existant, l'hypothèque subsiste également d'une manière conditionnelle, et dans le cas où il se trouverait apportionné de l'immeuble par lui hypothéqué : pourquoi, d'ailleurs, annuller cette hypothèque? quel préjudice pourrait-elle causer?

Dira-t-on que, pour pouvoir consentir une hypothèque valable, il faut être propriétaire? J'en conviens; mais le donataire rapportant a sur l'objet à lui donné un droit de propriété sous une condition résolutoire, en cas de rapport, et un droit de propriété sous une condition suspensive et éventuelle dépendant du résultat du partage ; or, le propriétaire sous une condition suspensive peut hypothéquer sous cette condition (art. 217); et comme l'accomplissement de la condition a un effet rétroactif, l'hypothèque se trouvera valable dès son principe, tout comme si le donataire se fût trouvé propriétaire irrévocable à cette époque.

La loi romaine vient à l'appui de cette décision : si vous avez acheté, dit cette loi, de Titius un fonds appartenant à Sempronius, et que ce fonds vous ait été livré après que vous en avez eu payé le prix ; qu'ensuite, devenu héritier de Sempronius, Titius l'ait vendu à un autre, l'équité veut que vous soyez préféré ; ainsi, cette loi décide que celui qui a vendu un immeuble sans y avoir aucune espèce de droit ne peut revendre au préjudice de l'acquéreur, lorsqu'il se trouve devenu propriétaire de l'objet par lui aliéné. Vid. la loi 72, ff *de rei vendicat.*, et la loi 6, §8, ff *com. divid.;* vid. également *Ferriere,* dans son dictionnaire de pratique, *verb.* rapport, où il s'exprime en ces termes : « les hypothèques constituées par le dona- » taire sont éteintes par le rapport ; de sorte qu'elles » retombent sur les immeubles qui peuvent tomber » aux donataires par le partage de la succession ».

1207. — Nous avons dit que l'immeuble péri par cas fortuit, ou par l'effet d'une force majeure;

n'est pas sujet à rapport, et est considéré comme s'il n'avait jamais existé.

Mais s'il a péri par le fait ou la négligence du donataire, ou par le fait de ceux dont il est responsable, le donataire devra rapporter la valeur de l'immeuble : le donataire est responsable du fait de ses enfans, de ses domestiques, de ses fermiers ou locataires. Vid. les art. 1384 et 1735.

Si l'immeuble a péri par l'effet d'un incendie, le donataire doit en rapporter la valeur, à moins qu'il *ne prouve* que l'incendie est arrivé par cas fortuit, ou force majeure, ou que le feu a été communiqué par une maison voisine (art. 1733 du code).

Mais si l'immeuble a péri par le fait d'un tiers, alors le donataire ne sera tenu que de rapporter l'action en indemnité contre l'auteur du dommage, pourvu qu'il n'y ait pas de négligence de sa part dans les poursuites, et qu'il ait fait ce qu'un bon père de famille doit faire pour prévenir l'insolvabilité de l'auteur du dommage ; vid. l'art. 1303 du code civil : cette obligation imposée au donataire de poursuivre l'auteur du dommage, et de prévenir son insolvabilité, s'applique avec plus de rigueur, quand la perte est survenue pendant la vie de celui qui a fait la donation.

SECTION II.

Du rapport en moins prenant.

1208. — Le donataire rapporte en moins prenant, quand il garde ou est censé garder devers lui la chose donnée, ne réclamant que ce qui manque à la valeur de cette chose pour compléter ses droits successifs.

Ainsi, dans le rapport en moins prenant, l'on fait toujours entrer l'immeuble donné dans le lot du

lonataire, et on y ajoute ce qui manque à ce lot
)our égaler les autres.

Ce lot, comme l'on voit, ne peut être jeté au sort :
l est nécessairement formé par les experts ; mais
·ien n'empêche que les autres lots ne soient soumis
\u sort.

D'où il résulte que si l'immeuble donné vaut 24
\ l'époque de l'ouverture de la succession, et que
·es droits successifs du donataire s'élèvent à 3o, le
·apport se faisant en moins prenant, le donataire
3ardera devers lui l'immeuble ou le prix qu'il en a
·etiré, s'il l'a vendu, et les experts lui délivreront
les biens de la succession jusques et à concurrence
le 6 : l'on voit par là que le donataire rapporte
\4 en moins prenant, puisque, devant prendre 3o
;ur la succession, il n'en prend réellement que 6.

1209. — Nous l'avons déjà dit, le donataire a la
faculté et le droit de ne rapporter que de cette manière
dans les deux cas suivans : 1.º quand il a vendu
l'immeuble pendant la vie du donateur ; 2.º quand
il se trouve dans la succession d'autres immeubles
le même nature et valeur pour former des lots à
peu près égaux pour les autres cohéritiers.

Ainsi, si le donataire a aliéné l'immeuble pendant
la vie du donateur, le rapport ne se fait qu'en moins
prenant ; et cela est vrai, soit qu'il y ait, ou qu'il
n'y ait pas d'autres immeubles dans la succession ;
en un mot, quand l'immeuble est vendu, le rapport
ne peut en être exigé en nature, lors même qu'il
serait le seul immeuble délaissé par le donateur : telle
est la volonté de la loi. Il est vrai, cette décision
paraît en opposition avec les principes ; car si le
rapport en nature est l'obligation essentielle de tout
donataire, comment, en vendant, peut-il se soustraire
à cette obligation ? comment son acquéreur peut-il
avoir plus de droits que lui ? Ces considérations n'ont

pas échappé au législateur ; mais il a été frappé des inconvéniens du système contraire : en effet, ordonner le rapport dans le cas de vente, ce serait soumettre les vendeurs à des actions en garantie dispendieuses et funestes ; ce serait frapper pendant un temps considérable d'une inaliénabilité absolue les biens compris dans une donation ; enfin, le législateur a vu que les cohéritiers n'éprouvant aucun préjudice matériel de la vente, il ne fallait pas leur donner le droit d'inquiéter un premier, second ou troisième acquéreur : le but essentiel dans un partage est l'égalité ; or, ce but se trouve rempli par le rapport de la valeur de l'immeuble à l'époque de l'ouverture de la succession.

En dernière analise, le rapport ne préjudicie en aucune manière aux ventes consenties par le donataire de l'objet soumis au rapport ; la vente produit tout son effet, et le rapport n'a lieu qu'en moins prenant.

1210. — Le mot *aliéné*, employé dans les art. 859 et 860 du code civil peut donner lieu à la question de savoir si le rapport a lieu en moins prenant dans le cas d'une donation, tout comme dans le cas d'une vente de l'objet donné ? Sans doute le mot *aliéné* comprend dans son acception, tant les aliénations à titre gratuit, que les aliénations à titre onéreux ; et de là la conséquence, qu'aux termes des susdits art. 859 et 860, le rapport ne résout, ni les ventes, ni les donations ; cependant si nous faisons attention, 1.° que les hypothèques sont résolues par l'effet du rapport ; 2.° qu'en règle générale la donation ne donne pas lieu à une action en garantie contre le donateur, nous en conclurons que la donation est résolue par l'effet du rapport ; car telle est la conséquence rigoureuse du principe : d'ailleurs, si le créancier perd ses droits hypothécaires, comment le donataire, *qui certat de lucro captando*, conserverait-il

rerait-il l'effet de sa donation ! enfin, la garantie
n'existant pas dans le cas d'une donation, il n'y
a pas les mêmes motifs pour conserver l'effet de
la donation dans le cas du rapport; de plus, les
dispositions de l'art. 864 du code nous prouvent
que le mot *aliéné* ne s'applique qu'aux ventes, puisque cet article ne parle que des dégradations ou
améliorations faites par l'*acquéreur*.

1211. — Supposons que le donataire ait échangé
l'immeuble donné contre un autre immeuble, dans ce
cas les cohéritiers du donataire pourront-ils demander
le rapport en nature, ou du moins le rapport de l'immeuble que le donataire a reçu en contr'échange ?

Je pense que les cohéritiers ne peuvent pas demander le rapport en nature de l'immeuble aliéné par
voie d'échange; mais je crois qu'ils ont la faculté, ou
l'exiger le rapport de l'immeuble reçu en contre-
change, ou le rapport en moins prenant de l'immeuble échangé, dans le cas où ils croiraient l'échange
désavantageux à la succession; cette décision me paraît
résulter de la combinaison de ces deux principes : 1.º
que les cohéritiers ne peuvent jamais perdre par l'effet
des transactions du donataire; 2.º que l'objet reçu en
contr'échange prend la place de celui qui a été donné:
subrogatus capit naturam subrogati; car, comme l'observe *Lebrun*, traité des successions, chap. *des propres,*
.º 64, l'échange est le contrat le plus disposé à produire la subrogation; il la produit quand il y a quelque justice à la subrogation, quand, d'ailleurs, la chose
reçue en contr'échange est susceptible des mêmes
qualités que la chose donnée, et que ces qualités peuvent aisément passer d'un sujet à un autre.

1212. — En cas de vente, disons-nous, le rapport
n'a lieu qu'en moins prenant; mais supposons que le
donataire ait vendu à sa femme ou à son fils, les cohéritiers pourront-ils, dans ce cas, demander le rapport

Tom. III. 14

en nature, sous le prétexte de la simulation de la vente, prétendant qu'elle est faite en fraude du rapport? Je ne le crois point : l'intérêt est le mobile et la mesure des actions des hommes; or, comme le rapport en moins prenant ne cause aucun préjudice matériel aux cohéritiers, ceux-ci sont sans droit pour se plaindre de la vente faite par le père au fils, comme le père était sans motif réel pour simuler cette vente.

1213. — Supposons que le donataire ait aliéné l'immeuble donné postérieurement au décès du donateur, cette vente sera-t-elle valable, tout comme si elle avait été consentie avant le décès?

Si l'on considère le rapport comme ayant son effet au moment même du décès du donateur, la question se réduit au fait de savoir si l'un des cohéritiers peut vendre un immeuble au préjudice de l'autre, et sans son consentement : d'après la loi romaine cette vente était rigoureusement nulle, quand elle avait lieu postérieurement à la demande en partage, leg. 13, ff *famil. erciscund.;* leg. 1.er, cod. *com. divid.;* mais quand la vente était antérieure à la demande en partage, elle était valable pour la portion compétant au vendeur, leg. 1 et 2, cod. *com. divid.; Serres,* pag. 500; mais aujourd'hui je pense que cette vente antérieure ou postérieure à l'action en partage ne saurait mettre obstacle au rapport en nature, même pour la portion compétant au vendeur sur l'immeuble vendu: la loi est claire et précise; il n'y a de dispense de rapport en nature que lorsque la vente a été faite avant le décès du donateur.

1214. — Le second cas où le rapport ne peut être exigé en nature, mais seulement en moins prenant, est celui où il se trouve dans la succession du donateur d'autres immeubles de même nature et valeur pour former des lots à peu près égaux pour les autres cohéritiers : l'on sent qu'ordonner dans ce cas le rapport

n nature, ce serait agir par pur caprice, sans objet
éel ; or, la loi ne doit rien ordonner d'inutile : or-
lonner dans ce cas le rapport, ce serait priver le do-
iataire d'un objet qui peut lui être cher, qu'il peut
voir amélioré dans l'espoir de le garder toujours ; ce
erait, enfin, dire aux donataires : vous n'êtes que des
usufruitiers ; ne plantez rien, n'améliorez rien, ces
iens ne sont pas à vous ; vous ne pouvez les avoir
ju'en courant les chances du sort : et l'on sent combien
e système serait funeste à l'agriculture et au com-
nerce ; il serait même contraire à l'esprit des lois, qui
loivent toujours tendre à mettre le moins d'incertitude
ossible dans le droit de propriété.

On n'a pas besoin d'observer que la question de
avoir s'il existe dans la succession des immeubles de
nême nature et valeur, pour faire des lots à peu près
gaux pour les autres cohéritiers, est nécessairement
oumise à la décision des experts ; ainsi, quand il
xiste d'autres immeubles dans la succession du dona-
eur, les juges, d'après le rapport des experts, déci-
leront si le rapport doit avoir lieu, ou en nature, ou
n moins prenant.

Nous l'avons déjà observé, les avantages du rapport
n nature consistent, 1.º en une égalité plus rigou-
euse ; 2.º en ce que tous les lots sont soumis au sort ;
e qui, par l'effet d'une chance commune à tous les
opartageans, corrige l'inégalité mathématique qui
eut se trouver dans les lots faits avec la plus scrupu-
euse attention.

Ce second avantage ne se trouve point dans le rap-
ort en moins prenant ; alors le lot du donataire se
ompose, et de l'immeuble donné, ou de sa valeur, et
lu supplément qui lui est dû pour le remplir de ses
lroits successifs ; ce lot ne peut être soumis au sort :
l est formé par les experts ; mais cette fixation une

fois faite, les autres lots sont soumis aux chances du sort.

Quand le rapport se fait en moins prenant, attendu l'existence d'autres immeubles dans la succession, dans ce cas le donataire qui garde l'immeuble donné est tenu de dédommager les autres cohéritiers des dégradations par lui causées, tout comme il a une action en répétition à raison des dépenses nécessaires pour la conservation de la chose; en un mot, les cohéritiers ne doivent pas perdre par le fait ou négligence du donataire, ils ne doivent pas non plus s'enrichir de ses dépenses; il faut appliquer ici les règles ci-dessus posées relativement aux améliorations ou dégradations dans le cas du rapport en nature.

Rendons ces règles sensibles par un exemple : le donataire a fait sur l'immeuble une réparation nécessaire pour sa conservation; cette réparation lui a coûté 4; il a amélioré une partie de l'immeuble, et dégradé une autre partie; l'immeuble s'est accru par une alluvion pendant la vie du donateur et pendant l'indivision des biens.

Les cohéritiers veulent procéder au partage, et le rapport a lieu en moins prenant, attendu l'existence d'autres immeubles dans la succession; comment faut-il fixer le lot du donataire rapportant ?

Pour cela il faut, d'abord, connaître la valeur de la masse successive; pour connaître cette valeur on estimera, 1.º les biens trouvés dans la succession; 2.º on estimera les biens donnés dans l'état où ils se trouvent au moment du partage; on ajoutera à cette estimation la valeur des dégradations; on en retranchera la plus value résultant des réparations utiles; enfin, on en retranchera 4, montant des réparations nécessaires : le résultat du calcul nous donnera la vraie valeur de l'immeuble donné, telle qu'elle doit entrer dans la masse successive.

La masse ainsi composée, on trouvera la portion successive du donataire eu égard au nombre des enfans et aux dispositions faites.

Ainsi, supposons qu'il y ait trois cohéritiers, y compris le donataire; que l'un d'eux ait reçu le quart par préciput;

Supposons que l'immeuble donné et rapportable en moins prenant vaille, au moment du partage, 12;

Que le reste des biens vaille 45;

Que les dégradations vaillent 3;

Que les améliorations ou la plus value résultant des dépenses utiles vaillent 2,

Et qu'enfin le donataire ait dépensé 4 pour la conservation de l'immeuble :

Alors la masse successive se compose,

1.º Du restant des biens, égalant 45

2.º De l'immeuble donné, valant *actu* . . . 12

3.º Des dégradations surpassant d'un les améliorations faites, ... 1

                                        _____

              Total, ... 58

Des 58 il faut soustraire 4, montant des dépenses faites pour la conservation de la chose, car le donataire a le droit de prélever ces 4 sur la succession; reste 54 pour la masse successive.

Le quart de 54 est 13 fr. 50 c., montant de la portion successive du donataire; mais remarquons que le donataire n'a cela qu'après le prélèvement fait en sa faveur de 4, et le rapport par lui fait de 1; ainsi, compensation faite, le donataire doit avoir, 1.º 3 f. par prélèvement; 2.º 13 fr. 50 c. pour sa portion successive; en tout, 16 fr. 50 c.

Pour se remplir de ces 16 fr. 50 c. il gardera l'immeuble, valant 12;

Les experts y ajouteront d'autres biens jusques et à concurrence de 4 fr. 5o c.

Si les autres cohéritiers s'opposent au prélèvement en fonds héréditaires de 3, à raison des dépenses nécessaires, alors le lot du donataire se composera, 1.º de l'immeuble, valant 12 ; 2.º d'autres biens qu'on y ajoutera jusques et à concurrence de 1 fr. 5o c., et les deux autres cohéritiers lui payeront 3 chacun, proportionnellement à ses droits ; de manière que si l'un d'eux a le quart entier par préciput, il devra donner 2 au donataire, et l'autre lui donnera 1.

On parvient aux mêmes résultats, et d'une manière encore plus simple, en considérant le donataire comme créancier de la succession, 1.º du montant des réparations nécessaires ; 2.º de la plus value résultant des réparations utiles, et comme débiteur du montant des dégradations ; alors la masse successive se compose, 1.º des 45, valeur des biens restans ; 2.º des 12, valeur actuelle des biens donnés ; ce qui fait 57 : sur quoi le donataire doit 3, valeur des dégradations ; mais en même temps il est créancier de 6, montant des réparations et de la plus value ; de manière que, compensation faite, le donataire est créancier de la succession de 3 ; il doit donc prélever ces 3 sur les 57, et le reste, 54, formera la masse successive, dont le quart égale 13 fr. 5o c. ; ce qui, joint aux 3, fait 16 fr. 5o c. pour le donataire rapportant ; il gardera donc l'immeuble valant 12, et on y ajoutera 4 fr. 5o c.

1215. — Quand le rapport a lieu en moins prenant, dans le cas de vente de l'immeuble donné pendant la vie du donateur, alors le rapport en moins prenant est dû de la valeur de l'immeuble à l'époque de l'ouverture de la succession, sans faire attention, ni au prix de la vente, ni à la valeur de l'immeuble lors du partage.

Cette fixation de la valeur de l'immeuble à l'époque de l'ouverture de la succession peut souvent présenter de grandes difficultés, sur-tout quand le partage est différé pendant longues années.

Remarquons, d'abord, que puisque la valeur de l'immeuble à l'époque du décès du donateur est seulement rapportable, il ne faut faire aucune attention, ni aux alluvions survenues depuis, ni aux améliorations ou dégradations faites depuis la même époque; il ne faut voir l'immeuble que tel qu'il était à l'époque du décès, et tenir compte des dégradations ou améliorations alors existantes.

Pour cela les experts doivent se fixer sur l'état de l'immeuble tel qu'il est sorti des mains du donateur, sur les accessions naturelles y survenues pendant sa vie, sur les améliorations et dégradations, et estimer la valeur du tout à l'époque de l'ouverture de la succession.

Si l'immeuble n'a été, ni dégradé, ni amélioré; s'il y est seulement survenu une alluvion, les experts doivent estimer l'immeuble comme il valait à l'époque du décès du donateur, en faisant entrer dans leur calcul l'alluvion survenue à cette époque, et d'après son état alors, sans s'occuper de l'accroissement de l'alluvion opéré depuis.

S'il a été fait des réparations nécessaires pour la conservation de la chose, soit par le donataire, soit par l'acquéreur, il faudra en tenir compte au donataire, de même que de l'augmentation de valeur provenant des réparations utiles; de son côté le donataire devra tenir compte des dégradations commises, soit par lui, soit par son acquéreur; car, il ne faut pas le perdre de vue, l'immeuble doit être estimé comme il vaudrait au décès, s'il avait été dans les mains d'un bon père de famille : le résultat de cette estimation présentera la valeur qui doit être rapportée en moins prenant.

Si les experts n'ont pas une connaissance exacte de l'état de l'immeuble lors du don, et si les parties ne sont pas d'accord sur cet état, alors les experts, pour déterminer la valeur lors du décès, doivent, en considérant l'immeuble tel qu'il est lors du partage, avoir égard aux améliorations et dégradations existantes lors du décès, et à celles survenues depuis; en combinant toutes ces données, les experts parviendront à connaître la valeur de l'immeuble à l'époque de l'ouverture de la succession.

En effet, les cohéritiers ne reçoivent pas l'immeuble, son état actuel leur est absolument indifférent ou étranger; mais ils ont droit à la valeur qu'avait l'immeuble lors du décès du donateur, et les experts doivent fixer cette valeur en considérant les dégradations et améliorations existantes à cette époque : quant aux dégradations ou améliorations postérieures, les experts n'y doivent avoir aucun égard, leur considération peut seulement servir pour connaître l'état de l'immeuble lors du décès; mais voilà tout.

Appliquons ces règles à un exemple :

Sur l'immeuble donné le donataire a fait pendant la vie du donateur une réparation nécessaire égalant 4;

Il a vendu l'immeuble, l'acquéreur a fait une réparation nécessaire égalant 2;

Il a amélioré une partie de l'immeuble, et l'amélioration au temps du décès égale 5; mais au temps du partage elle ne vaut que 2 :

L'acquéreur a laissé dégrader une autre partie de l'immeuble; cette dégradation au temps du décès vaut 2, au temps du partage elle vaut 4;

Une alluvion est survenue valant 3, le tout pendant la vie du donateur :

Postérieurement l'acquéreur a fait une dépense nécessaire pour la conservation de la chose, qui lui a coûté 7; il a fait d'autres réparations utiles; une autre alluvion s'est jointe à l'immeuble:

Comment doivent procéder les experts?

Ils doivent dire: l'immeuble au temps du décès, et dans l'état où il était alors, y compris l'alluvion 3, valait tant: supposons 50;

Ils doivent y ajouter 2, valeur de la dégradation au moment du décès; ce qui fait 52:

Ils doivent en retrancher 5, montant des améliorations au temps du décès; ce qui donne 47 pour résultat: et telle est la véritable valeur de l'immeuble au moment du décès, en supposant qu'il ait été entre les mains d'un bon père de famille, et telle est aussi la somme qui doit être rapportée en moins prenant; mais comme le donataire et l'acquéreur ont dépensé, l'un 4, et l'autre 2, pour la conservation de la chose, ce qui fait en tout 6, le donataire doit les prélever sur la succession: d'où il résulte que devant rapporter 47, et prélever 6, toute compensation faite, il ne doit rapporter que 41 en moins prenant.

Dans ce procédé nous n'avons fait aucune attention, ni à l'alluvion survenue, ni aux dépenses faites par l'acquéreur postérieurement au décès; et la raison en est simple, c'est qu'au moment du décès le droit des cohéritiers est définitivement fixé, et ne peut dépendre des événemens ultérieurs: l'acquéreur a pu impunément négliger sa propre chose, ou ne l'améliorer que pour lui; il doit lui seul profiter des accessions postérieures au décès, parce qu'il est propriétaire, et qu'il court toutes les chances des pertes.

Nous n'avons considéré les dépenses utiles que d'après l'augmentation de valeur existante lors du décès, et non d'après l'augmentation de valeur lors du partage; nous l'avons fait ainsi, parce qu'au moment du décès la somme rapportable, la dette du donataire est définitivement fixée : cette dette ne peut augmenter, ni diminuer dans la suite; d'ailleurs, l'art. 860 nous dit que le rapport en moins prenant est dû de la valeur de l'immeuble *à l'époque de l'ouverture* : or, cette valeur ne peut être fixée que d'après la survalue alors existante : si l'on avait égard à l'augmentation de valeur résultant, lors du partage, des dépenses utiles, l'on n'aurait pas la vraie valeur de l'immeuble lors de l'ouverture de la succession; et c'est pourtant cette valeur qu'il faut chercher, et qui doit entrer dans la masse successive.

Il est vrai que l'art. 861 paraît contraire à notre manière de procéder, puisque cet article veut que l'on ne tienne compte au donataire des impenses qui ont amélioré la chose, qu'eu égard à ce dont la valeur de l'immeuble se trouve augmentée *au temps du partage;* mais il nous paraît, ainsi que M. *Chabot* l'a observé, qu'il y a incorrection dans la rédaction de cet article : pris littéralement, il serait en contradiction avec l'art. 860, et il nous semble qu'il ne doit s'appliquer qu'au cas où le rapport est fait en nature ; car alors l'immeuble entrant effectivement dans la succession, il est juste que les cohéritiers le prennent eu égard à sa valeur au moment où le donataire s'en dessaisit.

Si nous faisons supporter par le donataire les dégradations commises par l'acquéreur, et si nous le faisons profiter des améliorations faites par ce dernier, la chose ne doit pas surprendre : les cohéritiers ne doivent, ni gagner, ni perdre à la vente ; ils sont absolument étrangers à l'acquéreur : tous les faits de celui-ci sont censés les faits du donataire; on raisonne, en un mot, tout comme si le donataire ne s'était jamais dessaisi de l'immeuble, et qu'il l'eût dans ses mains : ainsi, quoique nous parlions des dégradations ou améliorations faites par l'acquéreur, et de l'estimation qui doit en être faite, il faut remarquer que cette procédure est absolument étrangère à l'acquéreur; qu'il ne doit y être appelé, ni entendu; que le donataire seul doit être dans la cause, l'acquéreur n'étant considéré que comme son procureur-fondé : en un mot, tous les faits de l'acquéreur sont censés ceux du donataire; donc celui-ci doit seul en profiter, comme il doit seul en répondre; le donataire est, enfin, seul compétant pour figurer dans l'instance en partage et rapport.

1216. — Nous avons dit que le donataire était dispensé de tout rapport, soit en nature, soit en moins prenant, soit en argent, quand l'immeuble donné a péri par cas fortuit ou force majeure.

Mais supposons que le donataire ait vendu l'immeuble, et qu'il ait péri par cas fortuit entre les mains de l'acquéreur; dans ce cas le rapport n'a-t-il pas lieu?

L'immeuble peut avoir péri entre les mains de l'acquéreur, soit pendant la vie du donateur, soit depuis son décès :

S'il a péri postérieurement au décès, nul doute que le donataire ne doive rapporter, parce que du moment du décès sa dette, son obligation de rapport s'est trouvée fixée et déterminée; or, l'existence de cette dette n'a pu dépendre d'un événement postérieur, et dont l'acquéreur doit seul supporter le préjudice; d'ailleurs, cet événement funeste ne peut profiter au vendeur, ni lui nuire; et l'on sent qu'il lui profiterait, si, ayant touché le prix de la vente, ou ayant action pour cela, il était néanmoins dispensé de tout rapport :

Si l'immeuble a péri pendant la vie du donateur, je crois également que le rapport est dû; car il serait souverainement injuste de décider que la perte de l'immeuble doit profiter au donataire qui s'en est dépouillé, et que, par l'effet d'un cas fortuit, il demeure autorisé à garder le prix de l'immeuble, ou d'en poursuivre le payement, si le prix en est encore dû : un cas fortuit, un effet du hasard, ne peut équivaloir à la clause de préciput.

Mais que faut-il rapporter dans cette double hypothèse ? faut-il rapporter la valeur de l'immeuble à l'époque du décès, ou seulement le prix stipulé dans la vente ? Je pense que le donataire ne doit rapporter dans ces deux cas que le prix stipulé, et même l'action contre l'acquéreur, en cas de non payement intégral ; ses cohéritiers, en effet, ne peuvent quereller une vente qui leur est, par événement, si avantageuse.

SECTION III.

Du rapport en argent et de la manière de l'effectuer.

1217. — Le rapport est dû en argent, quand c'est de l'argent que le donataire a reçu ; quand, en un mot, la donation rapportable porte sur une somme numérique.

Dans ce cas, si le donataire a reçu la somme donnée, il devra la rapporter ; si cette somme lui est encore due par le donateur, le rapport se fera de la part du donataire en par lui renonçant à la donation, ou donnant quittance de la somme donnée.

Si la valeur des espèces a changé depuis la donation jusqu'au moment du rapport, il ne faudra avoir attention qu'à la somme numérique donnée ; et le donataire ne devra rapporter que cette somme numérique, n'importe la valeur intrinsèque des espèces avec lesquelles il fait le payement : ainsi, si le donataire a reçu 3000 fr., il devra payer 3000 fr. avec

a monnaie ayant cette valeur nominale à l'époque
du payement ; si le donataire a reçu mille écus, il
faudra estimer numériquement la valeur de ces écus
au moment de la donation , et le donataire ne devra
apporter que cette valeur numérique, n'importe
le changement dans la valeur des écus ; en un mot,
le donataire n'est pas obligé de rapporter mille écus
le même aloi. Vid. l'art. 1895 du code ; *Pothier*,
traité du prêt, n.ᵒˢ 36 et 37 ; M. *Merlin*, dans
ses questions de droit, tom. 6, pag. 607, et *Duperrier*,
tom. 2, pag. 111, et tom. 3, pag. 424.

1218. — Il est un autre cas où le rapport a lieu
en argent, lors même que la donation porte sur
un immeuble ; c'est lorsque le donateur, en donnant
l'immeuble, a ordonné que le rapport en serait fait
en argent.

Or, ou le donateur a fixé la somme rapportable à
la place de l'immeuble, ou il ne l'a pas fixée : s'il
ne l'a pas fixée, il faudra rapporter la valeur de
l'immeuble à l'époque de l'ouverture de la succession ;

S'il a fixé la somme, et que cette somme soit
moindre que la valeur de l'immeuble à l'époque de
l'ouverture, il faudra examiner si lors de cette stipulation le donateur avait quelque chose de disponible ;
car si la quotité encore disponible est égale, ou plus
forte que la différence entre la somme rapportable
et la valeur de l'immeuble, le donataire ne devra
rapporter que la somme déterminée : par exemple,
l'immeuble valant 24, et la somme fixée rapportable
égalant 18, la différence est 6, qui doit être considérée comme un avantage réel fait au donataire,
avantage qui est nécessairement dispensé du rapport,
sans quoi la stipulation du donateur n'aurait pas
de sens ; or, si le donateur avait 6, ou plus, de
disponible, le donataire ne devra rapporter que 18 ;
si le donateur n'avait que 4 de disponible, le donataire

ne devra rigoureusement rapporter que 18; mais il devra, en même temps, souffrir un réduction de 2;

Si la somme déterminée rapportable par le donateur est plus forte que la valeur de l'immeuble donné, soit lors du don, soit lors de l'ouverture de la succession, le donataire ne doit pas moins le rapport intégral de cette somme, parce que ce rapport forme une condition inhérente à la donation; et comme cette fixation a pu lui devenir avantageuse en cas d'augmentation de valeur de l'immeuble, de même il doit en supporter le préjudice éventuel.

1219. — Cette dispense de rapporter en nature, moyennant une somme fixe, doit-elle sortir à effet dans tous les cas? Non : il faut raisonner relativement à cette donation tout comme si l'immeuble avait été réellement donné par préciput, et appliquer à cette donation les dispositions de l'art. 866 du code civil.

Ainsi, si la différence entre la valeur de l'immeuble donné et la somme rapportable surpasse la quotité disponible, le rapport de cet excédant doit se faire en nature, si le retranchement de cet excédant peut se faire commodément;

Si l'excédant ne peut se retrancher commodément, alors, si l'excédant est plus de moitié de la valeur de l'immeuble, le donataire doit rapporter l'immeuble en entier, sauf à prélever sur la masse la valeur de la portion disponible; si cet excédant est moindre que la moitié de la valeur de l'immeuble, le donataire retiendra l'immeuble en entier, sauf à récompenser ses cohéritiers en argent :

Par exemple, l'immeuble donné vaut 36, la somme rapportable est 12; l'on voit qu'il y a ici donation par préciput de la différence, égalant 24.

Supposons que la quotité disponible soit 17; dans cette hypothèse nous voyons que le préciput 24, onné indirectement, excède la quotité disponible ; ous voyons, de plus, que 36 excède cette quotité isponible 17 de 19 : or, cet excédant 19 devra être etranché de l'immeuble, si le retranchement peut opérer commodément ; ainsi, ce retranchement opéré i nature, le donataire conservera l'immeuble jusues et à concurrence de 17, et partagera avec les itres cohéritiers, sans être tenu à aucun rapport, u qu'il doit profiter de l'entière quotité disponible lui indirectement donnée :

S'il est, au contraire, reconnu que le retranchement ne peut s'opérer commodément, alors le donataire rapportera l'immeuble en entier, vu que l'excéant 19 est plus fort que 18, moitié de la valeur de immeuble, et prélevera sur la succession 17, montant de la quotité disponible qui lui est réellement onnée, et partagera le reste avec les autres cohéritiers ;

Mais si l'excédant était moindre que la valeur de a moitié de l'immeuble, en cas de retranchement ifficile, le donataire garderait l'immeuble en entier, t récompenserait les autres cohéritiers, soit en argent, oit en moins prenant.

1220. — Supposons, dans la même espèce, que le donateur ait ordonné le rapport de 24 ; l'immeuble donné valant 36, il n'y a donation par préciput que usques et à concurrence de 12 ; or, comme la quotité disponible égale 17, il s'en faut de 5 qu'elle soit épuisée : dans ce cas je pense que le donataire doit toujours conserver l'immeuble, parce que les cohéritiers sont dédommagés du défaut de rapport en nature par la portion de la quotité disponible dont ils profitent ; en un mot, les successibles doivent respecter la volonté du donateur, puisque cette volonté leur est avantageuse : ils ne pourraient exiger le rapport en nature, qu'en abandonnant au donataire toute la quotité disponible.

Si le système contraire était adopté, il faudrait au moins que le donataire pût garder l'immeuble jusques et à concurrence de l'entière quotité disponible, égalant 17, et le conserver à titre de préciput; mais en cela il aurait 5 de trop, et pour satisfaire à la volonté du donateur, le donataire, en gardant l'immeuble jusques et à concurrence de 17, serait obligé de rapporter 5, soit en argent, soit en moins prenant.

1221. — Nous venons de remarquer les deux cas où le rapport est dû en argent; ces deux cas sont, 1.º lorsque la donation a pour objet une somme numérique; 2.º quand le donateur d'un immeuble n'a soumis le donataire qu'au rapport d'une somme quelconque.

Examinons à présent comment le rapport dû en argent doit être effectué.

S'il y a de l'argent dans la succession, le rapport de l'argent ne se fait qu'en moins prenant dans le numéraire de la succession;

S'il n'y a pas d'argent, ou si l'argent n'est pas suffisant pour remplir chacun des copartageans d'une somme égale à celle qui doit être rapportée, alors le donataire peut se dispenser de rapporter du numéraire, en abandonnant jusques et à concurrence du mobilier, et, à défaut de mobilier, des immeubles de la succession (art. 869 du code):

Par exemple, le donataire se trouve obligé de rapporter 12 en argent; il a trois autres cohéritiers: si dans la succession il se trouve 36 en argent, ou une somme plus forte, le donataire ne rapportera qu'en moins prenant dans le numéraire délaissé par le donateur;

Si dans la succession il se trouve moins de 36,

8 , par exemple, alors tout le numéraire est 28 ,
lus 12 donnés ; ce qui fait 40 , dont le quart est
0 : dans ce cas le donataire pourra se dispenser de
apporter effectivement les 12 , en rapportant 10 en
noins prenant dans le numéraire , et en abandonnant
u mobilier ; ou, à défaut de mobilier , des immeubles
usques et à concurrence de 2 : en d'autres ter-
nes , le donataire gardera les 12 ; mais il n'aura
ien à voir sur les 28 , argent trouvé ; et sur son lot
les meubles et des immeubles qui doit encore lui reve-
iir , il sera obligé d'en délaisser à ses autres cohéri-
iers jusques et à concurrence de 2.

Telle est la volonté de la loi ; volonté claire , pré-
ise , et à laquelle il faut se soumettre : il en résulte
ependant , comme nous l'avons plusieurs fois observé ,
ette conséquence importante , c'est que lorsque les
utres cohéritiers ne trouvent pas dans la succession
m numéraire suffisant pour que chacun d'eux ait
utant d'argent que le donataire doit en rapporter ,
t que celui-ci ne veuille pas rapporter du numé-
aire , dans ce cas le lot de ce donataire ne peut être
iré au sort ; car , par l'effet du rapport en moins pre-
iant , les experts ne font que fixer ce qui doit encore
evenir au donataire en sus de la somme qu'il doit
apporter , et qu'il garde : cette règle trouvera sou-
rent son application relativement aux dots en argent ,
t que l'on ne voudra pas rapporter en numéraire.

Il est comme inutile d'observer que le donataire
qui doit rapporter de l'argent a la faculté de rapporter de l'argent , s'il le juge à propos ; car celui
qui doit de l'argent , et qui paye en argent , s'acquitte
le son obligation de la manière la plus naturelle ;
nais quoique le donataire puisse rapporter de l'argent ,
néanmoins ses cohéritiers ne peuvent le forcer à faire
le rapport de cette manière ; en un mot , le dona-
aire peut toujours dire : je dois rapporter de l'argent ,

et voilà de l'argent que je rapporte ; ou bien il peut dire : je dois rapporter de l'argent ; mais je n'en ai pas, ou je ne veux pas en donner ; faites mon lot moindre jusques et à concurrence de l'argent que je détiens.

1222. — Il est néanmoins un cas où le rapport doit être effectué en numéraire, du moins en partie.

Pierre est donataire d'un immeuble : cet immeuble vaut 12 à l'époque du décès du donateur ; avant ce décès Pierre avait vendu cet immeuble : à la mort du donateur, Pierre, croyant sa succession plus riche, fait acte d'héritier, et se trouve ainsi soumis au rapport : supposons que la portion successive de Pierre ne s'élève qu'à 8, nous verrons qu'alors il ne suffit pas à Pierre de rapporter en moins prenant ; car devant rapporter plus qu'il ne prend, il doit toujours remettre 4 à ses cohéritiers.

Si le donataire est solvable, le rapport effectif de 4 devra par lui être fait en argent ; mais si, discussion préalablement faite de ses biens, les autres cohéritiers n'ont pas été payés de 4, ils auront alors leur recours contre les tiers-acquéreurs et possesseurs de l'immeuble donné : ces tiers-acquéreurs devront éprouver sur l'immeuble un retranchement jusques et à concurrence de 4 ; mais je crois qu'en offrant de payer 4, ils peuvent se dispenser de rapporter une partie de l'immeuble : cela résulte des dispositions de l'art. 930 du code ; et pourquoi les cohéritiers pourraient-ils gagner quelque chose à l'insolvabilité du donataire ? car si le donataire leur donnait 4 en argent, tout serait dit ; pourquoi donc les tiers-acquéreurs ne pourraient-ils pas satisfaire aux cohéritiers de la même manière ?

Ainsi, nous voyons que le rapport doit être nécessairement effectué en argent, du moins en partie, toutes les fois que l'immeuble donné est vendu, et que la valeur de cet immeuble ou du mobilier donné excède la portion successive compétant au donataire rapportant; alors cet excédant doit être rapporté en numéraire.

En général le rapport doit être fait en partie en argent toutes les fois que le rapport est désavantageux au rapportant, et que sa portion successive vaut moins que la chose rapportée.

§ IV. *Du rapport du mobilier.*

1223. — Le rapport du mobilier ne se fait qu'en moins prenant; il se fait sur le pied de la valeur du mobilier lors de la donation, d'après l'état estimatif annexé à l'acte, et, à défaut de cet état, d'après une estimation par experts à juste prix, et sans crue : telles sont les dispositions de l'art 868 du code civil.

Il en résulte que le donataire d'effets mobiliers doit toujours en rapporter *la valeur* à l'époque même du don, et nonobstant le dépérissement survenu depuis; car, aux yeux de la loi, le donataire est propriétaire absolu des meubles, et on lui applique dans toute son étendue la maxime *res perit domino ;* ainsi, le donataire doit dans tous les cas rapporter la somme portée dans l'état estimatif des meubles.

1224. — Supposons que les autres cohéritiers soutiennent que cette estimation est au-dessous de la valeur des meubles donnés, dans ce cas la preuve de cette valeur excédante doit-elle être admise ? Je le crois : le but de l'état estimatif étant de déterminer les effets donnés d'une manière claire et précise, et d'empêcher toute fraude à la réserve, ce serait aller contre le but essentiel de cette estimation, que de défendre la preuve de la plus value : cette estimation devra être faite, s'il est possible, par des personnes ayant eu connaissance des meubles donnés au moment même du don; en vain observerait-on que cette estimation est une preuve par témoins, admise dans des choses qui peuvent excéder 150 fr. : cela est vrai jusqu'à un certain point ; mais considérons que les cohéritiers qui se plaignent de l'estimation faite n'ont pas été présens à l'acte, qu'ils n'y ont pas été parties, et qu'ainsi la preuve par experts de la plus value doit leur être accordée, vu qu'ils sont dans l'impossibilité d'avoir une preuve rigoureuse de la vraie valeur des meubles donnés.

Si l'estimation donnée par les experts, ou personnes à ce connaissantes, est plus forte que la somme portée dans l'état estimatif, le donataire devra rapporter le montant de l'estimation, lors même que la plus value n'excéderait pas la quotité disponible ; car cette estimation frauduleuse portée dans l'état estimatif ne peut sortir à effet comme préciput, ni profiter au donataire, lors même qu'il n'aurait pas participé à la fraude ; ce qui est, d'ailleurs, une supposition bien rare.

1225. — La loi dit, qu'à *défaut d'état estimatif* le donataire doit rapporter les meubles d'après l'estimation qui en sera faite par experts : cette partie de l'art. 868 présente une incorrection dans la rédaction, car, à défaut d'état estimatif, la donation est nulle pour les meubles ; il faut donc appliquer cette partie de l'art. 868, soit aux donations de meubles livrés sans état, soit aux donations manuelles : dans ces deux car le rapport aura lieu, d'après l'estimation des experts, du moment que les parties seront convenues de la consistance des objets donnés, ou que cette consistance aura été fixée par jugement.

1226. — Si les meubles donnés ont péri par cas fortuit ou force majeure, le donataire devra-t-il en rapporter la valeur ? oui, ainsi et de même que s'ils existaient encore : l'art. 855 ne dispense du rapport que *l'immeuble* qui a péri par cas fortuit ; la loi ro-

maine parlait indistinctement des choses péries : leg.
2, § 2, ff *de collat. bonor.* ; vid. *Duperrier*, tom. 2,
pag. 158; mais le code a restreint la dispense du
rapport aux seuls immeubles : *qui de uno dicit de
altero negat* ; enfin, le susdit art. 868 ordonne indistinctement le rapport des meubles d'après leur valeur
au moment du don ; de plus, le rapport étant ordonné
relativement aux meubles, non d'après leur valeur
lors de l'ouverture de la succession, mais d'après leur
valeur lors du don, il en résulte, comme nous l'avons
déjà observé, que la loi considère le donataire des
meubles comme absolu propriétaire ; et de là la conséquence, que ces meubles périssent ou se détériorent
pour lui. Vid. un arrêt de la cour de cassation, an
1816, pag. 75.

1227. — Nous disons que, d'après l'art. 868 du code,
le rapport du *mobilier* ne se fait qu'en moins prenant,
et que ce rapport se fait sur le pied de la valeur
du *mobilier*, d'après l'état estimatif annexé à l'acte.

Mais l'expression *mobilier* comprend tous les meubles généralement quelconques, tant ceux qui le
sont par leur nature, que ceux qui le sont par la détermination de la loi (art. 535 du code); et de là
la question de savoir comment il faut rapporter,
soit un contrat exigible, soit un contrat à rente
constituée, soit un effet public, qui se trouvent l'objet
d'une donation : faudra-t-il rapporter les capitaux
donnés? faudra-t-il en rapporter la valeur lors du
don? ou suffira-t-il de rapporter les contrats et effets
donnés?

A ne considérer que les expressions rigoureuses
de la loi, il faudrait décider que le donataire, soit
d'un contrat exigible, soit d'une rente sur l'état,
ou sur des particuliers, ne doit rapporter que la
valeur, tant dudit contrat exigible, que de ladite
rente, à l'époque de la donation ; car ces choses

données sont meubles, et les meubles se rapportènt d'après leur valeur au moment du don.

Je pense néanmoins qu'il faut distinguer les capitaux exigibles des rentes sur l'état, ou sur des particuliers.

Relativement aux contrats exigibles, si le donataire les a conservés en nature, il aura la faculté de les rapporter à la masse de la succession, pourvu que la valeur de ces contrats n'ait pas diminué par sa faute et par le résultat de quelque insolvabilité qu'il aurait pu prévenir ; car ce rapport en nature ne cause aucun préjudice aux cohéritiers, ils trouvent dans la succession ce qu'ils y auraient trouvé si le donateur ne s'était pas dépouillé par un motif de bienfaisance ; or, la donation faite ne peut, ni profiter, ni préjudicier auxdits cohéritiers.

Si le donataire a aliéné le contrat exigible, ou si le débiteur est devenu insolvable, et que le donataire ait pu prévenir cette insolvabilité ; dans ces deux cas le donataire devra rapporter le capital à lui donné.

Mais relativement aux rentes constituées, soit sur l'état, soit sur des particuliers, si le donataire peut représenter en nature les mêmes contrats à lui donnés, il lui suffira d'en faire le rapport.

Mais s'il a aliéné ces contrats, ou si les particuliers débiteurs sont devenus insolvables, et qu'il ait pu prévenir leur insolvabilité ; dans ces deux cas le donataire devra rapporter, non les capitaux des rentes, mais leur valeur à l'époque du don (susdit art. 868) : cette valeur est aisée à déterminer, ou plutôt elle est toute déterminée, relativement aux effets publics, par le résultat du commerce, et son estimation est facile relativement aux rentes constituées sur les particuliers.

Je fonde ces distinctions sur l'esprit de l'art. 868,

car cet article ne peut s'appliquer rigoureusement qu'aux meubles susceptibles d'une estimation ; or, un contrat exigible a toujours une valeur fixe, et déterminée par son capital, abstraction faite de la solvabilité du débiteur ; les rentes, au contraire, soit sur l'état, soit sur des particuliers, ont, au contraire, une valeur variable, indépendamment de la solvabilité des débiteurs ; et l'on sait que cette valeur, relativement aux rentes constituées sur les particuliers, dépend de la rareté du numéraire et du taux de l'intérêt ; l'on sait, enfin, que la valeur des effets publics est variable, comme le prix de tous les objets de commerce.

Je me fonde encore sur l'art. 1567 du code, qui n'oblige le mari qui a reçu en dot un contrat quelconque qu'à la représentation de ce contrat.

D'ailleurs, en rapportant le contrat lui-même, aucun préjudice n'est causé aux autres cohéritiers ; tandis que le donataire en éprouverait un très-grand, s'il était toujours obligé de rapporter en moins prenant le capital d'une rente constituée ; car, par l'effet de ce rapport, le lot du donataire, composé du capital de la rente constituée et du supplément résultant du partage, serait réellement moindre que celui des autres cohéritiers.

Remarquons que quoique l'art. 868 nous dise que le rapport du mobilier ne se fait qu'en moins prenant, la vérité est néanmoins que le rapport du mobilier peut être fait en argent, et qu'il suffit au donataire de rapporter une somme égale à celle portée dans l'état estimatif, s'il trouve à propos de faire ainsi le rapport ; en effet, par là aucun préjudice n'est causé aux autres cohéritiers ; de plus, le lot du donataire rapportant se trouve alors soumis aux chances du sort, avantage qui ne se trouve point dans le rapport en moins prenant.

§ V. *Du rapport des choses données ou constituées en dot.*

1228. — Les règles ci-dessus s'appliquent aux choses constituées en dot, soit meubles, soit immeubles, d'après les modifications que nous allons faire connaître.

Ainsi, si la chose constituée en dot est un immeuble; si le mari vit encore au moment du rapport, il pourra s'opposer au rapport en nature, s'il se trouve d'autres immeubles dans la succession pour former des lots à peu près égaux pour les autres cohéritiers :

S'il ne se trouve pas d'autres immeubles dans la succession, le rapport en nature aura lieu nonobstant l'opposition du mari; mais alors ce dernier aura sur le lot qui écherra à son épouse, et sur une portion de ce lot égale à l'objet rapporté, les mêmes droits qu'il avait sur l'immeuble constitué; en d'autres termes, par l'effet de la subrogation, le lot échu à la femme deviendra dotal jusques et à concurrence de la valeur de l'immeuble rapporté : le rapport est de droit; mais le rapport ne peut rien changer au pacte nuptial, ni aux droits du mari.

1229. — Si la dot consiste en une somme numérique, la femme ne pourra pas forcer le mari de lui rembourser cette dot, pour en faire le rapport en numéraire; dans ce cas, le rapport de la dot en argent aura lieu en moins prenant : c'est ce que décide textuellement la loi 5., cod. *de collat.*; cette loi est ainsi conçue : « vous n'avez pas le droit de demander » la dot pendant l'existence du mariage, car quoi- » que votre père, étant mort *ab intestat*, vous deviez » en tenir compte à votre frère, vous n'avez pu cepen- » dant, sous ce prétexte, intenter légitimement une » action à votre mari en revendication de votre dot,

» parce que vous pouvez compenser la dot avec une
» partie de la succession qui vous est déférée »...

Mais si le mari consent à rapporter la dot en
argent, ce rapport sera effectué de cette manière,
et sur le lot échu à la femme : le mari aura le droit de
jouir d'une somme égale à celle rapportée ; ou, pour
mieux dire, il aura le droit de jouir d'une portion
de ce lot d'une valeur égale à la somme rapportée ;
car la femme se trouve alors débitrice de cette
somme envers son mari.

Si le mari ne veut pas consentir au rapport de
la dot en argent, la femme pourra de son chef effectuer ce rapport en numéraire, si elle a des paraphernaux suffisans ; et en cas de refus de la part du
mari d'autoriser son épouse à effectuer le rapport
de cette manière, sur la réquisition de la femme,
le juge l'autorisera à faire le rapport au moyen de
ses paraphernaux.

1230. — Si une somme, un contrat, ou d'autres
meubles, dont la propriété passe au mari, ont été
constitués en dot par un père à sa fille, nous devons remarquer que si le mari était insolvable lors
de la constitution de dot, ou s'il n'avait, ni métier,
ni profession ; dans ce cas la fille, venant au partage,
n'est obligée que de rapporter l'action qu'elle a sur
la succession de son mari : telle est la disposition
de l'art. 1573 du code ; vid. la novelle 97, chap.
dernier, et l'authentique *quod locum*, cod. *de collat.*

Sans doute, en ne rapportant que l'action vaine
contre le mari insolvable, les autres cohéritiers souf-
frent de ce mauvais placement de la dot ; ce qui
semble d'abord injuste, puisque les autres enfans sont
étrangers à ce placement, et n'ont rien à se reprocher
quant à ce ; mais si l'on observe que le père est
coupable de négligence, qu'il est obligé de réparer
le tort qui en résulte pour sa fille, que tous les hé-

ritiers succèdent à ses obligations, nous verrons que la disposition de la loi est juste, et que tous les enfans doivent souffrir de la perte de la dot payée à un mari insolvable.

Mais pour que la femme ne soit tenue qu'au rapport de l'action sur les biens de son époux, il faut le concours de deux circonstances : 1.º que la dot ait été constituée par le père ; lui seul, comme chef de la famille, comme administrateur légal de ses enfans, est soumis à cette sévère et rigoureuse surveillance pour le placement de la dot ; lui seul aussi doit en être responsable : ainsi, si la dot en argent ou en meubles est constituée par la mère, ou par quelqu'autre parent ascendant ou collatéral, elle est toujours rapportable, d'après les règles générales ci-dessus posées, c'est-à-dire, ou en nature, ou en moins prenant : vid. *Duperrier*, liv. 5, tom. 1.ᵉʳ, pag. 505 et suivantes, et *Catellan*, liv. 4, chap. 17 ;

2.º Que le mari soit insolvable lors de la constitution de la dot, ou du moins lors de la célébration du mariage : l'insolvabilité survenue depuis ne donnerait pas le droit de rapporter *actionem inanem* (susdit art. 1573, et *Catellan*, loco citato) ; car alors le père n'a aucun reproche à se faire, il n'avait aucun moyen de prévenir l'insolvabilité à venir.

Nous disons que le mari doit être insolvable lors de la constitution de dot, ou du moins lors de la célébration du mariage, pour que la fille en soit quitte en rapportant l'action vaine contre la succession de son mari ; mais qui doit prouver cette insolvabilité ? Est-ce la fille, qui prétend ne devoir rapporter que l'action ? Il semble que c'est à elle à faire cette preuve, puisqu'elle est le fondement du droit qu'elle veut exercer : vid. *Albert*, pag. 417 ; car, en règle générale, la fille est obligée au rapport, ou en nature, ou en moins prenant ; il faut donc qu'elle prouve la cause et le motif qui l'en exempte : on peut répondre que l'insolvabilité lors du contrat de mariage est une espèce de fait négatif dont la preuve serait difficile ; d'ailleurs, selon *Roussille*, traité de la dot, n.º 25, le mari est censé insolvable quand il n'a pas de biens-fonds, à moins qu'il ne soit marchand ayant un commerce établi ; ainsi, je pense que les frères de la fille doivent prouver que son mari avait lors du mariage des immeubles suffisans pour la conservation de la dot constituée : des immeubles doivent seuls établir la solvabilité d'un homme sans profession.

Ce droit de rapporter *actionem inanem* passe également aux enfans de la femme, lors même que celle-ci n'aurait pas préparé l'action. *Catellan*, liv. 4, chap. 17.

Supposons que le mari fût solvable lors de la constitution de dot ; mais qu'il fût devenu insolvable lors du payement de la dot fait par le père : dans ce cas la fille sera-t-elle admise à rapporter l'action ? Non, car l'obligation du père consiste seulement à choisir à sa fille un mari solvable lors de la constitution de dot et lors de la célébration du mariage ; mais son obligation, sa surveillance ne s'étendent pas plus loin : la dot étant valablement promise, le père n'a pu se dispenser de la payer ; il n'était pas convenant qu'il exigeât le bilan de son gendre, et qu'il doutât de sa solvabilité, quand sa fille gardait le silence, et ne demandait pas la séparation de biens ; ce qui doit avoir également lieu, lors même que la fille serait mineure lors du payement fait par le père, parce qu'aujourd'hui la fille mineure est émancipée par le mariage.

La solvabilité se déterminant d'après les immeubles, et l'hypothèque de la dot datant de la célébration du mariage, l'on sent que l'insolvabilité postérieure ne peut provenir que de l'incendie ou inondation desdits immeubles, ou de la diminution de la valeur des biens ; mais si le mari devenait insolvable par l'effet des hypothèques inscrites sur ses biens dans l'intervalle du contrat de fiançailles à l'acte de célébration du mariage, dans ce cas la fille aurait la faculté de ne rapporter que l'action sur la succession de son époux.

Je pense que si le père payait au mari pendant l'instance en séparation de biens, la fille ne serait tenue, dans le cas d'insolvabilité, que de rapporter l'action sur les biens de son époux.

1231. — Il semble résulter du texte de l'art. 1573 du code, que le droit de rapporter *actionem inanem* n'existe pour la femme que lorsqu'elle a survécu à son mari ; qu'elle ne peut, en un mot, rapporter que l'action sur *la succession* de ce dernier : l'on peut dire que la femme peut même du vivant de son mari rapporter l'action qu'elle a contre lui, car pourquoi la survivance du mari pourrait-elle nuire à son épouse et à ses enfans ? d'ailleurs, si le mari se trouve, dans ce cas, soumis à une restitution anticipée de la dot, il peut en représentation jouir du lot de son épouse jusques et à concurrence de la dot rapportable, car le pacte nuptial ne doit souffrir aucune atteinte.

Je pense, au contraire, que la femme ne peut rapporter l'action en restitution de la dot que lorsque cette action est ouverte pour elle ; ce qui a lieu par l'effet de la dissolution du mariage par mort ou divorce, ou par l'effet de la séparation de biens : jusques-là la femme ne peut rapporter une action qui n'existe pas pour elle ; elle ne peut, par l'effet du rapport seul, dépouiller son époux de la dot constituée : rapporter l'action aux héritiers, ce serait exposer le mari à des poursuites qui troubleraient la paix du ménage ; en un mot, la femme veuve, divorcée ou séparée de biens, peut seule, en cas d'insolvabilité du mari lors

le la constitution, rapporter l'action en restitution
ontre son époux ou ses héritiers : dans ces trois cas
ette faculté existe, parce qu'elle ne présente aucun
nconvénient, et qu'il est naturel qu'une femme qui
ı'a en représentation de sa dot qu'une action vaine
ıe rapporte que cette action, qui se trouve résider
ur sa tête.

Je pense également, que si, avant le partage, ou
ıendant l'instance en partage, la femme agit en di-
ʳorce ou en séparation de biens, et qu'elle prétende
ʃue le mari était insolvable lors de la constitution de
lot, il faut, dans ce cas, suspendre l'action en partage,
ıt attendre, pour statuer sur le rapport, le résultat de
ʼinstance en divorce ou en séparation de biens ; de
nanière que si le divorce ou la séparation sont pro-
ıoncés, et que le mari soit insolvable lors de la cons-
itution, la femme ne devra, dans ce cas, rapporter que
ʼaction contre son mari, n'importe d'ailleurs la prio-
ité de l'instance en partage, sauf aux cohéritiers à
ntervenir dans l'instance en séparation de biens pour
a conservation de leurs droits, et pour s'opposer à ce
ʃue cette séparation ne soit pas obtenue par une col-
usion frauduleuse.

1232. — Si le père a constitué à sa fille des immeu-
ıles, avec pouvoir pur et simple donné au mari de les
ıliéner, si celui-ci était insolvable lors de cette constitu-
ion et de ce mandat, et qu'il ait vendu les immeubles,
a fille ne sera tenue que de rapporter l'action sur les
ıiens de son époux ; car la vente étant valable à l'égard
les tiers, la fille se trouverait sans dot ; et l'on sent
ʃue le père a eu tort de consentir au pouvoir de vendre
lonné au mari qui n'avait pas de quoi répondre, et
e préjudice qui résulte pour la fille de cette négligence
lu père : celui-ci doit le réparer.

Mais si la faculté de vendre n'avait été donnée que
ıous la condition d'une reconnaissance sur des fonds

sûrs et responsables, ou sous la condition de remploi ; ces conditions n'étant pas remplies, le rapport serait dû, d'après les règles générales, parce que, dans ces deux cas, la vente serait nulle.

1233. — Pour que la femme puisse simplement rapporter l'action contre son époux, il faut, disons-nous, que ce dernier fût insolvable lors de la constitution de dot ; mais il peut arriver que le mari fût insolvable à cette époque, et qu'il se trouve très-solvable lors du partage ; dans ce cas la femme pourra-t-elle rapporter l'action ? Je pense qu'il faut distinguer : si la femme est séparée de biens, dans ce cas la solvabilité évidente du mari au moment du rapport ne saurait mettre obstacle au rapport de l'action ;

Mais si la femme est veuve, dans ce cas l'action ne sera pas rapportable ; car pourquoi la femme prendrait-elle sur la succession du père une dot qu'elle peut recouvrer sur celle de son mari ? pourquoi ce circuit d'actions, puisque le résultat doit en être le même ? Observons cependant que la solvabilité du mari lors du partage se détermine seulement d'après les immeubles à lui appartenant, et dont la valeur soit suffisante pour la représentation de la dot ; il faut même que la discussion de ces immeubles ne présente pas de grandes difficultés à l'épouse ; en un mot, dans le cas où l'on prétendrait que le mari se trouve actuellement solvable, le juge reste le maître, d'après les circonstances, d'ordonner le rapport de la dot ou de l'action : dans le moindre doute sur la solvabilité actuelle, il faut simplement ordonner le rapport de l'action.

1234. — Aux yeux de la loi le mari qui, lors de la célébration du mariage, exerce un métier ou une profession, est considéré comme solvable ; ce qui s'applique à toutes les professions généralement quelconques, et à tous les arts libéraux ou méchaniques,

l'importe d'ailleurs la différence ou disproportion de
ang ou de fortune entre le futur époux et la future :
u moment que le père a consenti au mariage, et qu'il
constitué une dot à sa fille, il ne faut examiner que
e point de fait : le futur époux avait-il un art, ou
ne profession ? avait-il une place salariée par le gou-
ernement, ou un emploi lucratif quelconque ? Dans
ous ces cas l'industrie de l'époux est considérée
omme un bien suffisant pour constituer sa solvabilité,
t pour empêcher que le père constituant ne puisse
tre accusé de négligence pour les intérêts de sa fille ;
lans tous ces cas, en un mot, la dot est rapportable
n nature ou en moins prenant, et la perte de cette
lot tombe uniquement sur la femme. Vid. le susdit
irt. 1573 du code.

~~~~~~

CHAPITRE VII.

DE LA CONTRIBUTION AUX DETTES ET DE LA RÉPUDIATION DES DONATIONS.

1235. — D'APRÈS l'ordre naturel des matières, et d'après la filiation des idées, j'aurais dû, avant de traiter du rapport, m'occuper de la contribution aux dettes, et de la répudiation, deux choses qui ont entre elles une grande connexité; mais la question de la répudiation me paraissait si ardue et si difficile, que j'ai toujours éludé, attendant quelques lumières de la jurisprudence.

Mon attente a été vaine.

Je diviserai ce chapitre en deux sections, et chacune de ces sections en plusieurs paragraphes.

SECTION I.re

De la contribution aux dettes.

1236. — Tous les donataires se divisent nécessairement en trois classses :

1.º En donataires à titre particulier, c'est-à-dire, d'un objet fixe, ou d'une somme déterminée;

2.º En donataires de tous ou d'une quote des biens présens;

3.º Enfin, en donataires de tous les biens *présens et à venir*, ou d'une quote de ces mêmes biens.

1237. — Comment, dans quels cas, et dans quelle proportion tous ces différens donataires doivent-ils

<div align="right">contribuer</div>

ontribuer au payement des dettes du donateur ?....
elle est l'importante question sur laquelle le législateur a gardé le plus absolu silence : il était, sans
doute, dans ses intentions de la résoudre ; mais il
ne l'a point fait, soit par oubli, soit par inadvertance,
soit, enfin, parce que les ouvrages de l'homme doivent toujours porter avec eux l'empreinte originelle
de sa faiblesse.

Le législateur a distingué les légataires en légataires à titre particulier, en légataires universels,
et en légataires à titre universel (art. 1002 du code
civil).

Le légataire à titre particulier n'est soumis personnellement à aucune dette de la succession (art. 1024
du code);

Le légataire à titre universel est tenu du payement
des dettes proportionnellement à la part et portion
qu'il amende dans la succession (art. 1012 du code);

Et quant au légataire universel, il faut bien décider
qu'il est tenu de toutes les dettes du défunt, quand
il recueille toute la succession ; mais cette disposition
explicite ne se trouve pas dans la loi : elle résulte
néanmoins d'une manière rigoureuse des dispositions
des susdits art. 1012 et 1009 dudit code ; car si le
légataire d'une quote est tenu d'une quote proportionnelle des dettes, le légataire du tout est obligé
au payement de toutes les dettes : la conséquence est
rigoureuse.

1238. — Par rapport à l'obligation de payer les
dettes, faut-il assimiler les donataires aux légataires ?
Il le faut : la loi ne le dit pas ; mais le rapporteur
de cette loi, M. *Jaubert,* le dit textuellement : copions
donc ses expressions, attendu qu'elles remplissent une
lacune que la loi présente.

« Ici se présente naturellement la matière des dettes
et charges qui peuvent grever les donations.

Tom. III.   16

» Le projet, conforme en ce point à l'ordonnance
» de 1731, se borne à déclarer (art. 945) que dans
» aucun cas le donataire ne peut, à peine de nul-
» lité de la donation, être obligé d'acquitter d'autres
» dettes ou charges que celles qui existaient à l'époque
» de la donation, à moins que l'acte de donation,
» ou un état annexé, ne spécifie les autres dettes ou
» charges qui pourraient ne prendre naissance qu'après
» la donation.

» Le *laconisme du projet* sur la partie des dettes
» et charges avait inspiré quelques *alarmes* : après
» l'examen le plus réfléchi, votre section de légis-
» lation a pensé qu'une explication plus étendue serait
» superflue.

» Les donations comprennent, ou la totalité des
» biens, ou une quote des biens, ou une espèce de
» biens, ou, enfin, une chose particulière.

» *Donation de tous les biens....* Il n'y a de biens
» que ce qui reste, déduction faite des dettes.

» Conséquemment le donataire de tous les biens
» est tenu de droit, et *sans qu'il soit besoin de l'expri-*
» *mer*, de toutes les dettes et charges qui existent
» à l'époque de la donation.

» *Donation d'une quote de biens.....* Le donataire
» doit supporter les dettes et charges en proportion
» de son émolument.

» *Donation d'une espèce de biens ,...* par exemple,
» d'une universalité ou d'une quote d'immeubles ou
» de meubles : dans le système de la loi la dispo-
» sition d'une espèce de biens est aussi un titre uni-
» versel (art. 1010); le donataire d'une espèce de
» biens doit donc, comme le donataire d'une quote,
» supporter les dettes et charges en proportion de
» son émolument.

» *Donation d'un objet déterminé.....* Le donataire

n'est obligé de payer que les dettes ou charges auxquelles il s'est expressément soumis.

» Il ne pourra donc y avoir aucun embarras, ni
à l'égard du donateur, ni à l'égard de ses créanciers,
ni, enfin, à l'égard des héritiers, lorsqu'il s'agira
entre le donataire et les héritiers de régler quelles
sont les dettes et les charges qui les concernent
respectivement ».

C'est ainsi que s'exprime M. *Jaubert* ; et remarquons qu'il s'explique de cette manière sur l'art. 945
du code, qui parle des donations de biens présens.
Pothier, sur la coutume d'Orléans, titre 15, n.° 65,
professe la même doctrine.

« La donation, dit-il, de choses particulières
n'oblige pas le donataire aux dettes du donateur.

» A l'égard des donataires universels, ils sont tenus
des dettes du donateur, ou pour le total, s'ils sont
donataires du total, ou pour la part que le donateur leur a donné dans ses biens, car les dettes en
sont une charge ».

Ainsi, nous voyons que, d'après la nouvelle et
l'ancienne jurisprudence, le donataire particulier
n'est soumis à aucune dette, et que le donataire de
tous les biens ou d'une quote est tenu des dettes,
proportionnellement à son émolument ; mais nous
devons donner quelque développement à ces règles
générales.

§ I.er *Du donataire à titre particulier.*

1239. — Le donataire est à titre particulier, quand
il a reçu du donateur un objet fixe quelconque, ou
plusieurs objets désignés, ou une somme déterminée ;
dans tous ces cas il n'est soumis à aucune dette du
donateur, à moins de stipulation expresse.

1240. — Mais si la donation porte sur un immeuble,
et que cet immeuble soit *hypothéqué*, le donataire

sera-t-il obligé de payer le créancier inscrit, sans pouvoir exercer aucun recours contre le donateur?

Cette question journalière est de la plus grande importance, et sa solution peut présenter quelques difficultés.

L'hypothèque qui frappe l'immeuble donné peut provenir des auteurs du donateur, ou du donateur lui-même; elle peut être, ou générale, ou spéciale.

Distinguons tous ces cas : supposons une hypothèque du chef des auteurs du donateur, dans ce cas le donataire qui a payé, ou qui a été obligé de délaisser l'immeuble donné, peut-il agir en garantie contre celui qui a fait le don?

Nous savons qu'en général le donateur n'est pas soumis à la garantie dans le cas d'éviction des objets donnés : leg. 18, § *ultimo*, ff *de donat.*, et leg. 2, cod. *de evict.* : rappelons le texte de ces deux lois; la première est ainsi conçue : *Labeo ait : si quis mihi rem alienam donaverit, inque eam sumptus magnos fecero, et sic evincatur, nullam mihi actionem contra donatorem competere;* ladite loi 2, au code *de evictionibus,* porte : *quoniam avus tuus cùm prædia tibi donaret de evictione eorum cavit, potes adversùs cohæredes tuos ex causâ stipulationis consistere ob evictionem prædiorum, pro portione scilicet hæreditariâ; nudo autem pacto interveniente, minimè donatorem hâc actione teneri certum est.*

Que nous disent ces lois? Elles décident que la garantie n'est pas due par le donateur, à moins qu'il ne l'ait expressément promise; de manière même que la promesse de garantie faite par *un pacte nu* ne produisait aucun effet; mais remarquons que ces lois s'appliquent particulièrement au cas d'une donation portant sur des biens non appartenant au donateur : *si quis mihi rem alienam donaverit.*

Ainsi, quand le donateur a donné le bien d'autrui,

sans promesse de garantie, si le donataire est dans la suite évincé, la garantie n'a point lieu.

Mais rentrons dans notre question : supposons que l'éviction provienne d'une hypothèque créée par l'auteur du donateur, celui-ci devra-t-il la garantie ?

Écoutons *Pothier* sur la coutume d'Orléans, tit. 15, section 4, n.° 63 : « l'effet de la donation, dit » ce profond jurisconsulte, est que le donateur, par » la donation, se dépouille au profit du donataire de » tout le droit qu'il a dans la chose qu'il donne ; mais » il ne la donne que telle qu'elle lui appartient, et au- » tant qu'elle est à lui ; et il ne s'oblige à aucune » garantie envers le donataire, s'il n'y en a eu clause » spéciale : en cela la donation diffère de la vente.

» C'est pourquoi, si le donataire est par la suite obligé » de délaisser l'héritage qui lui a été donné, soit sur » une action de revendication, soit sur l'action hypo- » thécaire d'un créancier de quelqu'un des auteurs du » donateur, soit sur quelqu'autre espèce d'action que » ce soit, il n'a aucun recours contre le donateur, et » il ne peut pas même répéter les dépenses que lui a » occasioné la donation, quand même, lors de l'évic- » tion, il n'aurait encore perçu aucun fruit de la chose » donnée qui eussent pu l'en dédommager.

» Que si un donataire à titre singulier a été obligé » de délaisser l'héritage sur l'action hypothécaire *d'un* » *créancier du donateur*, et que le créancier ait été » payé sur le prix de l'héritage délaissé, le donataire » aura en ce cas la même action contre le donateur » *qu'ont contre un débiteur ceux qui ont acquitté* » *pour lui sa dette* ».

Ce passage de *Pothier* renferme trois propositions : 1.° le donataire évincé par l'action en revendication ne peut agir en garantie contre le donateur, à moins de stipulation expresse ; 2.° le donataire évincé par l'action hypothécaire peut agir en garantie, si cette action hypothécaire est exercée *par le créancier du donateur ;* 3.° le donataire ne peut agir en garantie, s'il est évincé par l'effet d'une hypothèque *provenant d'un des auteurs du donateur.*

Pothier, cet auteur si éminemment utile, ne s'est pas expliqué ici avec sa clarté ordinaire ; cette expression, *d'un des auteurs du donateur,* présente de l'ambiguïté : supposons que l'hypothèque provienne, ou ait été créée par un aïeul du donateur, certainement une pareille hypothèque proviendra *d'un des auteurs du donateur;* mais ce n'est pas d'une telle hypothèque que *Pothier* entend parler : *par auteurs du donateur, Pothier* ne veut désigner que ceux que le donateur représente à *titre singulier,* sans être soumis personnellement à leurs dettes : Joseph, par exemple, a acquis un bien hypothéqué, dont il a eu l'imprudence de payer le prix au vendeur ; il donne ensuite ce même bien : si, dans cette espèce, le donataire est poursuivi par l'action hypothécaire, il n'aura aucun recours contre le donateur, parce que le donateur n'était pas personnellement obligé à la dette hypothéquée.

Ainsi, la susdite troisième proposition doit être présentée en ces termes : *le donataire ne peut agir en garantie contre le donateur, quand il se trouve évincé par l'effet d'une action hypothécaire dont le donateur n'est pas personnellement tenu.*

Nous sentirons la vérité de cette troisième proposition, si nous faisons attention que le donataire qui paye la dette hypothéquée et inscrite sur le bien donné se trouve subrogé de droit au lieu et place du créancier payé ; or, si le créancier payé n'a aucune action personnelle contre le donateur, le donataire, qui lui est subrogé, ne peut agir contre lui ; le donateur, en se dessaisissant, est devenu étranger à tout.

Le code civil présente-t-il quelques modifications de ces anciens principes ?

Remarquons d'abord, « que le légataire à titre » particulier n'est pas tenu des dettes de la succes- » sion, sauf l'action hypothécaire des créanciers », (art. 1024 du code civil).

Remarquons ensuite, « que le légataire particulier » qui a acquitté la dette dont l'immeuble légué était » grevé demeure subrogé aux droits du créancier » contre les héritiers et successeurs à titre universel » (art. 874 du code) : *præadia obligata per legatum et fideicommissum relicta hæres luere debet.* Leg. 6 , cod. *de fideicommissis.*

Ces dispositions du code sont en parfaite harmonie avec l'ancienne jurisprudence ; et si nous n'avions qu'à consulter les susdits art. 874 et 1024 du code civil, nous devrions décider, avec *Pothier*, que le donataire à titre particulier (qui est assimilé au légataire au même titre) a son recours en garantie contre le donateur, toutes les fois qu'il se trouve évincé par une action hypothécaire fondée sur une dette à laquelle le donateur était personnellement obligé.

Mais se présente l'art. 1020 du même code, ainsi conçu : « si avant le testament, ou depuis, la chose » léguée a été hypothéquée pour une dette de la succes- » sion, ou même pour la dette d'un tiers, ou si elle est » *grevée d'un usufruit*, celui qui doit acquitter le » legs n'est pas tenu de la dégager, à moins qu'il n'ait « été chargé de le faire par le testateur ».

Certainement il y a une grande difficulté à concilier cet art. 1020 avec l'art. 874 ; peut-être la conciliation ne peut-elle être faite que par le législateur lui-même : nous avons cru devoir les concilier, en disant que l'art. 874 s'applique au cas d'une hypothèque générale, et que l'art. 1020 s'applique au cas d'une hypothèque spé- ciale : nous avons appuyé cette distinction de plusieurs raisons puissantes ; mais en raison emportent-elles avec elles cette conviction intime, cette démonstration rigoureuse que tout jurisconsulte doit désirer? Nous ne le pensons point ; nous croyons seulement que cette distinction concilie de la manière la plus naturelle les susdits articles du code, dont la rédaction laisse beaucoup à désirer. Vid. le répertoire de jurisprudence, *verb.* légataire, § 7 , art. 2.

Ainsi, si l'immeuble donné se trouve grevé d'une hypothèque spéciale, le donataire évincé par l'action hypothécaire n'a aucun recours à exercer contre le donateur , quand même il serait personnellement obligé à la dette hypothéquée (susdit art. 1020.).

Si, au contraire, l'hypothèque est *générale,* il faut faire la distinction suivante : si le donateur se trouve médiatement ou immédiatement obligé personnellement à la dette hypothéquée, le donataire évincé aura son recours contre le donateur , aux termes de l'art. 874, parce que le donataire sera subrogé aux droits du créancier, *qui se trouve payé,* ou de ses deniers , ou de sa chose.

Si l'hypothèque générale est l'accessoire et la sureté d'une créance dont le donateur ne soit point personnellement tenu, dans ce cas le donataire , soit qu'il ait payé de ses deniers, pour éviter l'éviction , soit qu'il ait délaissé, n'a aucun recours à exercer contre le donateur.

En un mot, dans le cas d'éviction par suite d'une action hypothécaire , le donataire ne peut exercer son recours contre le donateur que dans le concours de ces deux circonstances : 1.º *hypothèque générale ;* 2.º hypothèque pour sureté d'une dette dont le donateur se trouve personnellement tenu.

Nous donnons, dans le concours de ces deux circonstances, au donataire l'action récursoire contre le donateur, et cela parce que le donataire particulier est assimilé au légataire au même titre, qu'il en a tous les droits, et n'est soumis qu'aux mêmes obli gations : le donataire paye-t-il de ses deniers le créancier hypothécaire ? il est subrogé à tous ses droits (art. 874 du code); est-il évincé de l'immeuble donné, soit par délaissement volontaire, soit par expropriation ? il a son recours en garantie contre le débiteur principal, qui est le donateur (art. 2178 du code); cet article est ainsi conçu : « le tiers-» détenteur qui a payé la dette hypothécaire, ou » délaissé l'immeuble hypothéqué, ou subi l'expro-» priation de cet immeuble, a le recours en garantie, » telle que de droit, contre le débiteur principal ».

Par *tiers-détenteur* le législateur entend et désigne tout acquéreur à titre lucratif ou onéreux : cela est rigoureusement prouvé par les art. 2181, 2182, 2183 et 2184 du code civil; donc le susdit art. 2178 s'applique au donataire.

Expliquons les effets de cette garantie : quand le donataire a payé de ses deniers la dette hypothécaire, il est clair qu'il a payé la dette du donateur, et que celui-ci lui en doit le remboursement intégral; nul doute là-dessus : le donataire est subrogé aux droits du créancier payé, et doit les exercer dans toute leur plénitude.

Si, sur la sommation de payer ou délaisser, le donataire a effectué le délaissement, quelle sera l'étendue de son action récursoire contre le donateur? pourra-t-il réclamer la valeur de l'immeuble au moment du délaissement, ou seulement une somme égale à celle dont le créancier se trouvera payé sur le prix de l'immeuble délaissé? Je crois que le donataire qui délaisse, qui livre sa chose pour être vendue, et pour le prix en être payé à la décharge du donateur, ne peut réclamer contre celui-ci que le remboursement de la somme dont il a été libéré : que le donataire ait payé le créancier de ses deniers, ou qu'il l'ait payé au moyen de sa chose, il ne peut jamais y avoir subrogation que jusques et à concurrence de la somme payée ; cette somme, j'en conviens, peut être de beaucoup inférieure à la valeur de l'objet délaissé : cela est possible ; mais le donataire a seul à se reprocher de n'avoir pas fait valoir sa chose, de ne s'être pas procuré des enchérisseurs, enfin, de n'avoir pas vendu à un tiers ; le donateur ne peut pas être de pire condition par l'effet d'un délaissement qui n'est pas directement son ouvrage : il devait *tant*, le donataire se trouve avoir payé *tant* pour lui ; celui-ci ne peut rien demander au delà sans injustice.

Les mêmes raisons s'appliquent au cas de l'expropriation d'un immeuble donné sur la tête du donataire ; le donateur ne doit jamais que le remboursement du prix qui a tourné à sa libération.

Supposons que le donataire veuille purger l'immeuble donné, il en a le droit, aux termes de l'art. 2184 du code civil ; il doit dans l'acte de notification à faire aux créanciers inscrits donner une estimation à l'immeuble : supposons qu'un des créanciers requière la mise aux enchères, et que le donataire se rende adjudicataire pour 15,000 fr., tandis qu'il n'avait estimé l'immeuble donné que 12,000 fr. ; dans ce cas le donataire pourra-t-il demander au donateur le remboursement des 15,000 fr., ou seulement des 12, prix de l'estimation ?

On peut dire, que le donataire doit être supposé avoir agi de bonne foi dans l'estimation ; d'où il résulte que la valeur des biens donnés est seulement de 12,000 fr. ; mais comme, par l'effet de l'action hypothécaire, il ne se trouve privé que de 12,000 fr., valeur réelle de l'immeuble, il faut en conclure qu'il ne peut réclamer que cette somme, parce que c'est là toute l'étendue du préjudice qui lui est causé ; l'on pourrait ajouter que la question est implicitement résolue par l'art. 2191 du code, car cet article prévoit

le cas où l'acquéreur s'est rendu adjudicataire sur la
mise aux enchères, et il décide que l'acquéreur a
le droit de demander au vendeur le remboursement
de ce qui excède le prix stipulé ; et puisque le code
ne donne ce droit qu'à *l'acquéreur* qui s'est rendu
adjudicataire, il faut en conclure qu'il le refuse au
donataire : pour appuyer ce dernier raisonnement,
l'on pourrait observer que le susdit art. 2191 fait partie du chap. 8, sur les hypothèques, où il est question, tant du donataire, que de l'acquéreur qui veut
purger.

Je pense cependant que le donataire peut, dans
tous les cas, réclamer le remboursement de tout ce
qui a tourné au profit ou à l'avantage du donateur :
payer la dette du donateur, c'est faire son avantage ;
l'étendue de cet *avantage* se mesure sur la *dette payée :*
si donc, par le résultat de la mise aux enchères, l'immeuble donné a été adjugé pour la somme de 15,000 f.,
qui ont été reçus *par le créancier du donateur,* celui-ci
doit rembourser cette entière somme, puisqu'elle a toute
tournée à son profit ; en un mot, il ne faut pas considérer le dommage causé au donataire, mais l'avantage procuré au donateur ; enfin, quel est le fondement de l'action récursoire du donataire ? c'est sa
subrogation à tous les droits du créancier payé, ou
de ses deniers, ou de sa chose ; il faut donc qu'il
puisse agir contre le donateur tout comme le créancier aurait pu agir lui-même : le donateur en cela
n'éprouve aucun préjudice, son sort n'est pas aggravé ;
en effet, supposons une hypothèque de 15,000 fr.
inscrite avant la donation ; dans cet état, si le donateur donne un immeuble, qu'en résulte-t-il ? il en
résulte qu'il s'est dépouillé de cet immeuble, et qu'il
doit les 15,000 fr. ; la donation étant faite, qu'importe la valeur de l'immeuble donné, son agrandis-
sement par des accessoires naturels, tels que l'alluvion,

le prix d'affection du donataire! tout cela est étranger ou devenu étranger au donateur : si donc le donataire paye pour lui, *n'importe comment*, les 15,000 fr., il est clair que le donateur doit les lui rembourser : sa position sera toujours la même; il sera dépouillé de l'immeuble par sa donation, et devra les 15,000 fr, non au créancier payé, mais au donataire, qui le représente; d'ailleurs, le donataire, maître de l'estimation, en donnerait toujours une assez forte, qui éloignerait toute envie de requérir la mise aux enchères. Vid. sur toutes ces questions un article très-bien fait de M. *Tarrible*, qu'on trouve dans le répertoire de jurisprudence, *verb.* tiers-détenteur, sur les questions relatives aux hypothèques : personne ne s'est expliqué avec plus de sagesse et plus de profondeur que M. *Tarrible*.

1241. — Le donataire à titre particulier n'étant tenu que des hypothèques inscrites sur l'immeuble donné, sauf son action récursoire, ainsi que nous venons de l'expliquer, il faut bien se fixer sur le terme après lequel l'inscription ne peut plus être utilement faite.

Sans doute toutes les créances *antérieures* à la donation peuvent être inscrites jusqu'à la transcription de cette même donation : nul doute sur ce point ; mais l'inscription peut-elle être faite dans la quinzaine de la transcription, aux termes de l'art. 834 du code de procédure civile? Je pense que l'inscription peut être faite dans la quinzaine de la transcription, car si le donateur s'était dessaisi de l'immeuble par un contrat à titre onéreux, le créancier *antérieur* à la vente aurait le droit de faire l'inscription dans la quinzaine de la transcription : le susdit art. 834 le dit textuellement; mais comment ce droit, qui existerait en faveur du créancier dans le cas d'une vente, serait-il anéanti par cette circonstance, que son débiteur

aurait, non vendu, mais donné l'immeuble hypothéqué?

1242. — Mais le créancier postérieur à la donation
peut-il inscrire non-seulement jusqu'à la transcription,
mais encore dans la quinzaine de cette transcription?
Que l'inscription puisse être faite jusqu'à la transcription, c'est ce qui résulte du principe qui veut que la
donation non transcrite ne puisse être opposée aux
tiers qui auraient traité avec le donateur avant la transcription; mais l'inscription peut-elle être faite dans la
quinzaine? On peut dire que l'acquéreur n'a rien à
craindre des créanciers *postérieurs* à la vente; mais que
le donataire peut être dépouillé par les créanciers
postérieurs: or, faut-il ajouter à cette chance de
dépouillement une autre chance encore, résultant de
leur inscription dans la quinzaine de la transcription?
Je pense que cette double chance existe au préjudice
du donataire: jusqu'à la *transcription* la donation
n'existe pas à l'égard des tiers; donc ceux-ci ont pu
prêter au donateur avant la transcription, celui-ci a
pu hypothéquer le bien donné; or, l'hypothèque
existant, il a bien fallu que le créancier eût un temps
moral pour donner efficacité à son hypothèque au
moyen de l'inscription; en un mot, à l'égard des tiers,
la vente *seule* dépouille absolument le vendeur; mais
la donation ne dépouille que du *moment de sa transcription* : si tout créancier antérieur à la vente,
qui *dépouille*, peut être inscrit dans la quinzaine de
sa transcription, il doit en être de même de tout
créancier du donateur antérieur à l'acte qui l'a *dépouillé*.

1243. — Supposons l'espèce suivante : Pierre a donné
l'immeuble A à Joseph; cet immeuble était frappé
d'une hypothèque non inscrite : Joseph n'a pas fait
transcrire sa donation; il a vendu l'immeuble à lui
donné : l'acquéreur a fait transcrire son acte de vente;

mais il n'a pas fait transcrire la donation : dans cet état de choses le créancier pourra-t-il inscrire son hypothèque après la quinzaine de la transcription de la vente ?

Si la donation avait été transcrite, il est évident que le créancier n'aurait pu inscrire après la quinzaine de cette transcription ; mais *la donation n'a pas été transcrite* : la transcription de la vente consentie par le donataire a-t-elle suppléé la transcription de la donation ? en d'autres termes, pour consolider sa propriété, l'acquéreur était-il obligé de faire transcrire, et son acte, et la donation ? Question difficile et ardue. Il est reconnu en principe, que, dans le cas de plusieurs ventes successives, le dernier acquéreur n'est tenu de faire transcrire *que son contrat*, lors même que les contrats antérieurs n'auraient pas été *transcrits* : on a fait l'application de ce principe au privilége du premier vendeur dans l'espèce suivante : Pierre vend à Jean, qui ne paye pas ; Jean ne fait pas transcrire, et revend à Joseph, qui ne fait *transcrire que son contrat ;* dans cette espèce l'on a décidé que Pierre, premier vendeur, peut inscrire son privilége, tant que le bien est demeuré dans les mains de Jean, son acquéreur ; qu'il a pu même le faire inscrire dans la quinzaine de la transcription du second contrat ; mais que, passé cette quinzaine, le privilége était purgé, lors même que Joseph, dernier acquéreur, n'aurait *transcrit que son acte.* Vid. l'arrêt de la cour de cassation rapporté par M. *Sirey*, an 1814, pag. 46 ; vid. un second arrêt du 14 janvier 1818, qu'on trouve dans le même recueil, an 1818, pag. 300.

Que résulte-t-il de ce principe ? Il en résulte qu'un immeuble frappé de plusieurs hypothèques, mais *non inscrites*, et qui est successivement vendu à plusieurs acquéreurs, se trouve purgé de toutes ces hypothèues par la seule transcription du dernier contrat, ces hypothèques ne sont pas inscrites dans la quinzaine de cette transcription.

Je ne vois pas de raison pour ne pas appliquer ce principe à l'espèce proposée, car si la transcription *u dernier contrat seul* met obstacle aux inscriptions postérieures, qu'importe que le premier contrat soit une donation ou une vente, puisque le second acquéreur n'est pas obligé de le faire transcrire?

Que peut dire le créancier hypothécaire; il dira: ai pu inscrire pendant tout le temps de la jouissance e mon débiteur; *or, la transcription de la donation* pouvait seule m'instruire du dépouillement; et comme cette donation n'a pas été transcrite, j'ai toujours dû croire que mon débiteur ne s'était pas dépouillé; la transcription du *second contrat* ne pouvait ne constituer en demeure, puisque mon débiteur ie l'avait pas souscrit, et je ne pouvais pas rigoureusement savoir qu'il fût question dans le second contrat d'un bien qui était mon gage.

Mais comme toutes ces raisons ont été proscrites au préjudice du premier vendeur, il faut également décider que le créancier du donateur ne peut plus inscrire après la quinzaine de la transcription de l'acte le vente consenti par le donataire qui n'aurait pas lui-même *transcrit sa donation.*

1244. — Par la même raison, postérieurement à a transcription de la vente consentie par le donataire, le donateur ne pourrait plus, ni vendre, ni hypothéquer le bien donné, lors même que la donation ne serait pas transcrite; car puisque le créancier antérieur à la donation ne pourrait dépouiller l'acquéreur, comment le créancier postérieur le pourrait-il?

1245. — Tout ce que nous avons dit ci-dessus s'applique au donataire d'une quote de biens présens,

qui se trouve évincé par l'action hypothécaire d'un
créancier envers lequel le donateur se trouve personnellement obligé : dans ce cas, la subrogation aux
droits du créancier payé a toujours lieu en faveur
du donataire; mais comme la confusion s'opère pour
sa portion contributoire, il ne pourra réclamer que
pour le surplus : ainsi, par exemple, le donataire
du tiers des biens présens qui a payé 12,000 fr. à
un créancier hypothécaire du donateur ne pourra
réclamer de ce dernier, ou de ses héritiers, que les
deux tiers de cette somme, c'est-à-dire, 8000 fr. ; car
les autres 4000 fr., faisant le tiers de la dette, le donataire les a payés à sa propre décharge.

1246. — Pierre n'a que deux immeubles, et les
donne tous les deux à Joseph; ou bien, il donne à
Joseph une somme dont il se constitue son débiteur,
et qui égale ou excède la valeur de ses biens : Joseph
sera-t-il considéré comme donataire à titre particulier,
et, sous ce rapport, dispensé de payer les dettes chirographaires du donateur antérieures à la donation ?
Il faut dire, que Pierre n'est investi que par une
donation d'objets fixes ; qu'il n'a que la qualité de
donataire à titre particulier, et qu'ainsi les créanciers
ne peuvent pas agir directement contre lui pour obtenir le payement de leurs créances : ils n'ont pas
l'action directe; mais ils doivent demander la révocation de la donation, comme faite en fraude de leurs
droits : la fraude sera établie, s'il est prouvé que,
par l'effet de la donation, le donateur s'est mis dans
l'impossibilité de payer ses dettes. Vid. ce que nous
avons dit au chapitre de la révocation des donations
faites en fraude des créanciers ; *Pothier*, sur la coutume d'Orléans, tit. 15, s'exprime en ces termes :
« la donation des choses particulières n'oblige pas le
» donataire aux dettes du donateur ; mais si le dona-
» teur avait fait la donation en fraude de ses créanciers,

» ciers, sachant, ou *devant savoir* qu'il ne lui restait
» pas de quoi les payer, le donataire sera sujet à
» l'action révocatoire des choses données, *quoiqu'il*
» *n'ait pas eu connaissance de la fraude du dona-*
» *teur ;* et en cela le donataire diffère de l'acquéreur
» à titre onéreux, qui n'est sujet à cette action ré-
» vocatoire que lorsqu'il a été *conscius fraudis* ».

§ II. *Du donataire de tous les biens présens, ou*
      d'une quote de ces mêmes biens.

1247. — Dans l'acception rigoureuse des termes
nous ne pouvons pas donner à un tel donataire le
titre de donataire universel, ou à titre universel ; ce
titre ne convient qu'au donataire de tous les biens
présens et à venir, ou d'une quote d'iceux ; car, dans
ce dernier cas, le donataire est un véritable héritier,
et représente le donateur dans toute l'étendue de cette
expression.

  Le donataire de tous les biens présens doit cependant être considéré comme représentant le donateur
tel et dans l'état où il était lors du don ; d'où il résulte que, saisi de tous les biens présens, il doit payer
toutes les dettes existantes ; par la même raison, quand
il est saisi d'une quote des biens présens, il doit payer
les dettes proportionnellement à cette quote : tout
cela est fondé sur la maxime, *non dicuntur bona, nisi*
deducto ære alieno ; maxime qui a déjà été invoquée
par M. *Jaubert,* maxime, enfin, qui s'applique particulièrement aux donations de biens présens, et non
aux contrats à titre onéreux.

  Que Pierre, par exemple, me vende tous ses biens
présens, meubles et immeubles, je ne serai pas soumis,
en vertu de ladite maxime, au payement des dettes
de Pierre ; c'est à lui à les payer sur le prix, et si
je paye un créancier de Pierre, je pourrai réclamer
le remboursement.

Tom. III.   17

1248. — C'est donc en vertu de la maxime, *non dicuntur bona, nisi deducto ære alieno,* si souvent invoquée par *Cujas* sur cette matière, que le donataire de tous les biens présens est tenu du payement de toutes les dettes existantes ; d'où il résulte que les créanciers du donateur peuvent agir directement contre le donataire.

Supposons que le créancier ait un titre exécutoire contre le donateur, pourra-t-il agir par voie de commandement contre le donataire ? ou bien sera-t-il obligé d'obtenir un jugement de condamnation ? Nous savons que les titres exécutoires contre le défunt le sont contre l'héritier, sauf qu'on ne peut poursuivre l'exécution du titre que huitaine après sa signification (art. 877 du code civil) : cela est fondé sur ce que l'héritier représente entièrement le défunt ; qu'il est forcément tenu de ses dettes dans tous les cas, sans pouvoir en être dispensé ; mais le donataire des biens présens n'est pas l'image parfaite du donateur ; il n'est pas soumis au payement des dettes, ni par une disposition expresse de la loi, ni par une clause de la donation ; il n'est soumis aux dettes qu'en vertu d'une présomption naturelle et juste, ce qui établit une grande différence entre lui et l'héritier : ainsi, les titres exécutoires contre le donateur ne le sont pas contre le donataire ; il faut donc obtenir contre ce dernier un jugement de condamnation.

1249. — Nous disons que le donataire de tous les biens présens est tenu de toutes les dettes existantes : telle était l'ancienne jurisprudence, et nous avons vu que M. *Jaubert* interprète dans le même sens le code civil ; il est, d'ailleurs, aisé de sentir la justice de cette interprétation : en effet, s'il en était autrement, quels moyens aurait le donateur pour satisfaire à ses obligations ; doit-il mourir insolvable ? Ayant contre lui des condamnations emportant la contrainte par corps, faut-il qu'il passe sa vie dans les fers? Donc l'obligation imposée au donataire de payer les dettes existantes est impérieusement commandée par la justice : elle est fondée sur la volonté présumée des parties contractantes ; le donateur ne s'est dépouillé de son *actif* qu'en mettant son *passif* à la charge du donataire : on ne pourrait point dire que le passif serait payé au moyen des biens à venir du donateur ; cette objection serait faible : le passif est existant, les biens à venir ne sont pas encore, et peut-être ne seront jamais rien.

1250. — Par les mêmes raisons le donataire d'une quote de biens présens doit payer les dettes proportionnellement à son émolument, à moins de stipulation contraire.

1251. — Le donataire de tous les immeubles seulement, ou de tous les meubles, ou d'une quote de ces mêmes biens, doit-il contribuer aux dettes proportionnellement à la valeur des biens donnés? Cette question présente de grands doutes ; on peut dire : il n'est pas possible de considérer dans l'espèce le donataire comme un légataire à titre universel, aux termes de l'art. 1010 du code civil ; car la qualification d'universel ne peut convenir à un donataire de biens présens, ainsi qu'il a été ci-dessus observé : quand le donateur donne tout ses meubles, il lui reste ses immeubles, au moyen desquels il peut satisfaire à ses obligations, et *vice versâ*. On ne voit pas ici la charge tacitement et nécessairement imposée au donataire de contribuer aux dettes : la fixation de cette contribution exigerait quelquefois des détails immenses et dispendieux ; d'ailleurs, le donateur a à se reprocher de n'avoir pas soumis le donataire à la contribution.

Malgré ces raisons spécieuses, et même fortes, je pense que le donataire doit contribuer aux dettes pro-

portionnellement à son émolument : d'abord, M. *Jau-*
bert, dont nous avons ci-dessus rapporté les expressions, le décide textuellement ; et sa décision doit
être d'un très-grand poids, vu qu'il est le seul des
orateurs qui nous ait fait connaître sur cette matière
l'esprit de la loi, et qui ait suppléé son silence : nous
pouvons même ajouter que M. *Jaubert* parle textuellement du donataire des biens présens ; ce qui le
prouve, c'est qu'il fonde toutes ses décisions sur la
maxime, *non dicuntur bona, nisi deducto ære alieno :*
or, si M. *Jaubert* avait entendu parler du donataire
des biens présens et à venir, au lieu d'invoquer cette
maxime, il aurait invoqué le principe incontestable
qui veut que le donataire des biens présens et à venir
soit considéré comme un véritable légataire ; j'ajoute
que le donateur dépouillé par bienfaisance est toujours
favorable ; enfin, si le donataire des meubles *présens*
et à venir est tenu des dettes proportionnellement à
son émolument, pourquoi n'en serait-il pas de même
à l'égard du donataire des meubles *présens !* le donataire des meubles à venir contribue aux dettes à la
décharge *des héritiers du donateur,* comment donc
le donataire des meubles *présens* ne contribuerait-il
pas aux dettes à la décharge du *donateur* lui-même !
celui-ci serait-il moins favorable que ses héritiers ?

1252. — Pierre a succédé à Jean ; il donne cette
succession à Joseph : dans cette espèce Joseph, donataire, sera tenu de toutes les dettes de la succession de
Jean, tout comme le serait un acquéreur à titre onéreux des mêmes droits successifs ; mais quel que soit
l'émolument de cette donation, le donataire ne devra
pas contribuer aux dettes personnelles du donateur,
car celui-ci ne s'est dépouillé que d'un objet particulier.
Vid. *Ricard,* dans son traité des substitutions, traité
3, chap. 3, part. 1.re, n.o 115 ; vid. ce que nous
avons dit au paragraphe précédent.

Un père marie son fils avec Sophie, et donne à son fils le tiers de ses biens présens ; il reçoit ensuite tout ou partie de la dot de la future épouse, dot ou partie qu'il reconnaît sur tous ses biens : question de savoir si lorsque l'on agira en restitution de la dot, le fils donataire doit ou ne doit pas y contribuer pour un tiers ? *Duperrier*, liv. 4, quest. 28, traite cette question ; et il décide que le fils donataire n'est tenu à aucune contribution, par cette raison, que l'argent, étant reçu au moment même de la donation, se trouve faire partie des biens du donateur, et, par suite, de la donation.

Cette observation de *Duperrier* n'est que subtile, car elle repose seulement sur cette supposition, que le donateur qui a stipulé que la dot lui serait remise a entendu en même temps se dépouiller d'une partie de cette même dot ; or, cette supposition ne peut être admise.

Aussi l'annotateur de *Duperrier* décide-t-il que le donataire est obligé de contribuer au payement de la dot.

Supposons que le père donateur ait seulement stipulé dans le contrat de mariage que la dot lui serait payée aux termes de son échéance, avec promesse de la reconnaître sur tous ses biens : supposons que le payement soit fait long-temps après le mariage :.... le donataire sera-t-il tenu de restituer proportionnellement le montant de ladite dot ? Je pense qu'il en est tenu, parce que l'obligation du donateur date du jour de la stipulation, et que son intention a été de soumettre tous les biens qu'il avait alors à la restitution de la dot stipulée ; d'ailleurs, le payement de la dot entre les mains du donateur est certainement une condition de la donation contractuelle, dont l'effet remonte nécessairement au contrat de mariage : la circonstance du payement postérieur à la donation ne change rien,

ni à la date, ni à la nature de l'obligation du donateur;
enfin, dans le doute, l'interprétation doit être faite
en faveur de celui qui s'est dépouillé par bienfaisance.
Vid. *Catellan*, liv. 5, chap. 28, et liv. 6, chap 10,
et *Duperrier*, décisions, liv. 4, n.° 219; vid. encore
l'annotateur de *Duperrier*, question notable, liv. 4,
quest. 28, où il rapporte un arrêt qui a jugé, au contraire, que le donataire n'était pas tenu du payement
de la dot reçue après la donation; mais je ne pense
pas que cet arrêt soit dans les vrais principes : vid.
Furgole, sur l'art. 17 de l'ordonnance de 1731.

Le donataire d'une quote, disons-nous, est tenu
proportionnellement des dettes existantes : on entend
par dettes existantes, non-seulement celles qui existent
et se trouvent exigibles lors de la donation, mais
encore toutes celles qui se trouvent à cette même époque dépendre d'une condition quelconque; et si la
condition se vérifie ou s'accomplit, même postérieurement à la donation, le donataire sera tenu de la
dette conditionnelle, parce qu'il est de règle et de
principe, que les conditions qui s'accomplissent ont
un effet rétroactif au moment de l'acte.

Peut-on appeler dette existante au moment de la
donation celle qui à cette époque n'a pas acquis une
fixité de date? en d'autres termes, le donataire peut-il
être tenu d'une simple dette chirographaire qui n'a
aucune fixité de date? *Furgole*, sur l'art. 17 de l'ordonnance, et notamment *Roussille*, dans son traité
des donations, n.° 352, décident que la fraude ne
se présumant pas, le donataire est tenu de toutes les
dettes chirographaires, sauf à lui à prouver la fraude
et l'antidate.

J'ai déjà dit que je ne pouvais adopter l'opinion
de ces auteurs : sans doute il est malheureux pour le
donateur d'être tenu de toutes les dettes chirographaires qui peuvent exister réellement lors du don,

j'en conviens ; mais il ne dépendait que de lui de soumettre le donataire au payement de ses dettes jusques et à concurrence d'une somme de.....; ne l'ayant pas fait, il est coupable de négligence : admettre toutes les dettes chirographaires, ce serait fournir au donateur un moyen sûr et facile d'évacuer la donation; ce serait contrevenir à la maxime *donner et retenir ne vaut*.

Mais, dit-on, s'il y a de la fraude le donataire peut la prouver :.... fort bien ! mais comment le donataire fera-t-il cette preuve ? Qu'un homme puisse prouver l'existence de la fraude exercée à son égard dans un contrat où il a été partie, la chose paraît possible ; il peut rappeler les manœuvres pratiquées contre lui, et dont il a été la victime ; mais ici tout se fait à l'insçu du donataire : le donateur signe des billets ou lettres de change, et la fraude est consommée ; comment prouver alors que ces effets sont postérieurs à la donation ? La chose paraît absolument, ou presqu'impossible au donataire ; l'interrogatoire sur faits et articles, le serment déféré au porteur des effets, sont trop souvent d'inutiles ou dangereuses ressources : dira-t-on que le donataire peut prouver l'antidate par témoins ? mais sur mille antidates une seule à peine pourra être prouvée par cette voie : vouloir donc soumettre le donataire au payement des dettes chirographaires, c'est absolument le livrer à la merci du donateur, et établir en principe que celui-ci peut rendre la donation de nul effet : sans doute le donateur ne peut y parvenir qu'en se rendant coupable de fraude, et en se procurant même des complices de son dol ; disons mieux, de son faux : l'on sait même que le mal ne se présume pas ; mais la loi sait que le mal est possible, et elle a dû mettre des bornes à toutes les spéculations frauduleuses ; enfin, d'après l'art. 1328 du code, les actes sous seing-privé n'ont point de date contre *le tiers ;* or, nulle exception à cette règle, ni à l'égard du donataire, ni en faveur du donateur; et là où la loi ne distingue point nous ne saurions distinguer nous-mêmes.

Le donateur peut, soit lors, soit depuis la donation, dispenser le donataire du payement des dettes : si cette dispense est postérieure, ayant tous les caractères d'une véritable donation, elle doit être faite par acte public, et suivie d'acceptation ; mais l'on sent que cette dispense ne peut porter aucun préjudice à la réserve légale.

La maxime, *bona non dicuntur, nisi deducto œre alieno,* peut donner lieu à la question suivante : Pierre a donné le tiers de ses biens à Paul ; il a été procédé au partage, la délivrance du tiers a été faite au donataire, sans que le donateur ait rien retranché pour ses dettes, ni fait aucune réserve à ce sujet : on fait demander si le donateur n'est pas censé avoir dispensé le donataire du payement des dettes. *Ricard* examine une question à peu près semblable, n.° 1523 ; et il décide qu'il y a renonciation, sur-tout si le donateur a payé lui-même les dettes, sans rien demander au donataire : je ne pense pas que l'opinion de ce savant jurisconsulte doive être suivie, car personne n'est censé renoncer à ses droits ; et une renonciation aussi importante ne peut être présumée, ni suppléée par induction ; d'ailleurs, les présomptions adoptées et reçues par l'ancienne jurisprudence ne le sont aujourd'hui que dans les cas où la preuve par témoins est admise : sans doute le donateur qui a payé l'intégralité de sa dette s'est particulièrement libéré ; mais il a également libéré la masse totale de ses biens : d'où il résulte qu'il a son recours contre le donataire proportionnellement à l'émolument de ce dernier.

§ III. *Du donataire des biens présens et à venir,
ou d'une quote d'iceux.*

1253. — Nous avons déjà observé plusieurs fois que
les donataires de biens présens et à venir, ou d'une
quote d'iceux, sont considérés, par rapport à la contribution aux dettes, comme les légataires universels
ou à titre universel ; ainsi, le donataire de tous les
biens présens et à venir doit payer l'universalité des
dettes, tout comme l'héritier légitime ou testamentaire.

1254. — On est donataire universel, quand on reçoit
seul, ou avec d'autres, l'universalité des biens du donateur (argument de l'art. 1003 du code civil); ainsi,
il y a donation universelle dans les exemples suivans :
« je donne à Pierre tous mes biens présens et à venir ;
» je donne à Pierre et à son épouse l'universalité des
» biens que je laisserai à mon décès ».

1255. — La donation est à titre universel, quand
on donne à une ou plusieurs personnes, soit une quote
de tous les biens, soit tout, ou partie des biens meubles,
ou des biens immeubles.

Ainsi, il y a donation à titre universel dans les
exemples suivans :

Je donne à Pierre la moitié, le tiers de mes biens
présens et à venir ; la moitié, le tiers des biens que
je laisserai dans ma succession ;

Je donne à Pierre tous mes meubles présens et à
venir, ou telle quote de mes meubles présens et à
venir ;

Je donne à Pierre mes immeubles présens et à venir,
ou la moitié, le tiers des immeubles que je laisserai à
ma mort :

Dans tous ces cas il y a également donation à titre
universel.

1256. — Nous disons que le donataire universel

doit payer toutes les dettes, et que le donataire à titre universel doit en payer sa quote-part : la première proposition ne présente aucune difficulté dans son application ; la seconde peut en présenter, quand la donation porte sur *une espèce* de biens.

Ainsi, dans le cas de la donation de tous les meubles présens et à venir, ou du tiers de ces meubles, il faut, d'abord, faire une estimation particulière des meubles et des immeubles du donateur, comparer cette estimation, et établir par une juste proportion la contribution aux dettes du donataire.

Pierre, par exemple, est donataire du tiers des meubles présens et à venir de Jean :

J'estime, d'abord, ces effets mobiliers, et je trouve pour résultat (par supposition) 4000 fr. ;

J'estime ensuite les immeubles délaissés par le donateur, et l'estimation se porte, toujours par supposition, à 20,000 fr. :

Total de l'estimation, 24,000 fr.

Supposons 3000 fr. de dettes.

Nous voyons d'un coup d'œil qu'ici les meubles étant le sixième des biens, le donataire de tous les meubles devrait payer le sixième des dettes, égalant 500 fr.

Mais comme le résultat des estimations présentera le plus souvent des nombres dont les rapports ne seront pas faciles à saisir, voici la règle générale pour établir la portion contributoire.

J'établis la proportion suivante : si 4000 fr., valeur des meubles, plus 20,000 fr., valeur des immeubles, doivent payer 3000 fr. de dettes, combien 4000 fr. de meubles devront-ils payer ?

24,000 : 3000 :: 4000 : $x = 500$ fr.

Ainsi, si Pierre avait été donataire de tous les meubles, il devrait payer 500 fr. ; mais comme il n'est donataire que du tiers des meubles, il ne devra que le tiers de 500 fr., égalant 166 fr. 66 cent.

1257. — Qu'entend-on par dettes ? On entend toutes les charges et obligations du donateur : *ex quâcumque causâ , actione , vel persecutione , vel jure civili , sine ullâ exceptionis perpetuæ mentione , vel honorario , vel extraordinario , sive purè , sive in diem , sive sub conditione , sive ex delicto :* leg. 10 , 11 et 12 , ff *de verborum significatione ;* ainsi , le donataire à titre univerel sera tenu , proportionnellement à son émolument , non-seulement des dettes proprement dites du donateur , mais encore des garanties à raison des ventes antérieures , des dots promises , des arrérages de rentes , des cautionnemens , etc.

SECTION II.

De la répudiation des donations.

1258. — Avant de traiter directement l'importante question de la répudiation des donations , nous examinerons la question préliminaire relative au fait de savoir si la donation est un contrat synallagmatique.

L'art. 1102 du code civil est ainsi conçu : « le » contrat est *synallagmatique* ou bilatéral , lorsque » les contractans s'obligent réciproquement les uns » envers les autres ».

Cette définition convient-elle à la nature et à l'essence d'une donation ?

Pothier , dans son traité des donations entre-vifs , article préliminaire , nous dit que « la donation entre- » vifs est une *convention* par laquelle une personne , » par libéralité , se dessaisit irrévocablement de quel- » que chose au profit d'une autre personne qui l'ac- » cepte.

» La donation entre-vifs , ajoute-t-il , est du droit » des gens ».

Dans son introduction à la coutume d'Orléans , article préliminaire, *Pothier* s'explique plus clairement, et nous dit que la donation est *un contrat*.

Il ajoute, n.º 3, que « la donation est *un contrat* » *du droit des gens* que le droit civil a assujetti à » certaines formalités ».

Pothier ne dit pas que la donation est *un contrat synallagmatique*.

Domat dit également que « la donation entre-vifs » est un *contrat* qui se fait par un consentement réci- » proque entre le donateur qui se dépouille de ce » qu'il donne, pour le transmettre gratuitement au » donataire, et le donataire qui accepte ». Lois civi- les, liv. 1.ᵉʳ, tit. 10, section 1.ʳᵉ, n.º 1.ᵉʳ

Ricard, part. 1.ʳᵉ, n.º 835, s'occupant de la nécessité de l'acceptation de la part du donataire, s'exprime en ces termes : « la disposition du droit est expresse à ce » sujet, ayant mis les donations entre-vifs au rang des » contrats synallagmatiques, qui ne sont parfaits, même » entre les parties contractantes, jusqu'à ce que leurs » volontés ayent concouru, et qu'elles soient égale- » ment engagées : *in omnibus rebus quæ dominium* » *transferunt concurrere oportet effectus ex utráque* » *parte contrahentium; nam, sive ea venditio, sive* » *donatio, sive alia qualibet causa contrahendi fuit,* » *nisi animus utriusque consentit, perduci ad effectum* » *id quod incohatur non potest.* Leg. 55, ff *de actio-* » *nibus et obligat.*; leg. 10 et 19, § *nolenti*; leg. 26, » ff *de donation.*; leg. 127, ff *de reg. jur.*, et leg. » 6, cod. *de donat.* ».

Observons que ce n'est pas en traitant directement la question que *Ricard* décide que la donation est un *contrat synallagmatique* : dans le passage ci-dessus cité *Ricard*, ainsi que nous l'avons observé, s'occupe particulièrement de la nécessité de l'acceptation ; aussi suffit-il de lire les lois citées par *Ricard*, pour être convaincu que ces lois ne parlent que de la nécessité de l'acceptation de la part du donataire.

Ces lois sont absolument muettes sur la nature des obligations que le donataire contracte par son acceptation.

Furgole, dans sa question première, s'exprime ainsi : « il faut, de plus, observer que si la donation » a été mise au nombre des contrats, ce n'est qu'impar- » faitement, puisque, d'un côté, quand on en de- » meure aux termes d'une pure donation, elle ne porte » aucune obligation qui lie le donataire : *obligationem* » *non contrahi eo casu quo donatio est*, dit la loi 18, » ff *de donat.* ; d'autre part, la loi 14, ff *de pre-* » *cario*, distingue la donation d'avec les contrats, » en ce qu'elle met le précaire au rang des donations » et des libéralités plutôt qu'au rang des contrats : » *magis enim ad donationes et beneficii causam quam* » *ad negotii contracti spectat precarii conditio*, dit » cette loi ; ce qui prouve que si la donation est con- » sidérée comme un contrat, elle n'est pas de la nature » des autres contrats ; bien plus, *François Hotman,* » *disput. jur. civil.*, *de donationibus omnium gene-* » *rum*, *cap.* 1, prouve, par une foule de textes du » droit, que la donation n'est pas un contrat ; et de là » il s'ensuit que la loi n'a requis le consentement ou » l'acceptation du donataire, que pour lever l'obstacle » porté par la règle de droit qui veut qu'une libéra- » lité ne soit point acquise *ignoranti, vel invito* ».

Ainsi, *Furgole* décide, d'après *Hotman*, qu'une donation n'est pas un contrat synallagmatique.

Remarquons cependant que *Hotman* ne refuse la qualification de contrat qu'à la donation pure et simple ; car quand la donation est faite sous une condition ou sous un mode, il la range dans la classe des con-trats : *atque hæc quidem de eâ donationis specie dicta sint, quæ propriè verè sic appellatur; hoc est*

*quæ nullum negotium continet ; aliam enim quæ ne-
gocialis à nobis appellabitur contractus esse constat.*

Negocialis autem dicitur, ajoute *Hotman*, *quæ
non solùm liberalitatis, sed etiam negotii gerendi causâ
conficitur ; negotium autem quadrupliciter geri in donatione dicitur*, *cùm autem dies*, *aut conditio*, *aut
causa*, *aut modus adjectus est.*

Ainsi, selon *Hotman*, la donation *avec charge
est un contrat.*

Tel était avant le code l'état de doute et d'incertitude sur la véritable qualification de la donation,
un des actes les plus ordinaires de la vie.

Le code a-t-il fait cesser cet état d'incertitude ?
ayons-nous la définition vraie et générale de la donation ?

L'art. 894 du code a défini la donation entre-vifs
un acte par lequel le donateur se dépouille actuellement et irrévocablement de la chose donnée en faveur
du donataire qui l'accepte.

La loi dit *un acte*, et non *un contrat ;* observons
même que lorsque le susdit art. 894 fut soumis à
la discussion du conseil-d'état, il était ainsi conçu :
« la donation entre-vifs *est un contrat* par lequel,
» etc. » : cette rédaction fut changée, on substitua
le mot *acte* au mot *contrat ;* et pourquoi cette substitution ? parce que l'on observa « que le contrat im-
» pose des charges mutuelles aux deux contractans,
» et qu'ainsi cette expression ne peut convenir à la
» donation ».

Il est donc évident que le législateur n'a pas considéré la donation comme un contrat synallagmatique :
cela est rigoureusement prouvé à l'égard du moins de
la donation pure et simple.

Ce qui prouve encore que le lien réciproque n'existe
pas, c'est que le donateur n'est pas soumis à la garantie
sans stipulation expresse. Leg. 18, ff *de donat.*, et

eg. 2 ; cod. *de evic.; Pothier* nous dit que le donateur n'est pas obligé : *præstare donatario rem habere
licere ;* ainsi, le donataire évincé qui aura fait des
dépenses considérables sur le bien donné n'aura
aucun recours contre le donateur : *Labeo ait : si quis
mihi rem alienam donaverit, inque eam sumptus
magnos fecero, et sic evincatur, nullam mihi actionem
contra donatorem competere :* dictâ lege 18, § 3 :
où trouver dans un pareil acte cette obligation réciproque qui est de l'essence du contrat synallagmatique ?

1259. — Mais la donation *avec charge* ne doit-
elle pas être placée au nombre de ces derniers contrats ?
Nous avons vu que *Hotman* soutient l'affirmative ; et
cela me paraît résulter des obligations réciproques
stipulées dans la donation avec charge : *Aristo ait :
cùm mixtum sit negotium cum donatione, obligationem
non contrahi eo casu quo donatio est;* donc il y a
obligation par rapport aux conventions qui ont été
jointes à l'acte de donation, ou confondues avec elle.

Nous venons de voir que le donateur pur et simple
n'est pas soumis à la garantie ; mais ne doit-il pas en
être autrement quand la donation est avec charge,
jusques et à concurrence du moins de la charge imposée ?

Certains auteurs pensaient que la garantie avait
lieu dans les donations rémunératoires.

L'art. 1547 du code civil porte « que ceux qui
» constituent une dot sont tenus à la garantie des
» objets constitués ».

Or, que présente une constitution de dot ? elle
présente une donation d'une chose pour aider les
futurs époux à supporter les charges du mariage ; pourquoi cette obligation de garantie de la part du constituant ? ce ne peut être à cause de la donation, car
par elle-même elle ne soumet pas le donateur à la
garantie ; c'est donc à cause de la *charge* qui suit la
constitution que la garantie est due par le constituant :

d'où il résulte que la donation avec charge soumet à la garantie du moins jusques et à concurrence de la charge imposée.

La garantie étant due par le donateur qui a imposé une charge ou obligation, il serait difficile de ne pas voir un contrat synallagmatique dans un acte par lequel le donateur se dépouille avec promesse de faire jouir, et dans lequel le donataire promet de satisfaire aux charges stipulées.

Mais, dira-t-on, pourquoi distinguer entre la donation pure et simple, et la donation avec *charge?* la donation pure n'emporte-t-elle pas avec elle l'obligation, 1.º de fournir des alimens au donateur, s'il se trouve dans le besoin ; 2.º de rendre les choses données, soit dans le cas d'ingratitude, soit dans le cas de survenance d'enfans ? Je réponds que la différence est bien grande ; que ce n'est pas en vertu d'une condition tacite que les alimens sont dus, et que la révocation s'opère : tout cela se fait en vertu des dispositions expresses de la loi, et d'une manière si indépendante de la volonté du donateur, que celui-ci ne peut pas valablement y renoncer.

En dernière analise, la donation en général *est un acte* par lequel le donataire se dépouille, et non un *contrat ;* mais la donation avec *charge* stipulée présente un *contrat synallagmatique,* du moins jusques et à concurrence de la charge imposée.

L'art. 953 du code nous dit, que la donation sera révoquée en cas d'inexécution des conditions sous lesquelles elle aura été faite ; l'art. 1184 du même code nous dit également, que la clause résolutoire est sous-entendue dans les contrats synallagmatiques, pour le cas où l'une des deux parties ne satisfaira point à son engagement : ces deux articles du code sont en parfaite harmonie ; et il en résulte que la donation avec charge est considérée comme un contrat synallagmatique, ..

synallagmatique, puisqu'elle est soumise aux mêmes règles.

1260. — Ainsi fixés sur la nature de la donation, examinons si dans tous les cas le donataire peut se soustraire aux charges, en répudiant.

Jamais il ne fut de question plus difficile : le législateur aurait pu la résoudre d'un seul mot; mais ce mot n'a pas été dit.

Il faut donc suppléer le silence du législateur, et deviner, pour ainsi dire, non ce qu'il a fait, mais ce qu'il a voulu faire.

Nous nous occuperons dans un premier paragraphe de la répudiation à l'égard du donateur, et dans un second paragraphe de la répudiation à l'égard des créanciers de ce dernier; dans un troisième paragraphe nous traiterons de la répudiation des donations de biens présens et à venir, ou des donations sous une charge indéfinie.

§ I. *Le donateur peut-il s'opposer à la répudiation de la donation?*

1261. — Relativement à la donation pure et simple la question est certainement oiseuse : quel intérêt aurait le donataire à répudier un bienfait sans charge? comment le donateur refuserait-il de reprendre un bienfait réel et méconnu? La question ne se présentera peut-être jamais; mais le caprice de l'homme étant sans bornes, les circonstances où il peut se trouver étant singulières et extraordinaires, il pourrait arriver que le donataire répudiât, et que le donateur ne voulût pas reprendre; en un mot, la question de la répudiation de la donation pure et simple peut se présenter; il faut la résoudre : j'ose décider hautement que la répudiation est valable, car elle ne peut être empêchée, et personne n'a intérêt de s'y opposer : on m'a donné un bien, je répudie, et je l'abandonne;

qui peut me forcer à le reprendre ? Le bien étant abandonné, le donateur peut s'en ressaisir : s'il ne le fait pas, il appartiendra au premier occupant ; mais un bien ne peut être à moi malgré moi.

1262. — Occupons-nous de la répudiation d'une donation avec une charge expressément stipulée : il est impossible de se le dissimuler, la donation est due à un motif de bienfaisance, son idée réveille celle d'un bienfait reçu ; dans l'intention des parties jamais la donation ne peut être onéreuse au donataire : sans doute le donateur, en donnant, peut stipuler pour lui ou à sa décharge un payement quelconque ; mais cette stipulation diminue seulement l'émolument de la donation, sans en changer la *nature ;* par rapport à ce qui excède la charge, la donation se trouve pure et simple : s'il n'y a pas d'excédant, on ne peut concevoir de donation ; en un mot, les mots *donation et préjudice* pour le donataire présentent deux idées inconciliables et contradictoires : le donateur ne peut jamais avoir l'idée de s'enrichir, de se procurer un avantage lucratif, en prenant le titre de bienfaiteur ; or, si, dans le principe, le donateur n'a pu avoir la moindre idée d'un avantage pour lui, soit actuel, soit futur, comment, sous le prétexte d'un avantage découvert dans la suite, pourrait-il s'opposer à la répudiation de la donation ? comment pourrait-il dire au donataire : vous êtes, par événement, malheureux d'avoir reçu mes *bienfaits ;* mais le malheur existe : vous serez malgré vous *donataire,* et plus *pauvre ;* et je serai *donateur,* et plus *riche ;* en d'autres termes : vous vous êtes appauvri en recevant, et je me suis enrichi en donnant.

La faculté de répudier paraît donc être dans la nature et dans l'essence de la donation : anéantir cette faculté, c'est changer la *qualité* des parties ; c'est dénaturer l'acte ; c'est lui donner un effet contraire à leur intention primitive ; c'est du moins consacrer un piége funeste, où le donataire s'est laissé prendre par l'appât de la bienfaisance.

Il est vrai, l'ancienne jurisprudence du parlement de Toulouse n'admettait pas la répudiation ; mais depuis la répudiation était permise, et c'était là une vérité devenue constante.

Ecoutons *Boutaric* sur l'art. 13 de l'ordonnance : « qu'une donation, dit-il, regardée comme un bienfait, » ne puisse *jamais être onéreuse* au donataire, et » qu'elle ne puisse, par conséquent, *être répudiée en* » *tout temps*, sans distinguer si elle est universelle ou » d'une partie des biens, et s'il a été fait inventaire ou » non, c'est chose dont on ne doute plus *aujourd'hui* » *au palais*, malgré la jurisprudence contraire attestée » par *Catellan*, liv. 5, chap. 24 ».

« Il est de la nature d'une donation, qui n'est qu'un » bienfait, dit *Serres* sur l'art. 18 de l'ordonnance, » qu'elle ne puisse *jamais obliger irrévocablement le* » *donataire*, et au delà des forces des biens donnés ; » de là vient qu'on juge que le donataire, soit par » contrat de mariage, *ou autrement*, peut répudier » *en tout temps* ».

Roussille, dans son traité des donations, n.° 381, décide expressément que le donataire même avec *charge* peut répudier.

Enfin, *Furgole*, qui a traité la question *ex professo*, se décide en faveur de la répudiation, « 1.° parce » que la donation est une gratification, et non une » charge ; 2.° parce que l'acceptation ne produit au- » cune action contre le donataire, lorsqu'il abandonne » les biens ; 3.° parce que l'acceptation est relative à » la libéralité ; 4.° parce que la donation sous certaines » *charges* conserve sa *qualité* ; 5.° parce que, quand » les dettes absorbent les biens donnés, le donataire » est évincé de la donation : or, l'acheteur évincé ne

» doit pas le prix ; 6.º parce que le donataire n'a pas
» la liberté de faire inventaire, et qu'il est facile au
» donateur de le tromper ; 7.º enfin, parce que le
» légataire ne peut pas être grevé au delà des forces
» de la libéralité ».

L'opinion contraire est soutenue par *Mornac*, par
Faber et par *Catellan* ; *Mornac* et le président
Faber décident même que le donataire demeurera
toujours obligé aux charges, lors même que les biens
donnés auraient péri en entier, parce que, disent-ils,
le donataire est propriétaire, et *res perit domino* : cette
décision est la juste conséquence du système qui rejette
la faculté de répudier.

Ces auteurs se fondent notamment sur la loi 3, cod.
de contrah. empt., ainsi conçue : *sanè si in posses-
sionem rei sub specie venditionis, causâ donationis,
ut te aleret induxisti, sicut perfecta donatio facilè
rescindi non potest, ita legi quam tuis rebus donans
dixisti parere convenit.*

On peut faire sur cette loi trois observations : 1.º
cette loi parle d'une donation déguisée sous la forme
d'une vente, *sub specie venditionis* ; 2.º cette loi impose bien au donataire l'obligation de satisfaire à la
charge imposée ; mais la loi parle d'un donataire qui
détient l'objet donné, et qui refuse néanmoins de
satisfaire à la condition.

Quant au donataire qui répudie pour se soustraire à
la charge, la loi n'en parle en aucune manière ; ainsi,
cette loi ne décide pas la question, puisque la question n'y
est pas même traitée ; 3.º ladite loi 3 s'occupe de la charge
imposée au donataire de fournir des alimens au donateur : nous savons aujourd'hui que cette charge est
sous-entendue dans toutes les donations pour le cas où
le donateur serait dans le besoin : or, quelle action
a le donateur malheureux ? peut-il forcer directement
le donataire à lui fournir des alimens ? Non, il peut

demander la révocation de la donation si les alimens lui sont refusés ; ainsi, son droit réel se borne à la révocation, à la réintégration des biens donnés : son droit ne peut aller plus loin ; mais si ce droit se borne là, le donataire qui répudie, qui réintègre, satisfait pleinement à ce droit ; donc la répudiation est rigoureusement permise dans le cas où le donateur demande l'exécution de la charge tacitement stipulée de lui fournir des alimens.

Mais si la répudiation est permise dans le cas d'une charge *tacite*, pourquoi ne le serait-elle pas dans le cas d'une charge *expresse* ?

Un donateur qui stipule la charge ou l'obligation de lui payer une somme, ou de lui fournir des prestations annuelles, est au moins aussi favorable que le vendeur qui n'est pas encore payé du prix stipulé. Suivons cette idée : le vendeur a un privilège pour la sûreté du prix ; le conservateur est tenu d'inscrire d'office ce privilége, lorsque l'acquéreur lui présente son acte pour être transcrit : le donateur jouit-il des mêmes avantages ? a-t-il une hypothèque sur les biens donnés ? non : et pourquoi cela ? parce qu'il trouve dans son action en révocation, faute de remplir les conditions imposées, une pleine et entière garantie ; car, par la révocation, il se trouve ressaisi de ses biens ; ce qui satisfait à ses droits.

Expliquons-nous avec clarté : le vendeur qui n'est pas payé a l'action personnelle pour obtenir le payement, et pour sûreté de ce payement il a une hypothèque privilégiée ; il a, de plus, l'action résolutoire : le donateur a bien, outre la même action résolutoire, une action personnelle contre le donataire pour l'obliger à satisfaire à la charge ; mais à l'appui, ou pour sûreté de cette action, le donateur a-t-il une hypothèque ? non, le législateur n'a pas cru devoir la lui accorder, sans doute par cette seule raison, que l'action résolutoire doit dans tous les cas satisfaire pleinement aux intérêts du donateur. Approfondissons encore cette idée : supposons que le donataire n'ait que l'immeuble qui lui a été donné sous une charge quelconque ; si le donateur avait le droit rigoureux de s'opposer à la répudiation, il faudrait pour cela qu'il eût dès l'instant même de l'acte de donation une hypothèque privilégiée sur l'immeuble donné ; l'hypothèque privilégiée *n'existant pas*, il est absolument dans la puissance du donataire de rendre vaine l'action personnelle du donateur, et cela en hypothéquant le bien donné : cette hypothèque existant, et ne pouvant être primée par aucun *privilége en faveur du donateur*, il faut en conclure évidemment que celui-ci est forcément, et d'après le caprice du donataire, obligé de recourir à l'action résolutoire ; mais si le donataire peut forcer le donateur à recourir à cette action, il en résulte rigoureusement qu'il peut le forcer à accepter la répudiation ; en effet, si le donateur est forcément réduit à demander le délaissement au donataire, celui-ci a rigoureusement le droit de délaisser, c'est-à-dire, de satisfaire aux conclusions du demandeur.

Mais, dira-t-on, ce raisonnement ne repose que sur une hypothèse bien rare ? Je réponds, que je n'ai posé l'espèce ci-dessus que pour me faire entendre avec plus de facilité ; car quelle que soit la fortune personnelle du donataire, il ne dépend que de lui, en *hypothéquant*, ou aliénant, tant les biens donnés, que ses biens personnels, de forcer le donateur à recourir à l'action résolutoire : si donc, dans tous les cas, le donataire peut forcer le donateur à recourir à cette action, il est bien clair que c'est la seule qui existe rigoureusement en faveur du donateur.

Déterminé par les raisons ci-dessus, j'ose décider que le donataire avec charge peut répudier dans tous les temps : admettre la répudiation, c'est certainement se conformer à la *volonté* présumée des parties, et à la *nature* de la donation, qui ne peut, sans contradiction dans les termes, devenir *onéreuse* à l'avantagé.

Cette décision n'est-elle pas en opposition avec celle que nous venons de donner, d'après laquelle il résulte que la donation avec charge est un contrat synallagmatique ? Il n'y a pas de contradiction : quand une charge est stipulée, il est clair que le donataire doit la remplir tant qu'il conservera *cette qualité de donataire*, qui est la cause de son obligation ; mais s'il répudie le bienfait ; s'il réintègre le donateur, où se trouverait la cause de son obligation ? Insistera-t-on, en disant que le donataire a promis de satisfaire à la charge, et que cette promesse est irrévocable ? Je réponds, 1.º que cette promesse est tacitement conditionnelle, et seulement pour le temps que le donataire gardera les biens donnés ; 2.º qu'il est même impossible de voir de l'irrévocabilité dans une promesse que le donataire peut rendre illusoire par *l'hypothèque de ses biens*.

On peut faire une dernière objection ; on peut rappeler les dispositions de l'art. 463 du code, ainsi conçu : « la donation faite au mineur ne pourra être ac» ceptée par le tuteur qu'avec l'autorisation du conseil » de famille ; *elle aura à l'égard du mineur le même* » *effet qu'à l'égard du majeur* », et dire : si la donation pouvait être toujours répudiée ; si elle ne pouvait devenir onéreuse au mineur donataire, pourquoi tant de formalités pour valider l'acceptation ; cette acceptation est donc un lien, puisque la loi prescrit tant de précautions avant de le former.

Je réponds, 1.º que ce serait une erreur de croire que l'acceptation faite dans les formes de l'art. 463 mît obstacle à l'action en rescision si le mineur était lésé. M. *Grenier*, qui décide que la donation ne peut être répudiée, pense néanmoins que le mineur n'est pas irrévocablement lié par cette acceptation ; 2.º quoique cette acceptation ne lie pas irrévocablement le mineur, elle le soumet cependant à des obligations grevantes, notamment à celle de rendre la chose et les fruits perçus dans l'intervalle de la donation à la répudiation ; et cette considération était suffisante pour engager le législateur à soumettre l'acceptation du tuteur à certaines formalités.

Ainsi, contre la répudiation nulle objection à tirer du susdit art. 463.

Enfin, ceux qui rejettent la faculté de répudier se fondent sur ce que la donation avec charge étant acceptée, les obligations réciproques du donateur et du donataire doivent être également irrévocables : le donateur étant lié, comment le donataire ne le serait-il point ?

Mais est-il bien vrai, en général, que la donation soit, comme la vente, ferme et irrévocable ? est-il vrai que le donateur soit, en général, dans l'impossibilité d'y porter la plus légère atteinte ? Non, le donateur a des héritiers avec réserve : dans le moment de la donation les biens non donnés, et à lui restans, excèdent de beaucoup la réserve ; mais qui peut empêcher le donateur de vendre ses biens restans ? n'a-t-il pas là, ou en contractant des dettes, un double moyen d'épuiser en partie la donation ; si le donateur n'a pas d'enfant lors du don, il ne dépend que de lui de se marier : sans doute la naissance d'un enfant est jusqu'à un certain point casuelle ; mais elle est plus potestative que casuelle : ainsi, voilà encore pour le donateur un moyen presque sûr d'anéantir la donation.

Ces réflexions nous prouvent que l'on part d'un faux principe, quand on compare la donation avec charge à un véritable contrat irrévocable de sa nature, tel que la vente ; la comparaison n'est pas exacte,

l'identité n'est pas parfaite : le donateur est en général moins lésé que le vendeur ; donc le donataire ne
peut être comparé à l'acheteur : comment pourrait-il
lui être comparé ? lui qui peut être dépouillé en partie
sous une condition potestative (la création des dettes),
et qui peut être dépouillé absolument, sous une condition casuelle (la naissance d'un enfant)!

Ne trouverons-nous pas dans la faculté du rapport
une nouvelle et puissante raison en faveur de la répudiation ? Si le rapport est toujours ordonné, à moins
de clause contraire, n'est-ce pas parce que, dans la
pensée du législateur, toute donation est un avantage,
et que cet avantage doit être rapporté pour rétablir
l'égalité entre copartageans ?

Ce n'est pas tout ; rappelons sur la nature du rapport
quelques principes incontestables :

1.º Puisque les cohéritiers peuvent forcer le donataire acceptant la succession à faire le rapport, celui-
ci doit pouvoir le faire malgré leur opposition ;

2.º Le donataire qui rapporte peut réclamer la valeur
des impenses et améliorations (art. 833 du code), il a
même pour cela le droit de rétention (art. 867) ;

3.º Si l'immeuble donné a péri, ou se trouve dégradé
par cas fortuit, le donataire, dans le premier cas, est
dispensé du rapport (art. 855 , leg. 2, § 2, ff *de
collat. bonor.*), et, dans le second cas, il n'est tenu de
rapporter l'immeuble que dans l'état où il se trouve
(art. 863) ;

4.º Le donataire d'un immeuble sous la charge de
payer 6000 fr. à la libération du donateur est bien
tenu de rapporter l'immeuble ; mais la succession doit
lui rembourser les 6000 fr. payés : si le remboursement
n'avait pas lieu, le donateur se trouverait mourir plus
riche par l'effet de la donation, puisque la masse
successive ne serait point diminuée, et qu'il se trouverait libéré des 6000 fr.

Ces principes sont incontestables ; or , supposons que l'immeuble donné avec charge de payer les 6000 fr. ait péri, en tout, ou en partie, par cas fortuit, certainement cette circonstance ne changera rien au droit du donataire ; il rapportera toujours ce qu'il reste de l'immeuble , et prélevera les 6000 fr. par lui payés : d'où il résulte que le donataire peut toujours, au moyen du rapport , *qui ne peut être empêché*, se débarrasser des effets d'une donation devenue onéreuse.

Mais si le rapport a lieu , quoiqu'il soit préjudiciable aux autres héritiers du donateur , il faut décider, à plus forte raison , que la répudiation peut être faite à leur préjudice ; car la répudiation est moins préjudiciable que le rapport , puisque , dans le cas du rapport , le donataire retient les fruits perçus jusqu'à la mort du donateur , tandis que le répudiant doit la restitution de tous les fruits.

Mais si la répudiation est forcée à l'égard des héritiers du donateur , comment ne le serait-elle pas à son égard ?

Il faut donc dire que la faculté de répudier émane de la nature de la donation.

1263. — Le principe de la répudiation étant admis, examinons quelles sont les donations qui peuvent être répudiées.

Il faut dire que toute donation , même avec charge, peut être répudiée , si elle n'a pour objet que les biens présens ;

Ainsi , peuvent être répudiées,

1.º La donation de tous les biens présens ;

2.º La donation d'une quote de ces biens ;

3.º La donation de telle espèce de biens présens, comme meubles ou immeubles ;

4.º Enfin, la donation d'un objet particulier.

1264. — La répudiation est permise lors même que l'immeuble donné aurait péri, en tout, ou en partie, par cas fortuit ; cette circonstance ne peut rien changer au droit du donataire : le donateur, par l'effet du hasard, ne peut pas être devenu plus riche.

1265. — Quelles sont les obligations du donataire qui répudie ? Il doit rendre au donateur la chose donnée avec ses augmentations naturelles ou intrinsèques, telles que l'alluvion, et lui payer le montant des dégradations provenant de son fait, faute ou négligence ; en un mot, le donateur réintégré ne doit éprouver que les pertes et préjudices qu'il aurait ressenti lui-même s'il avait conservé la jouissance de son bien.

Le donataire doit également rendre tous les fruits par lui perçus depuis la donation, consommés ou non consommés, quand même il n'en serait pas devenu plus riche ; car il ne doit rien conserver en capital, ni accessoires d'une donation qu'il répudie. Vid. *Furgole*, dans son traité des testamens, chap. 10, sect. 3, n.º 6, où il cite *Loiseau*, dans son traité du déguerpissement, liv. 6, chap. 9, qui cependant ne s'explique pas là-dessus d'une manière positive ; il faut cependant décider sans difficulté que la restitution des fruits est due : vid. *Roussille*, dans son traité des donations, n.º 621 ; il compare le donataire qui répudie à l'héritier sous bénéfice d'inventaire qui renonce à la succession : vid. *Lapeyrère*, *verb.* répudiation, qui décide également que le donataire qui répudie doit compte des fruits.

1266. — La femme mariée sous le régime dotal peut-elle, de concert avec son époux, répudier une donation qui lui aurait été faite à titre de dot, et sous certaines charges stipulées ?

La difficulté vient ici du principe qui veut que la dot soit inaliénable : ce principe, littéralement écrit dans la loi romaine, se trouve également con-

sacré par l'art. 1554 du code civil ; mais l'art. 1558
de ce code porte que l'immeuble dotal peut être
aliéné « pour payer les dettes de la femme ou de ceux
» qui ont constitué la dot, lorsque ces dettes ont une
» date certaine antérieure au contrat de mariage » :
or, la charge imposée à la donation constitue une
dette certaine, et qui existe du moment même du
contrat; ainsi, le principe de l'inaliénabilité de la dot
ne saurait mettre obstacle à la répudiation : telle est
aussi l'opinion de *Roussille*, dans son traité des donations, n.º 385 ; mais observons que la répudiation
ne peut être faite qu'avec l'autorisation de la justice
(argument du susdit art. 1558 du code).

1267. — Le donataire qui a satisfait pleinement
à la charge peut-il répudier et demander le remboursement de ce qu'il a payé? Oui, il le peut : quel que
soit le dépérissement casuel survenu depuis à l'immeuble donné, je pense que toute donation contient la
condition tacite de la répudiation, si jamais le donataire se trouve en perte.

A plus forte raison la répudiation serait-elle admise,
si le donataire a seulement commencé de satisfaire à
la charge.

1268. — Quelle est la durée de la faculté de répudier? *Damours*, sur l'art. 18 de l'ordonnance, décide
que la faculté de répudier se prescrit par dix ans,
à compter de l'acte de donation; *Roussille* prétend,
au contraire, que le donataire peut répudier pendant
trente ans : cette dernière opinion est préférable.
Il ne s'agit pas ici d'une action en nullité ou en rescision ; il s'agit de l'exécution d'une condition tacitement stipulée : or, l'action qui résulte de toute convention expresse ou tacite dure trente années, à moins de
disposition contraire textuellement écrite dans la loi ;
d'ailleurs, le donataire de tous les biens, ou d'une
quote de biens présens, est assujetti au payement pro-

portionnel des dettes du donateur ayant une date certaine avant la donation; mais l'action des créanciers durant trente années, qui empêcherait un créancier inconnu, porteur d'un titre enregistré dans un bureau éloigné, de venir, après dix ans, demander au donataire le payement de sa créance? Il faut donc que celui-ci puisse repousser cette action, en répudiant.

Mais après trente ans la faculté de répudier doit être anéantie, parce que c'est là le plus long terme de toutes les actions; le tout sans préjudice de la suspension ou interruption de la prescription, conformément à la loi.

1269. — La répudiation peut être faite, tant par le donataire, que par ses héritiers, au préjudice, tant du donateur, que de ses héritiers, si le donateur est mort au moment de la répudiation; car la faculté de répudier n'est pas un droit personnel, mais transmissible.

§ II. *De la répudiation des donations, considérée à l'égard des créanciers, tant du donateur, que du donataire.*

1270. — Les créanciers du donateur peuvent-ils s'opposer à la répudiation? Cette question est déjà résolue par le principe général qui admet la faculté de répudier à l'égard du donateur, cependant expliquons-nous particulièrement sur le mérite d'une répudiation à laquelle les créanciers de ce dernier voudraient s'opposer.

Remarquons que la question ne peut se présenter que dans le cas, 1.° d'une donation de tous les biens présens, ou d'une quote de ces biens; 2.° d'une donation d'un objet particulier, avec charge expresse de payer tel et tel créancier désigné.

Dans le cas d'une donation de tous les biens présens, ou d'une quote, les créanciers du donateur ne peuvent pas s'opposer à la répudiation : comment pourraient-ils le faire? Le donataire n'est obligé envers les créanciers qu'en sa qualité de *détenteur* ; ceux-ci n'ont contre lui qu'une action personnelle, *in rem scripta*, comme le dit *Furgole*, ou *personalis ob rem*, comme le dit encore plus clairement *Ricard* : donc, du moment que le donataire abandonne la chose qui est la base et la cause de son obligation envers les créanciers , il leur devient absolument étranger : le donataire ressemble parfaitement au tiers-détenteur d'un immeuble hypothéqué, qui met fin à toutes les poursuites qu'on pourrait diriger contre lui, en délaissent. Vid. *Furgole*, dans sa question 48.ᵉ, et sur l'art. 17 de l'ordonnance ; *Ranchin*, sur la question 105 de *Gui-Pape*, et *Ricard*, part. 3, n.º 1516 et suivans. Pourquoi le donataire de tous les biens présens, ou d'une quote, est-il obligé de payer proportionnellement les dettes? Il y est obligé en vertu de la maxime, *non dicuntur bona, nisi deducto ære alieno*, et à cause de cette juste présomption, que le donateur, en se dépouillant, n'a pas voulu demeurer chargé des dettes; mais du moment que le donataire répudie, les choses sont remises dans le même et semblable état où elles étaient avant la donation : les créanciers retrouvent dans les mains du donateur tous les biens qui étaient leur gage ; ainsi, nul préjudice ne leur est causé : c'est d'après ces motifs que les auteurs qui rejettent la faculté de répudier à l'égard du donateur, l'admettent cependant à l'égard des créanciers de ce dernier. Vid. M. *Grenier*, dans son traité des donations, n.º 96.

1271. — Passons au second cas : supposons que le donataire ait été expressément chargé de payer Joseph, un des créanciers du donateur ; Joseph pourra-t-il s'opposer à la répudiation?

Nous voyons ici que le donataire, acceptant la charge, s'est personnellement obligé envers Joseph , créancier ; il y a donc ici, peut-on dire, obligation personnelle, *ex stipulatu* , et non simple obligation personnelle , *ob rem*.

Je pense néanmoins que Joseph, créancier, ne peut s'opposer à la répudiation, car il ne saurait avoir plus de droits que le donateur qui a stipulé la charge ; le donataire ne saurait être plus lié envers le créancier qu'envers le donateur ; et comme il peut répudier à l'égard de ce dernier , il dóit pouvoir le faire à plus forte raison au préjudice du créancier : ne perdons pas de vue ce principe, que la donation est toujours répudiable, quand elle devient onéreuse au donataire, ou qu'elle lui paraît telle.

1272. — Ce que nous disons s'applique à toute espèce de créanciers du donateur, soit chirographaires, soit hypothécaires : inutilement observerait-on, qu'aux termes de l'art. 2172 du code le tiers-détenteur ne peut être admis au délaissement *quand il est personnellement obligé à la dette* , car cet article parle d'une obligation absolue et définitive ; ce qui ne peut s'appliquer au donataire avec charge , parce que son obligation n'est pas pure, mais conditionnelle, c'est-à-dire, faite sous la condition de la possession de la chose donnée.

1273. — Examinons si les créanciers du donataire peuvent s'opposer à ce qu'il répudie la donation.

On sent que tout créancier du donataire antérieur à la donation , de même que celui qui a traité avec le donataire depuis le don , ont le droit de défendre un bien qui est devenu leur gage ; ils ont le droit de veiller à ce que ce gage ne puisse leur échapper , et, enfin , de s'opposer à une répudiation qui blesserait leurs intérêts.

Ainsi , le créancier, instruit de l'intention qu'a le

donataire de répudier, peut s'opposer à cette répudiation, en ce sens qu'il a le droit de demander à accepter la donation de son chef, en assumant sur lui toutes les charges : je pense que le créancier a ce droit, du moins jusqu'à concurrence de sa créance ; l'art. 788 du code civil est ainsi conçu : « les créanciers de » celui qui renonce au préjudice de leurs droits, peu- » vent se faire autoriser en justice à accepter la suc- » cession du chef de leur débiteur, en son lieu et » place : dans ce cas la renonciation n'est annullée » qu'en faveur des créanciers, et jusqu'à concurrence » seulement de leur créance; elle ne l'est pas au profit » de l'héritier qui a renoncé » : les dispositions de cet article doivent s'appliquer à la répudiation d'une donation, car elle s'appliquerait incontestablement à la répudiation d'une donation contractuelle de biens présens et à venir, ou d'une quote d'iceux ; il faut donc, par analogie, les appliquer à une donation de biens présens.

Pour que les créanciers ayent le droit de se faire autoriser par justice à accepter la donation de leur chef, il faut que la répudiation ne soit pas consommée ; car si elle était faite par le donataire, et acceptée par le donateur, dans ce cas les créanciers n'auraient que le droit d'attaquer la répudiation comme frauduleuse, et faite au préjudice de leurs droits, conformément à l'art. 1167 du code civil : la fraude sera prouvée s'il est établi que la donation n'était pas préjudiciable au donataire.

Ainsi, les créanciers du donataire qui peuvent craindre une répudiation, et qui ne voudront pas s'exposer à l'obligation de prouver la fraude, feront prudemment de signifier un acte, tant au donataire, qu'au donateur, pour leur déclarer qu'ils s'opposent à toute répudiation qui serait faite sans leur intervention : si, au mépris de cet acte, la répudiation est faite, le droit
des

des créanciers sera conservé, et ils pourront se faire autoriser à accepter de leur chef jusqu'à concurrence de leurs créances.

1274. — Supposons que le donataire ait spécialement hypothéqué le bien donné, et qu'il répudie ensuite ; le créancier inscrit avant la répudiation pourra-t-il suivre l'immeuble rentré dans les mains du donateur ? Non : il faut raisonner relativement à la répudiation comme dans le cas du rapport ; or, l'on sait que quoique le rapport soit volontaire de la part du donataire, néanmoins les biens rapportés rentrent dans la masse francs et quittes de toutes charges imposées par le donataire (art. 855 du code civil : cela ne saurait surprendre, car, aux termes de l'art. 2125 de ce même code, ceux qui n'ont qu'un droit résoluble ne peuvent consentir que des hypothèques soumises aux mêmes conditions ; et l'on ne doit pas perdre de vue que la faculté de répudier est une condition inhérente à la donation, et qui dérive de la nature de cet acte : ainsi, le créancier qui a traité avec le donataire a dû s'attendre à cette chance de dépouillement ; mais le créancier pourra, ainsi que nous l'avons expliqué ci-dessus, ou se faire autoriser à accepter de son chef, ou attaquer la répudiation, comme faite en fraude de ses droits.

1275. — La filiation des idées nous engage à examiner la question suivante : un donataire de tous les biens présens, ou d'une quote, ou d'un objet particulier, vend tout ou partie des biens donnés ; pourra-t-il répudier ensuite au préjudice de l'acquéreur ?

Si la faculté de répudier était un moyen de rescision fondé sur la violence ou sur le dol, nous pourrions dire que si la vente était postérieure à la découverte du dol, le donataire serait irrecevable à demander la rescision d'un acte par lui exécuté ; vid. l'art. 892 du code civil, ainsi conçu : « l'héritier qui a aliéné son

Tom. III.   19

» lot, en tout, ou partie, n'est plus recevable à intenter
» l'action en rescision pour dol et violence, si l'aliéna-
» tion qu'il a faite est postérieure à la découverte du
» dol ou à la cessation de la violence » ; vid. également
l'art. 1338 du même code, qui porte, « que l'exécu-
» tion volontaire emporte la renonciation aux moyens
» et exceptions que l'on pouvait opposer contre l'acte
» exécuté ».

Mais le donataire qui répudie n'agit pas en rescision
pour dol intervenu dans son acceptation : la donation
peut être l'ouvrage de la bonne foi ; et quand le donataire répudie, il ne fait qu'user d'un droit émanant
de la nature de l'acte : la répudiation est l'exécution
d'une condition prévue, et tacitement stipulée.

Ainsi, l'acquéreur qui traite avec le donataire a vu
ou dû voir que ce dernier n'était pas investi d'un
titre irrévocable ; il a dû prévoir qu'il pouvait être
dépouillé, soit dans le cas de réduction de la donation
(art. 930 du code), soit dans le cas de sa répudiation.

Mais, peut-on répondre, il ne faut pas comparer le
cas de la *réduction,* qui est indépendante de la volonté
du donataire, avec le cas de la *répudiation,* qui ne
dépend que de sa volonté : comment le donataire qui
a vendu pourrait-il annuller la vente d'après son
caprice ! dans le cas du rapport, qui est un acte
volontaire de la part du rapportant, la vente n'est-elle
pas maintenue, d'après l'art. 860 du code ? le rapport
est volontaire, puisqu'il n'est dû que par le donataire
qui veut accepter la succession, et que personne n'est
forcé d'accepter une succession qui lui est échue.

Ces dernières raisons sont plus fortes, et je pense que
l'acquéreur ne peut être dépouillé par l'effet d'une
répudiation ; mais, dira-t-on, n'y a-t-il pas une espèce
de contradiction à annuller, d'un côté, l'hypothèque
créée par le donataire, et à maintenir, de l'autre, la
vente par lui consentie ? Non ; d'ailleurs, la loi la

voulu ainsi dans le cas du rapport, et cela d'après les plus puissantes considérations : la vente étant consentie par le donataire, l'objet vendu peut passer dans les mains de plusieurs acquéreurs successifs ; il faut que la propriété d'un immeuble soit sûre et certaine : des améliorations considérables peuvent être faites sur l'objet acquis,.... il faut encourager ces améliorations ; des usines importantes peuvent être construites, de grands établissemens peuvent être faits ;.... ils doivent être protégés : tels sont les motifs qui ont engagé le législateur à maintenir la vente dans le cas du rapport ; les mêmes considérations ne militent pas en faveur du créancier hypothécaire, qui n'a voulu avoir qu'une sureté pour son argent ; mais la loi satisfait à ses intérêts dans tous les cas, en lui donnant la faculté de s'opposer au rapport, et celle d'accepter de son chef la donation répudiée.

1276. — Mais si la vente consentie par le donataire ne peut être annullée au préjudice de l'acquéreur, n'en résulte-t-il point que, dans le cas de vente par lui consentie, le donataire ne peut plus répudier ? Je le pense ainsi : par l'effet de la répudiation le donateur doit être réintégré *in specie*, il faut lui rendre l'immeuble donné, et non sa valeur ; donc le donataire qui s'est mis dans l'impuissance de réintégrer le donateur s'est par là rendu irrecevable à répudier : si l'immeuble donné ne rentrait point dans les mains du donateur, il y aurait préjudice pour lui ; il a donc droit de s'opposer à ce préjudice.

Cette décision ne s'applique qu'au cas où le donataire a vendu tout ou partie de l'immeuble donné ; car s'il avait vendu tout ou partie des meubles donnés, il pourrait répudier, en rendant la valeur de ces meubles.

Dans le cas même de la vente d'un immeuble le donataire pourrait répudier, en en rendant la valeur, s'il pouvait prouver que la donation des biens présens était frauduleuse, et qu'il existait des dettes du donateur au delà de la valeur des biens donnés; dettes inconnues à lui donataire, non-seulement à l'époque de la donation, mais encore à l'époque de la vente : *in omnibus excipitur dolus*, et le dol sera prouvé par la comparaison de la masse des dettes avec la valeur des biens lors de la donation.

§ III. *De la répudiation des donations de biens présens et à venir, ou des donations faites sous une charge indéfinie.*

1277. — Sous l'empire de l'ordonnance de 1731; quand une donation était faite par contrat de mariage de tous les biens présens et à venir, ou d'une quote desdits biens, le donataire pouvait au décès du donateur répudier la donation, quant aux biens à venir, et s'en tenir aux biens présens.

De même, quand une donation par contrat de mariage était faite sous une charge indéfinie, comme de payer tout ou partie des dettes de la succession du donateur, le donataire pouvait répudier la donation. Vid. les art. 17 et 18 de la susdite ordonnance de 1731.

En traitant la question de la répudiation en général, nous n'avons pas invoqué les susdites dispositions de l'ordonnance; et la raison en est simple, car il y a une grande différence entre une charge indéfinie et une charge déterminée : quand la charge est fixe, le donataire voit jusqu'où il s'engage; quand la charge est indéfinie, le donataire qui n'aurait pas la faculté de répudier serait sous la main du donateur, qui pourrait le ruiner de fond en comble; ainsi, il n'y a aucune parité entre ces deux espèces, et il était impossible de tirer une conséquence d'un cas à l'autre.

1278. — Les susdites dispositions de l'ordonnance de 1731 se retrouvent dans les art. 1084, 1085 et 1086 du code, sous certaines modifications, que nous avons déjà fait connaître : ayant expliqué avec une certaine étendue les dispositions des susdits articles du code, il nous suffira de dire que tout donataire de biens présens et à venir, ou sous une charge indéfinie, a la faculté de répudier la donation qui lui a été faite dans son contrat de mariage (susdits art. 1085 et 1086 du code).

1279. — Nous avons déjà décidé que le donataire contractuel des biens présens et à venir ne peut plus répudier, quand il s'est immiscé dans la succession du donateur sans inventaire. Vid. n.º 916.

Nous persistons dans notre manière de voir.

Nous comparons le donataire universel à l'héritier, en vertu de la règle de droit 128, *hi qui in universum jus succedunt hæredis loco habentur ; Dantoine*, sur cette loi, s'exprime en ces termes : « la susdite règle » s'applique au donataire universel, qui est obligé de » payer toutes les dettes du donateur, *quia est loco* » *hæredis*, lorsqu'il accepte la donation purement et » simplement ; mais quand il accepte *par bénéfice d'in-* » *ventaire*, il n'est tenu que jusques et à concurrence » des biens ; d'où il suit qu'un donataire universel est » comparé à un véritable héritier ».

On ne peut pas dire d'une manière plus expresse, que sans inventaire le donataire universel qui s'immisce dans la succession est tenu des dettes *ultrà vires hære-ditatis*, et qu'ainsi il ne peut répudier.

Cependant *Furgole* professe une autre doctrine : « l'action personnelle, dit-il, ne lie pas le donataire » de manière qu'il puisse être tenu au delà des forces » des biens, quand même il n'aurait pas fait d'inven- » taire, comme le décident *Argentré* sur la coutume » de Bretagne, art. 219 ; *Duperrier*, tom. 1.er, liv. » 4, quest. 6 ; *Catellan*, liv. 5, chap. 24, et *Ricard*,

» tom. 1.er , part. 3 , n.os 1516, 1517 et suivans » :
vid. *Furgole* sur l'art. 17 de l'ordonnance.

Duperrier, au lieu cité, ne traite en aucune manière
la question ; cet auteur examine seulement si l'institution contractuelle présente pendant la vie de l'instituant un droit universel en faveur de l'institué.

Catellan, liv. 5 , chap. 24 , décide bien que le
donataire universel n'est pas tenu des dettes au delà
de la valeur des biens donnés , quoiqu'il n'ait pas fait
d'inventaire ; mais de quel donataire universel parle
Catellan ? du donataire universel *des biens présens,*
ce qui n'est pas notre question ; voici les expressions
de *Catellan :* « *on pourrait* même avancer , *ce semble,*
» que le donataire universel ne peut être convenu
» *par les créanciers antérieurs* au delà de la valeur
» des biens donnés , quoiqu'il n'ait pas fait inventaire » :
par les créanciers antérieurs, cette expression prouve
que *Catellan* n'entend parler que d'un donataire universel de biens présens ; observons même que *Catellan*
s'exprime d'une manière douteuse : *on pourrait, ce*
semble.

Il est vrai que *Ricard* paraît décider que le donataire universel des biens présens et à venir n'est jamais
tenu des dettes au delà de la valeur des biens donnés ;
or , sur quoi se fonde-t-il ? sur les lois romaines , et
notamment sur la loi *mulier bona,* ff *de jure dotium ,*
également citée par *Catellan ;* mais l'on sent que les
lois du digeste ne peuvent pas fixer les droits et les
obligations d'un donataire de biens *présens et à venir,*
quand ces lois ne reconnaissent pas ce genre de disposition. Vid. *Peresius,* sur le titre du code *de dona-*
tionibus, n.os 18 et 19, et *Cambolas,* liv. 4, chap. 35.

Qu'est-ce qu'un donataire de biens présens et à
venir ? Le simple bon sens , ennemi de toute subtilité ,
répondra qu'un tel donataire n'est autre chose qu'un
héritier contractuel : quelle différence peut-on faire

entre un héritier testamentaire et un héritier contractuel ? absolument aucune relativement à l'obligation de payer les dettes de la succession ; or, l'héritier testamentaire qui s'est immiscé dans la succession, qui par là a fait une acceptation expresse, ne peut se dispenser en aucune manière de payer les dettes *ultrà vires hæreditatis* : comment et pourquoi en serait-il autrement à l'égard de l'héritier contractuel ? comment et pourquoi la condition des créanciers de la succession serait-elle changée par cette circonstance, qui leur est étrangère, que le défunt se serait donné un *héritier contractuel,* au lieu d'un *héritier testamentaire ;* l'héritier contractuel aura-t-il la faculté de s'immiscer sans inventaire, de pouvoir épuiser la succession au préjudice des créanciers, quand l'héritier testamentaire n'aurait pas la même faculté ? L'héritier contractuel n'est pas expressément obligé par la loi de demander la délivrance, l'héritier testamentaire est tenu de la demander quand il existe des successibles avec réserve ; d'où il résulte que les créanciers n'ont pas un seul instant pour s'opposer aux dilapidations de l'héritier contractuel ; comment donc celui-ci pourrait-il leur dire : je n'ai trouvé que cela !

L'art. 724 du code civil porte, « que les héritiers » légitimes sont saisis de plein droit des biens, droits et » actions du défunt, sous l'obligation d'acquitter *toutes* » *les charges de la succession* ».

L'art. 783 du même code dispose, « que le majeur » ne peut attaquer l'acceptation qu'il a faite d'une » succession, que dans le cas où cette acceptation » aurait été la suite d'un dol pratiqué envers lui ; il » ne peut jamais réclamer sous prétexte de lésion, ex- » cepté seulement dans le cas où la succession se trou- » verait absorbée ou diminuée de plus de moitié *par la* » *découverte d'un testament inconnu au moment de* » *l'acceptation* ».

Telles sont les obligations de *l'héritier légitime*, au moins aussi favorable que *l'héritier contractuel*.

L'héritier testamentaire, c'est-à-dire, le légataire universel est soumis aux mêmes obligations. Vid. les art. 1006 et 1009 du code civil.

Il en résulte que l'héritier légitime ou testamentaire qui s'immisce dans la succession s'oblige indéfiniment en faveur des créanciers du défunt, comment en serait-il autrement à l'égard de l'héritier contractuel ! le caprice seul pourrait établir entr'eux une différence ; mais la loi a pour elle la présomption de la sagesse.

La question me paraît d'ailleurs littéralement résolue par l'art 1085 du code civil, ainsi conçu : « si » l'état des dettes n'a pas été annexé à l'acte contenant » donation des biens présens et à venir, le donataire » sera obligé d'accepter ou de répudier cette donation » pour le tout ; en cas d'*acceptation*, il ne pourra » réclamer que les biens qui se trouveront existans au » jour du décès du donateur, et il sera soumis au » payement *de toutes les dettes et charges de la suc-* » *cession* ».

Or, qu'accepte le donataire des biens présens et à venir, quand il accepte la donation pour le tout ? Il accepte *la succession* du donateur, et le susdit article le soumet au payement de toutes les dettes et charges *de cette succession :* peut-il revenir contre cette acceptation ? non : une faculté si exorbitante, qui est refusée à l'héritier, soit testamentaire, soit légitime, ne peut exister sans une disposition expresse ; mais cette disposition expresse ne se trouve pas.

En un mot, qu'est-ce qu'une donation de biens présens et à venir, sur-tout quand le donataire a accepté la donation pour le tout ? Elle est une véritable institution contractuelle : « la donation des biens pré- » sens et à venir, et l'institution contractuelle, dit

» *Ricard,* ne diffèrent guère que de nom ; *en sorte*
» *qu'elles doivent être sujettes aux mêmes règles* ».

Or , l'institué contractuellement qui s'est immiscé
dans la succession est-il tenu du payement des dettes
ultrà vires hæreditatis ? Ecoutons les auteurs du répertoire de jurisprudence, *verbo* institution contractuelle, § 11, pag. 3o3 ; ils s'expriment en ces termes :

« Personne ne doute que l'héritier institué par con-
» trat de mariage ne soit obligé de payer les dettes
» de l'instituant ; mais c'est une question s'il est
» obligé de les payer indéfiniment, lorsqu'il n'a pas fait
» d'inventaire , ou seulement *pro modo emolumenti.*

» L'art. 34 du titre 14 de la coutume d'Auvergne
» adopte le premier parti : *l'héritier institué par con-*
» *trat de mariage est tenu de payer et de répondre*
» *de toutes charges héréditaires du défunt, tant acti-*
» *ves que passives, comme seraient héritiers* ab intestat :
» l'art. 223 de la coutume du Bourbonnais renferme
» la même disposition ; c'est aussi ce que décident im-
» plicitement les coutumes de la Marche , art. 249,
» et du Nivernais, chap. 34, art. 29, en permettant
» à l'héritier contractuel de recourir au bénéfice d'in-
» ventaire : *Lebrun , Ferrière , Laurière , Bourgeon*
» et *Furgole* pensent de même.

» L'opinion contraire a trouvé des sectateurs dans
» *Duplessis , Duperrier* et son annotateur ; *mais elle*
» *combat trop visiblement les vrais principes , pour*
» *qu'on puisse l'admettre :* l'héritier contractuel est cons-
» tamment un *héritier* proprement dit ; il l'est autant
» que celui qui succède en vertu de la loi : or , il est de
» règle que tout héritier paye les dettes de la succession ,
» sans distinguer si elles surpassent les biens ou non ;
» l'institué par contrat de mariage qui n'a pas fait
» inventaire *est donc tenu de tout :* d'ailleurs, com-
» ment est-il possible qu'il ne paye qu'une partie des
» dettes, lorsqu'il n'a pas d'inventaire à opposer au

» créancier, et que, par conséquent, il ne peut cons-
» tater le montant de ce qu'il a perçu » ?

Il est donc démontré que le donataire de tous les
biens présens et à venir est tenu de toutes les dettes,
s'il s'est immiscé dans la succession sans inventaire.

1280. — Nous avons dit dans le paragraphe précédent que le donataire qui a vendu tout ou partie
de l'immeuble donné ne peut plus répudier, parce
qu'il ne peut réintégrer le donateur dans les biens
vendus; mais cette décision ne s'applique qu'à une
donation de biens *présens*, car si la donation porte
sur tout ou partie des biens *présens et à venir*, et
que le donataire, mis en possession des biens présens,
les ait vendus, dans ce cas la répudiation pourra être
faite au décès du donateur, s'il n'y a pas eu d'immix-
tion dans les biens à venir; et la vente sera annullée
par cette répudiation. Cette décision ne saurait surprendre : il y a une grande différence entre une donation de biens présens et une donation de biens présens
et à venir; la répudiation de cette dernière donation est expressément permise par la loi, s'il en était
autrement le donateur pourrait ruiner entièrement
le donataire; l'acquéreur se trouve dépouillé par cette
répudiation, comme il le serait par la caducité de la
donation opérée par le prédécès du donataire : inutile-
lement observerait-on que la répudiation est volontaire, car, dans l'espèce, la répudiation est forcée,
attendu la masse des dettes existantes; et l'on ne peut
pas qualifier de purement volontaire une répudiation
commandée par la prudence, et devenue nécessaire
par l'effet de circonstances indépendantes de la volonté du donataire.

NOTES. = OBSERVATIONS. = ECLAIRCISSEMENS. = ARRÊTS.

OBSERVATION GÉNÉRALE.

Le lecteur qui n'aura pas fait attention à ce que j'ai dit dans ma préface aura été étonné, 1.º de ce que souvent je me contente d'indiquer des arrêts très-remarquables de la cour de cassation, sans en faire connaître, ni l'espèce, ni les motifs ; 2.º de ce que souvent j'invoque les articles du code civil relatifs au *divorce*, tandis que le divorce est aboli depuis deux ans ; 3.º enfin, de ce que, rappelant un arrêt de 1809 et 1810, je me sers de cette expression : *arrêt que la cour de cassation vient de rendre.*

Toute surprise cessera, si l'on rappelle ce que j'ai dit dans ma préface, que mon ouvrage était entièrement fini au commencement de l'année 1812 ; que depuis cette époque j'ai seulement eu l'attention de noter sur mon manuscrit les nouveaux arrêts rendus sur la matière des donations. Quand la note a dû être mise à la fin d'un cahier du manuscrit, j'ai pu analiser l'arrêt, et je n'y ai pas manqué ; mais dans les autres cas j'ai été obligé de m'en tenir à une note succincte, et j'ai dit : *vid. tel arrêt ;* ou bien : *ces principes viennent d'être consacrés par un arrêt de la cour de cassation de tel jour.*

De même, il n'est pas étonnant que j'aie parlé de la loi du divorce comme d'une loi existante ; je dis plus, eusse-je même écrit depuis la loi du 8 mai 1816, qui a aboli le divorce, j'aurais dû interpréter les dispositions du code civil par une loi qui en faisait partie lors de sa confection, parce que tout se tient, se lie et s'enchaîne dans l'ensemble de la législation ; en un mot, j'aurais dû citer les dispositions relatives au divorce, quoique *aboli*, comme je cite aujourd'hui plusieurs dispositions de la loi romaine relatives aux esclaves, quoique l'esclavage, cette honte de l'humanité, ait été détruit par la religion.

Je dois ajouter que toutes les fois que j'ai eu occasion de parler de la condition de faire divorce, j'ai toujours décidé qu'une pareille condition imposée au donataire était contraire aux bonnes mœurs ; j'ai rappelé les lois romaines, qui s'en expliquent d'une manière formelle : et qui n'applaudirait point à l'abrogation de la loi sur le divorce, d'une loi si contraire à nos mœurs, si opposée à l'essence du mariage, et si constamment proscrite par la religion de nos pères !

J'ajoute donc les observations suivantes : 1.º parce que je n'ai pas toujours pu analiser les arrêts remarquables rendus depuis 1811 ;

2.º Parce que, sur certaines questions, je n'ai pas été aussi clair que je l'aurais désiré ; ce qui m'a fait sentir le besoin d'entrer dans de nouveaux développemens ;

3.º Enfin, parce qu'au nombre des erreurs qui me sont sans doute échappées, il était de mon devoir de corriger celles que j'ai pu reconnaître.

———

N.º 9, pag. 4, tom. I.er — Nous avons décidé que l'on peut donner une somme fixe, payable après le décès du donateur : c'est là un principe incontestable, con-

sacré par l'ancienne jurisprudence et par la nouvelle ; voici comment s'explique *Pothier* sur la coutume d'Orléans, titre 15, n.º 24 : « lorsque quelqu'un me fait do-
» nation d'une certaine somme, ou d'une certaine rente,
» payable seulement après sa mort, dont il se cons-
» titue envers moi le débiteur, je pense que la dona-
» tion est valable, et que je dois être censé suffisam-
» ment mis en possession de la chose donnée par l'acte
» même de donation, par lequel je suis fait d'une
» manière irrévocable créancier de la créance qui m'est
» donnée, et par la clause de dessaisine, par laquelle
» le donateur se dessaisit envers moi de ses biens jus-
» qu'à due concurrence, en les chargeant de cette
» dette envers moi : ces sortes de choses n'étant pas
» susceptibles d'aucune autre espèce de tradition, on
» n'en doit pas exiger d'autre ; la coutume devant être
» censée n'avoir exigé que celle dont la chose donnée
» pourrait être susceptible : c'est l'avis de *Ricard*,
» part. 1.ʳᵉ, n.º 967 ; c'est aussi celui de *Furgole* :
» voyez au journal un arrêt du 3 décembre 1643 ; il
» est vrai qu'il fut rendu contre l'avis de M. *Talon*,
» et que l'espèce était favorable : la donation était une
» somme de 3000 fr. à prendre après la mort du donateur
» sur ses biens, pour aider à nourrir la donataire ».

Cependant la vérité de ce principe vient d'être contestée dans l'espèce suivante, qui certainement ne pouvait présenter aucune difficulté.

Le 24 avril 1812 le sieur Laudon de Vernon, demeurant à Paris, fait une donation au profit de Marie-Thérèse Puison, sa cuisinière, de la somme de 14,000 fr., payable dans les six mois de la mort du donateur.

Cette donation est conçue en ces termes :

« Par-devant, etc...., fut présent M. Laudon de
» Vernon, rentier, demeurant à Paris, lequel, désirant
» reconnaître et récompenser les services que lui a ren-
» dus depuis quinze ans Marie-Thérèse Puison, sa cuisi-

» nière, a, par la présente, fait donation entre-vifs à
» ladite D.^{lle} Puison d'une somme de 14,000 fr. une fois
» payée, de laquelle il se constitue dès à présent *débiteur*
» *envers ladite demoiselle Puison*, pour ladite somme
» produire des intérêts à 5 p. o/o, sans retenue, et
» de six en six mois, à compter de ce jour, et n'être
» remboursable qu'après l'expiration des six mois qui
» suivront le décès dudit sieur Laudon : à la garantie
» du payement de ladite somme de 14,000 fr. à l'épo-
» que de son exigibilité, et du service des intérêts,
» tels qu'ils viennent d'être convenus, M. Laudon
» de Vernon cède et délègue à Mlle Puison pareille
» somme de 14,000 fr. à prendre dans les 80,000 fr.
» qui lui restent dus par les acquéreurs des biens
» provenant de la succession de M. Louis-Charles-
» René Laudon, son frère, et situés à Vitry-sur-Marne.
» Cette délégation particulière ne pourra nuire au
» droit qu'aura la D.^{lle} Puison de répéter les 14,000
» fr. sur tous les biens qui proviendront de la suc-
» cession du donateur, même sur ceux qui lui appar-
» tiennent actuellement, quant au payement des
» intérêts ».

Le sieur Laudon de Vernon, donateur, décède le
15 août 1812 ; six mois après la D.^{lle} Puison réclame
le payement des 14,000 fr., avec les intérêts.

Les héritiers du sieur Laudon se refusent au payement ; ils prétendent que la donation dont s'agit ne
peut valoir comme donation entre-vifs, parce que le
donateur ne s'est pas dessaisi de la somme donnée ;
et qu'elle ne peut valoir comme donation à cause de
mort, parce que l'acte n'est pas revêtu des formalités
voulues par la loi pour la validité des testamens.

La D.^{lle} Puison soutient que l'acte dont s'agit est
valable comme donation entre-vifs, puisque le donateur s'est dépouillé par l'acte même ; qu'il s'est cons-

titué débiteur de la somme de 14,000 fr. , avec promesse d'en payer les intérêts.

Le 20 juillet 1813 jugement du tribunal de première instance de la Seine, qui déclare valide ladite donation.

Sur l'appel, arrêt de la cour royale de Paris, qui confirme le jugement de première instance.

Pourvoi en cassation de la part des héritiers Laudon: ils disent que l'arrêt de la cour de Paris renferme une violation de l'art. 894 du code civil; que le sieur Laudon de Vernon ne s'était pas dépouillé actuellement et irrévocablement des 14,000 fr. donnés en faveur de la D.lle Puison; que cette somme n'était payable que six mois après la mort du donateur : conséquemment que ce n'était qu'une charge qu'il imposait à ses héritiers, et non une donation entre-vifs qu'il avait voulu consommer.

ARRÊT.

« La cour, attendu que pour la donation d'une
» somme dont le donateur se constitue débiteur il
» ne peut y avoir d'autre tradition que celle qui
» résulte de la remise du titre de créance , et qu'une
» pareille donation est parfaite par l'acceptation du
» donataire ;

» Attendu que , dans l'espèce, le sieur Laudon s'est
» dépouillé des 14,000 fr. par lui donnés, puisqu'il
» est dit expressément dans l'acte du 24 avril 1812
» qu'il se constitue dès à présent débiteur de la somme ,
» et qu'il en fait courir les intérêts, à 5 p. 0/0 , du
» jour de la donation; qu'ainsi, la promesse du do-
» nateur et l'acceptation du donataire ont rendu la
» donation parfaite ,..... rejette, etc. , etc. ».

Du 22 avril 1817, cour de cassation , section des requêtes.

Cet arrêt , ainsi que nous l'avons dit, est rapporté par M. *Sirey*, an 1818, pag. 52.

Nous observerons seulement, sur cet arrêt, que la passion seule a pu engager les héritiers de Vernon à soutenir un système si évidemment mal fondé.

N.º 44, pag. 22, tom. I.er — Il est de principe que les clauses d'un acte doivent être interprétées plutôt dans le sens qui le valide, que dans le sens qui l'annulle; et qu'ainsi, quand la clause est ambiguë, ou présente un double sens, il ne faut pas y voir une substitution.

Cette doctrine vient d'être consacrée par un arrêt de la cour de Limoges, et par la cour de cassation, qui en a rejeté le pourvoi le 11 juin 1817. Vid. le recueil de M. *Sirey*, an 1818, pag. 294.

En 1812 le sieur Maslieurat fait un testament ainsi conçu : » je donne et lègue à Joseph et à Marie Mas-
» lieurat, mes petit-fils et petite-fille, fils d'Henri Mas-
» lieurat, mon fils unique, à titre de préciput, et hors
» part, la moitié de tous mes biens meubles et immeu-
» bles ;...... et dans le cas que l'un de mes petits-
» enfans meure sans enfans, *je lui substitue l'autre*
» *survivant* ».

Après la mort du testateur le sieur Henri Maslieurat, père des légataires, demande contr'eux la nullité du legs, comme frappé de fidéicommis.

14 juin 1814 jugement de première instance, qui annulle le legs.

Appel : 3 janvier 1816 arrêt de la cour de Limoges, qui, infirmant le jugement de première instance, déclare le legs bon et valable.

Il est ainsi conçu :

« Considérant qu'aux termes de l'art. 896 du code
» civil, les substitutions sont prohibées en termes
» généraux; que cette prohibition est néanmoins
» limitée par le même article aux dispositions par
» lesquelles le donataire, l'héritier institué, ou le
　　　　　　　　　　　　　　　　　　» légataire

» légataire seraient chargés de conserver et de rendre
» à un tiers; auquel cas la disposition est déclarée
» nulle, même à l'égard des premiers; que cette pro-
» hibition est encore modifiée par l'art. 898 du même
» code, d'après lequel la disposition qui appelait
» un tiers à recueillir, dans le cas où le légataire
» ne recueillerait pas, est déclarée valable, comme ne
» contenant pas une substitution; considérant qu'il
» résulte de cette dernière disposition, rapprochée
» du principe certain, que lorsqu'un acte quelcon-
» que présente un sens qui peut le faire valoir, il
» doit être préféré à celui qui l'anéantirait; que,
» par suite, lorsqu'une disposition testamentaire,
» présentant l'idée d'une substitution, peut s'appliquer
» naturellement et avec vérité aux dispositions de l'art.
» 898, c'est-à-dire, à la substitution vulgaire conservée
» par cet article, elle doit être maintenue, quand
» même, considérée sous un autre rapport, et prise
» dans un autre sens, elle pourrait aussi donner
» lieu à l'application de l'art. 896, et être considérée
» comme contenant une substitution fidéicommissaire
» prohibée :

« Les testamens, plus qu'aucuns autres actes, doivent
» toujours être entendus *magis ut valeant, quam*
» *pereant* ;

« Considérant que, dans la clause critiquée, le testa-
» teur garde un silence absolu sur son prédécès; qu'il
» n'attache l'effet de sa disposition, ni au cas exprès
» où l'un de ses petits-enfans décéderait après lui,
» ni à celui où il décéderait sans enfans avant lui;
» qu'il suit de là qu'on ne peut pas limiter sa dispo-
» sition à l'un des cas exclusivement; qu'elle les com-
» prend dès-lors tous les deux ;

« Considérant qu'il ne saurait être douteux, que,
» dans le cas où l'un de ses petits-enfans eût décédé
» avant le testateur, le survivant eût dû recueillir

Tom. III. 20

» la totalité du legs, par l'effet de la substitution
» vulgaire, maintenue par l'art. 898 du code, ou même
» par l'effet du droit d'accroissement, aux termes
» de l'art. 1044; et, de plus, et quoiqu'il soit égale-
» ment vrai que le décès de l'un des petits-enfans
» après le testateur ait pu donner lieu à interpréter
» la clause dans le sens de la substitution fidéicom-
» missaire, déclarée nulle par l'art. 896, il n'en
» résulte pas moins que cette même clause doit être
» interprétée de préférence dans le sens d'après le-
» quel la disposition du testateur peut aujourd'hui
» recevoir son exécution, quoique, dans la réalité, le
» décès d'aucun des petits-enfans ne soit arrivé avant
» le sien ; qu'il suffit effectivement qu'il eût pu pré-
» voir cet événement, possible dans sa disposition,
» pour qu'elle doive être déclarée valable aujourd'hui,
» quoique l'événement ne soit pas arrivé, la disposi-
» tion devant être jugée d'après ce qu'elle était à l'épo-
» que où elle a été faite, et non d'après ce qu'elle a
» pu devenir depuis, d'après l'acte en lui-même, et
» non d'après l'événement, etc., etc. ».

Pourvoi en cassation, pour violation de l'art. 896
du code civil et fausse application des art. 898 et
1044 du même code, en ce que la cour royale a
déclaré qu'il n'y avait qu'une substitution vulgaire là
où les termes du testament présentent une véritable
substitution fidéicommissaire.

En effet, disait M. *Sirey*, avocat du demandeur,
le testateur a dit : je donne et lègue à Joseph et Marie
Maslieurat la moitié de mes biens, et dans le cas où
l'un d'eux meure sans enfans, je lui substitue l'autre
survivant.

« D'après cette disposition Joseph et Marie devaient, au décès du testateur, recueillir chacun le quart
de ses biens; et si Joseph meurt sans enfans avant

Marie, celle-ci doit profiter du lot de Joseph, et *vice versâ*.

» Ainsi, si Joseph n'a pas d'enfans, il ne peut pas vendre son lot ; donc il y a charge de conserver et de rendre : nous y trouvons deux appelés *ordine successivo ;* ce qui renferme tous les caractères de la substitution fidéicommissaire.

» Pour que la disposition dont s'agit ne présentât qu'une substitution vulgaire, il faudrait que le second légataire ne dût recueillir que dans le cas où le premier ne recueillerait pas, soit par l'effet de son prédécès avant le testateur, soit de sa répudiation, ou de son incapacité.

» On prétend cependant que la volonté du testateur ne laisse voir qu'une substitution vulgaire ; le testateur, dit-on, en disant que dans le cas où l'un des deux légataires mourrait sans enfans, il lui substituait le survivant, a voulu parler du cas où ce décès arriverait avant la mort de lui testateur ; qu'au moins il n'a pas annoncé que cet événement dût arriver après son décès ; que dès-lors l'on peut ajouter *ad libitum* à la clause ces mots : *avant son décès,* ou *après son décès ;* qu'en rapportant la disposition à l'époque antérieure, ce n'est plus qu'une substitution vulgaire ; qu'en la rapportant à l'époque postérieure, c'est à la vérité une substitution fidéicommissaire ; mais que si on ne peut y voir l'une plutôt que l'autre, il faut, dans le doute, se décider pour le sens favorable au maintien du testament.

» D'abord, ajoute M. *Sirey,* les faits de la cause ne permettent pas de croire que le testateur ait entendu régler le cas où l'un de ses légataires viendrait à décéder avant lui ; car le sieur Maslieurat, testateur, était âgé de 76 ans, et infirme, et il disposait en faveur de ses petits-enfans, âgés de 6 ou 7 ans ; il est donc évident que le testateur a voulu régler le sort de ses biens dans le cas où l'un de ses légataires *mourrait après luè* sans enfans.

» En second lieu, le testateur veut que si l'un de ses légataires laisse des enfans la substitution n'ait pas lieu ; que la part du legs ne passe pas au co-légataire, mais reste à ses enfans : cela démontre clairement qu'il a entendu parler de ce qui se passerait après son décès, et non pas de son vivant ; car il ne pouvait pas espérer à son âge de voir les enfans de ses petits-enfans, qui n'avaient que 6 ou 7 ans ; et, d'ailleurs, il était inutile de dire, qu'en cas que l'un de ses légataires vînt à mourir avant lui, testateur, *sans enfans*, sa part passerait au survivant ; parce que, dans aucun cas, les enfans du légataire décédé avant le testateur *n'auraient pu lui succéder*, n'étant que dans la condition, et non pas dans la disposition. Vid. *Furgole*, traité des testamens, tom. 2, pag. 206, et l'ordonnance de 1747, art. 19 ».

Cette dernière observation était frappante.

Telle a été la défense vigoureuse et pressante du demandeur en cassation.

Néanmoins le pourvoi a été rejeté par les motifs suivans :

« Attendu que le testament présentait la question » de savoir si la disposition renfermait une substitution » vulgaire ou une substitution fidéicommissaire ; at- » tendu que les termes dans lesquels est conçue cette » disposition pouvant se prêter à l'une ou l'autre inter- » prétation, la cour royale n'a violé, ni l'art. 896 du » code civil, ni faussement appliqué l'art. 898, en » interprétant la volonté du testateur dans le sens qui » donne force et exécution à l'acte testamentaire dont » s'agit ».

La cour de cassation, et notamment la cour de Limoges, ne pouvaient pas faire une application plus ample et plus étendue du principe qui veut qu'il faut

interpréter les actes plutôt dans le sens qui les valide,
que dans le sens qui les annulle; car, il faut en convenir, le testament du sieur Maslieurat présentait au
premier coup d'œil, et dans le sens le plus naturel,
une substitution fidéicommissaire, et non une substitution vulgaire : la substitution fidéicommissaire était
sentie et aperçue sans effort; pour y découvrir la
substitution vulgaire, il faut de la méditation, et
peut être quelque chose qui approche de la subtilité.

N.º 48, pag. 25, tom. I.ᵉʳ. — Je n'ignore pas que des
jurisconsultes très-profonds présentent sur les substitutions une théorie absolument différente de la mienne;
ils disent qu'il n'y a substitution prohibée que lorsque le grevé est chargé de rendre *à sa mort*.

Je ne puis souscrire à un pareille décision.

Pour être convaincu qu'elle ne peut être admise,
il suffit d'avoir sous les yeux les dispositions du code.

L'art. 896 est ainsi conçu : « *les substitutions sont*
» *prohibées.*

» *Toute disposition* par laquelle le donataire, l'héri-
» tier institué ou le légataire, sera chargé de conserver
» et de rendre *à un tiers* sera nulle, même à l'égard
» du donataire, de l'héritier institué ou du léga-
» taire ».

L'art. 898 porte : « la disposition par laquelle un
» tiers serait appelé à recueillir le don, l'hérédité ou
» le legs, dans le cas où le donataire, l'héritier ins-
» titué ou le légataire *ne le recueillerait pas*, ne sera
» pas regardée comme *une substitution*, et sera va-
» lable ».

Les deux articles ci-dessus du code présentent trois
propositions incontestables :

1.º Les *substitutions* sont prohibées ;

2.º La disposition infectée de *substitution* est nulle
pour le tout ;

3.° Il n'y a pas substitution quand le second appelé recueille dans le cas où le premier appelé ne recueillerait point.

Certainement de la troisième proposition résulte cette circonstance rigoureuse, qu'il y a substitution quand le second appelé recueille *après que le premier a recueilli*.

Si la loi n'avait entendu frapper que les substitutions avec charge de rendre à la mort du grevé, 1.° elle s'en serait expliquée, et n'aurait pas laissé une énigme; 2.° dans cette supposition l'art. 898 aurait été plus qu'inutile, car s'il n'y a substitution que lorsque le grevé est tenu de rendre à sa mort, il est plus qu'évident qu'il n'y en a pas *quand il n'a pas même recueilli.*

Ne le perdons pas de vue, la loi a défini la substitution une charge de conserver et de rendre : il est vrai qu'elle ne fixe point la *durée* que doit avoir cette charge ; mais le doute est levé quand la loi nous apprend quelle est la substitution seule qu'elle conserve : la substitution conservée est *la substitution vulgaire*, c'est-à-dire, celle où le premier appelé *ne recueille point,* et ne peut, par conséquent, être chargé de conserver une seule minute.

Mais si la loi ne maintient que la substitution *vulgaire*, il en résulte que toute autre substitution est anéantie, si elle présente l'obligation de conserver et de rendre.

Que nous dit M. *Bigot* dans son rapport sur les donations ? Il nous apprend qu'on a voulu proscrire toutes les substitutions anéanties par la loi de 1792 : « ce sont tous ces motifs, dit-il, qui ont déterminé à » *confirmer* l'abolition des substitutions, déjà pro- » noncée par la loi d'octobre 1792 ».

O·, la loi de 1792 n'abolissait-elle que les substitutions avec charge de rendre *à la mort du grevé ?* en d'autres termes, avant 1792 fallait-il, pour constituer une substitution, que le grevé fût tenu de ne rendre qu'à *sa mort ?*

Il suffit de lire l'art. 42 de l'ordonnance sur les substitutions, et tous les commentateurs sur cet article, ensemble les titres du digeste *ad senatûs-consultum trebellianum,* et *quandò dies legatorum et fidéicommissorum cedat,* pour être convaincu que la mort du grevé n'était pas toujours le temps de l'échéance du fidéicommis ; voici comment s'explique *Ricard,* des substitutions, tit. 3, chap. 10, part. 2, n.° 7 : « mais » si le fidéicommis était conditionnel, et à *temps,* comme » il arrive *fort souvent,* l'ouverture n'a lieu, et la res- » titution ne se fait qu'au temps de l'échéance du temps » ou de la condition qui lui a été prescrite, cette ma- » tière n'ayant d'autre règle que *celle de la volonté* » *du testateur* ».

En principe général, quand le substituant ne s'était pas expliqué, le grevé ne devait rendre qu'à sa mort ; mais cela n'avait lieu qu'à défaut de stipulation expresse.

Ecoutons *Thevenot-Dessaule* : « dans notre usage, » dit-il, la condition de la mort du grevé n'a pas » besoin d'être annoncée, ni expressément, ni même » implicitement ; tel est l'usage du barreau de Paris, » et je m'y suis conformé : le grevé est présumé n'avoir » été chargé de rendre qu'à sa mort, à moins qu'il » n'y ait dans la *substitution* quelque terme ou quelque » circonstance qui annonce *le contraire* ».

Donc le substituant pouvait, dans la *substitution ,* charger le grevé de rendre *avant sa mort ;* donc la *substitution,* malgré la clause de rendre avant la mort du grevé, conservait son *caractère ;* donc une telle substitution est abolie par la loi de 1792 ; donc elle est proscrite par le code, qui, d'après M. *Bigot,* a entendu frapper les substitutions déjà rejetées par la loi de 1792.

Faut-il encore une preuve rigoureuse que la charge
de rendre *avant la mort du grevé* constituait la substitution, nous la trouvons dans la comparaison du
fidéicommis et de la fiducie : d'après les auteurs les
plus recommandables, il fallait, pour qu'il y eût fiducie,
le concours de plusieurs circonstances : 1.º minorité
des appelés ; 2.º terme fixe de la restitution ; 3.º charge
de rendre l'hérédité sans détraction de quarte. Mais
s'il fallait le concours de toutes ces circonstances pour
qu'il n'y eût pas substitution, il faut dire que la substitution existait quoiqu'il y eût *fixation du terme de
la restitution*.

M. *Jaubert*, dans son rapport sur les donations,
s'explique d'une manière non moins précise que M.
Bigot.

Après avoir posé le principe de l'abolition des substitutions, il s'exprime ainsi :

« Néanmoins il faut *bien entendre* ce que la loi
» défend ; ce n'est autre chose que ce qui était connu
» dans l'ancien droit sous le nom de *fidéicommis*.

» Je donne ou lègue ma maison à Pierre, à la charge
» de la rendre à Jean : c'est cette disposition qui sera
» nulle, même en faveur de Pierre.

» Mais il en serait bien autrement *si je ne fais que
» prévoir le cas où Pierre ne recueillerait pas lui-
» même* l'effet de la libéralité, ou parce que je lui
» survivrais, ou parce qu'il serait incapable, ou, enfin,
» parce qu'il ne voudrait pas accepter ma disposition :
» dans *ces divers cas* je puis appeler Jean ».

Peut-on dire d'une manière plus énergique que
hors de ces cas l'on ne peut appeler Jean !

M. *Jaubert* continue : « cette disposition était
» autrefois connue sous le nom de substitution *vul-
» gaire* ; elle sera autorisée, puisque, pour cette trans-
» mission, il n'y a pas *d'intermédiaire* entre l'auteur
» de la disposition et l'individu qui en est l'objet »

Cet exposé de la loi en présente le plus sûr et le plus exact commentaire : il en résulte évidemment que la substitution vulgaire est seule conservée, et qu'au contraire toute disposition où l'on trouve *un intermédiaire* entre le disposant et l'avantagé est proscrite.

Soutenir qu'il n'y a de substitution proscrite que celle où le grevé est obligé de rendre seulement *à sa mort*, c'est ajouter à la loi ; c'est la refaire ; c'est prétendre que le législateur n'a pas dit ce qu'il voulait dire, et que ceux qui ont proposé et défendu la loi se *sont trompés sur son esprit*.

Comment a raisonné le législateur ? Il a dit : la charge de rendre met hors du commerce une grande masse de propriétés; cette charge nécessite des formalités sans nombre, et donne naissance à une foule de procès : tels sont les motifs qui ont engagé le législateur à proscrire les substitutions ; mais si je lègue ma succession à Jacques, à la charge par lui de la rendre à son fils aîné *quand il aura atteint sa vingt-cinquième année*, n'y a-t-il pas substitution, n'y a-t-il pas charge de rendre? mes biens ne sont-ils pas hors du commerce jusqu'à l'événement de la condition ? ne faut-il pas constater l'état de ma succession, pour que la charge de rendre ne soit pas éludée ? N'importe le temps de la possession du grevé, il faut toujours que celui-ci ne puisse nuire à l'appelé.

Mais, dira-t-on peut-être, l'on peut donner l'usufruit à l'un et la nue propriété à l'autre (art. 899 du code civil) : j'en conviens, et voilà pourquoi aussi je soutiens que la propriété ne peut être donnée jusqu'à un certain temps ; et que du moment qu'elle a reposé sur la tête du donataire, elle doit y demeurer ferme et irrévocable.

Mes principes sont conformes à ceux de M. *Grenier*, dans son traité des donations, où il s'exprime en ces

termes, tom. 1.ᵉʳ, pag. 114, édition *in-*4.º : « ce qui
» constitue essentiellement une substitution fidéicom-
» missaire, c'est la charge de conserver et de rendre à
» un tiers ; c'est ce que le législateur a exprimé en
» propres termes dans l'art. 896 du code.

» D'où il résulte que pour rencontrer dans une
» clause une véritable substitution fidéicommissaire,
» il faut qu'on y voie une première transmission des
» objets qui forment la disposition à un individu qui
» doit les recueillir, mais avec l'obligation de les rendre ;
» en sorte qu'il y ait une première impression sur la
» tête de cet individu, et qu'on y voie, de plus, une
» seconde transmission au tiers auquel les biens doi-
» vent être rendus, et une seconde impression sur la
» tête de ce tiers.

» Ainsi, supposons qu'on dispose de cette sorte :
» j'institue Jean pour mon héritier, et je lui substitue
» Jacques, auquel je le charge de remettre mes biens
» à son décès, *ou à un autre temps marqué ;* il est
» *sensible* qu'il y a là une véritable *substitution fidéi-*
» *commissaire* ».

Donc, selon M. *Grenier,* il ne faut pas, comme
condition essentielle de la substitution, que le grevé
soit chargé de rendre à *sa mort.*

Le dernier éditeur du répertoire de jurisprudence
professe la même doctrine ; il s'exprime en ces termes,
verb. institut. contract., § 5 :

« Mais, prenons-y garde, les articles cités de la
» loi du 14 novembre 1792 et du code civil n'ont
» prohibé les substitutions, que parce qu'elles entra-
» vaient la circulation des propriétés, que parce qu'elles
» plaçaient hors du commerce les biens qui en étaient
» l'objet ; ils n'ont donc entendu prohiber que les
» substitutions dont l'effet, si elles avaient lieu, ne
» devraient s'ouvrir *qu'un certain temps après les*
» *dispositions qui en seraient grevées ;* ils n'ont donc

» pas entendu prohiber les dispositions qui , quoique
» qualifiées de fidéicommis par le droit romain , doi-
» vent avoir leur effet *immédiatement* après que le
» donataire, le légataire ou l'institué a recueilli le don ,
» dont elles ne sont *qu'un retranchement*.

» Si la loi de 1792 laisse là-dessus quelque équi-
» voque , on ne peut du moins en dire autant de
» l'art. 8ç8 du code civil , qui , après tout , de cela
» seul qu'il la maintient , en forme le plus sûr com-
» mentaire ; il définit *la substitution qu'il prohibe ,*
» une clause par laquelle le donataire , l'héritier ins-
» titué ou le légataire seraient chargés de conserver et
» de rendre à un tiers; et par ces mots , *chargés de*
» *conserver ,* il annonce très-bien qu'il ne considère
» pas comme substitution ce que les lois romaines
» qualifiaient de fidéicommis ; qu'il ne regarde pas
» comme telles les *charges* que le donataire ou
» le légataire est tenu de remplir au profit d'un tiers
» *à l'instant où il accepte* sa donation, son legs : ce
» qui achève de démontrer qu'il est dans l'inten-
» tion du code de laisser subsister *ces charges ,* c'est
» que par l'art. 1121 il est dit, qu'on peut stipuler
» au profit d'un tiers , lorsque telle est la condition
» d'une stipulation qu'on fait pour soi-même , ou d'une
» donation qu'on fait à un autre : assurément l'on
» peut, d'après cet article, donner à Pierre une masse
» de biens , à la charge d'en détacher au profit de
» Paul une maison , un champ ».

Voilà comment s'explique ce profond éditeur : que
voulait-il prouver ? Il voulait établir qu'il n'y avait
pas substitution prohibée , quand le donataire était
chargé de rendre tout ou partie du don *à l'instant*
même où il le reçoit ; mais cette question aurait été
oiseuse si réellement le code n'avait proscrit que les
substitutions avec charge de rendre *au décès* du grevé :
comment y aurait-il substitution quand le donataire

doit rendre au moment où il reçoit, quand il ne doit pas conserver un seul instant ; puisqu'il faut, pour que la *substitution existe*, que le donataire soit chargé de garder pendant toute sa vie !

La cour d'appel d'Orléans et la cour de cassation ont décidé la question dans l'espèce suivante. Je copie le recueil de M. *Sirey*, an 1815, pag. 174.

Le 20 août 1803 la dame de Thiville fit son testament olographe : entr'autres dispositions, elle légua la terre de Prélefort au sieur de Thiville, son frère ; et, au surplus, elle institua le sieur Lefevre son légataire universel, à la charge d'acquitter les dettes de sondit frère.

Ce testament est le seul acte en forme qui ait survécu à ladite dame de Thiville, seulement il paraît qu'avant sa mort cette dame avait entendu modifier les dispositions y contenues ; et, à cet effet, elle avait écrit au sieur Lefevre deux lettres, dont l'une porte : « vous voudrez bien arranger tout cela, de manière que » mes neveux puissent jouir également ; si mon frère » vient à mourir, *vous garderez le tout jusqu'à la* » *majorité*, accumulant les revenus ; s'il en reste » quelque chose, je veux qu'ils le partagent égale- » ment : *vous retiendrez* bien entendu le droit qui » vous est dû pour faire valoir le bien » ; dans la se- conde il est dit : « vous savez, M.ʳ, que nous sommes » convenus de donner à mes neveux et nièces la pro- » priété de mon bien, et la jouissance à mon frère ».

Le sieur de Thiville, ayant eu connaissance d'une copie de ces deux lettres, a assigné le sieur Lefevre en délaissement de l'hérédité de sa sœur, attendu que le legs universel par lequel le sieur Lefevre était institué se trouvait nul, comme fait sous *condition de conserver et de rendre*.

19 décembre 1812 jugement qui ordonne au sieur Lefevre de comparaître en personne à l'audience, pour

déclarer si les deux lettres dont s'agit lui ont été adressées ; s'il les a ou les a eues en sa possession , et si , en acceptant le legs, il avait entendu l'accepter pour lui.

Sur la non comparution du sieur Lefevre un second jugement par défaut annulle le legs fait à son profit.

Opposition à ce dernier jugement.

Appel de celui du 19 décembre 1812 : à l'audience d'appel le sieur Lefevre est interrogé , et il déclare « qu'il a reçu les lettres qu'on lui oppose ; qu'il en a » les originaux , qu'il est prêt à les déposer ; que le » legs fait en sa faveur est sérieux jusqu'à concurrence » des dettes, et qu'au surplus du legs *il entend se* » *conformer aux intentions de la dame de Thiville ,* » *consignées dans ses lettres* ».

8 avril 1813 arrêt de la cour d'Orléans, qui confirme l'annullation du legs , par ces motifs , qu'en frappant de nullité les substitutions et les dispositions qui en sont grevées, l'art. 896 du code civil a donné aux héritiers légitimes le droit de prouver que le légataire avait été chargé tacitement d'un fidéicommis; que cette preuve peut être faite, soit par l'aveu ou confession de l'institué, soit par titre, ou par témoins.

Pourvoi en cassation.

Les moyens du sieur Lefevre , demandeur, avaient pour objet de prouver que, ni des témoins , ni des lettres écrites par le testateur , ni même l'aveu de l'héritier institué ne peuvent établir l'existence d'une substitution.

22 décembre 1814 arrêt de la cour de cassation , qui rejette.

Revenons sur cette espèce : en vertu des lettres nous voyons que le sieur Lefevre, légataire universel, était tenu de rendre aux neveux de la testatrice ; mais à quelle époque devait-il rendre ? à *la majorité desdits neveux* : Lefevre n'était donc pas chargé de conserver, et de ne rendre *qu'à sa mort ;* il devait faire la restitution dans un temps fixe : en d'autres termes , les neveux n'étaient pas appelés à recueillir la succession à la mort du grevé, mais à l'époque de *leur majorité :* telle est l'espèce ; et nous voyons que la cour d'Orléans y a vu une substitution proscrite par le code , et que , sous ce rapport, on n'a pas même osé attaquer son arrêt ; ajoutons que le sieur Lefevre était favorable , que sa bonne foi avait seule fourni des armes contre lui ; il fallait donc que la substitution fût plus qu'évidente pour condamner Lefevre.

Sur quoi se fonde-t-on pour établir qu'il n'y a substitution , dans le sens du code , que lorsque le grevé est chargé de rendre seulement *à sa mort ?* On dit qu'aux termes de l'art. 896 *les substitutions* sont prohibées ; que cet article, qui présente *la règle générale,* doit être interprété par les art. 1048 et 1049, qui offrent une exception en faveur des petits-enfans et neveux du substituant : or, d'après ces articles, il est évident que le fils et le frère grevés de substitution ne doivent rendre *qu'à leur décès ;* donc la substitution prohibée doit également présenter la charge de rendre à la même époque.

La réponse n'est pas difficile : pourquoi le fils et le frère ne doivent-ils rendre qu'à *leur décès ?* parce qu'ils sont obligés de rendre à tous les *enfans nés et à naître :* donc , s'ils étaient chargés de rendre avant leur mort , la substitution serait nulle , parce que tous les enfans *nés et à naître* n'y seraient pas appelés. Vid. l'art. 1050 du code civil.

Il me semble, au contraire, que de la combinaison des susdits art. 1048 , 1049 et 1050 du code , résulte la preuve la plus évidente qu'il y a substitution quand le grevé est obligé de rendre à une époque fixe après qu'il a recueilli.

En effet, supposons que Jean donne à Jacques, son frère, à la charge par lui de rendre aux enfans qu'il aura dix ans après la mort du donateur ; certainement il n'y a pas ici charge de rendre à tous les enfans *nés et à naître* : donc cette substitution serait nulle, d'après le texte précis de l'art. 1050 ; mais si cette disposition est nulle, même au préjudice du frère grevé et des neveux appelés, comment ne le serait-elle pas à l'égard d'autres collatéraux ou étrangers, en faveur desquels il est impossible d'établir une substitution !

On fait une autre objection, et l'on dit : il ne faut pas confondre les substitutions présentant la charge de rendre *à la mort du grevé* avec les dispositions conditionnelles, c'est-à-dire, avec les dispositions avec charge de rendre lors de l'événement de la condition prévue : les susdites substitutions sont prohibées ; mais les dispositions conditionnelles sont permises par les art. 1040 et 1041 du code.

Je réponds, que toutes les dispositions conditionnelles ont une certaine analogie avec les substitutions, et qu'il est très-difficile de les distinguer ; mais qu'il faut bien que cette distinction existe, puisque le législateur permet, d'un côté, les dispositions conditionnelles, et qu'il annulle, de l'autre, les fidéicommis.

Pierre fait son testament : il institue Jean pour son héritier ; il le charge de rendre sa succession à Joseph, s'il lui survit : ici que voyons-nous ? Nous voyons que Jean est institué, et que si Joseph lui survit, ce dernier doit recueillir : or, dans cette espèce, ne peut-on pas dire que la disposition en faveur de Joseph est conditionnelle ? que l'événement prévu est sa survie ; et de conséquence en conséquence, on pourrait dire que cette disposition est valable, comme conditionnelle, aux termes des susdits art. 1040 et 1041 du code : certainement on ne pourrait pas tenir ce langage.

Toute substitution, même celle qui est faite dans une donation entre-vifs, est conditionnelle, puisqu'elle est toujours faite sous cette condition tacite, que l'appelé sera vivant à l'échéance du fidéicommis.

Donc, valider en général toutes les dispositions, parce qu'elles sont conditionnelles, c'est contrevenir à la volonté du législateur, qui prohibe les substitutions, quoiqu'elles soient toutes rigoureusement conditionnelles.

Tous les raisonnemens donc nous ramènent à la véritable définition de la substitution : pour trouver cette définition, nous devons observer qu'on reconnaissait, du moins en pays de droit écrit, 1.º les substitutions vulgaires ; 2.º les substitutions pupillaires ; 3.º les substitutions exemplaires ; 4.º les substitutions fidéicommissaires ; 5.º les substitutions compendieuses ; 6.º enfin, les substitutions réciproques : tout le monde conviendra que toutes ces substitutions sont abolies, excepté la substitution vulgaire, qui *est la seule conservée.*

Or, quand y a-t-il substitution *vulgaire?* Cette espèce de substitution existe quand le second appelé recueille, parce que le premier appelé *n'a pas recueilli* (art. 898 du code) ; donc quand le second appelé doit recueillir, après que le premier *a recueilli lui-même*, il n'y a plus de substitution *vulgaire;* il y a une autre substitution, et, par conséquent, nullité.

Expliquons-nous avec clarté : je lègue à Jean une métairie, et je le charge de payer 10,000 fr. à Pierre dix ans après mon décès : il n'y a pas ici de substitution ; c'est le cas d'appliquer l'art. 1041 du code, car ici les droits de Pierre et de Jean s'ouvrent en même temps ; Jean a la métairie, et Pierre a 10,000 fr., le tout du moment de mon décès : quoique Pierre ne

puisse

puisse pas encore réclamer les 10,000 fr., il n'en est pas moins créancier dans le moment même où Jean est devenu propriétaire de la métairie : dans cette espèce, en un mot, jamais Jean n'a eu la propriété des 10,000 fr. ; donc il n'était pas obligé de les rendre ; donc il n'y a pas de substitution dans le sens du code.

Ecoutons *Serres*, qui s'explique en ces termes: » mais si le legs ou fidéicommis est laissé à un jour fixe » et déterminé, comme, par exemple, pour être payé » ou rendu lorsque le substitué ou légataire aura » atteint vingt-cinq ans ; en ce cas le fidéicommis » ou le legs est ouvert d'abord après le décès du » testateur, étant regardé comme pur et simple, parce » qu'il l'est en effet, et il suffit que le substitué survive » au testateur ; car quoiqu'il meure avant l'héritier, » et *avant le terme* auquel le legs ou fidéicommis » devait lui être restitué, il est clair que le droit » lui était déjà acquis, et était ouvert avant son décès, » n'y ayant que le temps de la restitution qui fût » différé, etc. Leg. 36, § 1.er, ff *de condit. et de-* » *monst.; Catellan*, liv. 2, chap. 81 et 94 ».

Mais il en est bien autrement quand le legs est conditionnel : alors l'héritier institué est saisi *de tout* ; il est propriétaire *de tout* : il peut, il est vrai, être dépouillé du montant du legs sous une condition résolutoire ; mais jusqu'à l'accomplissement de cette condition il n'est pas moins saisi de tout : si la condition ne s'accomplit point, il garde le legs; si la condition s'accomplit, il se dessaisit de la chose léguée ; mais il n'en était pas moins propriétaire jusqu'à cette époque : inutilement observerait-on que toute condition qui s'accomplit a un effet rétroac- tif, et qu'ainsi, lors de l'accomplissement de la condi- tion, il faut considérer les choses comme si le legs avait été pur et simple dans son principe : je conviens de la maxime relative à la rétroaction des conditions

Tom. III. 21

je dis même que ce principe de la rétroaction s'applique à toutes les conditions, soit suspensives, soit résolutoires. *Vinnius*, dans ses questions, pag. 115, et *Furgole*, dans son traité des testamens, tom. 2, pag. 259 et 262 de l'édition *in-8.*°

Mais ce principe de la rétroaction ne fait pas que l'héritier n'ait été propriétaire : son droit a été *résolu*; mais il n'a pas été *anéanti* : la *résolution* de ce droit est même la preuve rigoureuse de son *existence antérieure*; aussi l'héritier a-t-il fait les fruits siens jusqu'à l'accomplissement de la condition. Leg. 126, ff *de verb. oblig : non veniunt fructus pendente conditione percepti;* leg. 57, ff *ad senatûs-consultum trebellianum;* leg. 18 et leg. 58, § *ultimo,* ff *eodem : nam fructus qui medio tempore percepti sunt ex judicio testantis percepti videntur;* leg. 21, § 2, ff *eodem titulo;* vid. *Furgole,* traité des testamens, chap. 7, sect. 14, n.°ˢ 141 et 146.

D'ailleurs, en prenant le principe de la rétroaction dans sa généralité, il serait aisé de faire voir que dans la substitution la plus évidente le substitué doit être considéré comme propriétaire du moment du décès du substituant : par exemple, Pierre lègue ses biens à Joseph, et le charge de les rendre à sa mort à Antoine : dans cette espèce tout le monde conviendra qu'il y a substitution; mais, en analisant cette disposition, nous voyons que Joseph est saisi; nous voyons ensuite que si Antoine lui survit le droit de Joseph est résolu : donc Joseph n'était investi que sous une condition résolutoire; et quand la condition s'est accomplie par la survie d'Antoine, il faut également dire, qu'en vertu de l'effet rétroactif de la condition, Antoine doit être considéré comme saisi par la mort du substituant : dira-t-on que Joseph n'est pas réellement dépouillé; que ce sont les héritiers seulement qui le sont; et qu'ainsi le dépouillement n'a

lieu qu'à la mort de Joseph ? Cette objection n'est
rien ; elle blesse ce grand principe, qui veut que toute
condition qui s'accomplit ait un effet rétroactif : or,
la survie d'Antoine présente l'accomplissement de la
condition, et elle donne naissance au droit ; mais ce
droit a nécessairement un effet rétroactif au droit du
substituant ; écoutons *Ricard*, tom. 2, pag. 268, n.º
100 ; « mais quoique le fidéicommissaire prenne la
» restitution du fidéicommis de la main de l'héritier,
» ou de celui qui en est chargé, ce n'est pas néanmoins
» *de lui* dont il tire le *principal droit :* l'héritier trans-
» met, à la vérité, la possession des choses qu'il restitue
» de sa personne en celle du fidéicommissaire ; mais la
» *propriété part directement du testateur,* et c'est lui
» à qui le fidéicommissaire succède : le droit de l'héri-
» tier, quant à la propriété, demeurant entièrement
» résolu et anéanti par l'ouverture de la substitution,
» « la restitution qu'il fait n'est pas une libéralité qu'il
» exerce, mais une dette dont il s'acquitte, et qui part
» du bienfait du testateur ; *si bien que c'est immédia-*
» *tement de la main du défunt* que le substitué prend
» la propriété des choses comprises dans le fidéicom-
» mis. Leg. *propter.* 21, § *neptis,* et leg. *fidéicommis.*
» 26, ff *ad senat. syllan.,* et leg. *non videtur.* 52, ff
» *de regulis juris* ».

Ces réflexions nous prouvent qu'il est impossible,
d'après les principes de la rétroaction des conditions,
de distinguer les charges de rendre à la mort du grevé
des charges de rendre sous telle ou telle condition.

Si cette distinction est contraire au texte de la loi,
elle ne l'est pas moins à son esprit ; car il est impossible de se dissimuler que le législateur a voulu proscrire toutes les dispositions dont l'effet direct serait
de mettre hors de la circulation une grande masse
de propriétés. Nous examinons la loi telle qu'elle
est : or, qu'arriverait-il si la disposition suivante

était permise ? J'institue un tel mon héritier, et je le charge de rendre ma succession à son fils aîné, *s'il parvient à l'âge de vingt-cinq ans;* il en résulterait que les substitutions au premier degré vont toutes reparaître; et comme le fils aîné imitera l'exemple de son père, voilà les substitutions rétablies à l'infini; mais aussi que de difficultés dans les partages, que de procès toujours renaissans, que d'hypothèques incertaines et de créances perdues, quelle masse, enfin, de propriétés frappées d'inaliénabilité!

Je sais, et je l'ai observé au commencement de mon ouvrage, que l'on peut faire indirectement une espèce de substitution au premier degré, en donnant à Pierre la nue propriété, et à Jean l'usufruit, soit jusqu'à son décès, soit jusqu'à une époque fixe et déterminée; mais cette double disposition n'a pas l'inconvénient des substitutions : Pierre peut vendre et hypothéquer sa nue propriété; Jean peut également vendre et hypothéquer son droit d'usufruit : ici, nulle gêne dans la disposition des biens : aussi le législateur a-t-il permis de donner l'usufruit à l'un, et la nue propriété à l'autre; mais de cette permission résulte aussi la défense de donner la propriété à Jean, et de la donner ensuite à Pierre *dans tel temps, ou sous telle condition prévue.*

En dernière analise, il n'y a pas de substitution prohibée, 1.º quand le donataire ou le légataire est chargé de rendre tout ou partie de la chose, ou de payer telle somme à un tiers *dans le moment où il la reçoit :* par exemple, j'institue Pierre, et je le charge de remettre de suite la moitié de ma succession à Jacques, ou de lui payer telle somme : ici les droits de Pierre et de Jacques naissent en même temps;

2.º Quand le *substitué est saisi de la propriété de la chose en même temps que l'institué,* quoique celui-ci ne soit tenu d'en faire la délivrance qu'à une époque fixe, ou lors de l'événement de telle condition : par exemple, j'institue Jean, et je lègue à Jacques 15,000 fr., qui ne seront néanmoins exigibles que lorsque Jacques aura atteint sa vingt-unième année, ou à la mort de Jacques : dans cette espèce Jacques est saisi de la propriété des 15,000 fr. du moment de l'ouverture de ma succession ; et à sa mort, soit avant vingt-un ans, soit après, son droit est transmissible à ses héritiers ; ici, en un mot, l'institué n'est pas chargé de conserver et de rendre les 15,000 fr., puisqu'il n'en a pas la propriété. Vid. l'art. 1041 du code.

Mais il y a substitution prohibée, lorsque le donataire ou le légataire saisi d'une chose est chargé de la conserver et de la rendre à un tiers, *soit à la mort du grevé, soit à une époque fixe et déterminée, soit lors de l'accomplissement de telle condition.*

Exemple : j'institue Jean, et je le charge de rendre à sa mort tout ou partie de ma succession à Jacques, ou de la rendre à Jacques, lorsque lui Jean aura atteint sa quarantième année, ou de la rendre à Jacques, s'il se marie, ou si tel vaisseau arrive.

Autres exemples de la substitution prohibée : j'institue Jean, et je lègue 10,000 fr. à Pierre, si Jean meurt sans enfans, si Jean se marie, si tel vaisseau arrive ; dans ces deux derniers cas, si Jean était marié, et si le vaisseau était arrivé, *pendant ma vie,* il n'y aurait pas de substitution, le droit du substitué et du grevé se trouvant exister en même temps.

Vid. le bel ouvrage de M. *Loullière,* ouvrage que je n'ai lu que pendant que je faisais les présentes observations (le 1.er décembre 1818) : si je l'avais connu plutôt, je me serais empressé d'appuyer mes décisions de l'autorité de ce savant professeur.

N.º 53, pag. 32, tom. I.er — Nous avons décidé

que la substitution *de residuo* était nulle, aux termes du code civil.

Il existe contre notre opinion, mais dans laquelle cependant nous persistons, un arrêt de la cour de Bruxelles, du 14 novembre 1809, dont voici l'espèce, telle qu'elle est rapportée par M. *Sirey*, an 1810, 2.ᵉ part., pag. 238.

Après la publication du code civil testament conjonctif des époux Jean Schrausman et Anne-Catherine Lahaie, contenant entr'autres les dispositions suivantes :

« Et concernant tous et quelconques leurs biens,
» tant meubles qu'immeubles,........ nuls exceptés,
» ni réservés;.......... lesdits biens ont les testateurs
» légué, donné, fait et laissé, comme ils le font par
» ces présentes, l'un à l'autre, le premier mourant
» au survivant d'eux deux, *en pleine propriété et*
» *libre disposition*, sans contradiction de qui que ce
» soit, en aucune manière; à la charge d'alimentation
» et éducation de leurs enfans mineurs, et de don-
» ner à ceux-ci, lorsqu'ils seront parvenus à un état
» approuvé, ou lorsqu'ils auront atteint l'âge de vingt-
» cinq ans, à titre de succession paternelle ou mater-
» nelle, leur portion légitime; et s'il arrivait, par
» la volonté de Dieu, que le mariage des testateurs
» vînt à se dissoudre sans délaisser enfant ou enfans,
» ou bien qu'en en délaissant ceux-ci ou quelques-
» uns d'eux vinssent à décéder avant le survivant, en
» âge de puberté, ou sans avoir disposé de leurs biens;
» dans ce cas aussi le survivant aura et conservera
» tous les biens qui auraient appartenu par le décès
» du prémourant à leursdits enfant ou enfans, y insti-
» tuant et substituant pupillairement, par ces présen-
» tes, ledit survivant; *et en ce cas pourra ledit sur-*
» *vivant dépenser, aliéner et charger tous lesdits*
» *biens, et en faire comme avec leur bien personnel*

» *et propre, sans devoir en donner à qui que ce soit*
» *quelque état, inventaire ou inspection.*

» Et devra alors *le nu restant que le survivant*
» *délaissera à son décès aller et retourner pour une*
» *moitié* aux plus proches amis et héritiers *ab intestat*
» du prémourant; savoir, à ceux qui seront alors
» en vie, voulant les testateurs qu'alors la représen-
» tation ait lieu, sans que le survivant puisse être
» tenu de fournir caution, assurance ou hypothèque,
» sous quelque prétexte que ce pourra être, le défen-
» dant bien expressément par ces présentes, s'en rap-
» portant à cet égard réciproquement l'un à l'autre;
» les testateurs instituant et *substituant dans ledit nu*
» *restant,* au cas et sur le pied prédit, leursdits
» *plus proches parens* respectifs, etc. ».

Au mois de mai 1807, et ainsi sous l'empire du
code civil, décès de Jean Schrausman, sans enfans
de son mariage avec Anne-Catherine Lahaie.

Les neveux et la nièce du défunt se présentent pour
recueillir sa succession : ils prétendent que le testament est nul, comme contenant une substitution
prohibée par le code; ladite Catherine Lahaie a
soutenu la validité dudit testament : une instance s'est
engagée au tribunal civil d'Anvers, qui, le 18 janvier
1808, a rendu le jugement suivant :

« Attendu que, par testament conjonctif que la dé-
» fenderesse a fait avec son défunt mari, ces conjoints,
» en s'instituant mutuellement, se sont servis de ter-
» mes qui désignent leur intention de laisser au sur-
» vivant d'entr'eux la propriété absolue de toute la
» succession du prémourant, puisqu'ils se donnent
» l'un à l'autre, dans le cas où le prémourant ne laisse-
» rait pas d'enfans, la faculté de dépenser, d'alié-
» ner, de charger tous les biens de ladite succession,
» et d'en faire comme avec leurs biens propres, sans
» devoir en donner à qui que ce soit état, inventaire

» ou inspection ; d'où il résulte qu'il dépend de la
» défenderesse de rendre illusoire et sans effet la charge
» dudit testament qui appelle les parens et héritiers
» des deux testateurs à recueillir et partager entr'eux,
» par moitié, après le décès du survivant, ce que le
» survivant n'aura, ni dépensé, ni aliéné de la suc-
» cession du prémourant, joint aux biens propres du
» survivant, et que, par conséquent, le droit éven-
» tuel des héritiers *ab intestat* des deux testateurs
» ne sera ouvert qu'à la mort de la défenderesse ;

» Attendu qu'il en résulte encore que la défende-
» resse n'ayant été soumise par aucune clause du tes-
» tament à l'obligation de conserver et de rendre, ce
» qui serait en contradiction avec l'institution en la
» pleine propriété et libre disposition, et avec la faculté
» de tout dépenser, aliéner et charger, et d'en user
» comme de ses propres biens : la clause qui appelle,
» après la mort du survivant, les héritiers des deux
» testateurs à recueillir ce que la défenderesse pour-
» rait délaisser éventuellement ne saurait être con-
» sidérée comme contenant une de ces substitutions
» prohibées par le code civil, et qui vicient et annul-
» lent l'institution elle-même » :

D'après ces motifs le tribunal d'Anvers déclare
l'institution valide.

Sur l'appel la cour de Bruxelles, adoptant les
motifs du tribunal de première instance, a confirmé
le jugement le 14 novembre 1809.

Nous avons dit que, malgré l'autorité de cet arrêt,
nous persistons dans notre manière de voir ; et si
nous le rapportons ici, c'est afin de mettre le lecteur
à même de juger des raisons pour et contre sur l'importante question des substitutions *de residuo*.

N.º 60, pag. 36, tom. I.ᵉʳ — Nous avons dit que
la substitution annullait la disposition ; mais qu'il n'y

avait nullité que par rapport à la chose ou à la partie de la chose frappée de fidéicommis : à l'appui de ce principe nous avons invoqué plusieurs autorités, et notamment un arrêt de la cour de cassation du 3 août 1814 , rapporté par M. *Sirey*, an 1815 , pag. 7.

Le principe consacré par cet arrêt étant d'une grande importance, je crois devoir faire connaître, et l'espèce, et les motifs de cet arrêt.

Le 21 décembre 1808 Raymond Lassus fait son testament : il institue pour son héritier Maurice Lassus , son frère ; il est reconnu par toutes parties que cette institution générale est grevée de substitution , mais à l'égard des immeubles seulement.

Les héritiers naturels du testateur demandent la nullité absolue de l'institution , attendu l'existence du fidéicommis.

L'héritier institué reconnaît que l'institution est nulle quant aux immeubles ; mais il soutient qu'elle est valable quant aux meubles, parce que, relativement aux meubles , il n'existe pas de charge de conserver et de rendre.

Arrêt de la cour de Bordeaux , qui adopte le système de l'institué , et qui valide l'institution quant aux meubles.

Pourvoi en cassation : le demandeur a soutenu que l'art. 896 du code civil prononce la nullité de l'institution frappée de substitution , sans distinction , ni exception ; d'où la conséquence, que la nullité s'étend même à l'institution des objets à l'égard desquels il n'y a pas substitution.

Arrêt.

« La cour, attendu qu'en déclarant que le testament » de Raymond Lassus ne contenait point de substi- » tution fidéicommissaire à l'égard de la succession » mobilière ;.......... la cour de Bordeaux n'a fait » qu'interpréter ledit testament ;........ que , d'après

» l'interprétation dudit testament ainsi déterminée,
» l'arrêt s'est conformé au vœu de l'art. 896 du code
» civil, *et ne pouvait en étendre l'application à l'insti-*
» *tution libre du fidéicommis*, sans violer les règles
» de droit sur l'autorité des dispositions testamentaires
» non prohibées par la loi ».

Par cet arrêt la cour de cassation consacre de la manière la plus frappante ce grand principe, que le fidéicommis ne vicie que *la partie ou quotité de la disposition qui en est infectée*; ainsi, dans une institution universelle, si l'institué est obligé de conserver et de rendre les meubles seulement, l'institution vaudra à l'égard des immeubles, vu que, par rapport aux immeubles, il n'y a pas obligation de conserver et de rendre.

Par la même raison, si je donne à Pierre un domaine, avec charge d'en conserver et d'en rendre le tiers ou le quart au premier de ses enfans mâles, il faut dire que le fidéicommis, ne frappant que le tiers ou le quart du domaine, ma donation vaut pour le surplus, attendu qu'à l'égard de ce surplus il n'y a pas substitution.

Où trouver une différence essentielle entre cette espèce et celle jugée par la cour de cassation? Raymond Lassus avait *tout* donné, puis il avait chargé l'institué de conserver et de rendre les immeubles; il y avait donc disposition universelle, et puis fidéicommis partiel, c'est-à-dire, fidéicommis portant sur une chose déjà comprise dans l'institution : dans mon espèce, je donne également tout mon domaine, et je ne frappe de fidéicommis que le tiers de ce même domaine.

De même, après avoir donné un immeuble à Jean, si je le charge, s'il vient à mourir sans enfans, de payer mille écus à un tiers, je dis que, dans cette espèce, ma donation est frappée de substitution, mais à l'égard des mille écus seulement; ainsi, Jean ne profitera pas de ces mille écus : je pourrai les réclamer, ou mes héritiers, si je garde le silence ; mais ma donation sortira à effet par rapport à l'immeuble : cet immeuble appartiendra à Jean, donataire ; il sera seulement obligé de payer les mille écus, soit à moi, soit à mes ayans-cause.

Sous l'ancienne législation, quand une donation universelle était frappée partiellement de substitution, le donataire était propriétaire absolu de tout ce qui ne se trouvait pas substitué ; la substitution ne produisait son effet que relativement à la chose que le grevé devait rendre : ainsi, dans une disposition avec fidéicommis, on distinguait ce qui était donné purement de ce qui était donné sous l'obligation de rendre ; or, cette distinction si naturelle, si conforme à la volonté du donateur, comment ne la ferions-nous pas aujourd'hui ? comment annullerions-nous pour le tout une disposition qui ne se trouverait en opposition avec la loi que dans une partie ! !

Je suppose l'espèce suivante : Pierre institue Jean son héritier universel et général, avec charge de payer 6000 fr. à Joseph, si celui-ci survit à l'institué ; il se trouve 30,000 fr. d'argent comptant dans la succession : dans cette espèce il y a substitution relativement aux 6000 fr. ; mais l'institution universelle sera-t-elle annullée pour le surplus ? non ; car, en substituant les 6000 fr., Pierre a grevé de fidéicommis une portion de ses biens meubles : voilà tout ; mais s'il avait grevé de substitution *tous ses biens meubles*, l'institution vaudrait quant aux immeubles : eh quoi ! faudrait-il dire qu'une substitution partielle du mobilier annullerait le tout, quand une substitution de tout le mobilier ne porterait aucune atteinte au surplus de l'institution ! !

Il n'y a donc nullité que par rapport à la chose ou portion de la chose grevée de substitution.

N.º 98, pag. 72, tom. I.ᵉʳ — Nous avons dit que l'on peut attaquer de nullité, pour cause de démence, une donation faite par un homme qui n'est plus ; lors même que pendant sa vie son interdiction n'aurait été, ni prononcée, ni provoquée ; lors même, enfin, que la donation ne présenterait aucun indice de démence : à l'appui de ce principe nous avons invoqué deux arrêts de la cour de cassation, le premier du 22 novembre 1810, et le second du 17 mars 1813.

Voici les motifs de la cour de cassation dans l'arrêt du 22 novembre 1810.

« La cour, considérant que l'art. 504 du code civil n'est point applicable aux donations entre-vifs, ni aux testamens, lesquels sont spécialement régis par l'art. 901 du même code, qui a été définitivement adopté et promulgué en ces termes : *pour faire une donation entre-vifs ou un testament il faut être sain d'esprit;* il résulte de la généralité d'expressions de cet article que, nonobstant les art. 1341, 1347, 1352 et 1353 dudit code, il est permis aux parties d'articuler, et aux tribunaux de les admettre à prouver tous les faits qui sont de nature à établir que l'auteur d'une donation entre-vifs ou d'un testament *n'était pas sain d'esprit* à l'époque de la confection de ces actes, sans distinguer si ces faits ont ou n'ont pas constitué un état permanent de démence ».

N.º 182, pag. 122, tom. I.ᵉʳ — Tout traité sur le compte tutélaire doit être précédé de la remise de ce compte, avec les pièces justificatives, dix jours avant la transaction ; nous avons ajouté que la date de cette remise devait être fixée, ou par l'enregistrement, ou par un acte public : après avoir énoncé ainsi notre opinion, nous avons observé qu'il existait un arrêt contraire de la cour de Paris ; en faisant cette observation, nous n'avons pas entendu nous départir de notre manière de voir, ni la modifier.

Voici l'espèce et les motifs de l'arrêt de la cour de Paris : le lecteur sera par là mis à même de mieux se fixer sur la question.

Le 19 mars 1809 arrêté de compte de tutelle, par acte sous seing-privé, entre la mineure Langlet, devenue majeure, et son tuteur nommé Lecocq.

Antérieurement à cet arrêté point de récépissé constatant la reddition du compte et la remise des pièces justificatives; mais dans ce même arrêté il est dit que *le compte de tutelle et les pièces à l'appui ont été remis à la demoiselle Langlet dès le mois de septembre précédent*.

Considérant ce traité sur le compte comme nul, attendu qu'il n'existe aucune preuve qu'il eût été précédé de la remise de ce compte et des pièces justificatives, conformément à l'art. 472 du code civil, la demoiselle Langlet, devenue épouse Videron, assigne ledit Lecocq en reddition du compte tutélaire.

Le sieur Lecocq oppose l'arrêté de compte du 19 mars 1809; il ajoute que, pour constater la reddition du compte de tutelle et la remise des pièces à l'appui, il n'est pas absolument nécessaire d'établir, et cette reddition, et cette remise par un acte spécial antérieur au délai de dix jours prescrit par la loi; qu'à cet égard il suffit que, dans l'arrêté de compte, il soit fait mention que le compte a été rendu, et que les pièces justificatives ont été remises avant ce même délai de dix jours; qu'en effet, au moyen de cette mention, le but de la loi se trouve rempli, puisque de là résulte évidemment, et demeure nécessairement constaté, que l'oyant-compte a pris communication, et du compte, et des pièces à l'appui.

Jugement du tribunal de première instance de Paris, qui annulle l'arrêté de compte dont s'agit.

Appel : arrêt qui valide l'arrêté de compte. La cour ;
« considérant que l'écrit du 19 mars 1809 est un acte
» d'apurement de compte sur recettes et dépenses,
» appuyé des pièces justificatives, et que, dans cet acte,
» l'oyant a déclaré avoir eu les pièces en sa possession
» pendant cinq mois, et les avoir examinées à loisir ;
» d'où il résulte que les parties sont hors le cas de l'art.
» 472 du code civil ;..... déboute la femme Videron
» de sa demande en reddition de compte ».

J'observe, sur cet arrêt, que le principe qu'il consacre aurait ce grave inconvénient, de rendre inutiles et
vaines les sages précautions ordonnées par le législateur dans le susdit art. 472 du code civil ; l'interprétation qu'il donne à cet article me paraît aussi contraire à la lettre de la loi qu'à son esprit : que
signifierait, d'ailleurs, une disposition législative qui
pourrait être éludée avec la plus grande facilité !

Mais, dira-t-on peut-être, le mineur est devenu
majeur quand il traite sur le compte tutélaire ; puisqu'il signe un écrit qui constate la remise antérieure,
et du compte, et des pièces, il atteste lui-même
l'existence de ce fait ; or, comment pourrait-il ensuite
venir contre sa propre déclaration, et soutenir que la
remise ne lui a pas été faite ? qui le forçait à signer
une déclaration contraire à la vérité ?

Je réponds, que respectivement au tuteur, le mineur,
quoique devenu majeur, est toujours considéré comme
en état de minorité jusqu'après la reddition du compte:
tant que le compte n'est pas rendu, l'ascendant,
l'empire du tuteur existent dans toute leur force ; il
a encore tout dans sa main, les biens, la fortune,
l'état même du mineur. Dans cette inégalité de position, mettons le mineur et le tuteur en présence:
ils sont seuls, ils vont traiter sur le compte tutélaire ;
comment le mineur résistera-t-il à son tuteur, qui lui
dira : signez cet arrêté de compte ? déclarez même,

car c'est la forme, que les pièces vous ont été remises? Certainement le mineur signera; il obéira par l'habitude de la soumission; il ne fera aucune résistance, et le triomphe de la cupidité et de la mauvaise foi sera complet.

Le législateur a senti et prévu ces inconvéniens; il a vu qu'un traité entre le mineur et son tuteur pouvait trop souvent être funeste au premier, parce que l'un des contractans a pour lui la force, l'habitude du commandement, tandis que l'autre n'a pour lui que la faiblesse et l'habitude de la soumission; un tel traité lui a toujours paru suspect : c'est dans la vue de rétablir l'égalité entre les parties contractantes, *de rendre vaines les manœuvres du tuteur*, que la remise des pièces a été exigée : pendant les dix jours de cette remise le mineur, devenu majeur, nanti des pièces, seul et libre de toute influence, pouvant consulter des amis, des parens, examine le compte, et juge par lui-même de l'état de sa fortune et de la bonne ou mauvaise administration du tuteur. Cet examen fait, qu'il traite avec le tuteur, nul inconvénient : si le mineur est trompé alors, c'est sa faute; il a contracté en connaissance de cause; il a tout vu, parce qu'il a pu tout voir.

Ainsi, la déclaration du mineur qu'il a reçu les pièces n'est pas suffisante, pour opérer contre lui une fin de non-recevoir : cette déclaration est censée donnée par un mineur; elle est censée lésive, et est, sous ce rapport, rescindable.

N.º 194, pag. 133, tom. I.er — Nous avons dit qu'une donation faite par contrat de mariage par la future épouse à son futur époux, *médecin*, était nulle, attendu que la future épouse était malade lors du don, et qu'elle est décédée par suite de ladite maladie; nous avons cité un arrêt de la cour d'appel de

Paris, qui l'a ainsi jugé le 24 février 1817; voici l'espèce de cet arrêt.

Le 11 avril 1815 contrat de mariage entre le sieur Gille de Ham, médecin, et la demoiselle Duval de Soicourt, par lequel cette dernière fait une donation universelle en faveur de son futur époux.

Le lendemain 12 avril le mariage est célébré; deux mois après la demoiselle de Soicourt meurt.

La donation contractuelle est attaquée par les sieur et dame Rigel, héritiers légitimes de la demoiselle de Soicourt; ils en demandent la nullité aux termes de l'art. 909 du code civil, qui déclare nulles les dispositions entre-vifs, ou testamentaires, faites en faveur d'un médecin par son malade, pendant la maladie dont il est mort, soutenant, en point de fait, que le sieur Gille de Ham était depuis long-temps le médecin de la demoiselle de Soicourt; qu'il l'avait soignée à ce titre avant et depuis son mariage jusqu'à sa mort; qu'à l'époque de la donation, c'est-à-dire, à l'époque du mariage, la demoiselle de Soicourt était atteinte d'une maladie jugée incurable par tous les gens de l'art, et dont elle est morte deux mois après : d'où ils tiraient la conséquence que le mariage contracté entr'elle et le sieur Gille n'était qu'un moyen par lequel ce dernier avait espéré couvrir l'incapacité attachée à sa qualité de médecin.

Le sieur Gille répondait, en point de fait, qu'il n'avait pas été le médecin de la donatrice pendant sa dernière maladie, et que ce n'était pas pendant cette dernière maladie que la donation avait été faite; que le défaut de cette circonstance empêchait l'application de l'art. 909; il ajoutait, qu'au surplus cet article fût-il applicable à l'espèce, sa qualité d'époux et d'ami de la donatrice devait valider la disposition.

Le 9 avril 1816 jugement du tribunal de première instance de Paris, qui déclare nulle la donation faite

par

par la dame Gille de Han à son mari : « attendu que la prohibition prononcée par l'art. 909 du code civil a pour motif unique la présomption légale de l'empire que celui qui pratique l'art de guérir exerce sur l'esprit du malade auquel il administre les secours de son art pendant sa dernière maladie ; que lorsque le motif de cette loi reçoit son application, on ne peut en éluder les dispositions par des moyens indirects, parce qu'on ne peut pas faire indirectement ce que la loi défend de faire directement ; qu'un mariage contracté entre le médecin et sa malade pendant le cours de sa dernière maladie, lorsqu'elle est de nature à ne laisser à l'homme de l'art aucune vraisemblance de guérison, ne présente, ni avantage légitime pour les parties contractantes, ni intérêt pour la société ; qu'il n'est plus qu'un moyen d'échapper à l'incapacité, et une forte et une nouvelle preuve de cet empire, véritable motif de la prohibition ; que l'on doit distinguer les cas où la qualité de médecin est modifiée par des circonstances naturelles et non suspectes, telles que celle prévue par l'art. 909, d'avec ceux où ces circonstances ne sont que le résultat de calculs, et l'effet de l'art employé par la personne prohibée, qui s'est efforcée de se placer elle-même dans un cas d'exception dans la prohibition ; que la raison, ni la loi ne s'opposent à ce que l'on considère séparément le contrat de mariage proprement dit, et le contrat qui en règle les conditions civiles ; que celui-ci peut, comme toute autre convention, être soumis isolément à l'examen des tribunaux, et recevoir des modifications ; qu'on l'a pratiqué, et qu'il faut le pratiquer ainsi toutes les fois que les époux ont excédé la faculté de disposer, ou ont fait des stipulations contraires à loi ; que l'art. 1388, au titre du contrat de mariage, interdit aux époux toutes dérogations aux dispositions prohibitives du code » ;

Tom. III. 22

« Attendu qu'en fait la demoiselle Duval de Soicourt avait subi le 30 mars 1814 une opération nécessitée par un cancer au sein ; que le 10 avril 1815 (deux jours avant celui du mariage) les médecins nommés d'office par le maire du 2.e arrondissement ont constaté que la maladie locale qui avait décidé cette opération se liait comme effet à la maladie rhumatismale dont elle était attaquée ; que l'état d'amaigrissement était tel, que les genoux et les os des jambes étaient saillans, et comme décharnés, et la faiblesse à un tel degré, que le transport à la municipalité mettrait sa vie en danger ; que si le sieur Gille avait renoncé aux bénéfices pécuniaires de sa profession, il ne portait pas moins le titre de médecin, et qu'il est prouvé qu'il délivrait des certificats, et donnait des consultations en cette qualité ; que s'il a appelé auprès de la demoiselle de Soicourt les docteurs Hallé et Nysten, il n'a fait que ce que pratiquent les médecins dans les maladies graves, et lorsque l'état des malades devient alarmant ; mais qu'il n'en donnait pas moins ses avis et ses secours à ladite demoiselle de Soicourt ; qu'il dirigeait le traitement, surveillait le régime, remplissait les fonctions de médecin habituel et ordinaire ; que s'il donnait ses soins gratuitement et à titre d'amitié, cette circonstance ne pouvait que fortifier son empire sur l'esprit de la malade, et rendre l'application de la disposition de l'art. 909 plus nécessaire ; et qu'enfin la demoiselle de Soicourt est décédée un mois vingt-huit jours après le mariage ».

Appel de la part du sieur Gille.

Il s'est, d'abord, attaché à prouver que le mariage avait eu lieu avant la dernière maladie de la demoiselle de Soicourt, et que pendant cette dernière maladie il n'avait pas été son médecin ; enfin, il a soutenu que l'incapacité attachée à cette qualité n'était pas absolue, même aux termes de l'art. 909, et que le mariage contracté entre lui et la donatrice le plaçait dans un des cas d'exception.

Les sieur et dame Rigel répondaient que les faits avancés par le sieur Gille n'étaient pas exacts ; qu'il était constant, au contraire, que le mariage avait été contracté à l'époque où la demoiselle de Soicourt était atteinte de la maladie dont elle est morte ; que le sieur Gille avait été son médecin, et n'avait cessé de lui donner ses soins jusqu'à sa mort : en droit, ils soutenaient que l'incapacité n'était pas couverte par le mariage.

D'où ils concluaient que le jugement du tribunal de première instance devait être maintenu, s'il est constant que le mariage a été contracté et la donation faite pendant la dernière maladie de la demoiselle de Soicourt, et que le sieur Gille lui ait donné des soins jusqu'à sa mort en qualité de médecin : les sieur et dame Rigel offraient la preuve de ces faits.

Arrêt.

« La cour, considérant que le mariage du médecin » avec sa malade, pendant la maladie dont elle est » morte, ne couvre pas l'incapacité établie par l'art. » 909 du code civil, avant faire droit, permet aux » sieur et dame Rigel, et au sieur Gille de Han, » de faire preuve des faits par eux articulés, etc. : » dépens réservés ».

Du 24 février 1817, cour royale de Paris. Vid. M. *Sirey*, an 1817, 2.e partie, pag. 354.

N.º 204, pag. 151, tom. I.er — La reconnaissance authentique d'un enfant *adultérin* le rend, avons-nous dit, incapable de recevoir autre chose que des alimens de la part de celui qui l'avait reconnu ; mais nous avons cité un arrêt de la cour de cassation, qui, considérant une pareille *reconnaissance* comme nulle, et de nul effet, a validé un don de 85,000 fr. fait au

*

profit d'un enfant adultérin, reconnu comme tel par
le donateur.

Voici l'espèce de l'arrêt de la cour de cassation.

Le 26 thermidor an 8 Jean Lauchere fait donation
de deux maisons situées à Paris, estimées 85,000 fr. ,
à Marguerite-Alexandrine Lauchere, Edme Lauchere,
et Adrien Lauchere, qu'il qualifie de ses enfans naturels.

L'acte exprime le motif de cette libéralité : Lauchere *veut donner à ses enfans un témoignage de sa
tendre affection, et telle est sa volonté;* voilà ce qui
est écrit dans la donation.

Les donataires étant mineurs, Marie Bâtard, leur
mère, accepte la donation, en qualité de leur tutrice.

Jean Lauchère est décédé le 29 nivôse an 13.

Des difficultés se sont élevées après son décès sur
l'exécution de la donation.

Le donateur était dans les liens du mariage, soit à
l'époque de la naissance des donataires, soit à l'époque
de la libéralité; en sorte que ceux-ci, s'ils étaient ses
enfans naturels, ne pouvaient être considérés que
comme le fruit de l'adultère.

Telle fut la prétention des héritiers de Jean Lauchère ; en conséquence, ils demandèrent, aux termes
des art. 762 et 908 du code civil, la réduction de la
libéralité à des simples alimens.

13 avril 1811 jugement du tribunal de la Seine,
qui accueille le système des héritiers légitimes ; et, en
conséquence, annulle la donation, en tant qu'elle
porte sur la propriété des maisons ; mais adjuge aux
donataires, à titre de pension alimentaire, les intérêts
des 85,000 fr., montant de l'évaluation des maisons.

Sur l'appel, arrêt infirmatif, qui déclare la donation
valable, d'après les motifs suivans :

« Attendu que, d'après l'art. 10 de la loi du 12 bru-
» maire an 2, Lauchère père étant mort depuis la

» promulgation du code civil, l'état et les droits de
» ses enfans naturels, s'il en a, doivent être en tout
» point réglés par les dispositions de ce code ;

« Que, suivant l'art. 335 dudit code, la reconnais-
» sance volontaire ne peut pas avoir lieu au profit
» d'enfans issus d'un commerce adultérin ;

« Que, suivant l'art. 100, les jugemens de rectifica-
» tion ne peuvent, dans aucun temps, être opposés aux
» parties intéressées, qui ne les auraient pas requises ;

» Qu'ainsi, malgré tous les actes et les jugemens de
» rectification, l'état de la veuve Blanié, et autres,
» demeure incertain ;

» Qu'ils sont, aux yeux de la loi, étrangers à Lau-
» chère père ;

» Qu'ils sont, à l'égard de ce dernier, ce que seraient
» d'autres donataires, et que l'incapacité résultant des
» art. 762 et 908 du code civil ne leur est pas appli-
» cable ».

Les héritiers légitimes, dans leur recours en cassation,
ont proposé sept moyens, qui avaient pour objet
d'établir ces deux propositions :

1.º Qu'ils avaient légalement prouvé la filiation
adultérine des donataires ;

2.º Que si lesdits donataires ne pouvaient pas être
considérés *légalement* comme *enfans adultérins* du
donateur, la donation aurait dû être déclarée nulle,
soit pour cause d'erreur dans la personne des donataires,
soit parce que ceux-ci ayant été appelés à recueillir la
libéralité, *comme enfans naturels* du donateur, ne
pouvaient pas prouver *légalement* cette qualité.

Arrêt (après deux délibérés).

« Vu l'art. 10 de la loi du 12 brumaire an 2, et les
» art. 100, 335, 340, 342, 742, 762, 763, 764, 908,
» 1350, 1351 et 1352 du code civil ;

« Attendu, sur les premier, troisième, quatrième,

» cinquième et sixième moyens proposés par les deman-
» deurs en cassation ,

» 1.º Que, conformément à l'art. 10 de la loi du 11
» brumaire an 2, l'état des enfans qui ont été reconnus
» sous l'empire de cette loi par Jean Lauchere et Marie
» Bâtard doit être réglé par les dispositions du code
» civil, Jean Lauchère et Marie Bâtard ayant survécu
» à la promulgation de ce code ;

» Qu'ainsi, puisque l'état des enfans naturels ne
» peut dépendre que des reconnaissances qui ont été
» faites par leurs père ou mère, les reconnaissances
» souscrites par Jean Lauchere doivent être réglées
» par les dispositions du code civil, et qu'elles doivent
» l'être par la disposition de l'art. 335, puisqu'il s'agit
» de reconnaissance d'enfans adultérins ;

» Que l'objet de cet article, proclamé par les orateurs
» du gouvernement, et par les orateurs du tribunat,
» a été d'empêcher, par respect pour les bonnes mœurs
» et la pudeur sociale, toutes les reconnaissances, toutes
» les confessions volontaires des crimes d'inceste et
» d'adultère, et de prévenir les débats scandaleux aux-
» quels pourraient donner lieu ces révélations hon-
» teuses ;

» Et qu'ainsi lorsque ces reconnaissances, ces con-
» fessions volontaires ont été faites malgré la prohi-
» bition de la loi, elles ne peuvent produire aucun effet ;

» 2.º Qu'aux termes de l'art. 100 du code civil, les
» jugemens de rectification des actes de naissance ne
» peuvent en aucun temps être opposés aux parties
» intéressées qui ne les ont pas requises, ou qui n'y ont
» pas été appelées ; d'où il suit qu'il n'est pas nécessaire
» que ces parties se pourvoyent contre lesdits jugemens,
» pour les faire anéantir ;

» 3.º Que les confessions volontaires d'une *filiation*
» incestueuse ou adultérine se trouve proscrite par les
» mêmes motifs que les reconnaissances volontaires

» d'une paternité adultérine ou incestueuse ; qu'elles
» offenseraient également les bonnes mœurs ; qu'elles
» porteraient également atteinte à la pudeur sociale ;
» qu'elles donneraient également lieu à des débats
» scandaleux, et qu'en conséquence elles sont égale-
» ment illicites ;

» Que, d'ailleurs, rechercher dans des faits et des actes
» la preuve d'une filiation adultérine, ce serait indirec-
» tement rechercher la paternité ; mais que toute re-
» cherche de paternité est formellement interdite, sur-
» tout en matière d'adultère, par les art. 340 et 342 du
» code civil ; et que, d'après la disposition générale de
» ces deux articles, la recherche ne peut pas plus avoir
» lieu contre des enfans, qu'à leur profit, pour établir
» leur filiation ; . . . .
» . . . .

» 4.º Que des motifs qui précèdent il suit nécessai-
» rement que l'arrêt dénoncé a fait une juste appli-
» cation de l'art. 10 de la loi du 12 brumaire an 2,
» et des art. 100, 335, 340 et 342 du code civil, et
» en a tiré de justes conséquences, en décidant que,
» malgré tous les actes et jugemens de rectification
» intervenus, l'état de la veuve Blanié et de ses deux
» frères (donataires) demeure incertain ; qu'ils sont,
» aux yeux de la loi, étrangers à Jean Lauchere, et
» que l'incapacité résultant des art. 762 et 908 du code
» civil ne leur est pas applicable ;

» Qu'en jugeant ainsi, il n'a commis aucun excès de
» pouvoirs : . . . .
» . . . . »

Par ces motifs la cour rejette.

Du 28 juin 1815, cour de cassation, section civile.

Nous avons, en sentant toute la force de cet arrêt,
osé dire que nous ne pouvions y souscrire ; nous avons
en faveur de notre opinion le rapport textuel de M.
Jaubert.

Nous croyons que si un homme, aveuglé par ses passions, se présente devant un officier public pour y reconnaître un enfant incestueux ou adultérin, cet officier public peut et doit refuser une reconnaissance si contraire aux bonnes mœurs;

Mais qu'un homme marié, et éloigné de son domicile, se présente devant un officier public pour y reconnaître Pierre pour son fils naturel; dans ce cas l'officier public, ne pouvant deviner en la personne du déclarant la qualité d'époux, doit recevoir la reconnaissance de paternité; mais cette reconnaissance étant faite, et le mariage étant constant, l'état d'enfant naturel se trouve rigoureusement prouvé, et les considérations les plus fortes ordonnent que cette reconnaissance diminue la quotité disponible dans les mains du donateur.

Nous allons rapporter un second arrêt de la cour de cassation, dans une espèce piquante et singulière; nous copions le recueil de M. *Sirey*, an 1818, pag. 244.

Le 30 septembre 1814 un enfant est présenté à l'officier de l'état civil; il est inscrit sous le nom de Louis-René-Gustave, et comme né de père et mère inconnus.

Le 14 mars 1815 le sieur N** fait son testament, par lequel il lègue l'usufruit de tous ses biens à la dame N**, son épouse, et institue pour « légataire uni- » versel de la nue propriété Louis-René-Gustave, » né le 29 septembre 1814, suivant son acte de nais- » sance dressé à la municipalité du deuxième arron- » dissement de Paris le 30 septembre 1814 : la présente » disposition est ainsi faite à la charge et sous la condi- » tion que ledit Louis-René-Gustave portera mon » nom ».

T ls sont les termes du testament.

Après le décès du sieur N** on trouve ce testament, auquel il avait joint l'acte de naissance dudit Louis-

René-Gustave, et une lettre adressée à **sa femme**, ainsi conçue :

« Mon amie, tu m'as toujours aimé, et de mon
» côté je n'ai cessé de t'aimer, et de rendre à tes vertus
» l'hommage qui leur est dû ; le désir si naturel de
» se voir survivre m'a fait profiter des bontés d'une
» femme généreuse, qui m'a donné un *fils charmant*,
» que tu aimeras : je te recommánde *ce second moi-*
» *même,* aye pour lui l'attachement et la tendresse
» que tu as eue pour son malheureux père ; deviens
» l'amie de sa mère, ses vertus sont sublimes ; con-
» solez-vous mutuellement de ma perte : élevez *mon*
» *fils,* et qu'il soit un honnête-homme, sur-tout que
» sa religion ne soit pas négligée ; qu'on ne fasse pas
» de *mon enfant* un militaire, mais un agriculteur.
» Mon amie, ma tendre amie, protège *le sang* d'un
» homme que tu as tant aimé, et qui t'aime de même ;
» *ne dis pas que c'est mon fils, à cause des lois :* je te
» laisse maîtresse de mon bien par mon testament ;
» je te supplie de fournir à l'éducation et à l'entretien
» de *mon enfant* jusqu'à ta mort : réunis-toi à madame
» (*ici le nom de la mère*) ; elle a le cœur parfait,
» franche et loyale, un peu vive : prie Dieu pour
» moi, et sois sans inquiétude sur mon ame ; j'ai
» fait ce que doit faire un homme pénétré du der-
» nier devoir d'un chrétien, cependant fais faire des
» prières dans la chapelle. Adieu, ma tendre amie ;
» le désir d'avoir un enfant m'a fait faire des fautes,
» pardonne-les-moi : cela n'a influé en rien sur mon
» attachement pour toi. O ma tendre amie ! je te
» recommande *mon fils ;* sois pour lui ce que j'eusse
» été, si j'eusse vécu. Adieu, ma tendre amie, ne
» m'oublie jamais ».

Il faut remarquer que cette lettre n'était point signée,
et qu'elle se trouvait avec l'acte de naissance de Louis-
René-Gustave et le testament de N**, placée sous une

même enveloppe, sur laquelle était écrit : *ceci est le testament du chevalier N***

Le sieur Tripier, tuteur du jeune Louis-René-Gustave, fait le dépôt de ce testament, et demande la délivrance du legs fait à son pupille ; le sieur de Mervé, héritier légitime du sieur N**, s'y oppose, soutenant que Louis-René-Gustave étant reconnu pour enfant adultérin du sieur N**, n'a droit, aux termes de l'art. 762 du code civil, qu'à des alimens, et, par conséquent, ne peut recueillir le legs que lui a fait son père.

31 août 1816 jugement du tribunal de la Flèche, qui ordonne l'exécution pure et simple du testament ; les motifs sont ainsi conçus :

« Sur la question de savoir si le legs universel fait
» par le chevalier de N** au mineur Louis-René-
» Gustave est nul, comme fait à un enfant adultérin ;
» Considérant que l'affirmative ne souffrirait pas
» de difficulté, si la paternité adultérine du testateur
» était démontrée légalement ; puisque, conformé-
» ment à l'art. 762 du code civil, les enfans adulté-
» rins ou incestueux n'ont droit qu'à des alimens, et
» que, suivant l'art. 908, les enfans naturels ne peu-
» vent, par donation, rien recevoir au delà de ce qui
» leur est accordé au titre des successions : d'où il
» résulte que, pour décider la question dont il s'agit,
» il faut examiner s'il est suffisamment démontré aux
» yeux de la loi que l'enfant Louis-René-Gustave est
» l'enfant adultérin du donateur ;
» Que l'acte de naissance du mineur porte qu'il est
» fils de père et mère non désignés ; qu'ainsi, il ré-
» sulte déjà sur son état une incertitude qui ne peut
» être levée que d'après les principes réglés par les
» lois ; que dans tous les temps les lois ont pris les
» précautions les plus sévères, soit pour prévenir le
» désordre et les abus, lorsqu'il s'agit d'associer à une

» famille un individu, soit pour faire respecter les
» bonnes mœurs ;

» Qu'à l'égard des enfans simplement naturels, c'est-
» à-dire, nés de père et mère libres, la loi veut (art.
» 334 du code) que lorsque leur reconnaissance n'a
» pas été faite par leur acte de naissance, elle ne puisse
» être faite que par un acte authentique ;

» Mais qu'à l'égard des enfans incestueux ou adulté-
» rins, l'art. 335 prononce que cette reconnaissance
» authentique ne peut être faite à leur profit ;

» Que, suivant l'art. 340, la recherche de la pater-
» nité est interdite :

» D'où il suit, d'après les dispositions de ces deux
» articles du code, que l'enfant entaché d'une sem-
» blable origine se trouve dans une position difficile :
» *il ne peut être reconnu par un père, et il ne peut*
» *être admis à faire la recherche d'un père ;*

» Que cependant il est des cas où cette reconnaissance
» est constante aux yeux de la loi, et que c'est pour
» ces cas seulement que l'art. 762 a fait la disposition
» qui réduit ces enfans aux seuls alimens ;

» Que de l'application de ces principes il résulte
» que le mineur Louis-René-Gustave ne se trouvant
» point dans les cas d'exception prévus par la loi,
» sa position adultérine n'est point constante aux yeux
» de la loi ; *que son état reste incertain ;* que les aveux,
» les reconnaissances faites par le chevalier de N**,
» suivant lesquelles *il le reconnaîtrait pour son fils,*
» sont *insignifiantes* et sans effet, d'autant plus qu'ils
» n'ont pas le caractère d'authenticité requis par l'art.
» 334 pour les enfans naturels ; et que, d'ailleurs, il
» résulte des lettres missives écrites sous le sceau du
» secret de la confidence,

» Que la lettre du chevalier de N** à son épouse,
» annexée à son testament, et qui a été déposée avec
» cet acte, devait être transmise à la personne pour

» laquelle elle était destinée , *et non être déposée, et*
» *rendue publique ;* que l'intention de l'auteur de cette
» lettre , textuellement exprimée, voulait que son
» épouse gardât le secret qu'il lui confiait; qu'il en
» est de même des autres lettres aussi produites;
» qu'elles sont évidemment l'effet de la confiance ;
» que , sans rechercher les moyens qui ont procuré
» au demandeur ces lettres , il suffit de savoir qu'elles
» étaient l'effet de la confiance, pour qu'elles soient
» écartées ;

　　　» Que l'objection importante que l'on peut faire
» contre cette sévérité de la loi , qui rejette si formel-
» lement , pour ainsi dire, des motifs d'évidence d'une
» paternité incestueuse ou adultérine , et qui semble-
» rait autoriser l'immoralité, par la difficulté, ou
» même par l'impossibilité où étaient les parties inté-
» ressées à découvrir à la justice l'origine honteuse du
» fruit du crime, doit céder devant la loi, dont le
» motif a un but moral, celui d'empêcher, par respect
» pour les bonnes mœurs et la pudeur sociale, toutes
» les reconnaissances , toutes les confessions volon-
» taires, et de prévenir les débats scandaleux auxquels
» pourraient donner lieu ces révélations honteuses ,
» etc. ».

　　Appel de la part du sieur de Mervé.

　　Arrêt de la cour d'Angers, qui, «adoptant les motifs
» des premiers juges ; et considérant, en outre, 1.º
» qu'il n'a pas été articulé qu'il existât un autre indi-
» vidu né à la même époque que Louis-René-Gustave,
» et inscrit sur les registres des actes de l'état civil du
» même arrondissement, avec les mêmes désignations,
» et à la même date ; 2.º que l'acte de naissance de
» Louis-René-Gustave l'établit comme né de père et
» mère non désignés ; 3.º que le testament du che-
» valier de N**, par lequel il institue le mineur
» son légataire universel, n'indique pas que le léga-

» taire soit le fils du testateur, confirme le jugement
» du tribunal de première instance ».

Pourvoi en cassation de la part du sieur de Mervé,
pour fausse application des art. 340 et 335 du code
civil, et contravention à l'art 762 et suivans.

ARRÊT.

La cour, « attendu que l'acte de naissance du mineur
» dont il s'agit ne lui confère d'autre qualité que
» celle d'enfant né de père et mère non désignés ;

» Attendu que le code civil, art. 340 et 342, prohibe
» formellement la recherche de paternité ;

» Attendu que ce serait en faire la recherche, que
» de vouloir établir la preuve de la qualité d'enfant
» adultérin par un acte privé, tel que la lettre qui
» s'est trouvée jointe au testament dont il s'agit, et qui
» n'est pas même signée, ou par d'autres actes de pa-
» reille nature, qui peuvent donner lieu à des contes-
» tations sur leur vérité, ou sur l'individu auquel on
» veut les appliquer ;

» Qu'ainsi, la cour royale d'Angers n'a violé aucune
» des dispositions du code civil, en rejetant l'incapa-
» cité que le demandeur voulait faire résulter des art.
» 762 et 908 dudit code, rejette ».

Du 1.er avril 1818, cour de cassation, section des
requêtes.

Remarquons la sage circonspection de la cour su-
prême : elle ne s'explique pas sur le mérite en général
d'une reconnaissance faite en faveur d'un enfant adultérin ; elle décide seulement, *dans l'espèce,* que la
reconnaissance dans une lettre non signée ne pouvait
constituer l'état d'enfant adultérin.

Remarquons sur-tout le premier *considérant* de la
cour de cassation : *attendu,* est-il dit, *que l'acte de
naissance du mineur ne lui confère d'autre qualité
que celle d'enfant né de père et mère non désignés ;*
d'où il semble résulter que si la reconnaissance d'enfant

adultérin eût été consignée dans son acte de naissance; cette reconnaissance aurait légalement placé le mineur au nombre des enfans adultérins, et l'aurait rendu, par voie de suite, incapable de recevoir autre chose que des alimens.

N.º 217, pag. 161, tom. I.er — Les concubinaires et les adultères, avons-nous dit, peuvent réciproquement s'avantager, soit par donation, soit par testament; mais que lorsqu'il existe des enfans résultans du concubinage ou de l'adultère, et que l'état de ces enfans est légalement prouvé, les adultères et les concubinaires sont soumis, par rapport à la capacité de recevoir, aux mêmes règles que leurs enfans, parce qu'alors les père et mère sont, relativement à l'enfant, considérés comme personnes interposées.

A l'appui de cette règle importante nous avons rapporté un arrêt de la cour de cassation, dont voici l'espèce et les motifs.

Louise Repellin-Berard était mère d'un enfant adultérin, qui avait pour père avoué le sieur Barthelemi Rey; ultérieurement elle devint épouse dudit Rey, qui, dans son testament, la nomma son héritière universelle.

Ce legs universel a été querellé par les héritiers naturels de Rey, sur le fondement de l'art. 911 du code civil; ils ont dit que l'épouse était ici personne interposée à l'égard du bâtard adultérin.

Jugement et arrêt de Grenoble, qui repousse l'exception fondée sur l'art. 911 du code civil, et ordonne l'exécution du testament : « 1.º attendu que l'enfant » étant incapable d'hériter de sa mère, à cause de son » état d'enfant adultérin, cette circonstance faisait » cesser la présomption de la loi, que la mère fût per- » sonne interposée; 2.º attendu qu'il paraissait que le » legs universel avait été fait à la mère du bâtard

» adultérin par affection pour elle-même, et non à
» cause de l'enfant ; attendu, d'ailleurs, que la légataire
» universelle , s'étant ultérieurement mariée , avait
» donné la moitié de ses biens à son second mari , et
» s'étant constitué en dot le surplus , ne pouvait plus
» le transmettre à son fils , et attendu que ces deux
» circonstances prouvant positivement qu'il n'y avait
» pas eu interposition de personnes , cette preuve con-
» traire faisait cesser la présomption de l'art. 911 du
» code civil ».

Pourvoi en cassation de la part des héritiers Rey.

Arrêt (après plusieurs délibérés en la chambre du
conseil).

« La cour, vu les art. 908, 911 et 1352 du code civil,
» considérant que le texte de ces lois ne présente au-
» cune ambiguité ; qu'il en résulte évidemment que
» l'enfant naturel adultérin , ou né de personnes libres,
» ne peut rien recevoir au delà de ce qui lui est accordé
» au titre des successions ;

» Que toute donation qui lui est faite au delà par
» personnes interposées est nulle , et qu'enfin cette
» présomption légale doit l'emporter sur la preuve
» contraire, qu'il n'est pas même permis aux juges
» d'admettre , relativement aux actes dont la loi pro-
» nonce la nullité ;

» Considérant que l'arrêt dénoncé contient une con-
» travention expresse à toutes ces lois ;

» Qu'il contrevient aux art. 908 et 911 , puisqu'il
» déclare valable le legs universel fait par Barthelemi
» Rey à Repellin-Berard , sa femme , quoiqu'elle soit
» la mère de l'enfant adultérin du testateur , et à l'art.
» 1352 , en déclarant ce legs valable , d'après une
» réunion de circonstances qui , dans le cas même
» où elles auraient complétement prouvé que Barthe-
» lemi Rey n'avait pas eu d'autre intention que

» d'avantager sa femme, n'auraient pas pu être admises
» contre la présomption établie par la loi ;

» Considérant, d'ailleurs, que les circonstances re-
» prises dans l'arrêt dénoncé ne méritaient pas à beau-
» coup près l'importance que la cour d'appel a cru
» devoir leur donner ;

» Que toutes celles qui étaient tirées, soit de ce que
» l'enfant adultérin ne peut réclamer que des alimens,
» soit de l'origine des biens, soit de ce que Repellin-
» Berard se les ait constitués en dot, en se remariant,
» sont absolument insignifiantes ;

» Et que celle qui résulte de ce que la mère de
» l'enfant adultérin était en même temps la femme
» du testateur, la seule qui eût quelque intérêt, loin
» de former une preuve contraire à la présomption
» de la loi, ne produit tout au plus qu'une raison de
» douter si Barthelemi Rey a agi par un motif d'af-
» fection conjugale, plutôt que par un motif d'affec-
» tion paternelle ;

» Qu'ainsi rien ne peut excuser le refus de la cour
» d'appel de se conformer aux dispositions littérales
» du code civil, et de déclarer nul un testament léga-
» lement présumé fait au profit de l'enfant naturel
» de Barthelemi Rey par l'interposition de sa mère » :

Par ces motifs, la cour casse et annulle l'arrêt du
15 juillet 1811, pour contravention expresse aux art.
908, 911 et 1352 du code civil.

Du 13 juillet 1813, cour de cassation, section
civile.

N.° 245, pag. 192, tom. I.er — L'individu dont
l'existence n'est pas reconnue lors de l'ouverture d'une
succession ne peut y prendre aucune part : tel est
le principe que nous avons énoncé; nous avons cependant ajouté que, dans l'intérêt du disparu, les
scellés

scellés devaient être apposés, et l'inventaire fait en présence d'un notaire commis.

Nos principes ont été consacrés par un arrêt de la cour royale de Riom, rapporté par M. *Sirey*, an 1818, 2.e part., pag. 210; voici l'espèce de l'arrêt :

En 1816 la succession du sieur Rouget-Lascols s'ouvre ; elle est dévolue dans l'ordre naturel aux frères Rougier, les plus proches parens du défunt : il faut remarquer que l'un d'eux, Maurice Rougier, parti depuis plusieurs années pour le service militaire, n'avait jamais donné de ses nouvelles ; en cet état les héritiers présens demandent la levée des scellés qui avaient été apposés sur les effets mobiliers de la succession.

Le juge de paix s'y refuse jusqu'à ce qu'il ait été nommé un notaire pour représenter l'absent Maurice Rougier, se fondant sur l'art. 113 du code civil.

Les frères Rougier se refusent à requérir la nomination d'un notaire, et présentent requête au tribunal de Saint-Flour, pour faire ordonner au juge de paix de procéder à la levée des scellés.

Le procureur du Roi soutient, au contraire, qu'il doit être nommé un notaire, pour représenter l'absent Rougier, aux termes du susdit art. 113.

1.er mai 1816 jugement du tribunal de première instance, qui ordonne qu'il sera nommé un notaire, pour représenter Maurice Rougier, présumé absent, lors de la levée des scellés apposés dans la maison de défunt sieur Rouget de Lascols, pour assister à l'inventaire.

Appel de la part des cohéritiers Rougier; ils disaient : il faut distinguer, relativement aux droits d'une personne disparue, entre ceux dont elle se trouvait saisie au moment de sa disparition, et ceux qui ont pu s'ouvrir depuis cette époque; les droits qui étaient véritablement acquis avant la disparition sont placés

sous la surveillance du ministère public, qui doit requérir la nomination d'un notaire, pour représenter
le disparu ; mais lorsqu'il s'agit, au contraire, de droits
ouverts postérieurement au fait de disparition, il n'y
a plus lieu à la nomination d'un notaire, parce qu'il
n'y a pas d'intérêt existant.

M. Grenier, procureur-général, a pensé qu'il ne
s'agissait pas de statuer sur la dévolution des droits
héréditaires qui se sont ouverts après le départ de
Maurice Rougier ; mais seulement de prendre des me-
sures conservatoires dans la prévoyance de son retour ;
ses intérêts étant placés sous la surveillance immédiate
des tribunaux, il importe que les précautions déterminées par la loi soient prises toutes les fois qu'elles
ne portent pas atteinte aux droits des tiers : les art.
135 et 136, en faisant la détermination des droits
héréditaires ouverts dans l'absence d'un des successibles, n'exclut pas les précautions qui peuvent assurer
le plein exercice des droits à venir.

Arrêt.

« La cour, déterminée par les motifs exprimés au
» jugement dont est appel, attendu que les fonctions
» du notaire doivent se borner à la confection de
» l'inventaire, ordonne que ce dont est appel sortira
» son plein et entier effet ».

Du 20 mai 1816, cour royale de Riom.

N.º 404, pag. 314, tom. I.er — Il est de règle et
de principe que dans le cas de plusieurs donations
successives, la réduction doit toujours commencer sur
les dernières donations.

Ce principe s'applique même aux donations déguisées sous la forme d'un contrat onéreux ; c'est ce que la
cour de cassation a jugé le 9 juillet 1817, sur les motifs
suivans :

« Vu l'art. 923 du code civil ;

» Considérant qu'il résulte de cette loi, que lorsqu'il
» y a lieu à la réduction des donations, elle doit s'opé-
» rer en commençant par la dernière, et ainsi de
» suite, en remontant des dernières aux plus anciennes;

» Que l'arrêt attaqué, en ordonnant que la réduc-
» tion sur les donations dont il s'agit aurait lieu
» indistinctement et proportionnellement sur chacune
» d'elles, a manifestement contrevenu à la loi;

» Que l'on ne peut justifier cet arrêt par le motif
» qu'il s'agit ici de donations déguisées sous la forme
» de ventes, puisque la règle de réduction établie par
» la loi générale s'applique, par conséquent, à toutes
» sortes de libéralités;

» Que l'on ne peut justifier l'arrêt par cet autre
» motif, que, dans l'espèce, la donatrice et les dona-
» taires ont tous eu l'intention de frustrer les héritiers
» légitimes de leur réserve; car c'est précisément pour
» punir ce genre de fraude que la loi ordonne la
» réduction des donations suivant la règle ci-dessus
» indiquée, règle impérative et absolue, dont, par
» conséquent, les tribunaux ne peuvent s'écarter».

La cour casse et annulle l'arrêt de la cour royale
d'Aix, du 14 juillet 1814.

Du 9 juillet 1817, cour de cassation, section civile.
Vid. le recueil de M. *Sirey*, an 1817, pag. 340.

N.º 418, pag. 331, tom. I.er — Nous avons donné
une table présentant la valeur d'une rente annuelle de
100 fr., ou de l'usufruit d'un immeuble produisant
100 fr. annuellement, ladite rente ou l'usufruit
étant censés durer pendant 1, 2, 3, 4,.... 30 années.

Dans le calcul de cette table nous avons négligé
les millièmes, et nous nous sommes arrêté à deux
décimales; ce qui, sans doute, est suffisant dans les
calculs ordinaires; mais qui présenterait quelque
erreur si la rente annuelle était considérable : nous

avons donc cru devoir calculer de nouveau cette table, et en pousser la rigueur jusqu'à trois décimales, c'est-à-dire, jusqu'à un millième.

La rente annuelle, ou la valeur annuelle de l'usufruit étant a, nous avons pour valeur de cet usufruit

$$20\,a - 21\,a \left(\tfrac{\cdot}{21}\right)^{20+1} :$$ en calculant cette formule, nous aurons la table suivante, en supposant que a égale 100.

TABLE de la valeur d'une rente annuelle de 100 fr., ou de l'usufruit d'une chose produisant 100 fr. annuellement ; la rente ou l'usufruit durant 1, 2, 3, 4,..... 30 ans.

L'usufruit de 100 fr. pendant un an vaut
actu, ... 95 fr. 239 millièmes.

Pendant	2 ans,	185	942
	3 ans,	272	325
	4 ans,	354	595
	5 ans,	432	948
	6 ans,	507	570
	7 ans,	578	638
	8 ans,	646	322
	9 ans,	710	782
	10 ans,	772	174
	11 ans,	830	642
	12 ans,	886	326
	13 ans,	939	358
	14 ans,	989	864
	15 ans,	1037	966
	16 ans,	1083	777
	17 ans,	1127	407
	18 ans,	1168	959
	19 ans,	1208	532
	20 ans,	1246	221

Pendant 21 ans , 1282 fr. 116 millièmes.

22 ans ,	1316	301
23 ans ,	1348	858
24 ans ,	1379	865
25 ans ,	1409	395
26 ans ,	1437	519
27 ans ,	1464	304
28 ans ,	1489	813
29 ans ,	1514	108
30 ans ,	1537	245

Nous voyons, d'après cette table, que l'usufruit d'un immeuble produisant 100 fr. annuellement vaut *actu* 1246 fr. 221 millièmes, l'usufruit devant durer vingt années ; et qu'il vaut 1537 fr. 245 millièmes, l'usufruit étant censé durer trente ans.

Remarquons que cette table ne présente la valeur de la rente ou de l'usufruit que pour le cas où l'usufruitier ou le créancier de la rente ne peuvent rien exiger qu'à l'expiration de la première année de l'ouverture de l'usufruit.

Mais si la rente annuelle était payable d'avance, alors, pour avoir la valeur de cette rente, il faudrait ajouter 100 fr. à toutes les sommes exprimées dans ladite table ; ainsi, la rente durant une année, il faudrait ajouter 100 fr. à 95 fr. 239 millièmes ; la rente durant deux ans, il faudrait ajouter 100 fr. à 185 fr. 942 millièmes ; et dire qu'une rente de 100 fr., payable d'avance, vaut 195 fr. 239 millièmes, ladite rente durant une année ; et qu'elle vaut 285 fr. 942 millièmes, la même rente durant deux années.

Cette estimation ne doit pas nous surprendre, car le créancier reçoit d'avance 100 fr. ; de plus, il a droit de prendre 100 fr. dans un an : or, ces 100 fr. dans un an valent *actu* 95 fr. 239 millièmes; donc la véritable valeur de son droit pendant un an est 100 fr. ;

plus, 95 fr. 239 millièmes, égalant 195 fr. 239 millièmes.

En un mot, quand la rente est payable d'avance, la valeur de cette rente se compose, 1.º de la rente payée *actu*; 2.º de la valeur de cette rente payable à l'expiration de la première, seconde, troisième, etc., années: or, la table ci-dessus nous présente la valeur de cette rente ainsi payable dans un, deux ou trois ans; donc, quand la rente est payable d'avance, il suffit, pour en connaître la valeur, d'ajouter 100 fr. à la susdite table, c'est-à-dire, à toutes les valeurs qu'elle exprime: quand nous disons qu'il faut ajouter 100 fr. à toutes les valeurs, c'est parce que nous raisonnons toujours dans la supposition d'une rente annuelle de 100 fr.

Par exemple, veut-on savoir ce que vaut *actu* une rente annuelle et viagère de 250 fr., payable d'avance: le créancier de cette rente étant censé vivre douze années, je cherche dans ladite table, et je trouve que 100 fr. de rente pendant 12 ans valent *actu* 886 fr. 326 millièmes; j'ajoute 100 fr. à cette dernière somme, et j'ai 986 fr. 326 millièmes pour la valeur de la rente de 100 fr. payable d'avance; puis j'établis la proportion suivante, et je dis: si 100 fr. valent 986 fr. 326 millièmes, 250 fr. vaudront telle somme, et le calcul me prouve que les 250 fr. valent 2465 fr. 815 millièmes.

Ainsi, quand la rente de 100 fr. est payable d'avance, il suffit, pour en connaître la valeur, d'ajouter 100 fr. à toutes les valeurs de ladite table: nous avons prouvé cette vérité par le raisonnement, nous allons à présent la prouver d'une manière générale par le calcul.

$\frac{20}{21} a$ exprime *actu* la valeur de a, payable dans un an;

$\left(\frac{20}{21}\right)^2 a$ exprime la valeur de a, payable dans deux ans ;

$\left(\frac{20}{21}\right)^3 a$ exprime la valeur de a, payable dans trois ans ;

$\left(\frac{20}{21}\right)^n a$ exprime la valeur actuelle de a, n ans avant son échéance.

L'usufruit d'un bien produisant a, ou d'une rente égalant a, se compose de la somme de toutes les valeurs de a 1, 2, 3, n années avant son échéance.

Ainsi, nous avons pour la valeur de l'usufruit :

$\frac{20}{21} a, + \left(\frac{20}{21}\right)^2 a, + \left(\frac{20}{21}\right)^3 a, + \left(\frac{20}{21}\right)^n a$: en sommant cette progression, nous aurons la valeur de l'usufruit exprimée par la formule suivante :

$$20\, a - 21\, a \left(\frac{20}{21}\right)^{n+1}.$$

Mais quand la rente est payable d'avance, alors le premier terme est a, le second est $\frac{20}{21} a$, le troisième est $\left(\frac{20}{21}\right)^2 a$, etc.

En sommant cette progression ; nous aurons pour valeur de la rente $21\, a - 21\, a \left(\frac{20}{21}\right)^{n+1}$; nous aurons $20\, a + a - 21 \left(\frac{20}{21}\right)^{n+1}$.

En comparant cette formule avec la précédente, nous verrons que le second terme de ces formules est le même, et ne varie pas, et que le premier terme se trouve dans la seconde augmenté de a. Donc, quand la rente est payable d'avance, il suffit d'ajouter cette rente à la première table, pour connaître la valeur de cette rente; il ne faut que lire dans les

deux formules ci-dessus, pour être convaincu de cette
vérité.

Supposons à présent qu'il faille estimer *actu* la
valeur d'une rente annuelle et viagère de 100 fr.,
payable par moitié, de six en six mois, et d'avance :
la stipulation de ces rentes est très-commune.

L'estimation d'une pareille rente présente, d'abord,
quelques difficultés; cependant faisons attention que
le créancier d'une pareille rente a droit d'exiger
actu 50 fr., dans six mois 50 fr., dans douze mois
50 fr., dans dix-huit mois 50 fr., ainsi de suite; il
nous faut donc chercher la valeur *actu* de 50 fr. six,
douze, dix-huit, vingt-quatre, etc., mois avant leur
échéance.

Pour trouver cette valeur, je dis : 41 fr. dans six
mois valent *actu* 40 fr.; puis j'établis la proportion
suivante, appelant *a* la rente payable tous les six mois,
et je dis : si 41 ne valent que 40, *a* ne vaudra que
$\frac{40}{41} a$: voilà la valeur de *a* six mois avant son
échéance, c'est-à-dire, avant le premier terme de
son échéance.

En établissant la même proportion, nous aurons
$\left(\frac{40}{41}\right)^2 a$ pour la valeur *actu* de *a* avant le deuxième
terme de son échéance; $\left(\frac{40}{41}\right)^3 a$ pour la valeur *actu*
de *a* avant le troisième terme de son échéance; et,
enfin, $\left(\frac{40}{41}\right)^n a$ pour la valeur de *a* *n* termes avant
son échéance.

Or, la valeur de la rente *a* se composera de toutes
les valeurs de *a*, 1, 2, 3, *n* termes avant son
échéance, et nous aurons cette valeur de la rente *a*
exprimée par la progression suivante :

$$a + \frac{40}{41} a, + \left(\frac{40}{41}\right)^2 a, + \left(\frac{40}{41}\right)^3 a, + \left(\frac{40}{41}\right)^n a : \text{en}$$

sommant cette progression, nous aurons $41\,a - 41\,a$ $\left(\frac{40}{41}\right)^{n+1}$.

En calculant le second terme de cette formule avec le secours des logarithmes, et en observant qu'à la fin de la première année il y a deux termes non échus, à la fin de la deuxième quatre termes non échus, et ainsi de suite, nous formerons la table suivante :

TABLE de la valeur d'une rente annuelle et viagère de 100 *fr.*, payable par moitié, de six en six mois, et d'avance.

La rente durant un an vaut

actu,	. . . .	146 fr.	371 millièmes.
Pendant	2 ans,	238	100
	3 ans,	325	408
	4 ans,	408	508
	5 ans,	487	605
	6 ans,	562	890
	7 ans,	634	547
	8 ans,	702	752
	9 ans,	767	670
	10 ans,	829	461
	11 ans,	888	273
	12 ans,	944	252
	13 ans,	997	533
	14 ans,	1048	247
	15 ans,	1096	517
	16 ans,	1142	462
	17 ans,	1186	192
	18 ans,	1227	815
	19 ans,	1267	433
	20 ans,	1305	142
	21 ans,	1341	33

Pendant 22 ans, 1375 fr. 195 millièmes.

     23 ans, 1407   711

     24 ans, 1438   660

     25 ans, 1468   118

     26 ans, 1496   157

     27 ans, 1522   844

     28 ans, 1548   246

     29 ans, 1572   423

     30 ans, 1595   435

L'usage de cette table est déjà connu par tout ce que nous avons dit ; donnons cependant un exemple pour fortifier les jeunes gens qui ne sont pas accoutumés à ce genre de calculs : on a donné à Pierre une rente annuelle et viagère de 842 fr., payable par moitié, de six en six mois, et d'avance, et l'on veut savoir quelle est la valeur de cette rente viagère, Pierre étant censé vivre dix-huit ans.

Je cherche dans ma table, et je trouve que 100 fr. de rente, pendant dix-huit ans, valent *actu* 1227 fr. 815 millièmes ; et j'établis la proportion suivante : si 100 fr. valent 1227 fr. 815 millièmes, 842 fr. vaudront une somme que le calcul démontre être égale à 10,338 fr. 202 millièmes : la rente viagère de 842 fr. étant supposée durer dix-huit ans, vaut donc *actu* 10,338 fr. 202 millièmes.

Nous avons fait voir qu'il et absolument injuste d'estimer la valeur de l'usufruit sans avoir égard à l'âge de l'usufruitier ; à l'appui de cette vérité, d'ailleurs évidente, nous pouvons invoquer un arrêt de la cour de cassation, du 21 juillet 1813 ; voici l'espèce de cet arrêt : la dame Cazes, veuve, et ayant des enfans du premier lit, épouse en secondes noces le sieur Hocquart : dans le contrat de mariage, passé sous l'empire de la loi du 17 nivôse, ladite veuve Cazes donne à son nouvel époux l'usufruit de la moitié de ses biens ; elle meurt en 1809, laissant trois enfans, dont deux du premier lit, et un testament, par lequel elle lègue le quart par préciput à l'enfant du second lit.

L'enfant du second lit a voulu réclamer le préciput ; son père a réclamé l'usufruit de la moitié des biens, aux termes de son contrat de mariage.

Les enfans du premier lit ont répondu à leur sœur, que leur mère ayant donné l'usufruit de la moitié de ses biens, et cet usufruit valant le quart de l'absolue propriété, sa quotité disponible était épuisée quand elle a légué le quart par préciput ; et qu'ainsi ce legs ne pouvait produire aucun effet.

Sur ce, arrêt de la cour de Toulouse, qui admet le système des enfans du premier lit, et qui annulle le legs, se fondant sur ce que la quotité disponible était usée, le legs de l'usufruit de la moitié étant égal au quart en propriété, d'après les dispositions de la loi du 22 ventôse.

Pourvoi en cassation : un des moyens était pris de ce que l'usufruit de la moitié des biens avait été évalué au quart en toute propriété.

La cour de cassation a rejeté ce moyen, par le motif suivant : « considérant qu'en évaluant dans *sa* » *sagesse*, et par induction, tirée, soit de la loi du » 22 ventôse an 2, soit de divers articles du code, » la donation de l'usufruit de la moitié des biens » à un quart desdits biens, la cour *n'a violé aucune loi*.

Remarquons que la cour de cassation ne dit pas que la cour de Toulouse s'est conformée à la loi ; elle dit seulement *qu'aucune loi n'a été violée* ; d'où nous devons tirer plusieurs conséquences : 1.º qu'il n'existe aucune loi qui détermine la véritable valeur de l'usufruit ; 2.º que les cours peuvent dans leur sagesse arbitrer et fixer cette valeur ; 3.º qu'il est nécessaire de présenter les bases de cette estimation qui doit être faite ; 4.º enfin, que, pour trouver ces bases, il faut recourir à la loi romaine, qui fixe la probabilité de vie de l'usufruitier, et qui veut que l'usufruit soit évalué d'après cette probabilité de vie.

Observons, enfin, que l'arrêt de la cour de Toulouse aurait été cassé, si la violation des lois romaines était un moyen de cassation ; mais l'on sait qu'il n'en est plus ainsi depuis la promulgation du code civil.

N.º 456, pag. 368, tom. I.er — Il faut ajouter à la fin du susdit n.º 455 l'observation suivante, quoiqu'elle soit souvent répétée dans l'ouvrage, c'est qu'il n'y a point de substitution prohibée par le code, quand le donataire ou légataire est chargé de rendre tout ou partie de la chose donnée *au moment même où il la reçoit.*

N.º 457, pag. 371, tom. I.er — Les questions relatives aux dons manuels présentant de grandes difficultés, nous croyons devoir rapporter un arrêt important de la cour de cassation, qui a décidé que le don d'un billet à ordre peut être valablement fait par la remise de ce billet avec un endossement en blanc, et que la remise d'un effet mobilier peut être faite par un tiers, même après la mort du donateur.

En 1807, le 9 mai, le sieur Thomas, affecté d'une maladie grave, remet au notaire Jeannin, seize effets de commerce par lui endossés en blanc, et montant ensemble à la somme de 15,077 fr. ; il le charge de remettre neuf de ces effets aux sieurs Regot, Grelier, Darson, Piard, Rousseau et Muyard, comme un témoignage de son amitié et de la reconnaissance qu'il leur doit pour les services qu'ils lui ont rendus ; il le prie de garder quatre de ces billets, montant à 3984 fr. ; de les négocier, et d'en employer la valeur à fournir des alimens, et à faire apprendre un métier à un enfant naturel qu'il avait eu de la demoiselle Cretin ; d'en remettre un au sieur Clavelin, son médecin; un autre au sieur Jeanniot, son perruquier, et le troisième au bureau de charité de Lons-le-Saulnier, lieu de sa résidence.

Le même jour le sieur Jeannin, notaire, remplit ponctuellement les commissions dont il est chargé; le lendemain 10 mai le sieur Thomas appelle près de lui le notaire Jeannin, et lui donne une montre, des boucles d'argent, et quatorze louis, pour les remettre, la montre et les boucles, au fils du sieur Denis Regot, et les quatorze louis à deux femmes qu'il lui nomme : quelques instans après le sieur Thomas expire; et ce n'est qu'après sa mort que le notaire Jeannin peut remettre la montre, les boucles et les quatorze louis aux personnes ci-dessus désignées.

Tels sont les faits qui ont été reconnus et avoués par le notaire Jeannin, dans un interrogatoire sur faits et articles.

Prenant droit de cet interrogatoire, le sieur Bouguyot, frère utérin de Thomas, et son unique héritier, consent que les sieurs Muyard, Clavelin et Jeanniot, et le bureau de charité, conservent les dons qui leur ont été faits; mais il exige que les sieurs Regot, Grelier, Darson, Piard et Rousseau, restituent les effets mobiliers, corporels ou incorporels qui leur ont été donnés, et que le notaire Jeannin lui rende les 3984 fr. d'effets destinés à l'enfant naturel, et les quatorze louis qu'il avait remis aux deux femmes, qu'il avait refusé de nommer; il demande, de plus, que le même notaire soit condamné à garantir la solvabilité des personnes auxquelles il a remis les effets, et qui pourraient en avoir touché le montant.

19 mars 1811 jugement du tribunal de Lons-le-Saulnier, qui accueille les prétentions du sieur Bouguyot, par les motifs suivans :

« 1.° Qu'en admettant la confession judiciaire du

sieur Jeannin, telle qu'elle a été faite, sans la diviser; et par suite de cette confession, qu'il fût vrai que le sieur Thomas ait eu la volonté de donner et de charger le sieur Jeannin de faire la distribution de ses dons aux défendeurs, on ne pourrait cependant pas réputer ces dons comme faits entre-vifs; parce que l'état de maladie grave dans lequel se trouvait le sieur Thomas démontrait qu'il ne voulait donner que dans l'opinion où il était qu'il succomberait prochainement à cette maladie; que les déclarations du sieur Jeannin prouvaient que cette opinion était telle, que toutes les personnes à qui les dons étaient faits avaient pensé de même, puisqu'elles avaient dit que, dans le cas où le sieur Thomas ne fût pas mort, elles auraient été assez honnêtes pour lui rendre ses créances; qu'ainsi on ne pouvait voir dans cette espèce de donation qu'une tradition précaire; que, d'ailleurs, il n'y aurait pas eu d'irrévocabilité; que, par conséquent, la donation manque de deux caractères essentiels pour la rendre parfaite; qu'enfin, la donation que l'on qualifiait de main chaude ne paraissait pas pouvoir admettre d'intermédiaire, à raison de l'incertitude qui en résulterait, soit sur la tradition, soit sur l'acceptation;

» 2.º Que dans la supposition même où l'on considérerait les dons faits par le sieur Thomas comme des donations entre-vifs d'effets mobiliers de la main à la main, le mode de transmission employé par lui ne pourrait produire aucun effet; parce que, s'agissant ici d'effets mobiliers incorporels, la transmission ne pouvait avoir lieu qu'en vertu d'une cession ou d'un acte écrit de donation; que la signature en blanc du sieur Thomas ne pouvait tenir lieu de cession, parce que l'usage invoqué par les défendeurs n'avait été introduit et toléré qu'en faveur du commerce;

» 3.º Enfin, que cette cession ne pourrait être valable qu'autant qu'il en existerait un acte écrit et régulier, et que les défendeurs n'en produisent aucun ».

Appel de la part des sieurs Regot, Grelier, Darson, Piard et Jeannin.

25 novembre 1812 arrêt infirmatif de la cour de Besançon : « attendu que le sieur Thomas ayant, avant sa mort, transféré aux donataires la propriété des objets, et chargé le notaire Jeannin de leur remettre, on devait considérer le don de ces objets comme fait entre-vifs, et que les dons manuels ne sont soumis à aucune formalité ;

» Que vainement dit-on, à l'égard des billets, que, s'agissant de droits incorporels, la remise du titre était insuffisante ; qu'elle devait être accompagnée d'une cession ou transport, pour être translative de propriété, et qu'un endossement en blanc n'avait pas cet effet ; qu'il est constant au procès que le sieur Thomas a déposé les billets entre les mains du sieur Jeannin, pour en transférer la propriété aux personnes à qui ils étaient destinés ; que c'est dans cette vue que le sieur Jeannin les a remis à ces personnes ; que si le sieur Thomas n'a mis au dos des effets que des ordres en blanc, il n'en avait pas moins l'intention d'en transmettre la propriété ; que ce n'est pas le cas d'appliquer la disposition de l'ordonnance, qui ne considérait un endossement en blanc que comme un simple mandat ; que cette disposition ne peut être invoquée que par les tiers-intéressés, par exemple, par les créanciers du tireur, en cas de faillite ; mais que le tireur ou ses héritiers ne peuvent s'en prévaloir, sauf, par rapport à ces derniers, dans le cas d'atteinte portée à leur réserve.

» Quant aux effets mobiliers remis au sieur Jeannin, qu'il est indifférent que les objets n'ayent été remis aux donataires qu'après la mort du donateur ; que le sieur Thomas n'était pas moins dessaisi des objets donnés avant sa mort, et que le sieur Jeannin, en se chargeant de les remettre à ceux à qui ils étaient destinés, était devenu le *negotiorum gestor* de ceux-ci, et avait accepté pour eux la donation qui leur était faite ».

Pourvoi en cassation de la part de l'héritier légitime ; il se fondait principalement sur ce que l'arrêt dénoncé a déclaré translatif de propriété l'endossement en blanc des billets à ordre, et sur ce que la cour a déclaré valable une tradition d'effets mobiliers faite par l'intermédiaire d'un tiers.

ARRÊT.

« La cour, attendu, sur le premier moyen, qu'il
» y a eu tradition réelle, de la part du sieur Thomas,
» des billets, de la montre et des boucles en question,
» *ce qui suffit pour la validité des donations de cette*
» *nature ;* qu'en effet, ce qui répond au second moyen,
» l'endossement des billets à ordre, quoique fait en
» blanc, *en transmet la propriété au porteur*, sauf
» l'exception naturelle et nécessaire des cas de fail-
» lite et d'héritier à réserve ; attendu, sur le troisième
» moyen, qu'il y a eu tradition réelle de la montre
» et des boucles, quoique les donataires n'en ayent
» été personnellement saisis que *depuis le décès du*
» *donateur*, puisque ce donateur s'en était réellement
» dessaisi, et que le notaire Jeannin *avait accepté*
» *lesdits objets pour les donataires*, rejette, etc. »

Du 12 décembre 1815, cour de cassation, section civile. Vid. le recueil de M. *Sirey*, an 1816, pag. 322.

Cet arrêt confirme de la manière la plus formelle ce que nous avons dit dans les n.os 453, 454, 456 et 457, et modifie la décision que nous avons donnée n.o 455 ; ainsi il faut dire, dans l'espèce dudit n.o 455, que la remise peut être faite après la mort du donateur.
N.o

N.º 563, pag. 26, tom. II. — Les créanciers, avonsnous dit, les tiers-acquéreurs peuvent opposer le défaut de transcription ; nous avons cité l'arrêt de la cour de cassation, rapporté par M. *Sirey*, an 1815, pag. 161.

La question étant d'une grande importance, je vais rappeler succinctement l'espèce, et copier le texte de l'arrêt.

· Le 6 avril 1809 contrat de mariage des époux Zmimerman ; Joseph Huiber donne à la future épouse tous ses biens présens et à venir : le donateur possédait alors des immeubles ; ainsi, ils furent compris dans la donation.

Cette donation ne fut transcrite que le 7 novembre 1810.

Dans l'intervalle de la donation à la transcription le donateur vendit les immeubles compris dans la donation du 6 avril moyennant une rente viagère.

Joseph Huiber, donateur, décède le 6 janvier 1811.

Alors les époux Zmimerman revendiquent des mains des acquéreurs les biens à eux donnés dans leur contrat de mariage.

· Les acquéreurs répondent que la donation contractuelle n'était pas transcrite lors de leur acquisition, et qu'ainsi elle ne pouvait leur être opposée.

Les époux Zmimerman distinguent entre les créanciers et les tiers-acquéreurs ; ils disent que les créanciers pourraient leur opposer le défaut de transcription, mais que les tiers-acquéreurs ne le peuvent pas.

· Cette distinction et ce système sont adoptés par la cour de Colmar, qui, par arrêt du 4 août 1812, valide ladite donation.

Pourvoi en cassation de la part des acquéreurs,

Tom. III. 24

et l'arrêt de la cour de Colmar est cassé par les motifs suivans.

ARRÊT.

La cour, « attendu qu'il résulte de la combinaison
» des art. 938 et 941 du code civil que du donateur
» au donataire la donation dûment acceptée est par-
» faite par le seul consentement des parties, qu'elle
» transfère immédiatement la propriété au dona-
» taire; mais qu'à l'égard des tiers qui peuvent avoir
» intérêt à contester la donation, elle n'est *parfait eet*
» *translative de propriété* que lorsqu'elle a été trans-
» crite; et qu'en effet, s'il eût été dans l'intention du
» législateur de disposer généralement par l'art. 938,
» qu'à l'égard des tiers ayant intérêt, comme entre le
» donateur et le donataire, la donation dûment acceptée
» serait parfaite et translative de propriété par le seul
» consentement des parties, sans qu'il fût besoin de
» transcription, il eût été contradictoire d'ajouter
» dans l'art. 941 que le défaut de transcription de la
» donation pouvait être opposé par toutes personnes
» ayant intérêt ;

» Que c'est dans la section particulière, sous la
» rubrique de la forme des donations entre-vifs, que
» la transcription de la donation a été prescrite à l'égard
» de toutes personnes ayant intérêt ; qu'elle est donc
» à leur égard une formalité obligée de la donation,
» et qu'elle est une formalité essentielle, puisque son
» défaut peut être opposé, et qu'évidemment il ne
» peut l'être que pour empêcher les effets de la dona-
» tion ;

» Que vainement on suppose, pour restreindre la
» disposition de l'art. 941, que la transcription n'a été
» prescrite que sous le rapport des hypothèques, et
» que son défaut ne peut être opposé que par les créan-
» ciers du donateur, mais non par les tiers-acquéreurs
» des biens déjà compris dans la donation;

» Que, d'une part, l'art. 941 accorde à toutes per-
» sonnes ayant intérêt le droit d'opposer le défaut de
» transcription, et que les tiers-acquéreurs ont cer-
» tainement intérêt à contester une donation qui est
» tenue secrète, et dans laquelle avaient été compris
» à leur insçu des biens qui leur ont été ensuite
» vendus par le donateur ;

» Que, d'autre part, l'art. 941, après avoir accordé
» à toutes personnes ayant intérêt le droit d'opposer
» le défaut de transcription, n'en excepte que les per-
» sonnes qui sont chargées de faire faire la transcrip-
» tion, ou leurs ayans-cause, et le donateur ; d'où il
» suit qu'il a voulu accorder à toutes les autres per-
» sonnes ayant intérêt, et non comprises dans l'excep-
» tion, le droit d'opposer le défaut de transcription ;

» Que, d'autre part encore, si le législateur avait
» entendu n'accorder par l'art. 941 qu'aux seuls créan-
» ciers du donateur, et sous le rapport seulement des
» hypothèques, le droit d'opposer le défaut de trans-
» cription, il eût été absolument inutile qu'il insérât
» dans le même article une disposition particulière,
» pour ordonner, par exception, que ce droit d'op-
» poser le défaut de transcription n'appartiendrait, ni
» à ceux qui sont chargés de la faire, ni à leurs ayans-
» cause, ni au donateur ;

» Qu'ainsi, d'après les termes de l'art. 941, il est
» évident que la transcription a été prescrite par le
» code civil, de même que l'insinuation l'avait été
» par les lois anciennes, pour assurer la publicité des
» donations, non-seulement à l'égard des créanciers,
» mais encore à l'égard de toutes les personnes qui
» peuvent avoir intérêt à la connaître, pour que per-
» sonne ne soit exposé à traiter avec le donateur dans
» l'ignorance de sa fortune réelle ; pour que personne
» ne coure le risque d'acquérir d'un propriétaire appa-

» rent des biens que ce propriétaire avait précédem
» ment donnés par des actes secrets et inconnus ;

» Qu'elle est donc, comme l'était autrefois l'insi
» nuation, une formalité particulière aux donations
» entre-vifs, qui est également indépendante de la
» législation sur les hypothèques, et qui, en consé-
» quence, n'a pu être abrogée par l'introduction du
» nouveau système hypothécaire ;

» Qu'enfin, il eût fallu, pour anéantir la dispo-
» sition précise des art. 939 et 941, une dérogation
» écrite et formelle ; qu'elle ne se trouve dans aucun
» des articles du code, et qu'il ne pourrait être permis
» aux tribunaux de la suppléer par de simples induc-
» tions, lors même que ces inductions, purement arbi-
» traires, ne seraient pas fondées sur la fausse supposi-
» tion que les formalités particulières aux donations
» entre-vifs doivent être confondues avec les formalités
» relatives, soit aux aliénations à titre onéreux, soit
» aux hypothèques ».

Examinons la question suivante : une donation étant
faite avec charge de payer une somme quelconque,
ou sous la charge de faire quelque chose appréciable à
prix d'argent ; dans le cas d'une pareille donation, le
donataire qui aurait satisfait à la charge pourrait-il
être dépouillé par le tiers-acquéreur, ou par le créancier qui aurait traité avec le donateur postérieurement
à la donation, mais antérieurement à sa transcription ?

Pour sentir l'importance et la difficulté de cette
question, il faut savoir qu'aujourd'hui le vendeur ne
peut plus, *après la vente* par lui consentie, et lors
même qu'elle ne serait pas *transcrite*, ni vendre, ni
hypothéquer le bien vendu ; mais s'il existe un titre cons-
titutif d'une hypothèque, et que ce titre soit *antérieur*
à l'acte de vente, alors cette hypothèque antérieure
pourra être utilement inscrite, non-seulement après
l'acte de vente, mais encore pendant la quinzaine de sa

transcription; de manière que, relativement aux hypothèques, la transcription n'est nécessaire que pour déterminer le délai après lequel les *hypothèques antérieures à la vente* ne peuvent plus être inscrites. Vid. l'art. 834 du code de procédure, et les arrêts de la cour de cassation rapportés par M. *Sirey*, an 1813, pag. 333, et an 1814, pag. 46.

Or, peut-on dire, la donation avec charge n'est pas une véritable donation; jusques et à concurrence de la charge elle est substantiellement une vente : donc le donataire avec charge n'a rien à craindre, ni des acquéreurs, ni des créanciers postérieurs à la donation; il faut le considérer comme acquéreur, et le soumettre seulement aux hypothèques *antérieures à la donation*, et qui seraient inscrites *dans la quinzaine de sa transcription ?*

À l'appui de cette opinion, l'on peut dire qu'il faut déterminer la nature et le caractère des contrats plutôt d'après leur substance, que d'après la qualification donnée par les parties.

Je réponds, qu'abstraction faite de toute idée de fraude, les parties contractantes peuvent simuler une donation sous la forme d'un acte de vente, et *vice versâ;* mais le choix de l'acte étant fait, il faut que cet acte soit régulier dans sa forme; ce qui veut dire que cet acte est soumis à toutes les formalités résultant de sa nature.

Ainsi, une donation étant faite sous la forme d'une vente, quoique la simulation soit convenue, cette donation peut être faite sous seing-privé; elle n'a pas besoin d'être transcrite, pour pouvoir l'opposer aux tiers-acquéreurs ou créanciers qui traiteraient ensuite avec le donateur : la date de cette donation étant fixée, tout est dit; les actes postérieurs du donateur ne peuvent y porter aucune atteinte.

Si, au contraire, une vente est simulée sous la

forme d'une donation, alors il faut un acte public, l'acceptation du donataire, et la transcription, pour pouvoir l'opposer au tiers.

Cela est vrai, dira-t-on, dans tous les cas de simulation; mais dans la donation avec charge il n'existe pas de simulation, tout est clair, précis, explicite; il suffit de lire l'acte pour voir la charge, et pour dire que jusques et à concurrence de la valeur de cette charge, le donataire est véritablement acquéreur.

Je réponds, que s'il est possible de scinder un acte dans sa substance, il est impossible de le scinder quant à ses formalités : sous l'ancienne législation il était absolument nécessaire de rendre publiques par l'insinuation les donations avec charge. L'ordonnance de Moulins porte : « dorénavant toute donation entre-» vifs, mutuelles, réciproques, *onéreuses* et autres, » en *quelque forme et qualité qu'elles soient faites,* » seront insinuées, etc. »; l'art. 19 de l'ordonnance de 1731 est ainsi conçu : « les donations faites en » contrat de mariage, *en ligne directe,* ne seront pas » sujettes à la formalité de l'insinuation »; l'art. 20 porte : » *toutes* les autres donations, même les dona-» tions *rémunératoires,* ou mutuelles, ou celles qui » seraient faites *à la charge de services et de fonda-» tions,* seront insinuées »; enfin, l'art. 1.er de la déclaration du 17 février 1731 est ainsi conçu : « toutes » donations *entre-vifs* de meubles ou immeubles, mu-» tuelles, réciproques, rémunératoires, onéreuses, » même à *la charge de services et fondations,....* seront » insinuées ».

Ainsi, il était nécessaire de rendre publiques par l'insinuation les donations *rémunératoires, onéreuses,* et même celles faites aux hôpitaux et aux églises à la charge de services et fondations.

Je sais bien que *Boutaric* et *Furgole,* sur l'art. 20 de l'ordonnance de 1731, décident que lorsque les

services sont appréciables à prix d'argent, et de nature
à produire une action en justice, la donation rémunératoire n'avait pas besoin d'être insinuée ; de manière
qu'elle valait sans insinuation jusques et à concurrence
de la valeur de ces services, la donation pour l'excédant demeurant sujette à la loi commune de toutes les
donations.

Relativement aux donations onéreuses, voici comment s'explique *Boutaric* : « cet article (l'art. 20 de
« l'ordonnance) ne parle point des donations onéreu-
» ses, comme en avait parlé la déclaration de 1549 et
» l'art. 58 de l'ordonnance de Moulins ; mais on
» peut appliquer aux donations onéreuses ce que nous
» venons de dire des donations rémunératoires : je
» donne, par exemple, un fonds de la valeur de 3000
» fr., à la charge par le donataire de payer pareille
» somme de 3000 fr. à ma libération : ce n'est, comme
» l'on voit, rien moins qu'une libéralité ; c'est une
» espèce de contrat sans nom, *do ut des ;* et ce n'est
» qu'en ce qui excéderait la charge que la donation
» pourrait être attaquée par défaut d'insinuation ».

Serres, sur le même art. 20 de l'ordonnance, professe la même doctrine, et s'exprime dans les mêmes
termes que *Boutaric.*

J'ose cependant m'élever contre cette interprétation
de l'ordonnance ; écoutons *Sallé* sur ledit art. 20 :
« *même les donations rémunératoires ;* cette disposi-
» tion est conforme aux anciennes ordonnances : celle
» de 1539 avait en général ordonné l'insinuation de
» toutes les donations qui seraient faites entre les sujets
» du Roi, sans aucune distinction ; mais comme cette
» ordonnance paraissait avoir été tirée de la disposition
» du droit romain, on voulut aussi y appliquer les
» restrictions introduites par ce même droit, et dis-
» penser de la rigueur de la loi les dispositions favo-
» rables, telles que les donations rémunératoires ; c'est

» ce qui a fait que, pour maintenir l'entière observa-
» tion de la loi, le Prince fut obligé, par la seconde
» déclaration qui intervint au mois de février 1549
» sur l'ordonnance de 1539, de déclarer que sous le
» nom de donations seraient comprises, et sujettes à
» insinuation, les donations faites entre-vifs, combien
» *qu'elles ne soient simples, ains rémunératoires.*

» Cependant *Ricard* est d'avis qu'il faut distinguer
» les donations vraiment rémunératoires d'avec celles
» qui n'en ont que le nom : quant aux donations
» dont l'énonciation des services n'est qu'une cou-
» leur affectée, il convient qu'elles sont sujettes à
» insinuation ; mais quand les services sont réels, et de
» nature à produire une action, il soutient que l'insi-
» nuation n'est pas nécessaire, parce que c'est plutôt
» *datio in solutum,* qu'une véritable donation ; il se
» sert même, pour autoriser son sentiment, de ce que
» l'ordonnance de Moulins, postérieure à la déclara-
» tion de 1539, en faisant l'énumération des donations
» sujettes à l'insinuation, ne parle point des *donations*
» *rémunératoires;* enfin, il rapporte un arrêt prononcé
» en robes rouges, à la Notre-Dame d'août 1582, qu'il
» prétend être favorable à son avis.

» Néanmoins, ajoute *Sallé,* quelque plausible que
» paraisse cette distinction, notre ordonnance *ne l'a*
» *pas adoptée;* et pour éviter, sans doute, la difficulté
» de distinguer les donations purement rémunératoi-
» res d'avec les vraies donations, auxquelles il serait
» aisé de donner une telle couleur, elle a confirmé
» purement et simplement la disposition de la décla-
» ration de 1549, en assujettissant à l'insinuation les
» donations *rémunératoires indéfiniment* ».

Je pense, avec ce dernier auteur, que toutes les distinctions ont été proscrites par l'ordonnance ; que les
donations rémunératoires et les donations onéreuses
devaient être insinuées : le législateur s'en est expliqué

d'une manière expresse, et qui doit mettre fin à toutes les argumentations.

Je m'explique : quand le donateur et le donataire avec charge ont choisi la forme des donations entre-vifs ; qu'ils se sont rendus devant un notaire ; que le premier a pris la qualité de bienfaiteur, et le second celle d'avantagé ; quand nous voyons une acceptation expresse, nous devons dire qu'il y a donation dans la pensée des parties contractantes ; et qu'ayant choisi la forme d'une donation pour régler leurs intérêts, elles se sont par là expressément soumises à toutes les formalités essentielles à la nature de cet acte.

Qu'une donation *rémunératoire* puisse être faite sous seing-privé, c'est ce que nous avons fait voir dans le chapitre relatif aux donations de ce genre ; mais la forme des donations étant suivie, il ne faut en négliger aucune ; car la scission dans les formalités d'un acte est une chose que je ne puis concevoir.

Mais, dira-t-on, cette scission était indirectement permise par la loi romaine, car cette loi ordonnait aussi l'insinuation de toutes les donations ; mais elle voulait que celles qui n'excédaient pas la somme de 500 écus fussent valables sans cette formalité : leg. 34, § 1, cod. *de donat.*; et quand une donation excédait 500 écus, et qu'elle n'était pas insinuée, elle valait toujours jusques et à concurrence de 500 écus, attendu qu'à l'égard de cette somme l'insinuation n'était pas requise : leg. 35, § 3, cod. *de donat.*

Je réponds, que l'ordonnance de 1731 dispensait aussi de l'insinuation les donations qui n'excédaient pas la somme de 1000 fr. une fois payée (art. 22 de ladite ordonn.); sur quoi l'on a demandé si la donation excédant 1000 fr., et non insinuée, devait, comme sous la législation romaine, valoir jusques et à concurrence de 1000 fr. : non, dit *Furgole;* « attendu *que » l'acte est indivisible, la nullité d'une partie influe*

» *sur le tout* » : telle est aussi l'opinion de *Serres*; *Boutaric*, sur le susdit art. 22 de l'ordonnance, parait adopter l'opinion contraire ; elle est expressément adoptée par *Pothier*, sect. 3, n.º 49.

Celle de *Furgole* est à mes yeux bien plus conforme aux principes ; suivons cette opinion dans son application : une donation est faite sous l'ordonnance de 1731 d'une somme de 1800 fr. ; elle n'est pas insinuée, c'est-à-dire, elle n'est pas rendue publique : pour pouvoir la valider jusques et à concurrence de 800 fr., excédant 1000 fr., il faudrait dire que la donation, quoique une, en présente réellement deux : 1.º une donation de 1000 fr. ; 2.º une donation de 800 fr. ; que la première donation est valable, n'étant pas sujette à l'insinuation ; mais que la seconde est nulle, attendu que toute donation qui excède 1000 fr. doit, par rapport à l'excédant, être insinuée; mais cette scission de la donation, cette division de la chose donnée est proscrite par le législateur ; il est donc impossible de la faire : par la même raison, je donne à Pierre un bien qui vaut 12,000 fr., et je le charge de payer pour moi 4000 fr. ; il est impossible de voir dans cet acte, 1.º une donation pure et simple de 8000 fr.; 2.º une vente du restant de l'immeuble pour 4000 fr., et raisonner, relativement à chacun de ces deux actes, d'après son caractère propre et distinctif; en un mot, l'on ne peut pas dire aujourd'hui, que la donation par rapport aux 8000 fr. doit être transcrite; mais que la transcription n'est pas nécessaire relativement aux 4000 fr. d'excédant, sous ce prétexte que l'acte ne présente point, quant aux 4000 fr., une donation pure, mais un véritable contrat à titre onéreux.

Il faut donc décider que toute donation rémunératoire, *sans distinguer la nature des services*, et que toute donation avec charge, la charge *fût-elle même égale à l'émolument de la donation*, doivent être transcrites, et que le défaut de transcription peut être opposé par tous ceux qui ont traité à titre onéreux avec le donateur, même postérieurement à la donation.

Si, par le résultat de cette décision, le donataire éprouve quelque préjudice, il ne doit s'en prendre qu'à lui-même ; il a à se reprocher sa propre négligence, tandis que le tiers qui a traité avec le donateur a dû le faire avec la plus grande confiance.

N.º 620, pag. 81 et 82, tom. II. — Nous avons dit que les conditions contraires aux lois ou aux mœurs étaient réputées non écrites ; nous avons cité la loi 20, ff *de cond. et demonst.*, qui porte : *quæ facta lædunt pietatem, existimationem, verecundiam nostram, et, ut generaliter dixerim, quæ contrà bonos mores fiunt, nec facere nos posse credendum est ;* il faut lire : la loi 15, ff *de cond. institut.;* nous pouvons rappeler de plus les dispositions de la loi 9, ff *eodem tit.*, ainsi conçue : *conditiones quæ contrà bonos mores inseruntur remittendæ sunt : si ab hostibus patrem suum non redemerit, si parentibus suis patronove alimenta non præstiterit.*

Pendant l'impression de cet ouvrage nous avons entendu parler d'un testament dans lequel le testateur avait imposé à l'héritier institué l'obligation expresse de l'enterrer dans une allée de son jardin, défendant expressément la présence de tout ministre d'un culte à ses funérailles ; le tout à peine, à l'égard de l'héritier, d'être privé des avantages de l'institution.

L'héritier institué, attaché à la religion de ses pères, avait fait enterrer le testateur, son oncle, dans le cimetière de sa paroisse.

On prétendait qu'il devait être privé de la succession du testateur ; qu'il avait manqué à la condition par lui imposée ; que cette condition était valide, la loi défendant de demander à un citoyen compte de ses opinions religieuses.

On n'a qu'à gémir d'être obligé de s'expliquer sur des clauses de cette espèce ; le testateur a manifesté, autant qu'il était en sa puissance, le mépris le plus grand de toutes les religions : ce n'est pas dans un ouvrage de la nature de celui-ci qu'il faut développer les conséquences funestes d'une telle conduite et de tels principes; il suffira de dire : malheur au peuple sans mœurs, et, par conséquent, malheur au peuple sans religion ! il suffira de rappeler ces belles paroles de *Montesquieu* : « Rome était un vaisseau » tenu dans la tempête par deux ancres, la religion » et les mœurs ». Jamais vérité plus vraie, plus profonde, ne fut exprimée d'une manière plus énergique ; nous avons rejeté ces deux ancres, et nous avons été le jouet des tempêtes.

Examinons, comme jurisconsulte, la question proposée.

Et, d'abord, consultons la loi romaine, et disons, avec le même *Montesquieu*, que nous sommes bien forts en législation, quand nous avons pour nous les Romains.

La loi 27, *ff de condit. instit.*, est ainsi conçue : « un » testateur fait son testament, et institue un héritier, » sous la condition expresse qu'il jettera ou fera jeter le » cadavre du testateur dans la mer ; l'héritier n'ayant pas » satisfait à cette condition, on demanda s'il devait être » privé de l'hérédité » ?.... Écoutons la réponse du jurisconsulte *Modestin* ; il s'exprime en orateur, et comme un homme indigné de la question qui lui est proposée : *laudandus est magis, quam accusandus hæres qui reliquias testatoris non in mare, secundùm ipsius voluntatem, abjecit; sed memoriâ humanæ conditionis sepulturæ tradidit.*

Ainsi, d'après la législation romaine, l'héritier aurait été coupable, s'il eût exécuté la volonté du testateur, et jeté son cadavre dans la mer : et pourquoi cela ? parce qu'on considérait comme un devoir sacré et religieux de rendre à la terre les dernières dépouilles de l'homme.

Aujourd'hui ne serait-ce pas aux yeux de l'homme religieux une grande impiété, que de ne pas déposer l'argile qui forma notre existence apparente dans ce lieu destiné au pauvre comme au riche, où tous les rangs se confondent, et où commencent d'éternelles espérances ; ne serait-il pas impie, celui qui exposerait les dépouilles de l'homme à être mises à nu et entraînées par des torrens, ou à devenir la proie des bêtes sauvages ?

La loi 113, § 5, ff *de legat.* 1, est ainsi conçue : *ineptas voluntates defunctorum circa sepulturam (veluti vestes, aut si qua alia supervacua ut in funus impendantur) non valere, Papinianus, libro tertio responsorum, scribit.*

Ainsi, d'après cette décision de Papinien, l'on ne doit faire aucune attention aux conditions prescrites par le testateur, relativement à ses funérailles, quand ces conditions sont ridicules : *ineptas voluntates circa sepulturam non valere.*

Mais l'on ne peut, dit-on, demander à un citoyen compte de ses opinions religieuses : je conviens du principe, et je l'invoque à mon tour ; et je dis que, par la même raison, tout citoyen peut dire hautement qu'il professe telle religion ; or, imposer à un homme qui a fait une telle profession de foi une condition que sa religion réprouve et condamne, n'est-ce pas lui imposer une condition contraire aux mœurs ? n'est-ce pas l'engager à faire une chose repoussée par sa conscience, et dont l'exécution réveillerait les remords les plus cuisans, et l'exposerait au mépris de ses concitoyens ?

Une telle clause doit donc être considérée comme non écrite : qu'est-elle ? elle est, ou l'ouvrage de la singu-

larité, ou le dernier cri de la vanité, qui veut survivre à elle-même.

On peut insister, et opposer à notre opinion les
dispositions du décret du 23 prairial an 12; en effet,
l'art. 2 de ce décret porte « qu'il y aura hors des
» villes ou bourgs, à la distance de 35 à 40 mètres
» au moins de leur enceinte, des terreins spécialement
» consacrés à l'inhumation des morts ».

Mais l'art. 14 ajoute : « toute personne pourra être
» *enterrée sur sa propriété*, pourvu que ladite pro-
» priété soit hors et à la distance prescrite de l'enceinte
» des villes et bourgs ».

Ainsi, peut-on dire, la loi permet à un citoyen
de choisir le lieu de sa sépulture ; d'où la conséquence
que sa volonté, à cet égard, doit être respectée.

Je réponds que la permission donnée à un citoyen
de choisir le lieu de sa sépulture est la conséquence
du principe qui veut qu'on ne puisse demander
compte à un citoyen de ses opinions religieuses : c'est
parce qu'il m'est permis de ne pas professer telle religion, que je puis ordonner que les cérémonies de
cette religion n'ayent pas lieu à mes funérailles ; de
là encore je conclus que l'héritier peut, s'il le trouve
à propos, faire enterrer le testateur dans le lieu par
lui désigné.

Mais si l'héritier dit : je professe telle religion ; cette
religion signale comme une impiété criminelle d'enterrer les morts hors du cimetière : faut-il que je satis-
fasse à une condition que ma religion condamne, et
dont l'exécution me rendrait un objet d'horreur pour
tous ceux qui suivent le même culte ? La condition
qui me serait imposée de changer de religion serait
certainement réprouvée, comme contraire à la liberté
des consciences, la première et la plus essentielle des
libertés : une pareille condition serait tyrannique; mais
m'ordonner de faire ce que ma religion me défend,

n'est-ce pas me prescrire l'obligation d'y renoncer par
le fait? Ce n'est pas tout : renoncer à une religion peut
paraître un acte indifférent aux yeux de certains hommes; mais professer une religion, et faire par intérêt
un acte qu'elle signale comme impie, et le faire avec
la plus grande publicité, ne serait-ce pas un affreux
et horrible scandale! une telle conduite serait blâmée
par tous : eh! qui pourrait l'approuver! Donc la condition qui prescrirait une telle conduite serait aussi
contraire aux mœurs, que directement opposée à la
liberté des opinions religieuses.

Examinons la question suivante :

Pierre a fait une donation ou un legs, et a imposé
au donataire ou légataire la condition de n'épouser
qu'une noble, ou qu'une roturière ; cette condition
serait-elle obligatoire ?

L'auteur du répertoire de jurisprudence traite cette
question, et décide qu'une telle condition serait nulle,
comme contraire à la loi du 19 juin 1790, qui abolit
la noblesse, et confond par là tous les citoyens dans
une seule et même classe : c'est la seule raison qu'il
donne à l'appui de son opinion. Vid. le répertoire de
jurisprudence, *verb.* condition, pag. 736.

Mais la charte ayant rétabli la noblesse, et distingué par là deux classes de citoyens, il en résulte
que ladite loi du 19 juin 1790 est abrogée, et qu'ainsi
la condition dont s'agit n'est contraire à aucune loi.

Dira-t-on qu'elle est contraire aux mœurs, qu'elle
est dictée par la vanité, et qu'elle tend à établir entre
les deux classes de citoyens une ligne de démarcation
funeste ?

Cette objection est futile et vague : chaque classe
de citoyens a ses habitudes, ses goûts, son genre de
travail, son éducation propre ; l'amitié consiste dans
la conformité des goûts et des sentimens : c'est donc

cette même conformité qui produira la paix et le bonheur des ménages; d'où la conséquence, que la loi ne doit pas proscrire, et qu'on ne peut considérer comme contraire aux mœurs une condition dont l'exécution rend les mariages mieux assortis et plus heureux, ou qui du moins augmente la probabilité de leur bonheur.

Une clause très-fréquente sous l'ancienne législation peut encore se présenter sous la nouvelle; je veux parler de l'obligation imposée au donataire de porter le nom et les armes du donateur.

« Cette obligation, dit *Montvallon*, imposée par le
» testateur est licite; on l'infère de la loi *hoc jure* 19,
» ff *de donationibus*, qui s'explique ainsi au para-
» graphe dernier : *Pegasius putabat, si tibi centum*
» *spondero, hâc conditione, si jurasses te nomen meum*
» *laturum, non esse donationem, quia ob rem facta*
» *est, res secuta est.*

» Les docteurs disputent entr'eux sur la ques-
» tion si l'héritier tombe dans la peine imposée en-
» core qu'il ne lui ait été fait aucune interpellation.
» M.ᵉ *Julien* (dans son code manuscrit, liv. 3, tit.
» 5, pag. 15) dit avoir décidé en consultation, avec
» M.ᵉ *Decormis* et M.ᵉ *Silvacane*, en 1673, que l'inter-
» pellation était nécessaire, quoique M.ᵉ *Peissonnel*
» et M.ᵉ *Courtez* fussent d'un sentiment contraire.
» La question me paraît devoir dépendre des termes
» du testament : on peut voir *Papon*, liv. 20, tit. 5,
» *des legs*, art. 3; et s'il n'y avait que la simple obli-
» gation de porter les nom et armes, sous peine de
» privation de l'hérédité en termes généraux, sans
» aucun terme qui prouvât que l'intention du testateur
» a été qu'une seule infraction ferait perdre l'hoirie
» ou le legs laissés sous cette obligation, il n'y a nul
» doute que l'interpellation serait nécessaire. La loi
» 63, § 10, ff *ad senat. trebell.*, exclut celui qui
» se

» se refuse de se conformer à la charge de porter nom
» et armes ».

Mais si l'on avait imposé l'obligation de porter un
nom honteux et déshonorant, la condition ne serait
pas obligatoire : c'est ce qui résulte de la susdite loi
63, § 10 ; ff *ad senat. trebell.,* et de la loi 7 , ff *eodem
titulo.*

De même, sous la nouvelle législation, la condition de porter le nom du donateur ou testateur serait
valable, à moins que ce nom ne fût flétrissant ou
infame. Quel est le français qui voudrait adopter un
nom déshonoré ? qui voudrait, en prenant ce nom
proscrit, s'associer aux idées et au souvenir d'horreur
et d'infamie que ce nom réveille et fait naître ?

Observons que l'infamie est locale, que tous les
grands criminels n'ont pas eu un grand théâtre, et
qu'ainsi il suffit, pour que la condition ne soit pas
obligatoire, que le nom imposé ne puisse être porté
sans honte par le donataire.

Si le nom n'est pas déshonorant la condition est
obligatoire, en ce sens, que le donataire est tenu de
se pourvoir auprès de Sa Majesté, pour obtenir la
permission de changer de nom ; car l'autorisation
du Roi, quant à ce, est absolument nécessaire ; et
si Sa Majesté refuse, la condition sera considérée
comme non écrite, et la donation sera valable. Vid.
la loi du 11 germinal an 11.

Sous la législation romaine le changement de nom
était absolument libre, pourvu que ce changement
ne fût pas fait dans une intention frauduleuse : *mu-
tare nomen , vel prænomen , sive cognomen , sine
aliquâ fraude , licito jure, si liber es, secundùm ea
quæ sæpè instituta sunt, minimè prohibueris , nullo
ex hoc præjudicio futuro.* Leg. 1 , cod. *de mutatione
nominis.*

Mais Henri II , par son ordonnance donnée à

Tom. III.   25

Amboise le 26 mars 1535 , fit défenses à toutes personnes de changer leurs noms et leurs armes sans
en avoir obtenu la permission ; ce qui , par rapport
au changement de nom , a été renouvelé par ladite
loi du 11 germinal an 11.

Quant au changement des armes , je pense également qu'il faut la permission du Roi ; c'est ce qui
résulte de ladite ordonnance d'Amboise et des lettres-
patentes de Charles IX , du mois de novembre 1572 ;
les lettres-patentes sont ainsi conçues : « mais d'autant
» qu'à nous seul appartient de permettre la mutation
» *et changement de cri, nom et armes* des grandes
» et illustres maisons , comme sont les maisons de
» Crequi et de Blanchefort, etc. ».

Les parties intéressées peuvent s'opposer au changement de nom , et se pourvoir, par opposition, contre
l'ordonnance du Roi qui aurait autorisé ce changement.
Vid. l'ordonnance du 18 avril 1816; on la trouve dans
le recueil de M. *Sirey*, an 1818, 2.ᵉ part. , pag. 69.

N.º 847 , pag. 277, tom. II. — Un père fait une
donation à son fils ; celui-ci meurt laissant un enfant,
qui meurt lui-même avant l'ascendant donateur : dans
ce cas l'ascendant donateur pourra-t-il reprendre, par
droit de retour, les choses par lui données, et qui se
retrouvent en nature dans la succession de son petit-
fils ? Nous avons décidé que le droit de retour avait
lieu au profit de l'ascendant.

Mais le contraire vient d'être jugé par la cour de
cassation le 18 août 1818 : vid. le recueil de M. *Sirey*,
an 1818, pag. 370 ; voici le texte de l'arrêt.

Arrêt (après délibéré).

« La cour, vu l'art. 747 du code civil , et l'art. 7
» de la loi du 30 ventôse an 12 , sur la réunion des
» lois composant le code ;
» Attendu qu'à compter du jour où ces lois ont été

» rendues exécutoires les lois romaines, les ordon-
» nances et les coutumes générales et particulières ont
» cessé d'avoir force de loi dans les matières qui sont
» l'objet du code civil ;

» Attendu que la donation dont il s'agit dans la
» cause a été faite postérieurement à la promulga-
» tion de ce code, et qu'ainsi c'est dans ses dispositions
» seules qu'il faut chercher la solution de la question
» à laquelle cet acte donne lieu ;

» Attendu que le retour légal, tel qu'il avait été
» établi par les lois romaines, et étendu par la juris-
» prudence de diverses cours du Royaume dans les
» pays de droit écrit, n'existe plus, et que ce n'est
» qu'à titre de succession que le code civil attribue
» aux ascendans donateurs des droits particuliers sur
» les choses par eux données ;

» Attendu qu'après avoir posé, dans l'art. 746, la
» règle générale d'après laquelle les ascendans doivent
» succéder, et déclaré que les successions qui leur
» sont déférées se divisent par moitié entre la ligne
» paternelle et la ligne maternelle, l'art. 747 ap-
» pelle les ascendans donateurs à la succession exclusive
» des objets compris dans leur donation, et établit
» par là, à l'égard de ces objets, une exception à la
» règle générale prescrite par l'article précédent ;

» Attendu que les exceptions doivent être stricte-
» ment restreintes dans les limites qui leur sont assi-
» gnées ;

» Attendu qu'il résulte formellement de l'art. 747,
» que c'est dans la succession du donataire lui-même
» que l'ascendant donateur doit exercer le privilége
» qui lui est accordé ; que cela même est littéralement
» exprimé dans la disposition de cet article, où, dans
» le cas d'aliénation des objets donnés, le législateur
» veut que l'ascendant *succède* à l'action en reprise
» que pouvait avoir le *donataire;* qu'ainsi, c'est à l'ins-

» tant du décès du donataire qu'il faut se reporter,
» pour savoir s'il y a, ou non, ouverture au droit
» spécial attribué à l'ascendant donateur ; et que ce
» droit ne lui étant déféré que dans le cas du prédécès
» du donataire sans postérité, il est irrévocablement
» éteint si le donataire laisse des enfans ; que pour
» que ce droit se prolongeât malgré l'existence de ces
» enfans, et s'étendît au cas où ils mourraient eux-
» mêmes avant l'ascendant donateur, il faudrait une
» disposition particulière de la loi ; parce qu'il est
» vrai de dire, que ces enfans ne sont pas donataires,
» et qu'à leur égard les biens, objet de la donation,
» sont des biens héréditaires, et non pas des biens don-
» nés ; que les enfans laissés par le donataire, et non
» existans encore à l'époque de la donation, peuvent
» d'autant moins être considérés comme donataires
» eux-mêmes, et implicitement compris dans cette
» même donation, que l'art. 1081 du code prohibe
» de les y comprendre, même d'une manière expresse,
» sauf des cas auxquels l'art. 747 est totalement étran-
» ger ; que lorsque le législateur a voulu que le droit
» successif ou conventionnel de reversion appartînt
» au donateur dans les deux cas, et du prédécès du
» donataire sans enfans, et du prédécès de sa postérité,
» il a eu soin de l'exprimer ; que c'est ainsi que, par
» l'art. 352, il a déclaré que si, du vivant de l'adop-
» tant, et après le décès de l'adopté, les enfans ou
» descendans laissés par celui-ci mouraient eux-mêmes
» sans postérité, l'adoptant succéderait aux choses par
» lui données ; que c'est ainsi encore que dans l'art.
» 951 il a disposé que le donateur pourrait stipuler
» le droit de retour des objets donnés, soit pour le cas
» du prédécès du donataire, soit pour le cas du pré-
» décès du donataire et de ses descendans ; qu'une
» disposition différente dans l'art. 747 annonce une
» différence dans la volonté du législateur ; et que

» n'ayant mentionné dans la concession du droit par-
» ticulier qu'il a conféré par cet article à l'ascendant
» donateur que le cas du prédécès du donataire sans
» postérité, il a voulu, pour tous les autres cas, le
» soumettre à la loi générale des successions; qu'ainsi,
» en jugeant que la dot constituée à la demoiselle
» Desprades par ses père et mère, dans son contrat
» de mariage avec le sieur Chantreau, ne devra pas
» être prélevée par les sieur et dame Desprades dans
» la succession de l'enfant né de ce mariage, et mort
» après sa mère; mais que cette dot devait faire partie
» de cette succession, et être partagée entre les suc-
» cesseurs de cet enfant, dans l'ordre et la proportion
» que prescrivent les lois générales des successions,
» la cour royale de Poitiers, loin d'avoir violé l'art.
» 747 du code civil, s'est, au contraire, exactement
» conformée à ses dispositions ».

Rejette.

Cour de cassation, section civile.

Nous observerons, sur cet arrêt, que la cour royale
de Poitiers s'était prononcée contre le retour légal,
et que l'ascendant s'étant pourvu en cassation, le
pourvoi avait été admis par la section des requêtes;
ce qui prouve que les deux sections de la cour de
cassation pourraient bien avoir sur cette importante
question une jurisprudence différente.

Puisque c'est à titre de *succession* que les ascendans
reprennent les choses par eux données, il faut bien
que la loi sur les successions, *suppléant le silence de
l'homme,* fasse ce que dans la circonstance donnée
ferait un homme sage, dégagé de toute passion, et
qui voudrait s'honorer par une juste distribution de
sa fortune : ainsi, supposons un petit-fils sur le bord
du tombeau; il va disposer des biens donnés par son
aïeul à son père, il dira : ces biens ont servi à l'établissement de l'auteur de mes jours, à mon éducation

et à mon entretien ; mon aïeul s'en est privé pour nous, tout m'impose l'obligation de les lui rendre : doit-il se repentir d'avoir été généreux ? il a été bienfaisant, il faut au moins que je sois juste : tel serait certainement le langage de la délicatesse et de la probité ; mais la loi froide et glacée aurait-elle donc méconnu les droits sacrés de l'ascendant bienfaiteur, et le juste et doux besoin de la reconnaissance !

On ne peut se dissimuler la bizarrerie de la loi sur les successions, loi qui appelle à la succession d'un fils le malheureux père survivant et un collatéral maternel au douzième degré ; l'ascendant se trouve même exclu de la succession de son petit-fils par un frère utérin, qui lui est absolument étranger : en admettant le droit de retour en faveur de cet ascendant, la loi se serait un peu corrigée, son imperfection aurait été moins sentie : la loi aurait été singulière ; mais elle n'aurait pas été dure jusqu'à l'excès.

Que les ascendans sachent donc que la loi ne veille pas pour eux ; qu'ils garantissent eux-mêmes leurs intérêts par la stipulation du droit de retour, cette stipulation doit devenir une clause de style : la loi force le donateur à mêler aux idées de plaisir et de mariage les terribles pensées de la destruction d'une génération existante et d'une génération qui n'est pas encore.

N.º 851, pag. 285, tom. II. — Nous avons décidé que le retour légal au profit de l'ascendant, établi par l'art. 747 du code civil, n'a pas lieu quand le descendant donataire a disposé des choses données, soit par donation, soit par *testament;* nous avons, à l'appui de cette décision, cité un arrêt de la cour de cassation rapporté par M. *Sirey*, an 1813, pag. 409.

La question étant d'une grande importance, je crois devoir faire connaître l'espèce et les motifs dudit arrêt, vu sur-tout qu'il est impossible de se dissimuler que le droit de retour en faveur de l'ascendant est très-favorable.

Le 1.er fructidor an 10 Antoine Noailles marie Pierre, son fils, et lui fait donation du quart de ses biens : point de stipulation du droit de retour.

Le 24 ventôse an 12 Pierre Noailles, donataire, fait un testament, par lequel il lègue à Claudine Mestre, son épouse, la moitié des biens à lui donnés par son père.

Pierre Noailles, testateur, meurt quelque temps après sans postérité.

Antoine Noailles père réclame les biens par lui donnés à son fils ; il invoque l'art. 747 du code civil, et le retour légal que cet article établit en faveur des ascendans.

Claudine Mestre, légataire, soutient, au contraire, que la disposition testamentaire a fait cesser le droit de retour.

6 août 1806 jugement du tribunal civil de Villefranche d'Aveyron, qui dit n'y avoir lieu au retour légal, « attendu que Pierre Noailles a disposé par tes-» tament des biens donnés ».

15 décembre 1811 arrêt confirmatif de la cour de Montpellier, « adoptant les motifs des premiers juges ».

Pourvoi en cassation.

Arrêt.

« La cour, attendu que le droit de retour légal ap-» partenant aux ascendans donateurs sur les choses » par eux données à leurs enfans ou descendans ne » doit être fixé, ni par les lois romaines, ni par le » texte des coutumes, ni par les dispositions des arrêts, » mais par les dispositions du code civil ;

» Attendu que l'art. 747 du code, qui accorde aux » ascendans le droit exclusif de succéder aux choses » par eux données à leurs enfans ou descendans, est » placé sous le titre des successions *ab intestat*, et que,

» d'ailleurs, cet article exige, en termes exprès, pour
» l'exercice de ce droit, non-seulement que les enfans
» donataires soient décédés sans postérité, mais que les
» objets se retrouvent dans la succession ; que dans le
» cas où ces objets ont été aliénés, ce même titre ne
» donne pas aux ascendans le droit de les réclamer,
» mais seulement celui de recueillir le prix qui peut
» être dû, ou l'exercice de l'action en reprise que
» pourraient avoir leurs enfans ou descendans ; qu'il
» suit de ces dispositions, que lorsque les donataires,
» quoique décédés sans postérité, ont disposé, soit par
» donation, soit par testament, de tout ou partie des
» choses à eux données par leurs ascendans, et que, par
» une conséquence nécessaire, ces choses ne se trouvent
» plus en nature dans la succession, le droit de retour
» établi en faveur des ascendans par l'art. 747 est
» sans application : ce principe est confirmé par la
» disposition de l'art. 952, qui ne donne l'effet de
» résoudre les aliénations des biens donnés qu'au droit
» de retour conventionnel, c'est-à-dire, à celui qui,
» conformément à l'art. 951, aura été stipulé dans
» l'acte de donation ; que, dans l'espèce, le donateur
» ascendant, loin de s'être réservé ce droit, avait, au
» contraire, dans le contrat de mariage de son fils
» donataire, expressément et formellement déclaré que
« ce dernier disposerait des choses données ainsi qu'il
« aviserait; qu'ainsi, en adjugeant à Claudine Mestre,
« veuve de Pierre Noailles, fils du demandeur, la
« moitié des biens que ce dernier avait donnés à son
» fils, et dont ledit Pierre Noailles prédécédé avait
» disposé en faveur de ladite Claudine Mestre, la cour
» d'appel n'est point contrevenue à la loi ».

Du 17 décembre 1812, cour de cassation, section
des requêtes.

N.º 854, pag. 288, tom. II. — La question de savoir si, dans le cas de retour légal, les biens donnés par l'ascendant se retrouvent *en nature* quand le donataire en a disposé par *testament*, a été traitée au n.º 852 ; et après avoir développé les raisons pour et contre, nous avons décidé que le testament met obstacle au droit de retour légal, ainsi que l'a jugé la cour de cassation dans un arrêt rapporté dans la note précédente.

Nous devons avouer qu'avant cet arrêt nous pensions que l'ascendant pouvait exercer le droit de retour nonobstant le *testament* du descendant donataire : les raisons que nous en avons données sont fortes et pressantes ; et il a fallu l'autorité de l'arrêt de la cour de cassation pour nous déterminer à abandonner notre opinion primitive : nous l'avons fait au susdit n.º 852, où nous avons rapporté le susdit arrêt de la cour de cassation.

Mais notre première opinion se retrouve sans correction au n.º 854 ; et, par conséquence de cette même opinion, nous y avons décidé que les biens donnés par l'ascendant ne doivent pas entrer fictivement dans la masse héréditaire du petit-fils, pour calculer sa quotité disponible.

Ces deux décisions sont en parfaite harmonie ; car si le testament du petit-fils donataire ne peut pas porter sur les biens donnés par l'ascendant, il en résulte que ces mêmes biens ne doivent pas entrer dans la computation de la quotité disponible.

Mais puisque, d'après l'arrêt de la cour de cassation, il faut décider que le testament porte sur les biens donnés, il résulte de cette décision, que les biens donnés par l'ascendant doivent entrer dans la masse pour la fixation de la quotité disponible.

Supposons que l'ascendant ait donné à Pierre, son petit-fils, l'immeuble A ; que le petit-fils ait légué à un étranger le tiers de ses biens, et que dans la succession de Pierre se trouvent, outre l'immeuble A, d'autres immeubles par lui acquis; dans cette hypothèse le legs du tiers portera-t-il sur tous les biens de Pierre, en sorte que le tiers de l'immeuble A appartienne au légataire? Oui, le legs du tiers portera, tant sur les biens donnés, que sur les biens propres du testateur; et, attendu le legs du tiers, le donateur ascendant ne reprendra que les deux tiers de l'immeuble A par lui donné; l'autre tiers appartiendra au légataire.

Supposons que l'ascendant ait donné à Pierre, son petit-fils, l'immeuble A, valant 12; que Pierre ait légué à un étranger l'immeuble B, valant également 12, et qu'il meure laissant à lui survivans ses père et mère, ainsi que l'ascendant donateur; et qu'enfin il ne se trouve dans sa succession que les susdits objets A et B: dans cette espèce l'immeuble donné par l'ascendant entrant pour la fixation de la quotité disponible, faut-il dire que le légataire conservera l'immeuble B, égalant la quotité disponible; que l'ascendant reprendra l'immeuble A par lui donné, et que les père et mère de Pierre n'auront rien? Cette décision aurait quelque chose de dur et de révoltant; cependant telle paraît être la conséquence rigoureuse de ces deux principes: 1.º que l'ascendant doit reprendre ce dont il n'a pas été disposé; 2.º que les biens soumis au retour légal doivent entrer dans la fixation de la quotité disponible.

Ne pourrait-on pas dire que les biens donnés par l'ascendant ne doivent entrer dans la masse, pour la fixation de la quotité disponible, *que pour la partie ou portion non reprise par l'ascendant?* ainsi, dans l'exemple où l'ascendant ne reprend que les deux tiers des biens donnés, l'autre tiers seulement entrerait dans la fixation du disponible; et dans l'espèce ci-dessus, où l'ascendant reprend l'entier objet A , cet objet n'entrerait pour rien dans cette fixation : s'il en était ainsi , dans la susdite espèce les père et mère auraient pour leur réserve la moitié de l'objet B.

Cette observation est dans les vrais principes; ainsi , il faut dire que ce que les ascendans reprennent pour droit de retour n'entre pas dans la masse pour la fixation de la quotité disponible.

Supposons, en effet, qu'un ascendant ait donné l'immeuble C à Pierre, son petit-fils, et que Pierre meure sans disposition, laissant à lui survivans ses père et mère ; dans cette espèce l'ascendant reprendra l'immeuble C , les père et mère ne pourront sur cet immeuble prélever leur réserve , car l'ascendant succède, à l'exclusion de tous autres , aux choses par lui données ; or , si la chose *reprise* par l'ascendant entrait dans la fixation de la quotité disponible, elle entrerait, par voie de suite, dans la fixation de la *réserve;* et si elle entrait dans cette fixation, il faudrait bien que cette *réserve* fût prise sur tous les biens de la masse, d'après laquelle elle aurait été calculée.

Ainsi , il est démontré que les choses reprises par les ascendans ne font pas partie de la *masse* sur laquelle on calcule, soit la *quotité disponible,* soit la *réserve.*

En dernière analise, le droit de retour légal ne s'exerce point sur les choses dont le donataire a disposé , soit par donation, soit par *testament;* mais la chose , ou la portion de la chose que l'ascendant reprend par droit de retour , n'entre pas dans la masse pour la fixation de la quotité disponible ; mais la portion de la chose donnée que l'ascendant *ne reprend point entre dans cette fixation.*

Rappelons l'exemple que nous avons posé n.º 854 : Pierre donne 24 à Jean , son petit-fils ; Jean, majeur, meurt, laisse son père et sa mère, et un testament par lequel il lègue tous ses biens à un tiers : ces biens légués valent 24.

Attendu l'existence du testament, portant sur l'universalité des biens, il faut dire que le droit de retour n'a point lieu ; ainsi, il faut comprendre dans la masse héréditaire du testateur, tant les biens donnés, que les autres ; ainsi, cette masse sera composée de biens valant 48., et sur cette masse la quotité disponible sera fixée à la moitié, égalant 24, attendu la survivance des père et mère' : d'après cette manière de procéder, le légataire aura 24, et les père et mère auront également 24, qu'ils partageront entr'eux.

N.º 858, pag. 292, tom. II. — Le droit de retour légal s'exerce sur toutes les choses données par l'ascendant qui *se retrouvent en nature* dans la succession du descendant donataire : tel est le principe ; mais la difficulté est de déterminer les cas où les choses données se retrouvent *en nature*.

Voici un arrêt de la cour de cassation qui pourra faciliter l'application du susdit principe.

Le 6 août 1811 le sieur Lemarchand fils reconnaît, par acte sous signature privée, qu'il a reçu de son père, et pour son établissement, la somme de 50,000 fr.

Le 19 avril 1812 le sieur Lemarchand fils décède sans postérité ; sa succession se trouve dévolue pour la moitié à son père survivant, et pour l'autre moitié à des parens maternels.

En vertu du droit de retour légal le père veut prélever sur la succession les 50,000 fr. qu'il avait donnés à son fils, vu que l'on trouve dans cette succession en argent, effets de commerce, obligations et contrats, la somme de 52,080 fr.

Les parens maternels s'opposent à ce prélèvement,

attendu que les 5o,ooo fr. par lui donnés ne se retrouvent pas *en nature*.

Jugement du tribunal de première instance de
Rouen, qui déclare n'y avoir lieu au prélèvement.

Sur l'appel, arrêt infirmatif de la cour royale de
Rouen, qui ordonne que le père succédera exclusivement aux 5o,ooo fr. par lui donnés à son fils, et trouvés
dans sa succession en argent, effets et obligations.

Pourvoi en cassation de la part des parens maternels; mais leur pourvoi a été rejeté par les motifs
suivans :

« La cour, après délibéré en la chambre du conseil,

» Attendu que le code civil a eu pour objet de réta-
» blir les ascendans donataires dans les droits natu-
» rels que leur reconnaissait l'ancienne jurisprndence,
» et dont la loi du 17 nivôse les avait privés par son
» silence ;

» Attendu que le droit de succession consacré par
» l'art. 747 n'est pas une simple exception à la règle de
» l'irrévocabilité des donations, mais un droit spécial,
» fondé sur l'équité et sur une stipulation tacite présu-
» mée, que les ascendans qui donnent à leurs descen-
» dans n'ont en vue que leur postérité, et non des
» étrangers, envers lesquels ils ne sont pas censés
» vouloir se dépouiller, s'ils ont la douleur de sur-
» vivre à leurs enfans ;

» Attendu que, suivant l'esprit et le texte de cet
» article, les ascendans donateurs ont le droit *exclusif*
» de succéder aux choses par eux données à leurs des-
» cendans décédés sans postérité, lorsqu'elles se trou-
» vent en nature dans la succession;

» Attendu que, dans l'espèce, il est jugé en fait
» par l'arrêt attaqué que les 5o,ooo fr. donnés par
» Lemarchand père à son fils se sont trouvés dans
» la succession de ce dernier ;

» Et qu'en jugeant en droit que cette même somme,

» quoique composée tout à la fois d'argent, d'effets
» de commerce et obligations valant numéraire, s'y
» était *trouvée en nature*; et en ne mettant pas *de*
» *distinction entre ces valeurs*, qui, dans l'état actuel
» de la civilisation, n'en *reçoivent aucune* dans l'usage,
» la cour royale de Rouen n'a point violé la loi,
» mais n'a fait, au contraire, qu'*une juste applica-*
» *tion* de l'art. 747 du code, rejette le pourvoi ».

Du 30 juin 1817, cour de cassation, section civile.
Vid. le recueil de M. *Sirey*, an 1817, pag. 313.

N.º 895, pag. 321, tom. II. — Dans un contrat
de mariage le donateur peut donner au futur époux
tout ou partie de ses biens présens sous une condition potestative par rapport à lui donateur, ou sous
une charge indéfinie; ce principe a été méconnu par
la cour royale de Riom, et son arrêt a été cassé.

Voici l'espèce.

Le 15 messidor an 11 contrat de mariage de Ladeu
fils; son père intervient dans le contrat, et donne au
fils, futur époux, entre-vifs, par préciput, et hors
part, le quart de l'universalité de ses biens; par une
seconde clause il institue sondit fils son héritier général et universel : Ladeu père se réserve de régler et
fixer, par toute espèce d'actes entre-vifs, ou à cause
de mort, les portions héréditaires, ou droits légitimaires
de ses autres enfans de telle manière qu'il le jugerait
convenable.

Ladeu père, donateur, négociant, est tombé en faillite.

Ladeu fils a demandé la délivrance du quart à lui
donné.

Les syndics de la faillite s'y sont opposés, prétendant
que la donation dont s'agit était nulle, aux termes de
l'art. 944 du code civil, comme faite sous une condition potestative à l'égard du donateur, qui pouvait

épuiser et rendre vaine la donation, en fixant à son gré les portions héréditaires de ses autres enfans.

Le tribunal civil de Mauriac a proscrit la prétention des syndics.

Mais la cour royale de Riom a, au contraire, déclaré nulle la donation faite à Ladeu fils, attendu que, suivant l'art. 944 du code civil, toute donation faite sous des conditions dont l'exécution dépend de la seule volonté du donateur est nulle.

Sur le pourvoi en cassation, arrêt qui casse, d'après les motifs suivans :

« Vu les art. 944, 947 et 1086 du code civil ;

» Attendu que si, d'une part, l'art. 944 précité » déclare nulle, en général, toute donation entre- » vifs faite sous des conditions dépendantes de la » seule volonté du donateur, cette règle générale re- » coit une exception formelle à l'égard des donations » de ce genre faites par contrat de mariage en faveur » des époux, ou de leurs descendans ; exception litté- » ralement consignée dans l'art. 947, qui déclare que » ces sortes de donations ne sont pas soumises *aux* » *dispositions des quatre articles précédens*, dont » l'art. 944 fait partie ; et développée ensuite dans » l'art. 1086, qui autorise, en effet, dans ces mêmes » donations l'apposition des conditions dépendantes » *de la volonté seule du donateur ;*

» Qu'il suit de là que l'arrêt attaqué, en déclarant » nulle la donation portée au contrat de mariage de » Ladeu fils, par le seul motif que le donateur s'était » réservé la faculté de régler à son gré les parts héré- » ditaires de ses autres enfans (seule question que cet » arrêt ait jugée), a fait une fausse application de » l'art. 944, et formellement violé les art. 947 et 1086 » du code civil :

» Par ces motifs, la cour, après en avoir délibéré en

» la chambre du conseil, casse et annulle l'arrêt de la
» cour de Riom ».

Du 27 décembre 1815, cour de cassation, section
civile.

Vid. le recueil de M. *Sirey*, an 1816, pag. 244.

N.ºs 908 et 909, pag. 329 et 330, tom. II. — Nous
occupant de l'état des dettes qui doit être annexé à
une donation de biens présens et à venir, nous avons
dit que la faculté d'opter pour les biens présens
existerait toujours en faveur du donataire, quelle que
fût l'inexactitude de cet état; et cette décision est
juste : mais nous avons ajouté que les créanciers omis
ou non compris dans cet état pourraient néanmoins
agir contre le donataire qui aurait fait l'option, sauf
l'action récursoire de ce dernier contre le donateur ;
et en cela je pense que je me suis trompé : du moment
que l'état existe, il faut dire que le donataire n'a été
soumis qu'au payement des créances détaillées dans
ledit état ; ici nous n'avons pas besoin de rechercher
la volonté présumée des parties contractantes : si le
donateur avait voulu soumettre le donataire au payement intégral de toutes les créances, il les aurait toutes
mentionnées dans l'état ; les créanciers omis ne peuvent agir contre le donataire, puisqu'ils ne peuvent
invoquer contre lui, ni une obligation expresse, ni
une obligation tacite : d'où il résulte que les créanciers omis ne peuvent agir que contre le donateur, et
jamais contre le donataire, sauf toujours leur action
révocatoire dans le cas où la donation aurait été faite
en fraude de leurs droits.

N.º 920, pag. 339 et 340, tom. II. — Dans une
donation de biens présens et à venir, si le donataire
prédécède le donateur, laissant des enfans du mariage,
ces enfans recueillent, tant les biens présens, que les
biens

biens à venir, par une espèce de substitution vulgaire.

De ce principe nous avons tiré cette conséquence, que si le père prédécédé avait vendu les biens présens, les enfans du mariage pourraient, en cas de répudiation de la succession de leur père, revendiquer les biens sur les tiers-acquéreurs ; et que dans le cas même de non répudiation, ils pourraient toujours agir en délaissement contre les tiers-acquéreurs, sauf la garantie proportionnelle à leurs droits successifs.

Cette dernière proposition, exactement conforme à l'opinion de *Pothier*, serait aujourd'hui susceptible de grandes difficultés, attendu qu'il a été décidé par la cour de cassation que l'obligation de garantie est indivisible ; et qu'ainsi le fils héritier pour un quart de son père ne peut attaquer la vente que le père aurait faite d'un bien appartenant à sondit fils, sauf en faveur de celui-ci l'action récursoire en indemnité contre ses cohéritiers.

Vid. l'arrêt de la cour de cassation, du 19 février 1811, dans le recueil de M. *Sirey*, an 1811, pag. 188.

N.º 1025, pag. 431, tom. II. — Nous avons décidé qu'une donation *de biens présens* entre époux était soumise à toutes *les règles et formes* prescrites pour ces sortes de donations ; nous en avons tiré cette conséquence, que si la donation faite par un époux à son épouse porte sur *des effets mobiliers* présens, il faut l'état estimatif des meubles donnés, sans quoi la donation serait nulle par rapport à ces meubles : notre décision se trouve confirmée par l'arrêt de la cour de cassation, du 16 juillet 1817. Vid. M. *Sirey*, an 1818, pag. 379.

FIN DU TROISIÈME ET DERNIER VOLUME.

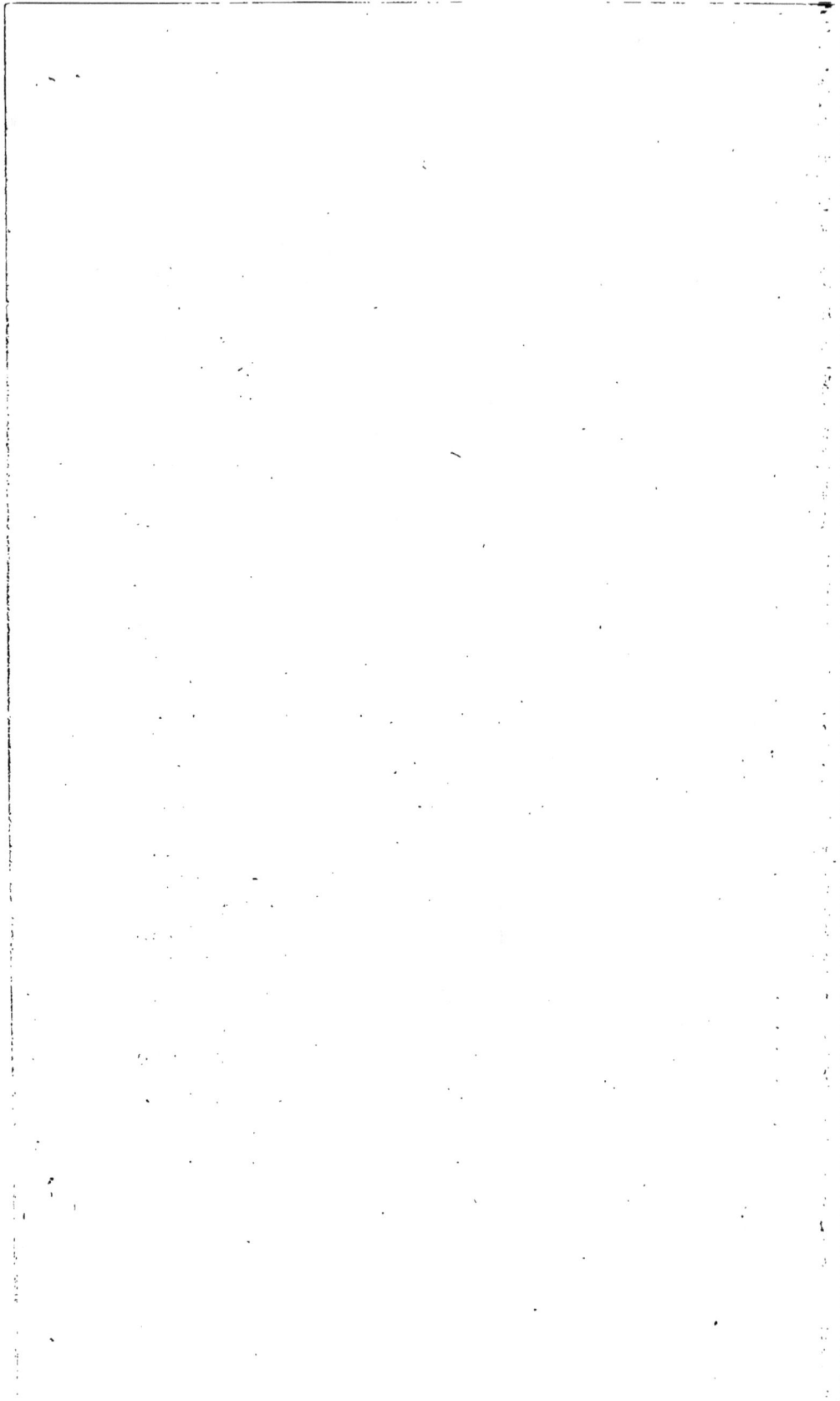

TABLE

DES MATIÈRES.

ACCEPTATION.

*

CADUCITÉ.

CAPTATION.

CONCUBINE.

CONDITION.

D'ONATEUR.

DONATAIRE.

DONATION.

DONATION MANUELLE.

DONATION DÉGUISÉE.

DONATION MUTUELLE.

DONATIONS PAR CONTRAT DE MARIAGE.

DONATIONS DE BIENS PRÉSENS ET A VENIR.

DONATIONS SOUS UNE CONDITION POTESTATIVE, OU SOUS UNE CHARGE INDÉFINIE.

DONATIONS ENTRE ÉPOUX PAR CONTRAT DE MARIAGE.

DONATIONS ENTRE ÉPOUX PENDANT LE MARIAGE.

ENFANS ADULTÉRINS ET INCESTUEUX.

ENFANS NATURELS.

ÉPOUX. — Vid. *Quotité disponible.*

ÉTRANGER.

FEMME.

FRANÇAIS.

INCAPACITÉ.

Tom. III.

INSTITUTION CONTRACTUELLE.

EFFETS DE L'INSTITUTION CONTRACTUELLE.

INTERDITS.

INTERPOSITION.

JUGES.

MÉDECIN.

MEUBLES.

MINEUR.

MINISTRE DU CULTE.

MORT CIVILE.

PART D'ENFANT.

PARTAGE D'ASCENDANT.

PRÉCIPUT, *vide* RAPPORT.

QUOTITÉ DISPONIBLE.

RAPPORT.

RÉDUCTION.

RÉSERVE.

RETOUR.

RETOUR LÉGAL.

Le retour légal a lieu en faveur de l'ascendant qui survit à son descendant donataire décédé sans

RETOUR CONVENTIONNEL.

Le

Tom. III. 28

RÉVOCATION POUR CAUSE D'INGRATITUDE.

RÉVOCATION POUR CAUSE DE SURVENANCE D'ENFANS.

RÉVOCATION DES DONATIONS FAITES EN FRAUDE DES CRÉANCIERS.

SIMULATION.

SOURDS ET MUETS.

SUBSTITUTION.

Du moment que les appelés sont investis, la

TRADITION.

TRANSCRIPTION.

TUTEUR.

Après dix ans, à compter de la fin de la tutelle, le tuteur peut recevoir, lors même qu'il n'aurait

VIE. — VIABLE.

USUFRUIT.

Nouvelle table, calculée jusqu'à trois décimales, présentant la valeur d'une rente viagère de 100 fr., ou de l'usufruit d'un bien produisant 100 fr. annuellement. Vid. les notes à la fin du III.ᵉ Volume.

Seconde table, présentant la valeur d'une rente viagère de 100 fr., payable, par moitié, de six en six mois, et d'avance. Vid. les notes à la fin du III.ᵉ Volume.

~~~~~~

TABLE

DES QUESTIONS TRAITÉES DANS LES NOTES ET OBSERVATIONS A LA FIN DU TROISIÈME VOLUME.

Fin de la Table des Matières.

Supplément à l'errata du II.e Volume.

Page 157, *ligne* 25, par, *lisez* sur.
Page 346, *ligne* 32, pas plus, *lisez* plus.
Page 390, *ligne* 14, dernières, *lisez* dites.
Page 410, *ligne* 21, mais, *lisez* mes.

Errata du III.e Volume.

Page 25, *ligne* 36, de la donation ; or , leur droit successif, *lisez* de la donation, ou leur droit successif.
Page 34, *ligne* 8, contre l'un d'eux ; dans le cas d'insolvabilité de l'autre, *lisez* contre l'un d'eux, dans le cas d'insolvabilité de l'autre ;
Page 70, *ligne* 35, pour l'opérer, *lisez* pour opérer la nullité de l'acte.
Page 196, *ligne* 18, accessoires, *lisez* accessions.
Page 251, *ligne* 21, tournée, *lisez* tourné.
Page 264, *ligne* 17, fait, *lisez* peut.
Page 281, *ligne* 2, lésé, *lisez* gêné.
Page 286, *ligne* 14, en délaissent, *lisez* en délaissant.
Page 323, *ligne* 6, au droit, *lisez* au décès.
Page 325, *ligne* 30, Loullière, *lisez* Toullier.
Page 340, Lauchère, *lisez* Lanchère.
Page 356, *ligne* 6, $20\,a - 21\,a \left(\frac{20}{21}\right)^{20-1}$, *lisez* $20\,a - 21\,a \left(\frac{20}{21}\right)^{n+1}$.

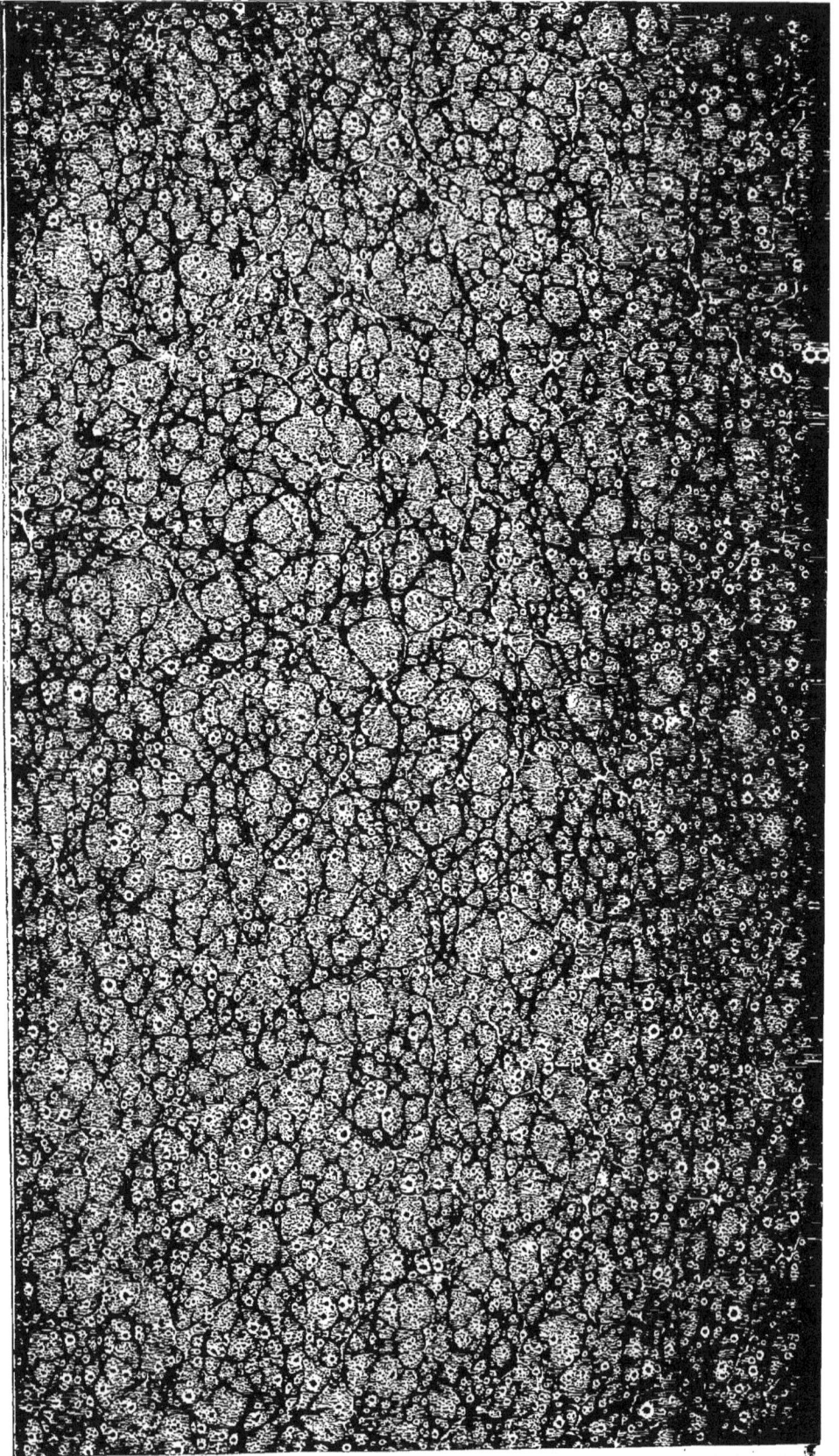

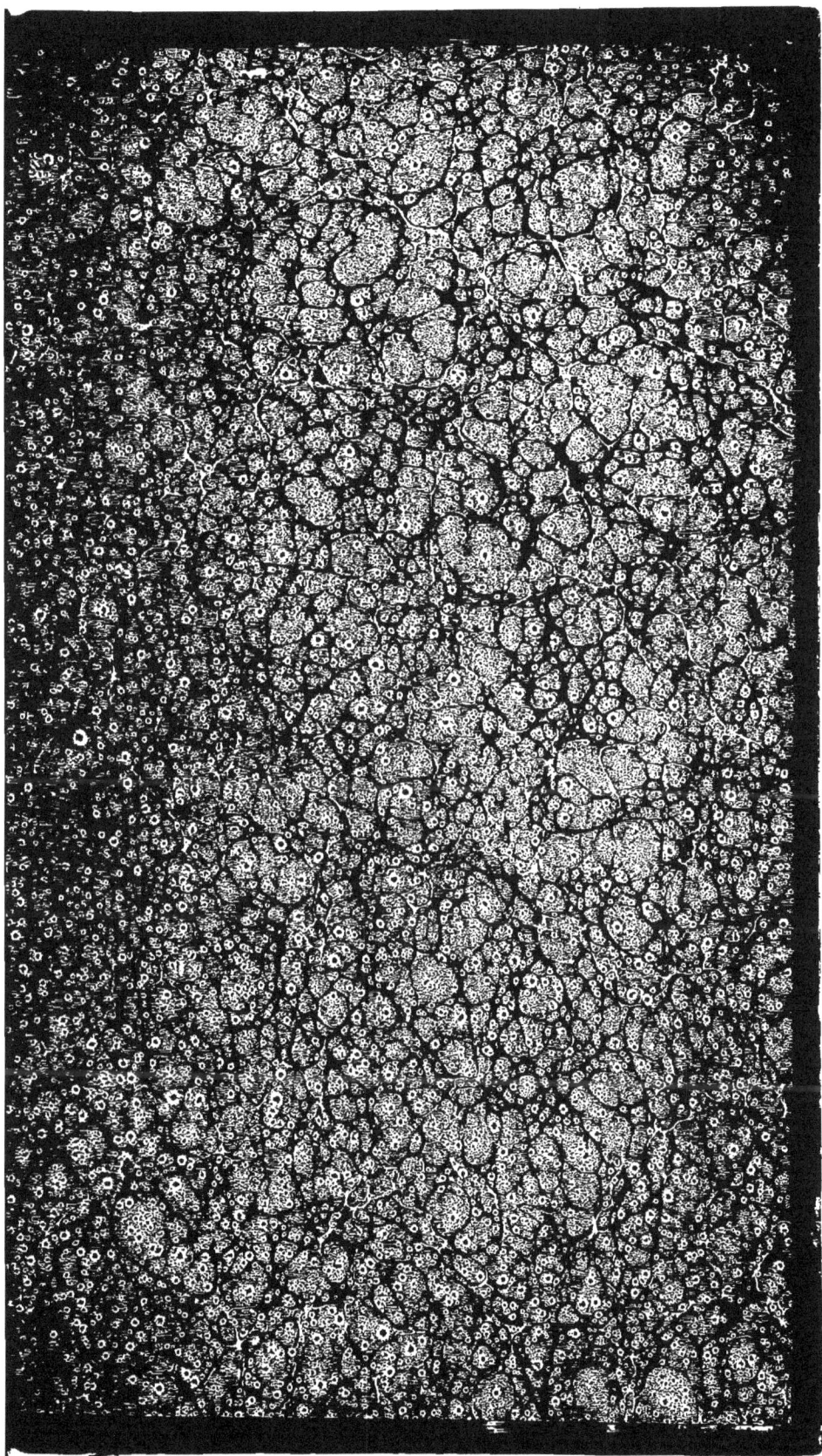

www.ingramcontent.com/pod-product-compliance
Lightning Source LLC
Chambersburg PA
CBHW060525220326
41599CB00022B/3430